UTB

UTB **2763**

Eine Arbeitsgemeinschaft der Verlage

Beltz Verlag Weinheim · Basel
Böhlau Verlag Köln · Weimar · Wien
Wilhelm Fink Verlag München
A. Francke Verlag Tübingen und Basel
Haupt Verlag Bern · Stuttgart · Wien
Lucius & Lucius Verlagsgesellschaft Stuttgart
Mohr Siebeck Tübingen
C. F. Müller Verlag Heidelberg
Ernst Reinhardt Verlag München und Basel
Ferdinand Schöningh Verlag Paderborn · München · Wien · Zürich
Eugen Ulmer Verlag Stuttgart
UVK Verlagsgesellschaft Konstanz
Vandenhoeck & Ruprecht Göttingen
vdf Hochschulverlag AG an der ETH Zürich
Verlag Barbara Budrich Opladen · Farmington Hills
Verlag Recht und Wirtschaft Frankfurt am Main
WUV Facultas Wien

Johann Dieckmann

Schlüsselbegriffe der Systemtheorie

Wilhelm Fink Verlag · München

Johann Dieckmann, Promotion 1961 in den Fächern Philosophie, Soziologie und Psychologie mit einer Arbeit über Max Weber, betreut von R. König und K.H. Volkmann-Schluck. Lehrtätigkeit in Soziologie ab 1963 an der Pädagogischen Hochschule Kiel, Professur seit 1971, Emeritierung 1992. Buchveröffentlichungen mit Co-Autoren über die Themen Spezialisierung im Lehrerberuf, Gesellschaftswissenschaftlicher Unterricht, Soziologie für Pädagogen. Selbstständige Buchveröffentlichungen: Konfliktregulierung durch Dialoge, Luhmann-Lehrbuch (UTB 2486), Einführung in die Systemtheorie (UTB 8305).

Bibliografische Information der Deutschen Bibliothek

Die Deutsche Bibliothek verzeichnet diese Publikation in der Deutschen Nationalbibliografie; detaillierte bibliografische Daten sind im Internet über http://dnb.ddb.de abrufbar.

ISBN 3-7705-**4234-7**

Internet: www.fink.de

Printed in Germany.
Einbandgestaltung: Atelier Reichert, Stuttgart
Herstellung: Ferdinand Schöningh, Paderborn

UTB-Bestellnummer: ISBN 3-8252-2763-4

Mein Dank gilt

Helge Hanss

der mich bei der Gestaltung
des Textes beraten hat.

INHALT

Vorbemerkung

Systemtheorie ist zu einem erheblichen Anteil Unterscheidungstheorie. Damit tritt der Unterschied in den Vordergrund der Betrachtung. Wo Unterschiede gemacht werden, da muss es mindestens zwei verschiedene Felder geben, zwischen denen unterschieden wird. Diese Felder müssen verschieden aufgebaut sein, damit ein Unterschied sichtbar werden kann. Folglich nimmt man die Suche nach unterschiedlichen Bereichen auf, die dann für alles andere bestimmend sind. Auf diese Weise wird ein Maßstab geschaffen für die Herstellung von Ordnung und Übersicht.

Seit dem klassischen Altertum spielt die grundlegende Unterscheidung Einheit/ Vielheit eine maßgebliche Rolle. Derart bestimmende Begriffe sind Kategorien. Das begriffliche Modell der Einheit hat seit Aristoteles die Priorität gegenüber dem Modell der Vielheit eingenommen. Die Folge ist, dass die Vielheit der Einheit eingeordnet und damit letztlich untergeordnet wird. So entsteht das Modell Substanz/ Akzidens. Die Substanz als das darunter Liegende und Grundlegende ist dann das Beständige, während die Akzidentien zum Substantiellen als Besonderheiten dazukommen und sich ihm einordnen. Wenn man z.B. das normabweichende Verhalten als Substanz ansieht, dann sind Beispiele für die Akzidentien der Diebstahl, die Geschwindigkeitsübertretung und der nicht erlaubte Genuss von Drogen. Die drei Akzidentien passen zueinander. Sie sind kompatibel und analog, d.h. sie sind einander ähnlich. Dieses Unterscheidungsmodell ist das Analog-System. Es hat sich seit dem Altertum sehr gut bewährt.

Die übliche Form der Unterscheidung entspricht dem Analog-Modell. So ist es zu verstehen, dass die Versuche, Systemtheorien zu konstituieren, sich allgemein des Analog-Modells bedienen. Man ordnet einem begrifflichen Zentrum, das die bestimmende und tragende Einheit bildet, mehr oder weniger viele Teileinheiten zu. Diese Teileinheiten tragen unterschiedliche Bezeichnungen: Elemente, Varianten, Varietäten, Variationen, Subsysteme, Teilbereiche usw. *Alle Teileinheiten oder einfach Teile befinden sich im Ganzen der tragenden Einheit. Keine Teileinheit kann die Umgrenzung des Ganzen der Einheit verlassen oder die Grenzen überspringen.*

Die Frage ist nun, ob eine Systemtheorie sich auf das Verbleiben im Gehäuse der Einheit oder des Systems beschränken kann oder nicht. Luhmanns Systemtheorie verlässt bewusst und gezielt nicht die Umgrenzung des Systems, z.B. des sozialen Systems. Der Bereich außerhalb des Systems wird von Luhmann als Umwelt des Systems gesehen. Daher nimmt sich jedes System aus seiner Umwelt aus, d.h. es differenziert sich gleichsam aus seiner Umwelt heraus. Diese gedankliche Konstruktion geht von der Voraussetzung aus, dass die Umwelt des Systems komplexer ist als das System selbst. Einerseits sieht Luhmann die Umwelt des Systems als Teileinheit dieses Systems. Dann ist Umwelt die Fortsetzung der Handlungssequenzen des Systems. Andererseits sieht er Umwelt als „alles andere“. Dann muss Umwelt interpretiert werden als die unübersehbare Fülle und Komplexität aller anderen Systeme, die es milliardenfach gibt. Dieses Modell von Umwelt ist logisch nicht tragfähig. Denn wenn die Umwelt in der Peripherie des Systems positioniert wird und damit ein Teil des Systems selbst ist, kann sie nicht zugleich die Umwelten der übrigen unübersehbar vielen Systeme umfassen, weil jedes System nach Luhmanns Angaben seine eigene Umwelt hat. Im Ergebnis führt dieses Umweltmodell in den logisch-funktionalen Kollaps hinein. Die Teileinheit eines Systems kann nicht alle anderen Systeme einschließlich deren Umwelten umfassen.

Das Analog-System besteht ausschließlich aus Systemen und Teilsystemen (Elementen, Subsystemen usw.). *Im Analog-Modell gibt es also nur Systeme und keine anderen logischen Figuren.* Das Handeln wird in Form der Handlungseinheit oder Handlungsfolge passgerecht in das Modell des Analog-Systems eingefügt (z.B. von M. Weber und T. Parsons). *Wenn man sich entschließt, das begriffliche Modell Umwelt in die wissenschaftliche Nomenklatur einzubeziehen, dann gibt es keine andere Möglichkeit, als die Umwelt als System in die bestimmende Unterscheidungsfigur einzuordnen.* Die Umwelt als Subsystem gesellt sich dann zum System, dem sie zugeordnet ist. Im Ergebnis stehen nun zwei Systeme nebeneinender: das System (z.B. ein soziales System) und dessen Umwelt. Zwei logisch und funktional gleichrangige Systeme zusammen ergeben nicht notwendig eine herkömmliche Unterscheidungsfigur, sondern eine einfache Reihe mit unterschiedlich gewichteten Einheiten, aber eben nur Einheiten, die sich nach Quantität, Qualität, Relation und Modalität unterscheiden.

Folglich muss eines der beiden Systeme seine funktionale Position ändern, wenn eine paradigmatische Unterscheidungsfigur gebildet werden soll. Das System z.B. in Gestalt eines bestimmten sozialen Systems ist in der Position der Substanz und damit zugrunde Liegendes. Das Fundament lässt sich am schwersten ändern, um Unterschiede deutlich zu machen. Also bleibt die Möglichkeit, die Position der Umwelt zu ändern. Die Umwelt muss sich dann dem tragenden substantiellen System als Subsystem einordnen und damit unterordnen. So nimmt die Umwelt die funktionale Position des Akzidens ein. Die Umwelt kann dann nur ein Teilbereich des Systems sein und nicht alles andere als das System. Angesichts dieser Platzverteilung kann die Umwelt nicht komplexer sein als das System selbst (Luhmann: Soziale Systeme, 2. Aufl. 1985, 249). Auch ist es nicht möglich, dass das System sich aus seiner Umwelt ausnimmt, wie das in Luhmanns Konzept der Fall ist.

Einerseits wird in diesem Modell der Differenzierung des Systems die Umwelt in ihrer Einheit durch das System selbst bestimmt (Ebenda, 249), so dass die Umwelt nur ein „Negativ-Korrelat des Systems" (Ebenda) und eine Verlängerung der Handlungssequenzen des Systems nach außen ist (Ebenda, 248). Andererseits hat sich jedes System gegen die überwältigende Komplexität seiner Umwelt zu behaupten (Ebenda, 250). Luhmanns Umverteilung der logisch-funktionalen Rangplätze innerhalb seiner Unterscheidungsfigur nach dem Modell System/ Umwelt führt zu dem urteilenden Ergebnis: *Die Umwelt des Systems kann als Teil des Systems nicht zugleich komplexer als das System selbst sein.* Dieser Widerspruch lässt sich nur dadurch auflösen, dass man das Verhältnis des Systems als eines Anwendungsfalles von Einheit zu seiner Umwelt auf eine andere Basis der Unterscheidung stellt. Der Weg der Reflexion führt in die Ebene der Abstraktion hinein. Die Grenzen der Erklärungsmöglichkeiten des Analog-Systems sind erreicht.

Wenn man mit Luhmann die wissenschaftliche Methode als Beobachtung definiert, dann läuft die beschriebene Binnendifferenzierung des Systems im Bereich der Anschauung und Konkretion ab. Wenn man den von Luhmann als Umwelt bezeichneten Außenbereich des Systems ohne den beschriebenen Widerspruch erreichen will, muss man sich entgegen der Gewohnheit in die Gefilde des Abstrahierens begeben. Aus dem bestimmten System hier und jetzt wird dann das System überhaupt und an sich. Gemeint ist das System ohne nähere Bestimmungen und Besonderheiten, das System als solches. *Das System ist eine besondere Form von Einheit.* Daher kann die Beweisführung mit dem bekannten Begriff der Einheit erfolgen.

Parmenides, der vor 2500 Jahren wirkte, definiert Einheit als ein umgrenztes Gefüge mit Anfang und Ende. Damit erhält Einheit oder System als das in Anfang und Ende Unterschiedene das Prädikat der Unterscheidbarkeit. Wo es Anfang und Ende gibt, da gibt es den Unterschied, der beides markiert. Damit ist die Sphäre der Unterschiedenheit hergestellt. Wo unterschieden wird, da muss das Unterschiedene als solches markiert, eingegrenzt und insofern als solches gesichert werden. Es muss von etwas anderem abgegrenzt werden, das nicht oder noch nicht unterschieden worden ist. Andernfalls kann das Unterschiedene nicht bestimmt und definiert werden. Die Unterscheidung dient somit der näheren Bestimmung und Prädikatierung. Wenn auf der linken Seite der Unterscheidung die Bestimmtheit in Verbindung mit der Unterschiedenheit platziert ist, dann muss es auf der rechten Seite der Unterscheidung den Bereich geben, der nicht durch Unterschiedenheit und Bestimmtheit charakterisiert ist. Wenn alles schon unterschieden und bestimmt wäre, könnte man keine weitere Unterscheidung und Bestimmung vornehmen. Folglich gibt es nichts Unterschiedenes ohne die unmittelbare Bindung an das Nichtunterschiedene. *Unterscheiden und Nichtunterschiedensein bilden ein binäres System, d.h. dieses Unterscheidungssystem besteht aus nur zwei Funktionsfeldern, die unablösbar miteinander verbunden sind.* Da es sich um zwei Bereiche handelt, die jeweils einen eigenen Namen tragen, sind sie zugleich voneinander getrennt. Dieses Unterscheidungsmodell ist binär aufgebaut, d.h. die beiden Funktionsfelder sind so eng miteinander verbunden, wie das bei einem Paar (=bini) Schuhe der Fall ist. Das binäre System ist hergestellt.

Wenn die Logik nur über zwei sich gegenüber stehende Funktionsfelder verfügt, muss alles durch eine Unterscheidungsfigur zu Verteilende auf zwei Sphären verteilt werden. Es gibt keine dritte Sphäre. Auf der einen Seite ist das Grundmodell Einheit im Sinne der Bestimmbarkeit mit Anfang und Ende positioniert. Auf der anderen Seite ist die nicht unterschiedene Verschiedenheit platziert. Die andere Seite der Einheit soll eben nicht Einheit überhaupt und an sich sein. Sie soll Nichteinheit sein, d.h. Negativeinheit. Die Negativeinheit als die entgegengesetzte negative Seite der Einheit darf dann keinen Anfang und kein Ende haben und somit nicht abgrenzbar sein. Auf dieser Seite der binären Unterscheidung gibt es keine Spur von Einheit und folglich auch keine Maßeinheiten. Die rechte Seite der Unterscheidung vertritt die Verschiedenheit in dem Sinne, dass es hier nur Unterschiedliches, Verschiedenes, Mannigfaltiges gibt, also auf jeden Fall Mehreres. Folglich muss die rechte Seite der binären Unterscheidung immer mehrere Gegebenheiten enthalten, während die linke Seite die Einheit und damit das Eine vertritt.

Mit diesen Andeutungen wird ein Bogen um das grundlegende Begriffsmodell Einheit herum geschlagen, der nicht nur die Einheit erfasst, sondern zugleich deren grundsätzliche Negation. Beide Seiten der binären Unterscheidung bilden eine unablösbare Einheit. Zugleich stehen beide Seiten jeweils für sich. Denn es handelt sich um zwei unterschiedliche Begriffe. Systemtheoretische Konstruktionen müssen durch dieses Tor hindurch geführt werden, dessen Pfosten die Einheit und deren Negation sind. Die binäre Unterscheidungsfigur enthält also auf der rechten Seite ein Funktionsfeld, das auf dem gewohnten Weg der Anschauung und Konkretion nicht direkt erreichbar ist. Auf dem Weg der Anschauung ist nur die linke Seite der binären Unterscheidung unmittelbar zugänglich. Da es allgemein für sinnvoll und notwendig gehalten wird, das kontrollierbare Feld der Anschauung nicht zu verlassen, fällt es nicht schwer, sich auf diese logische Ebene zu beschränken, wie das z.B. in Kants Kritik der reinen Vernunft nahegelegt wird. Daher findet die Neigung, das Denken überhaupt auf die Synthesis der mannigfaltigen Gegebenheiten der Anschauung zu beschränken, allgemeine Zustimmung. Denn diese Logik entspricht dem gesunden Menschenverstand. Was jenseits des konkret Fassbaren und Eingrenzbaren liegt, wird gern und allgemein der „Spekulation" überantwortet, wenn man etwa an die Zeiten denkt, in denen Fichte seine „Wissenschaftslehre" schrieb. Die Ausklammerung der Abstraktion und des Bezuges auf die logische Ebene jenseits der bekannten Kategorien ist mit dem Nachteil verbunden, dass Unterscheidungstheorien etwa im Gewand gegenwärtiger Systemtheorien sich auf die Binnendifferenzierung der Einheit oder des Systems beschränken, wie das bei Luhmann der Fall ist. Binnendifferenzierende Systemtheorien bekommen nur das in den Blick, was man als Beobachter innerhalb der konkreten Einheit ausmachen kann: vor allem die Spezifizierung der Teileinheiten (Elemente) des Systems und die Dienstbarkeit der Elemente für das System, dem man sich verdankt, weil die Elemente eben Elemente durch das System sind. Diese funktionalistische Perspektive ist an das Analog-Modell der Unterscheidung gebunden.

Das Analog-Modell ermöglicht den Blick auf die Struktur des Systems, auf die verschiedenen Formen der Verflochtenheit des Ganzen des Systems mit seinen Teilen, den Elementen. Es ermöglicht weiterhin den Blick auf gebündelte Handlungssequenzen mit Wiederholungscharakter, etwa Gebilde in Form der Lebenswelt als Inbegriff des Vertrauten und Gewohnten. Es ermöglicht ferner den Blick auf die Peripherie des Systems, wo die Umwelt des Systems gesehen wird. Dabei wird jedem System eine eigene Umwelt zugeschrieben. Das Analog-Modell gibt den Blick frei auf andere Analog-Modelle außerhalb des beobachteten Systems, also auf die ungezählten Systeme dieser Bauart. Systeme dieser Architektur sind innerhalb (Subsysteme) und außerhalb des beobachteten Systems anzutreffen.

Die Tatsache, dass es überall in der Welt Analog-Systeme gibt, besagt vor allem, dass diese anderen Systeme als Analog-Systeme gesehen werden. Man projiziert gleichsam die eigene Optik des Analog-Modells auf alles andere, was es außerhalb des eigenen beobachteten Systems gibt. Alles, was es gibt, wird somit als Analog-System gesehen, weil man keine andere Sichtweise kennt oder kennen will. Diese anderen Analog-Systeme befinden sich u.a. weit außerhalb des Beobachtungssystems. Folglich liegt es nahe, diese anderen Analog-Systeme in der Umwelt des Systems zu positionieren. Auf diesem Weg wird eine Umwelt des Beobachtungssystems konstruiert, die aus der Vervielfachung des Beobachtungssystems besteht. Hier liegt ein Anwendungsfall der klassischen Unterscheidung Einheit/ Vielheit vor. *Dieses aristotelische Unterscheidungsmodell führt aber nicht aus der kategorialen Ebene des Analog-Systems heraus, ob die beobachteten Systeme nun innerhalb oder außerhalb der Grenzen des eigenen Beobachtungssystems platziert sind.* Analog-System ist Analog-System, auch in der entferntesten „Umwelt" des Beobachtungssystems. Von hier aus ist es zu verstehen, dass der Terminus Umwelt nicht für die Zwecke der wissenschaftlichen Analyse geeignet ist. *Bereits jetzt wird deutlich, dass die Begriffe Umwelt und Lebenswelt Strukturen sind, die in den Bereich der Besonderheiten des Analog-Systems gehören und nicht in die Sphäre der Kategorien, wie z.B. Einheit, System, Vielheit, Negation, Relation, Kausalität, Wechselwirkung usw.*

Zur Konstruktion einer umfassenden Systemtheorie genügt es nicht, die Erklärungen systematisch aufzubereiten (1., 2., 3. usw.) oder alles triadisch zu ordnen, indem nicht mehr als drei Teileinheiten gewählt werden. Es genügt nicht, das Gegenteil oder das Entgegengesetzte einer gegebenen Einheit zu bilden (Schuld/ Unschuld, langsam/schnell usw.). Es genügt auch nicht, eine neue Nomenklatur einzuführen. Es genügt nicht einmal, die Gegebenheiten auf nur zwei Funktionsplätze gleicher Architektur zu verteilen (Unterschiedensein-Nichtunterschiedensein im Sinne Hegels). Erforderlich ist die Umverteilung der Dinge auf nur zwei Felder, von denen das erste Einheit im weitesten Sinne des Begriffs und das zweite gerade nicht Einheit in dieser Definition ausmacht, also Einheit als solche negiert. Um dieses Ziel zu erreichen, muss der Weg der Abstraktion beschritten werden. Einheit muss dann nur als Einheit gesehen werden, als Einheit ohne irgendwelche Zutaten im Sinne von Attribuierungen gleich welcher Art. Einheit wäre dann nichts als Einheit, Einheit als solche, Einheit an sich.

Auf dieser Abstraktionsebene stehen sich dann Einheit an sich und Negation der Einheit an sich gegenüber und bilden eine binäre Einheit: die Einheit von Einheit und Negativeinheit. *Die Einheit enthält in dieser logischen Figur sich selbst und deren Verneinung.* In der Rückwendung auf die konkrete Wirklichkeit werden die entzogenen Attribuierungen zurückgegeben. Einheit ist dann Inbegriff der Begrenzung mit Anfang und Ende, z.B. eine Datei im Computer. Negativeinheit ist dann alles, was keinen Anfang und kein Ende hat, z.B. das Haben oder das Handeln oder das Kopieren. Der logische Aufbau der Wirklichkeit erfolgt aus dem unablöslichen Zusammen von Einheit und dem, was nicht Einheit ist. Systemtheorie ist auf die Dekomposition des grundlegenden Modells Einheit in seine beiden unablösbar zusammengehörenden Bestandteile und deren Rekomposition gerichtet.

Das binäre System der Logik ist kein Parallel- oder Konkurrenzmodell des Analog-Systems. Der Grund: Das Analog-System macht die linke Hälfte des binären Systems aus. Es ist ein integrativer und unentbehrlicher Bestandteil des Ganzen des binären Systems. Das binäre System könnte nicht ohne das analoge System konstruiert werden. Die rechte Hälfte des binären Systems macht die grundsätzliche (kategoriale) Negation der analog vorgestellten Einheit aus. Beide Hälften zusammen ergeben die Vollgültigkeit der Binarität. Ungewohnt und insofern „paradox" (das heißt: gegen die landläufige Auffassung verstoßend) ist die Dynamik des binären Systems der Logik:

1. Ausgangspunkt ist eine konkrete Einheit: eine bestimmte Gemeinde. Auf dieser logisch-funktionalen Ebene bewegt sich die aristotelische Kategorienlehre. Ein Gegenteil gibt es nicht. Gegeben ist eine bestimmte konkrete Einheit. Anfang und Ende lassen sich ermitteln. Es liegt ein Analog-Modell im Sinne des „Dies-da" vor.

2. Im nächsten Gang der Abstraktion wird aus der bestimmten Gemeinde die Begriffskonstruktion Gemeinde überhaupt. Ein Gegenteil gibt es nicht. Gemeinde ist hier eine abstrakte regionale und soziale Einheit mit Unterscheidungsmöglichkeiten: Großstadt, Kreisstadt, Kleinstadt, zentraler Ort, Dorf usw. Unterschieden wird mit dem Analog-System. Die Einheiten müssen sich darin gleichen oder ähneln, dass es sich immer um Gemeinden handelt. Damit sind ana-

loge Unterscheidungsverhältnisse gegeben. Die linke Seite der analogen Unterscheidung heißt jetzt: regionale und soziale Einheit. Die Sphäre des „Dies-da" ist verschwunden, „wegabstrahiert". Die rechte Seite heißt: keine regionale und soziale Einheit. Hier gilt Hegels Satz vom ausgeschlossenen Dritten: Etwas ist entweder regionale und soziale Einheit oder nicht. Es gibt kein Drittes. Links ist regionale und soziale Einheit positioniert. Rechts ist die Verschiedenheit dessen platziert, was es sonst noch an Möglichkeiten für das Leben, Arbeiten, Wohnen, Erholen usw. gibt.

3. Die nächste Ebene der Abstraktion bezieht sich auf die Feststellung, dass regionale Einheit ein Beispiel für differenzierbare Einheit ist. Die Folgerung: Es gibt nicht nur regionale und soziale Einheiten, sondern auch andere Einheiten: biologische, physiologische, psychologische, geographische usw. Einheiten. Alle Einheiten auf dieser Ebene haben Anfang und Ende. Sie sind umgrenzt. Überall kann man Teileinheiten (Subsysteme, Elemente usw.) unterscheiden. Links gibt es unterscheidbare Einheit schlechthin und überhaupt und folglich Unterschiedenheit. Mit dieser Abstraktionsstufe ist die Ebene erreicht, die Hegel Identität im Sinne des Unterschiedenseins nennt. Die Gegenseite führt in jenen Bereich hinein, in dem nicht unterschieden werden kann: Nichtidentität. *Die Einheit der Unterscheidung Unterschiedensein/ Nichtunterschiedensein wird in die reflektiertere Unterscheidung Identität/ Nichtidentität hinübergeführt.* Der metaphysische Hintergrund ist die Einheit der Unterscheidung Sein/ Nichtsein. Auf diesem Niveau der Abstraktion findet man keine Spur von dem Begriff Gemeinde.

4. Jetzt ist die Abstraktionsstufe Einheit überhaupt oder System überhaupt oder Identität überhaupt erreicht. Die Gegenseite ist jetzt dasjenige, was nicht Einheit überhaupt ist, was also keine Unterscheidung zulässt. Rechts gibt es also auch nicht die Ungemeinde oder die Nichtgemeinde. Denn die Ungemeinde wäre die negative (d.h. die schlechte) Version von Gemeinde. Hier gibt es auch nicht die von Luhmann beschriebene Figur der Unperson als Entgegengesetztes der Person. Der Grund: Wenn man der Person die Unperson gegenüberstellt, vollzieht man eine Unterscheidung. Man hat dann nicht die Sphäre des Unterscheidens verlassen. Damit hat man nicht die Sphäre der Einheit verlassen. Denn Einheit steht für Unterschiedensein.

5. Nun führt die Reflexion zur rechten Seite der jetzt paradigmatischen Unterscheidung. Dort ist Unterscheiden nicht möglich und nicht wirklich. Dort ist die „Nicht-Unterschiedenheit“ platziert. Es gibt nur Teile im abstrakten Sinne. Es gibt nur Geteiltes und damit Mehreres (und nicht Eines und damit nicht Einheit). *Die bis dahin abstrakteste Form der Unterscheidung heißt also jetzt: Einheit oder System überhaupt/ Nichteinheit (Negativeinheit) oder Nichtsystem überhaupt.* Die linke Seite dieser paradigmatischen Unterscheidung repräsentiert Unterschiedensein und damit Analogizität, die verschiedene Abstraktionsstufen in sich selbst enthält. Die rechte Seite hat nichts mehr mit dem Gegenteil zu tun. Sie hat auch nichts mehr mit der Negativseite bestimmter Einheit zu tun. Wenn Vernunft als Einheit gesetzt wird, dann kann das Entgegengesetzte nicht die Unvernunft oder das Ausbleiben der Vernunft im Sinne von Nichtvernunft sein.

6. Ergebnis: Die paradigmatische Unterscheidung des binären Systems der Logik sieht für die linke Seite das Unterscheiden und damit Analogizität vor. Folglich enthält sie in sich selbst die früheren Stufen der Abstraktion (eine bestimmte Gemeinde, Gemeinde überhaupt) in sich selbst. Der Beweis: Abstraktion ist immer Abstraktion von etwas, das nicht Abstraktion und damit Konkretion ist: das anschaulich vorgegebene „Dies-da“. Absolutes ist immer etwas vom Konkreten Abgezogenes. Das Absolute ist nicht konstruierbar ohne dasjenige, was nicht absolut (also konkret) ist. Das Absolute enthält das Konkrete in sich selbst. *Binarität enthält in sich Analogizität.*

Abstraktion

Der Begriff Abstraktion ist von dem lateinischen Verb abstrahere abgeleitet. Er bedeutet: fortschleppen, losreißen, trennen, entrücken. Grundsätzlich muss man davon ausgehen, dass Begriffe Vorstellungen sind, mit denen wir versuchen, die Dinge der Welt möglichst treffsicher zu erfassen. Immer muss man seine Vorstellungen von den Dingen, wie sie an sich selbst sind, abtrennen. Kant schreibt in der „Kritik der reinen Vernunft" (A 30), „dass uns die Gegenstände an sich gar nicht bekannt sind, und, was wir äußere Gegenstände nennen, nichts anderes als bloße Vorstellungen unserer Sinnlichkeit sind, deren Form der Raum ist, deren wahres Korrelatum aber, d.i. das Ding an sich selbst, dadurch gar nicht erkannt wird, noch erkannt werden kann, nach welchem aber auch in der Erfahrung niemals gefragt wird".

Insofern ist jegliche Vorstellung bereits eine Abstraktion. Zu den Begründern der modernen Systemtheorie ist Hegel zu rechnen. Für Hegel ist die Abstraktion nicht leer (Wissensch. der Logik, Zweiter Teil, Leipzig 1951, 249). Sie ist vielmehr der bestimmte Begriff. Immer hat die Abstraktion irgendeine Bestimmtheit zum Inhalt. Für Hegel ist der Begriff die absolute Bestimmtheit. So erhält der Unterschied, welcher wesentliches Moment des Begriffs ist, aber im rein Allgemeinen noch nicht als solcher gesetzt (d.h. reflektiert) ist, im bestimmten Begriff sein Recht.

Systemtheorie arbeitet mit verschiedenen Abstraktionsstufen. Die übliche Form der Abstraktion ist die logische Ebene der Erfahrung. So fängt für Kant alle unsere Erkenntnis mit der Erfahrung an. Für Kant ist alles Denken auf Anschauung gerichtet. Alles Denken muss sich auf Anschauung beziehen, „weil uns auf andere Weise kein Gegenstand gegeben sein kann" (Kritik der reinen Vernunft, A 19). Auf dieser Abstraktionsebene der Anschauung und Erfahrung bewegt sich Luhmanns systemtheoretische Konstruktion. Gemeint ist die Abstraktionsebene des Analog-Modells, das vor allem auf Aristoteles zurückzuführen ist. Für Aristoteles ist der bestimmte (d.h. anschaulich gegebene) Mensch ein Beispiel für die Substanz. In der Formulierung durch Luhmann gibt es selbstreferentielle Systeme. (Luhmann: Soziale Systeme, 1985, 31) Gemeint sind empirisch wahrnehmbare Systeme. Damit wird bereits deutlich, dass Luhmann sich auf der Abstraktionsebene des Analog-Modells bewegt und nicht auf derjenigen des binären Modells. Selbstreferentielle Systeme sind empirische Gegebenheiten und keine abstrakten Vorstellungen. Empirisch orientierte Theorie schließt allerdings nicht theoretische und damit abstrakte Analysen z.B. über das Modell des re-entry aus. Vom gemeinten Sinn des Ansatzes her ist Luhmanns Theorie empirisch orientierte Wissenschaft. So versteht sich auch Max Weber als Empiriker trotz seines theoretischen Modells des Idealtypus, den er selbst als utopische Rationalisierung bezeichnet und der seiner Definition nach nirgends in der empirischen Wirklichkeit vorfindbar ist. Empirie schließt also abstrakte Theoriekonstruktion und damit auch Konstruktivismus nicht aus.

Das ist auch in Luhmanns theoretischen Modellen der Fall. So nimmt die Figur des re-entry oder diejenige der Autopoiesis des Rechtssystems ein größeres Maß an Abstraktion ein als die logische Figur des sozialen Systems, das man überall in der Empirie vorfindet. Grundsätzlich verlässt Luhmanns Modellkonstruktion niemals das Abstraktionsgefüge des Analog-Systems. Dieses bekannte und übliche Unterscheidungsmodell setzt eine konkrete Einheit, die mit einer unteilbaren Definition ausgestattet wird (z.B. System) als differenzierbare Grundlage ein. Es ergibt sich das bekannte Modell des Ganzen und seiner Teile. Dieses Modell ist konkret und abstrakt zugleich. Konkret ist es insofern, als ein ganz bestimmtes Etwas Gegenstand der Beobachtung ist: ein bestimmtes soziales System, etwa die Familie L.

Zugleich ist dieses Modell insofern abstrakt, als es als eine bestimmte Version des Begriffes Einheit gesetzt wird. Die Abstraktion setzt sich fort, wenn das Modell Einheit mit dem Modell „ein Ganzes" identifiziert wird. Eine weitere Abstraktion ergibt sich, wenn man eine funktionale Rangungleichheit zwischen der Einheit und dem Ganzen konstruiert, indem man sich auf bestehende Kategoriensysteme bezieht. Das Ganze ist weder bei Aristoteles noch bei Kant eine Kategorie, während die Einheit bei beiden Autoren eine dominante Position einnimmt. Eine Abstraktion liegt auch dann vor, wenn man die Teile des Ganzen als analog definiert, weil alle Teile in das Ganze hineinpassen und auch unter sich kompatibel sein müssen. Eine Abstraktion ist auch dann gegeben, wenn man feststellt, dass das Modell Einheit eine Letztbegründung für die Logik ist oder auch nicht. Im Ergebnis zeigt sich, dass die Ebene der analogen Unterscheidung zahlreiche Abstraktionen involviert und insofern mit der Anstrengung des Begriffs verbunden ist.

Luhmanns systemtheoretische Konstruktion erreicht nicht den Abstraktionsschritt zum binären System. Der Abstraktionssprung vom analogen zum binären System hebt sich von allen anderen Abstraktionsschritten infolge seiner ungewohnten Dimensionen ab. Man ist es gewohnt, mit dem bekannten Analog-Modell auf der Grundlage Substanz/ Akzidens Unterscheidungen zu treffen. Man teilt das Ganze der Einheit in Teile ein, die zueinander und zum Ganzen analog sein müssen. Nun aber muss man das Ganze der Einheit wie auch dasjenige der Teile insgesamt jeweils für sich nehmen und beide Seiten der binären Unterscheidung auf sich selbst stellen. Man muss davon abstrahieren, dass Einheit oder System der alleinige letzte Grund der wissenschaftlichen Erklärung ist. Jetzt geht es darum, Einheit an sich und Geteiltheit an sich als funktional gleichgestellte Entgegengesetzte zu erkennen. Man muss von der Figur „Summe der Teile“ abstrahieren und aus dieser Figur eine völlig neue Figur mit einem höheren Abstraktionsgrad herstellen: das Teilesein als solches, das Geteiltsein für sich genommen, das Nichtunterschiedensein als solches ohne Maß und Einheit irgendwelcher Art. Damit stehen sich in der binären Unterscheidung zwei völlig abstrakte Gebilde gegensätzlich gegenüber. Sie bilden eine Einheit, stehen aber zugleich jeweils für sich: Einheit an sich und Geteiltsein an sich oder Unterschiedensein (in Anfang und Ende) und Nichtunterschiedensein. Alles zu Erklärende muss auf diese beiden Funktionsfelder verteilt werden. Entweder ist etwas Einheit an sich, oder es ist nicht Einheit an sich, d.h. Negativeinheit. Es gibt kein Drittes. So ist der Satz vom ausgeschlossenen Dritten hergestellt worden.

Eine weitere hochgradige Abstraktion der Systemtheorie findet sich im Bereich der Kategorien im Sinne von Grundbegriffen. Kant unterscheidet in der Kritik der reinen Vernunft (B 106) vier Kategorienklassen: Quantität, Qualität, Relation, Modalität. Jede dieser vier Klassen wird wiederum in drei Teileinheiten eingeteilt. Folglich sind alle vier Kategorienklassen teilbare Einheiten und damit Analog-Systeme. *Ein binäres System wird erreicht, wenn es nicht mehr möglich ist, derartige Unterteilungen vorzunehmen, wenn sich also zwei Begriffe konträr gegenüber stehen, die nicht mehr in eine gemeinsame inhaltlich benennbare Einheit hineingeführt werden können.* Alle vier Kategorien haben eine Gemeinsamkeit. Sie bilden eine Einheit insofern, als sie (in diesem Fall triadisch) differenzierbar sind. Die gewonnene Einheit ist also die Differenzierbarkeit. Auf der linken Seite der binären Unterscheidung ist die Differenzierbarkeit positioniert. Auf der rechten Seite ist folglich, da es sich um die Gegenseite handelt, die Nichtdifferenzierbarkeit platziert, d.h. hier können keine Einteilungen und Unterscheidungen vorgenommen werden, weil es keine Anhaltspunkte für Begrenztheiten gibt. Denn Begrenztheiten erfordern immer einen Anfang und ein Ende der abzumessenden Gegebenheit.

Im Ergebnis stehen sich Unterscheidbarkeit und Nichtunterscheidbarkeit gegenüber. Beide Seiten sind aufeinander verwiesen. Das Eine ist nicht ohne sein Anderes zu haben. Das Analog-System ist verlassen worden, weil die binäre Unterscheidung einen Bestandteil in sich enthält, der nicht zu ihm passt: die Nichteingrenzung im Sinne des Nichtunterschiedenseins. Wo es keine Maßeinheit gibt, da kann nicht gemessen werden. *Das binäre System der Logik ist ein spezifisches Unterscheidungsmodell der Systemtheorie. Es liegt oberhalb der kategorialen Unterscheidungsebene Kants.* Diese Konstruktion ist folglich eine Abstraktion, ein Absehen von der logisch-funktionalen Ebene der von Kant dargestellten Kategorientafel.

Adaequatio

Der Begriff adaequatio hängt zusammen mit dem Wasser (aqua). Die Wasserwaage ist ein Messinstrument, mit dem man Angleichungen vornimmt. Für Aristoteles ist die Behauptung der Einheit wahr, wenn Begriff und Ding zusammenfallen. Sie ist falsch, wenn beides nicht zusammenfällt. Die Einheit ist beständig, wenn es sich so verhält. Umgekehrt ist sie nicht beständig, wenn es sich nicht so verhält (Metaphysik 1051b). Luhmanns systemtheoretische Perspektive bringt das Modell der adaequatio in Verbindung mit der Autopoiesis des Systems (Luhmann: Die Wissenschaft der Gesellschaft, 1992, 285): Der Begriff der Autopoiesis gibt keine allein ausreichende Erklärung von Wissenschaft. Er vollbringt auch keine Begründung des Wahrheitsgehalts wissenschaftlicher Theorien. Jedoch ist für Luhmann die Erhaltung der autopoietischen Rekursivität des Operierens die Mindestbedingung für die Ausdifferenzierung der Wissenschaft mit all dem, was daraus folgt. Damit müssen Wahrheitstheorien aufgegeben werden, die einen willkommenen (wenn nicht: perfekten) Endzustand bezeichnen und daraus eine Teleologie des Systems ableiteten, sei es eine immer bessere adaequatio, sei es ein immer besserer Konsens. Luhmann bringt die adaequatio in Beziehung zur Selbstreproduktion des Systems der Wissenschaft. Diese ist nicht auf Fernziele gerichtet. Vielmehr ist für Luhmann die Autopoiesis ein ateleologisches Prinzip.

Die binäre Form der Systemtheorie operiert mit zwei gegensätzlichen Feldern, die zugleich miteinander verbunden und voneinander getrennt sind. Auf der linken Seite der Unterscheidung steht die durch Definition ausgewiesene Einheit des Begriffs adaequatio: Mit adaequatio soll die Übereinstimmung von Gegenstand und Begriff bezeichnet werden. Zu dieser Seite gehören die verfügbaren Einzelheiten und Besonderheiten dieses Gegenstandes. Denn sie sind integrative Bestandteile dieses Begriffs. Hier hat z.B. die Geschichte des Begriffs ihren Platz; denn die historische Entwicklung gehört unmittelbar zu diesem Terminus. In diesem Zusammenhang wäre etwa die von Kant formulierte Definition der Wahrheit zu erwähnen. Kant schreibt: „Die Namenserklärung der Wahrheit, dass sie nämlich die Übereinstimmung der Erkenntnis mit ihrem Gegenstande sei, wird hier geschenkt, und vorausgesetzt..." (Kritik der rein. Vernunft, A 58). Ein weiteres Beispiel wäre die Formulierung Adornos in seinem Buch „Negative Dialektik" (1966, 14f.): Der Name Dialektik sagt zunächst nichts weiter, „als dass die Gegenstände in ihrem Begriff nicht aufgehen, dass diese in Widerspruch geraten mit der hergebrachten Norm der adaequatio“.

Die rechte Seite der binären Unterscheidung enthält alles, was das Umgehen, Beurteilen, Behandeln usw. der adaequatio betrifft. Dazu gehört u.a. auch Luhmanns oft genannte Beobachtung der Beobachtung, die für die wissenschaftliche Ebene kennzeichnend ist. Gemeint ist das Beobachten der Beobachtung anderer, z.B. die Beschreibung der adaequatio durch Aristoteles. Diese Beobachtung zweiter Ordnung ist in Luhmanns Systemtheorie kennzeichnend für die Struktur der Funktionssysteme, z.B. in der Rechtswissenschaft. Das binäre Modell der Logik fordert allerdings nicht einen Beobachtungsverlauf zweiter Ordnung mit Anfang und Ende, sondern das nicht abgegrenzte Beobachten, dazu aber weitere Gegebenheiten, z.B. das Beurteilen, das Vergleichen, das Einordnen in ein Schema usw. Es müssen auf jeden Fall mehrere Gegebenheiten sein, die die rechte Seite der binären Unterscheidung ausmachen Hier hat auch das Beobachten des Untersuchungsgegenstandes von unterschiedlichen fachlichen Perspektiven her und von mehreren fachinternen Theorieansätzen her seinen Platz. *Entscheidend ist die ständige oszillative Verbindung zur linken Seite der Unterscheidung hinüber: die aristotelische Position erkennen, sie von ihrem historischen Kontext her zu verstehen suchen, sie von den neueren ideologiekritischen Entwicklungen her aufarbeiten, sie mit den Modellen der Dialektik in Verbindung bringen usw.* Das binäre Modell erfordert in jedem Fall ein Programm. *Entscheidend: Die Beobachtung im Sinne des unabgegrenzten Beobachtens darf nicht auf der kategorialen Ebene der Negation kategorialer Einheit verbleiben. Anders formuliert: Die Argumentation darf sich nicht lediglich auf die rechte Seite der binären Unterscheidung beschränken. Wenn sie das tut, verbleibt sie in der Sphäre der Negativeinheit, die eine spezielle Form der Einheit und insofern Einheit ist. Ergebnis: Das Modell der Beobachtung der Beobachtung verlässt nicht die Sphäre der Einheit, auch wenn es sich um die negative Version der Einheit handelt. Diese Konstruktion lässt sich nur dem Analog-Modell zuordnen.*

Analog-System

Das Analog-System ist die übliche Form der Unterscheidung. Eine Einheit bildet die beständige Grundlage der Unterscheidung, z. B. die Stadt. Die tragende Einheit lässt sich theoretisch in unbegrenzt viele Teileinheiten aufgliedern: Weltstadt, Großstadt, Hauptstadt, Industriestadt, Kleinstadt usw. Die Stadt ist in klassischer Formulierung die Substanz. Gemeint ist dasjenige, was die Stadt zur Stadt macht, was eine Stadt ist und wodurch die Stadt erst zur Stadt wird. Die Substanz erfordert daher eine klare Definition als Umgrenzung. Im Sinne Max Webers ließe sich der Markt als Charakteristikum der Stadt definieren.

Wenn man die Stadt nun vom Markt her sieht, müssen alle akzidentellen Teileinheiten der Stadt mehr oder weniger durch das Marktgeschehen bestimmt sein. Das bedeutet: Alle Teileinheiten der Stadt müssen sich darin ähneln, dass sie irgendwie am Markt teilhaben. Das griechische Wort analogia bedeutet Gleichheit, Ähnlichkeit. Ein Blick in die Wirklichkeit der städtischen Strukturen zeigt, dass einige Städte zentral durch den Markt bestimmt sind, z.B. die Handelsstadt oder die Hafenstadt. Andere Typen der Stadt erfüllen die Bedingung, durch den Markt bestimmt zu sein, deutlich weniger, z.B. der Begriff der Schlafstadt. Hier dürfte der Markt nur eine periphere Rolle spielen.

Das Beispiel zeigt, dass die Streuung unter den Teileinheiten sehr groß sein kann und dass unter Umständen andere Merkmale der Stadt hinzugezogen werden müssen, etwa die Komplexität der Wohnanlagen und die Einwohnerzahl. Analogie wird daher im Regelfall nicht so sehr Gleichheit als vielmehr Ähnlichkeit der Teileinheiten bedeuten. Entscheidend für das Unterscheidungsmodell mit dem Namen Analog-System ist in jedem Fall die Differenzierbarkeit einer vorgegebenen Einheit in dem Sinne, dass alle Teilbereiche als Einheiten definiert werden können und einander ähneln müssen. Das Analog-Modell hat eine zentrale historische Grundlage in der von Aristoteles verfassten „Metaphysik“: „Ausgangspunkt aller Erkenntnis ist nun aber auf jedem Gebiet die Einheit“ (1016b).

Von zentraler Bedeutung ist die Einsicht, dass das Analog-Modell die Sphäre der Einheit grundsätzlich nicht verlässt. Das bedeutet: Alle Unterscheidungen spielen sich auf dem logischen und funktionalen Feld der Einheit ab. Es darf nicht ein Gebiet betreten werden, das nicht Einheit ist. Alles ist entweder Einheit oder Teileinheit. Nun hat jede Einheit einen Anfang und ein Ende und ist somit durch Eingrenzung bestimmt. Die analog bestimmte sozialwissenschaftliche Theorie arbeitet daher z.B. mit dem Begriff des Handelns im Sinne des Handlungssystems, des Handlungsablaufs (Max Weber) oder der Handlungssequenz. Für Luhmann besteht ein soziales System aus Handlungen (Soziale Systeme, 1985, 191). Luhmann lässt das Subjekt über Handlung ins System kommen. Die Fähigkeit zu kollektivem Handeln ergibt sich keineswegs schon daraus, „dass ein soziales System aus Handlungen besteht bzw. sich als Handlungssystem konstituiert" (Ebenda, 272). Für Luhmann aggregieren sich Handlungen nur unter besonderen Voraussetzungen zu einer kollektiv bindenden Entscheidungs- und Wirkungseinheit (Ebenda). Luhmann ordnet sich dem Analog-Modell ein, indem er das Systemhandeln als Umsetzung von Input in Output definiert und dem Handeln die Form der Programmierung gibt (Ebenda, 278). Da das Programm Anfang und Ende hat, liegt Einheit vor.

Das Analog-Modell ist durch Einheit bestimmt. Einheit ist immer differenzierbar. Denn Einheit hat Anfang und Ende und hat somit das Merkmal der Unterscheidbarkeit. Man kann sagen: Alles, was unterschieden wird, geschieht innerhalb der Umgrenzung nicht nur bestimmter konkreter Einheiten, sondern von Einheit ganz allgemein und schlechthin. Ein wichtiges Charakteristikum der Einheit besteht darin, ein Ganzes zu sein. Ein Ganzes lässt sich nur dort konstruieren, wo es Teile gibt, z.B. Elemente, Subsysteme, Spielarten, Varianten, Varietäten usw. Das Modell „das Ganze und seine Teile" nimmt in der gegenwärtigen Unterscheidungstheorie einen zentralen Platz ein. Im Analog-Modell hat auch der Gegensatz einen wichtigen Platz. Der Gegensatz wird als der größte Unterschied verstanden (Aristoteles, Hegel). So gehören gegensätzliche Parteien zu dem gleichen politischen Gefüge. Die beiden Entgegengesetzten bilden die Extrempole einer tragenden Einheit, z.B. eines Staates. *Wo von Unterschieden die Rede ist, da bestimmt letztlich das Modell der Einheit, die in verschiedene und so auch in extrem unterschiedliche Teile gegliedert ist. Der Gegensatz verlässt also nicht das logische Feld der Einheit.*

Für Hegel ist jede Bestimmung, jedes Konkrete, jeder Begriff wesentlich eine Einheit unterschiedener oder unterscheidbarer Momente (Hegel: Wissenschaft der Logik, Teil 2, a.a.O., 61). Da die Begriffe Einheit und System synonym verstanden werden können, ist dem Systembegriff vom Analog-Modell her gesehen ein weites Feld eröffnet. Analog verstandene Systemtheorie könnte zu großer Komplexität ausgeweitet werden, wenn nicht sehr bald verbotene Widersprüche auftreten würden. Die analog gesehene Einheit ist zudem Einheit als Einheit der Differenz. Das heißt: *Differenz bedeutet immer Verschiedenheit innerhalb der Einheit.* Die Einheit hält das Unterschiedliche so zusammen, dass alles von der Einheit Umschlossene miteinander kompatibel und damit analog ist. Der Unterschied führt die Reflexion nicht aus der Umgrenzung der Einheit heraus. Daher bleibt die Einheit bei sich selbst, wenn Unterschiede gemacht werden.

Die Einheit als substantielle Grundlage ist nicht immer auf den ersten Blick erkennbar. So werden die Begriffe Gemeinschaft und Gesellschaft (F. Tönnies) durch die im Begriff der sozialen Aggregation oder Vergesellschaftung liegende Einheit zusammengehalten. Damit wird offensichtlich, dass die die unterschiedlichen Teileinheiten zusammenhaltende Einheit vielfach erst gesucht werden muss. Ein weiteres Problem liegt in der klassischen Unterscheidung Einheit/ Vielheit. Das Modell Vielheit führt nicht aus der Umgrenzung der Einheit heraus. So bildet die Zahl 12 eine Vielheit, welche die Einheit eins zwölfmal in sich enthält. Zusammenfassend bleibt festzustellen, dass das Analog-Modell der Unterscheidung nicht aus dem Einen der Einheit herausführt.

Herkömmliche Modelle der Systemtheorie führen allgemein nicht aus der Umschlossenheit der Einheit heraus. Ein wichtiges Anliegen Hegels besteht darin, der Wissenschaft die Form des Systems zu geben. Sein Ansatz bewegt sich in den Bahnen des Analog-Systems. Hegel unterscheidet gern in der Form der überschaubaren triadischen Aufzählung: 1., 2., 3. Diese Form der Darstellung ist nicht systemtheoretisch zu nennen, sondern systematisch. Seine Leitunterscheidung Identität der Identität und Nichtidentität (d.h. Einheit des Unterschiedenseins und Nichtunterschiedenseins) verbleibt innerhalb der Einheit. Die beide Seiten der Unterscheidung verbindende Einheit ist die Identität, und zwar von der positiven wie von der negativen Seite. Luhmanns Paradigma Differenz der Identität und Differenz wird durch Einheit bestimmt. Denn Identität ist identisch mit Einheit, und Differenz besagt: Der Unterschied ist nicht Übergehen in ein Anderes, nicht Beziehung auf Anderes außer ihm. Er hat sein Anderes, die Identität, an ihm selbst (Hegel, Wissenschaft der Logik, Teil 2, a.a.O., 33). Das logische Modell der Differenz bleibt an die Einheit als tragenden Grund gebunden. Analoge Systemtheorie verlässt nicht den Boden der aristotelischen Logik.

Autopoiesis

Autopoiesis ist ein typischer Begriff der modernen Systemtheorie. Das griechische Hauptwort poíesis bedeutet das Machen, die Herstellung, insbesondere das Schaffen des Dichters. Autós bedeutet selbst. Autopoiesis meint vom begrifflichen Ursprung her die Selbstproduktion. Im systemtheoretischen Sinne besagt Autopoiesis die Selbstreproduktion des Systems. Luhmann bringt das Modell der Selbstherstellung mit dem Begriff Selbstreferenz in Verbindung (Soziale Systeme, 1985, 27): „In der Theorie selbstreferentieller Systeme wird...alles, was zum System gehört, (einschließlich etwaiger Spitzen, Grenzen, Mehrwerte usw.) in die Selbstherstellung einbezogen und damit für den Beobachter entmystifiziert.“ Damit wird die Verbindung zur Kybernetik im Sinne der Selbststeuerung hergestellt. Selbstreferenz bedeutet für Luhmann: „Es gibt Systeme mit der Fähigkeit, Beziehungen zu sich selbst herzustellen und diese Beziehungen zu differenzieren gegen Beziehungen zu ihrer Umwelt“ (31). Luhmann ersetzt die Differenz von Ganzem und Teil durch eine Theorie der Systemdifferenzierung, die dann nichts weiter ist als Wiederholung der Systembildung in Systemen. Ein Beispiel für ein Element des Systems ist die Handlung, die erst durch das System konstituiert wird. Eine Handlung wird als Handlungseinheit verstanden, d.h. das an sich nicht eingegrenzte Handeln wird mit einem Anfang und einem Ende versehen. Auf diese Weise wird der kategoriale Spielraum des Modells Einheit und damit des Systems grundsätzlich nicht verlassen.

Die Einheit des Elements ergibt sich für Luhmann nicht als Emergenz „von unten“, sondern als Konstitution „von oben“, also vom System her. Luhmann formuliert: „Elemente sind Elemente nur für die Systeme, die sie als Einheit verwenden, und sie sind es nur durch diese Systeme. Das ist mit dem Konzept der Autopoiesis formuliert“ (Ebenda, 43). Die Selbstreproduktion des Systems ist damit eine Leistung des Systems selbst. Die funktionalistische Komponente dieses Ansatzes bezieht sich auf die Beiträge der Elemente zum System. Luhmann hat mit seiner Definition nicht die Beiträge des Ganzen zu seinen Teilen im Blick, also nicht die Leistungen des Systems für die Elemente. Die Grundorientierung läuft einseitig: Das Ganze ist mächtiger als seine Teile. Denn was die Teile an Leistungen erbringen, ist nur auf das übergreifende System gerichtet. Schließlich sind die Elemente das, was sie sind, nur durch das System. Luhmann geht davon aus, „dass Elemente immer durch das System konstituiert werden, das aus ihnen besteht und ihre Einheit nur der Komplexität dieses Systems verdanken“ (Ebenda, 50).

Mit dieser theoretischen Setzung gewährt Luhmann dem Ganzen des Systems ein größeres logisches und funktionales Gewicht als den für sich genommenen Teilen in Form der Elemente. Damit bekennt er sich unausgesprochen zu der These, dass das Ganze mehr ist als die Teile des Ganzen. Die binäre Perspektive dagegen teilt dem Ganzen des Systems denselben gewichtsspezifischen Spielraum zu wie den Elementen dieses Ganzen. Das substantielle Gewicht liegt im binären System zu gleichen Anteilen im System wie in den für sich vorgestellten Elementen des Systems. *Damit hebt das binäre Modell der Logik die herkömmliche Übermacht des Ganzen gegenüber den Teilen auf.* Das binäre Modell sieht nicht nur die Leistungen der Elemente zum System, sondern auch die Beiträge des Systems für die Elemente. Hier liegt ein wichtiger Unterschied zum Funktionalismus.

Die mit dem Analog-Modell verbundene logisch-funktionale Priorität des Systems gegenüber den Elementen verleitet die Theoriekonstruktion offensichtlich dazu, Selbstreferenz als Autonomie und sogar (im Rekurs auf Aristoteles) als Autarkie im Sinne der Selbstgenügsamkeit zu verstehen. Der Fremdeinfluss auf das System wird zwar nicht geleugnet. Jedoch kommt ihm eine mehr periphere Bedeutung zu. Entscheidend ist immer die von Aristoteles übernommene Idee, dass das substantiell verstandene System in sich selbst ruht und im Prinzip zu dem, was es ist und aus sich macht, keines anderen bedarf. So wird denn Kausalität als eine Art Selbstreferenz gesehen (Luhmann: Soziale Systeme, 1985, 26). Systemdifferenzierung ist dann nichts anderes als die Wiederholung der Differenz von System und Umwelt innerhalb der Systeme (Ebenda, 22). Die Einheit des Systems bleibt bei sich selbst. Nur die Umwelt spielt peripher in das Systemleben hinein. Dabei wird die Differenz von System und Umwelt von Luhmann selbst in einem ersten Schub als systemtheoretische Fortschreibung der Differenz von Ganzem und Teil verstanden (Soziale Systeme, 1985, 22). Übersehen wird dabei, dass Selbstreferenz und Fremdreferenz das gleiche logische Gewicht haben, so dass die Priorität der Selbstreferenz aus logischen Rücksichten nicht vertretbar ist. Luhmanns Ansatz stellt ferner die Aufgabe, einen Widerspruch zu behandeln: Einerseits wird die Umwelt als Teil des Ganzen des Systems gesehen, weil sie ein Negativ-Korrelat des Systems ausmacht und die Systemhandlungen nach außen hin fortschreibt. Andererseits ist die Umwelt immer sehr viel komplexer als das System selbst (Ebenda, 249), so dass jedes System sich gegen die überwältigende Komplexität seiner Umwelt zu behaupten hat (Ebenda, 250).

Das logische Modell der Autopoiesis ist nur dann tragfähig, wenn die Selbstproduktion in unablöslicher Verbindung mit dem gesehen wird, was als Negativeinheit die Gegenseite der Selbsterzeugung ausmacht: das Herstellen, das laufende Prüfen, das Beobachten, das Justieren, das Berichtigen usw. der Selbstherstellung. Ein Automat ist nur dadurch ein Automat, dass das Konstruieren dieses Gegenstandes überhaupt durch Denkarbeit möglich ist und dass das Planen in die Wirklichkeit umgesetzt wird. Wenn der Autopoiesisbegriff auf die biologische Ebene angewendet wird, gehört das Ermöglichen und Verwirklichen der Selbstproduktion unabdingbar als integrativer Bestandteil dazu. Es genügt aus logischen Rücksichten nicht, das Herstellen, Erhalten, Sichern usw. der Autopoiesis als selbstverständlich vorauszusetzen. Keine Pflanze, keine Zelle kann sich selbst machen. Immer gehört das Leuchten oder Wärmen durch die Sonne usw. dazu. Die vorliegende analoge Systemtheorie erfüllt diese Bedingungen nicht, weil sie das System als Version des grundlegenden Konstruktionsmodells Einheit auf sich selbst stellt.

Luhmann trägt dieser Argumentation durchaus Rechnung, wenn er formuliert: „Systeme sind nicht nur gelegentlich und nicht nur adaptiv, sie sind strukturell an ihrer Umwelt orientiert und können ohne Umwelt nicht bestehen. Sie konstruieren und sie erhalten sich durch Erzeugung und Erhaltung einer Differenz zur Umwelt, und sie benutzen ihre Grenzen zur Regulierung dieser Differenz“ (Soziale Systeme, 1985, 35). Luhmann folgt dem Analog-Modell der Logik konsequent, indem er seine Leitbegriffe als Einheiten (oder Systeme) sieht. Das System ist ebenso Einheit wie die Umwelt (Ebenda, 36). Das Analog-Modell hat nämlich nur Einheiten zur Verfügung: übergreifende Einheiten und Teileinheiten, Systeme und Subsysteme, Systeme und Elemente. Das Grundprinzip des Analog-Modells ist die Differenzierbarkeit. Man kann jede Einheit, jedes System, in unbegrenzt viele Teileinheiten einteilen. *Sobald diese Logik versucht, die kategorialen Grenzen der Einheit oder des Systems zu überspringen, verwickelt sie sich in Widersprüche, die dann aufgefangen werden müssen.* Die Leitunterscheidung System/ Umwelt enthält in sich den Widerspruch, dass sie zwei Einheiten enthält. Das System ist Einheit. Denn es hat Anfang und Ende. Und die Umwelt ist auch Einheit. Denn auch sie hat Anfang und Ende, wenn auch in diffuser Form. Wenn jedes System eine eigene Umwelt hat, wie die analoge

Systemtheorie vorgibt, dann ist die Umwelt nichts anderes als eine Teileinheit des Systems, wie das auch aus Luhmanns Definitionen hervorgeht. Zwei aneinander gestellte Einheiten bilden eine Reihe mit kategorial gleichen Größen. Es erweist sich nicht als sinnvoll, ein solches Gebilde als logisches Differenzierungsmodell mit paradigmatischem Charakter zu bezeichnen. Die Grenzen des Grundmodells Einheit oder System werden in der analogen Systemtheorie nicht verlassen. Die analoge Systemtheorie ist dazu verurteilt, sich auf die Differenzierung gegebener Einheiten oder Systeme zu beschränken. Der Versuch, die Grenzen des kategorialen Grundmodells mit dem Namen Einheit oder System zu überschreiten, gelingt durch den Einstieg in die binäre Logik. Diese erklärt zwar ebenso alles vom kategorialen Modell Einheit her. Sie trägt aber dem Gedanken Rechnung, dass Einheit nicht ein unversehrtes Ganzes ist, sondern dass Einheit nicht auf sich allein stehen kann, dass Einheit vielmehr ein Gefüge ist, das in sich selbst geteilt ist in sie selbst und unablöslich verbunden damit in dasjenige, was nicht kategoriale Einheit ist, was keinen Anfang und kein Ende hat. *Entscheidend ist die Unablösbarkeit der beiden integrativen Bestandteile der Einheit.* Derartige logische Konstruktionen müssen aus einem Guss hergestellt sein. Andernfalls verwickelt man sich fortlaufend in Widersprüche, an deren Auflösung man dann fortlaufend arbeiten muss, weil das Analog-Modell durch das Prinzip der differenzierbaren Einheit bestimmt und definiert ist.

Wie gezeigt, beschreibt Luhmann die Verbindung von System und Umwelt eindeutig. Ebenso klar und eindeutig ist seine Feststellung, dass System und Umwelt getrennt sind: Die Systemtheorie kann dann formulieren, „dass jede Einheit, die in diesem System verwendet wird..., durch dieses System selbst konstituiert sein muss und nicht aus dessen Umwelt bezogen werden kann“ (Soziale Systeme, 1985, 51). Die analoge Systemtheorie besagt: System und Umwelt sind (durch Differenz) verbunden. System und Umwelt sind voneinander getrennt. Die binäre Systemtheorie würde hier sagen: System und Umwelt sind zugleich verbunden und getrennt. Sie verwendet aber nicht den Begriff Umwelt als logischen Grundbegriff, weil Umwelt wie System Anfang und Ende hat und somit kategoriale Einheit ist und weil Umwelt keine logische Kategorie ist. Die binäre Logik verbleibt nicht auf der kategorialen Ebene der Einheit, sondern überspringt deren Grenzen.

Ergebnis: Autopoiesis ist eine auf sich selbst gestellte begriffliche Einheit, d.h. eine Gegebenheit mit Anfang und Ende. Sie ist durch Unterschiedenheit (eben in Anfang und Ende) bestimmt. Wo etwas unterschieden wird, da gibt es etwas, was nicht (oder noch nicht) unterschieden worden ist, was also durch Nichtunterschiedenheit bestimmt ist. Das begriffliche Modell Unterschiedenheit ist unablösbar mit dem Modell Nichtunterschiedenheit verbunden. Man kann daher sagen: *Die Unterscheidung in Anfang und Ende, durch die die begriffliche Einheit mit der Bezeichnung Autopoiesis bestimmt ist, unterscheidet sich von der Nichtunterscheidung, die der Verschiedenheit anhaftet, und nicht von der Umwelt.* Zugleich stehen beide Begriffe für sich, weil es sich um zwei unterschiedliche Bezeichnungen handelt. Autopoiesis als begriffliche Einheit ist unablöslich verbunden mit und getrennt von dem, was diese Einheit kategorial nicht ist: negative Einheit, etwas, was keinen Anfang und kein Ende hat. Das kann nicht die Umwelt sein, sondern z.B. das Projektieren der Autopoiesis, das Instandhalten der Autopoiesis, das Aufspüren und Beseitigen von Fehlern im Ablauf der Autopoiesis usw. Jeder Selbstlauf, jede Automatik, jede Selbstreproduktion ist so gut und so schlecht wie dasjenige, was mit diesem Selbstlauf gemacht wird. Das weiß z.B. jeder Fahrer und jede Fahrerin eines Autos mit automatischem Getriebe sehr genau.

Beobachtung

Der Begriff Beobachtung gehört zu den zentralen Bezeichnungen der analogen Systemtheorie und somit zu der von Luhmann vorgelegten Theoriekonstruktion. Auf der Ebene der allgemeinen Systemtheorie heißt Beobachtung nichts weiter als die Handhabung von Unterscheidungen (Soziale Systeme, 1985, 63). Mit der grundlegenden Verwendung dieses Begriffes knüpft Luhmann an Spencer Brown und Maturana an. Beobachten gilt auch als „Basisoperation von Verstehen" (Ebenda, 110). Luhmann knüpft das Modell der Beobachtung an die systemtheoretisch verstandene Strukturbildung. Luhmanns klassisches Modell „Reduktion von Komplexität" zeigt sich als Einschränkung der Relationierungsmöglichkeiten. Als solche hebt Strukturbildung die Gleichwahrscheinlichkeit jedes Zusammenhangs einzelner Elemente (Entropie) auf (Ebenda, 386). Dieser Sachverhalt ist Voraussetzung der Selbstreproduktion. Strukturbildung ist aus dem gleichen Grunde aber auch Voraussetzung für jede Beobachtung und Beschreibung eines Systems. Unter diesem Gesichtspunkt wird Strukturbildung auch als Erzeugung von Redundanz aufgefasst. Das heißt: Die Beschreibung eines Systems erfordert dann nicht, dass jedes Element in seinem jeweiligen konkreten Zustand ermittelt wird, sondern man kann aus einer Beobachtung auf andere schließen (Ebenda, 368). Redundanz erweist sich somit als Sicherheit. Luhmann macht seine Grundorientierung am logischen Modell der Einheit deutlich, obwohl er der Differenz den ersten Platz in seinem Theoriegebäude einräumt: Alle Beobachtung ist darauf angewiesen, Einheit zu erschließen; und sie muss sich dazu an Differenzen orientieren, um feststellen zu können, was etwas im Unterschied zu anderem ist. Alle Beobachtung benutzt (das definiert den Begriff) ein Differenzschema (Ebenda, 654).

Ausgangspunkt ist also immer der Unterschied, von dem aus dann der Rückschluss auf die Einheit erfolgt. Diese Argumentation übersieht den grundlegenden Sachverhalt, dass Unterschiede nur dort ausgemacht werden können, wo Einheit vorhanden ist. Unterscheidungen lassen sich nur dort treffen, wo ein Etwas gegeben ist, das Anfang und Ende hat und somit dem Grundmodell Einheit entspricht. Folglich ist es nicht möglich, der Differenz die Priorität gegenüber der Einheit zu erteilen. Differenz und Einheit sind zugleich und damit ohne logische Rangunterschiede und Prioritäten gegeben. Auf diesen wichtigen logischen Sachverhalt stößt Luhmann selbst. In der

Schrift „Soziologische Aufklärung 6“ (1995, 164) formuliert Luhmann kurz in einem Konditionalsatz: „Wenn aber Identität Differenz ist (ist!)...“ *Mit diesem beachtenswerten Zitat korrigiert Luhmann seine eigenen grundlegenden logischen Schieflagen.*

Natürlich gibt es einen Unterschied (eine Differenz) zwischen den beiden Begriffen Identität und Differenz. Schließlich handelt es sich um zwei unterschiedliche Begriffe. Zugleich sind Identität und Differenz aber untrennbar miteinander verbunden. Dass beide Begriffe, Identität und Differenz, zugleich verbunden und getrennt sind, ist niemals Bestandteil der analog bestimmten Logik geworden. *Der Terminus Differenz hat seinen Platz in der anschaulichen Welt der unterschiedlichen Teileinheiten eines vorgegebenen Ganzen einer Einheit.* Das binäre Zugleich von Identität und Differenz (jetzt allerdings als Verschiedenheit an sich oder Geteiltheit an sich gemeint) ist nur dann erreichbar, wenn die konkrete Ebene der Differenzierung verlassen und die kategoriale Landschaft des Ansich betreten wird. Die Leitunterscheidung der Binarität heißt dann nicht Identität/ Differenz, sondern Identität/ Verschiedenheit oder Unterschiedenheit/ Nichtunterschiedenheit.

Die analoge Perspektive sieht Beobachtung primär als Umgang mit Unterscheidungen. Folgerichtig nimmt die Differenz den ersten Platz in der Rangordnung ein. Die binäre Sicht beschränkt sich nicht auf die Aufforderung „Mach einen Unterschied!“ Denn Unterschiede sind immer Unterscheidungen innerhalb einer vorgegebenen Einheit oder einem System. Diesem Sachverhalt wird die analoge Systemtheorie nicht gerecht. So definiert Luhmann in seinem 1992 erschienenen Grundlagenwerk „Die Wissenschaft der Gesellschaft“ die Beobachtung nach wie vor als Operation des Unterscheidens. Jedoch fügt er das Bezeichnen hinzu. Er spricht von einer „Gleichung von Beobachten und Unterscheiden“ (Ebenda, 74). Alles Beobachten muss als System durchgeführt werden.

Luhmann weist auf einen sehr wichtigen Sachverhalt hin: „Aus der Realität des operativen Vollzugs von Beobachtungen kann man jedoch nicht auf deren Objektivität schließen“ (Ebenda, 78). Das wissenschaftliche Beobachten führt nicht in eine Welt hinein, die unabhängig vom Beobachter existiert „und von allen Beobachtern, wenn sie sich nicht irren, gleichsinnig erfasst wird, *weil* sie unabhängig von ihnen existiert. Deshalb erlaubt auch die Konvergenz von Beobachtungen keinen Rückschluss auf die Realität ihres Gegenstandes, allenfalls einen Rückschluss darauf, dass Kommunikation stattgefunden hat. Jede Referenz, sei es auf das System selbst, sei es auf dessen

Umwelt, ist ein Konstrukt des Beobachtens“ (78). Diese bedeutsamen Äußerungen erbringen die ernüchternde Einsicht, dass auch die mehrheitlich kontrollierte Beobachtung nicht zu objektiven Ergebnissen führen kann. Für die Praxis der empirischen Forschung bedeutet das: Wenn das Ergebnis einer Inhaltsanalyse vorliegt, führt auch der Weg über die Kontrollbeobachtung nicht zu objektiven Ergebnissen. Die Ergebniskontrolle besagt nicht mehr, als dass man sich über das Beobachtungsverfahren verständigen konnte.

Da im Sinne der Systemtheorie Wissenschaft nur als System möglich ist, ergibt sich die Konsequenz, dass der Beobachter (im weitesten Sinne des Begriffs) ein strukturiertes System sein muss (Ebenda, 79), wenn die Kontinuität des Beobachtens gesichert werden soll. Die Folgen für das Verständnis von Objektivität besagen dann: Auch mehrheitlich abgesicherte Beobachtung erreicht nicht die Sphäre wissenschaftlicher Objektivität. Denn das Objektive ist unablöslich an das Subjektive und damit an das Subjekt geknüpft. Die Unterscheidung Subjekt/ Objekt ist an die Differenzierung einer Einheit gebunden. Diese Einheit mit der Unterscheidung in zwei Gegebenheiten ist die Grundstruktur der Beobachtung. Die Ableitung des Begriffs Objektivität vom Begriff Objekt bindet den Terminus Objektivität an ein duales analoges Differenzierungsschema. Die Unterscheidung subjektiv/ objektiv ist daher an die Bedingungen der analogen Logik gebunden (und nicht an das Modell der binären Logik).

Das Beobachten verwendet eine Unterscheidung. Es setzt das Ziel, etwas durch sie Unterschiedenes zu bezeichnen. Die Unterscheidung markiert eine Grenze (Ebenda, 79). Die Folge ist, dass in der einen Form, welche die Unterscheidung als solche ausmacht, zwei Seiten entstehen. So kann man nicht von der einen Seite zur anderen gelangen, ohne die Grenze zu überschreiten. Man kann nicht auf zwei Seiten zugleich sein. Das Überschreiten der Grenze (crossing im Sinne Spencer Browns) kostet Zeit. Die Operation des Unterscheidens orientiert sich an der Differenz von vorher und nachher (Ebenda, 80). Andererseits sind die beiden Seiten gleichzeitig gegeben. Die Unterscheidung aktualisiert somit gleichzeitig Gleichzeitigkeit und Ungleichzeitigkeit. Das Unterscheiden gibt mehr Möglichkeiten her als nur diejenige, welche dann bezeichnet wird. „Immer, wenn ein solches Verfahren angewandt wird, differenziert sich ein entsprechendes System aus seiner Umwelt aus...“ (Ebenda, 81). Bei rekursiver Fortsetzung des Beobachtens entwickelt sich eine Systemgrenze, die einschränkt, was in diesem System beobachtet wird. Es entsteht die Figur des Beobachters.

Für Luhmann ist alles, was beobachtet wird, abhängig von der Unterscheidung des Beobachters. Die unmittelbare Beobachtung kann sich nicht selbst beobachten. Durch die rekursive Vernetzung vieler Beobachtungen entsteht ein System (Ebenda, 83). Alle Beobachtungen im System richten sich auf die Differenz von System und Umwelt. „Diese Differenz tritt dann als Unterscheidung, an der sich das System orientiert, (aber stets nur: mit bestimmten seiner Operationen orientiert) in das System ein. Es kommt zu einem Eintritt der Form in die Form“ (Ebenda, 83). Dieser Vorgang wird im Anschluss an Spencer Brown re-entry genannt. Die auf die Differenz von System und Umwelt gerichteten Beobachtungen werden autopoietisch im System erzeugt. Alle vernetzten Beobachtungen sind auf die Differenz von System und Umwelt gerichtet. Die Beobachtungen werden laufend vollzogen. Daher ist die Differenz von System und Umwelt eine operative Unterscheidung. Wenn diese Möglichkeit erreicht ist, kann das System sich selbst als Einheit bezeichnen und sich als solche gegen die Umwelt abgrenzen. Luhmann nennt diesen Vorgang eine besondere Art von Selbstbeobachtung (des Systems).

Die Beobachtung selbst ist nicht in der Lage, zwischen wahr und unwahr zu unterscheiden. Vielmehr wird vorausgesetzt, dass die Beobachtung ihrerseits beobachtet wird. So ergibt sich die Beobachtung der Beobachtung, die auch als Beobachtung zweiter Ordnung bezeichnet wird. Luhmann formuliert: „...das Beobachten benutzt die eigene Unterscheidung als seinen blinden Fleck. Es kann nur sehen, was es mit dieser Unterscheidung sehen kann. Es kann nicht sehen, was es nicht sehen kann“ (Ebenda, 85). Die Beobachtung zweiter Ordnung setzt voraus, „dass man den beobachteten Beobachter unterscheidet, also eine andere Unterscheidung verwendet als er selbst“ (Ebenda, 86). Der Beobachter zweiter Ordnung muss an Beobachtungen erster Ordnung anschließen können. Luhmann sieht das Beobachten als eine paradoxe Operation. „Sie aktualisiert eine Zweiheit als Einheit, in einem Zuge sozusagen. Und sie beruht auf der Unterscheidung von Unterscheidung und Bezeichnung, aktualisiert also eine Unterscheidung, die in sich selbst wieder vorkommt“ (95). Das Beobachten zweiter Ordnung wird heute oft als Neokybernetik oder Kybernetik zweiter Ordnung bezeichnet.

Für Luhmann ist die Beobachtung erster Ordnung, das schlichte systematische Hinsehen auf die Objekte, ein wichtiger Zugang zur Erschließung der Wahrheit. Jedoch verbessert das Beobachten des Beobachtens, die Beobachtung zweiter Ordnung, die Ergebnisse der Bemühungen insofern, als es mehr in den Blick bringt und den Realitätskontakt ermöglicht. Daher ist die Beobachtung zweiter Ordnung die wissenschaftliche Perspektive auf dem Weg zur Gewinnung von Wahrheit.

Luhmanns Argumentation mag auf einen ersten Blick überzeugend sein. Die genauere Prüfung weist jedoch verschiedene Mängel auf. Zunächst ist zu bemerken, dass das Verfahren der Beobachtung zweiter Ordnung bereits im Altertum praktiziert wurde. So führt z.B. Aristoteles in seiner „Metaphysik" aus, dass Parmenides nicht nur eine Grundlage annimmt, sondern mit zwei Grundlagen argumentiert (984b). Insofern erbringt Luhmanns Systemtheorie sachlich gesehen nichts Neues, nur eine neue Nomenklatur (Beobachten des Beobachtens, Was-Fragen, Wie-Fragen usw.). Entscheidend: Luhmann verlässt nicht das Funktionsfeld der kategorialen Einheit. Das Beobachten (oder auch die Beobachtung) ist ein Vorgang ohne Anfang und Ende, also negative Einheit, Nichteinheit. Das Beobachten des Beobachtens wiederholt das Modell der Negativeinheit. Somit bewegt sich diese Logik ausschließlich auf der rechten Seite der binären Unterscheidung. Die linke Seite dieser Unterscheidung, die kategoriale Einheit enthält und sich damit auf alles bezieht, was Anfang und Ende hat, wird nicht berücksichtigt. Luhmanns Systemtheorie bewegt sich mit dem Modell des Beobachtens auf der Ebene welcher Ordnung auch immer ausschließlich auf der Funktionsebene der Negativeinheit, d.h. auf dem Feld nicht durch Anfang und Ende eingegrenzter Gegebenheiten. Die Nichteingrenzung ist ein Begriffsmodell, das nur einen Sinn dadurch erhält, dass es als unablösbar zusammen mit Eingrenzung vorgestellt wird. Anders gesagt: Luhmann verlässt nicht das Feld der Nichtunterschiedenheit. Sein Modell der Beobachtung beschränkt sich auf den Bereich, in dem keinerlei Unterscheidungen getroffen werden können. Denn das Beobachten ist kein Vorgang mit Grenzen im Sinne von Anfang, Mitte und Ende. Ergebnis: Luhmann stellt das Modell der Differenz in das Zentrum seiner Theorie. In der Theorie und Praxis des Beobachtens jedoch vernachlässigt er das Grundmodell der Einheit, ohne welches eine Differenzierung überhaupt nicht möglich ist. Der Unterschied ist niemals ein Übergehen in ein Anderes. Er bleibt immer bei sich selbst und ist somit Einheit in differenzierter Form. Luhmanns Modell des Beobachtens erster und zweiter Ordnung erweist sich als Musterfall für die Verstrickung in Widersprüche, die dann entparadoxiert werden müssen (Vgl. dazu die Problematik der Was- und Wie-Fragen, a.a.O., 95ff.). Luhmann verbleibt mit seiner analogen Systemlogik des Beobachtens ausschließlich im Bereich des Einen der Nichtunterschiedenheit als Inbegriff des Geteiltseins. Das Beobachten erreicht dann nicht das Feld, auf dem es Dinge gibt, die Anfang und Ende haben, die man also differenzieren kann. *Letztlich geht es dann um ein Beobachten ohne Gegenstände, weil das Beobachten bei sich selbst bleibt.*

Bifurkation

Der Begriff Bifurkation ist vom lateinischen Hauptwort furca=Gabel abgeleitet. Bi bedeutet zwei. Folglich ist eine Bifurkation eine Zweiergabelung, eine Gabelung nach zwei Seiten hin. Die binäre Codierung arbeitet in Luhmanns Verständnis mit einer Zwei-Seiten-Form: mit einem Wahrheitswert und einem Unwahrheitswert, wenn es um den Code des Funktionssystems Wissenschaft geht. Konditionierungen sind Regeln, welche die richtige Zuteilung des positiven und des negativen Codewertes bezeichnen (Die Wissenschaft der Gesellschaft, 1992, 197ff.). Wahrheit ist in diesem Modell grundsätzlich eine systeminterne Wertbestimmung. Es handelt sich um eine Verwendung des symbolisch generalisierten Mediums Wahrheit. Der Zwei-Seiten-Code wird von Luhmann binärer Code genannt, obwohl der Terminus binär in dieser Sprachregelung keinerlei innere Verwandtschaft mit dem Modell der binären Logik hat. Der nach zwei Seiten gerichtete Code lässt den Blick zwischen zwei Seiten oszillieren. Durch die Unterscheidung eines positiven und eines negativen Wertes innerhalb eines bestimmten Codes (Zahlen/ Nichtzahlen, Recht/ Unrecht usw.) und durch Ausschluss dritter Werte wird der Übergang von der einen Seite zur anderen erleichtert. Luhmann betont, dass es sich nur um den Übergang zum Gegenteil handelt und nicht zu etwas qualitativ Anderem. Damit schließt Luhmann grundsätzlich nicht an die binäre oder eine sonstige Logik an.

Der positive Wert repräsentiert die Anschlussfähigkeit der Operationen des Systems (Designationswert). Der negative Wert nimmt die Position des Reflexionswertes ein. Der re-entry, der Wiedereintritt der Form in die Form, kann nur auf einer der beiden Seiten stattfinden. Im Funktionssystem der Wissenschaft bleibt die Wahrheit von Einsicht zu Einsicht dieselbe, so argumentiert Luhmann (Ebenda, 205). Daher kann man sie als Kondensationswert bezeichnen. Mit dem Begriff Bifurkation kann man den Effekt des eingesetzten Codes zum Ausdruck bringen. Der weitere Weg der Erkenntnisgewinnung richtet sich auf die Wahrheit und nicht auf die Unwahrheit. Außenanregungen kann das System nur dann aufnehmen , wenn diese sich mit dem vorhandenen Wissen bearbeiten lassen. Auf diese Weise bestätigt Luhmann die Analogizität seiner systemtheoretischen Methode. Alles Wissen muss zueinander passen. Die Kommunikation nutzt Unterscheidungen zur Bifurkation, zur Bezeichnung der Ausgangspunkte für die weitere Kommunikation. Ein Kommunizieren unter den Bedingungen der Bifurkation führt zum Aufbau der geschichtlichen Realität. Diese Morphogenese ist nur in Abhängigkeit von der eigenen Geschichte zu begreifen.

Luhmanns Modell der Bifurkation lässt die Frage offen, wer darüber bestimmt, was Wahrheit ist. Man kann nicht davon ausgehen, dass ein Forscherteam wissentlich und willentlich den Pfad der Unwahrheit beschreitet. Was die Unwahrheit ist, bestimmen meistens die anderen. Wahrheit ist ein hochrespektabler Begriff. Die Verwendung des Wortes Wahrheit suggeriert das Empfinden, dass die teleologische Ebene der Zielorientierung die Beobachtung bestimmt. Denn Wahrheit erscheint als ein Wert, auf den man zugehen sollte. An anderer Stelle scheidet Luhmann aber die Teleologie aus der Systemtheorie aus. Insofern erbringt das Modell Bifurkation keinen beachtenswerten Erkenntnisgewinn. Für den Fortgang der Wissenschaften wäre es nützlicher, die Irrtümer und Unwahrheiten anderer mit evidenten Argumenten zu widerlegen. Die Bifurkation ist eine Fortschreibung der aristotelischen Argumentation mit dem Widerspruch. Eine der beiden Seiten der Gegenüberstellung kann nur die vorherrschende und gültige sein, die andere fällt in die Latenz zurück. Die Frage bleibt offen, nach welchen Kriterien das Ausscheidungsverfahren ablaufen soll.

Das binäre Modell der Logik kreiert eine Arbeitsdefinition der jeweiligen Wahrheit. So wird z.B. Luhmanns Systemtheorie als ein bestimmter Aspekt der Wahrheit gesetzt. Beispiel: Gesellschaft ist Kommunikation und als solche ein geschlossenes autopoietisch gesteuertes System. Diese Definition macht die Umgrenzung und das Unterschiedensein aus. Das Nichtunterschiedensein muss immer mehrere Negativeinheiten ausmachen:

die Komplexität des Begriffes Gesellschaft erfassen,
die Zulässigkeit der Reduktion von Gesellschaft auf Kommunikation prüfen,
mögliche Einseitigkeiten einer solchen Definition prüfen,
die Kombination von Gesellschaft und Autopoiesis untersuchen,
die Anwendbarkeit des von Luhmann selbst festgestellten Zusammenstandes von Geschlossenheit und Offenheit auf seine These der Geschlossenheit der Gesellschaft untersuchen (Wo findet man die Offenheiten?),
das Modell der Autopoiesis daraufhin prüfen, welche Negativeinheiten unablöslich mit dem Selbstlauf verbunden sein können und müssen,

die Frage erörtern, an welcher Stelle in der Untersuchung sich Ansätze zu einer Bifurkation ergeben könnten (Einbaumöglichkeiten für Bifurkationen erörtern).

Die Reihe der hier exemplarisch angeführten Möglichkeiten ist unbegrenzt, weil die hier positionierte Verschiedenheit keinen Anfang und kein Ende hat und insofern nicht der Messbarkeit unterliegt. Das binäre System der Logik konstruiert ein Arbeitsprogramm. Es ist in seiner Grundkonstruktion zugleich ein Theorieansatz für die Dekomposition und Rekomposition von Einheiten und ein Prüfinstrument.

Binär-Code

Der Begriff Binär-Code ist eng mit Luhmanns Modell einer analog orientierten Systemtheorie verbunden. Daher ergibt sich die Folgerung, seine Definitionen darzustellen und zu prüfen. Ein Code ist für Luhmann eine Unterscheidung, mit der ein System seine eigenen Aktivitäten beobachtet. Klare Begriffsbestimmungen finden sich in seiner Schrift „Die Wissenschaft der Gesellschaft“ (1992). Die Hypothetik aller Wahrheitsfeststellungen wird von Luhmann verstanden als eine Letztorientierung an einem Code, der zwei entgegengesetzte Wertungen offen hält (Ebenda, 174). „Sie ist nichts anderes als ein Ausdruck der Autopoiesis eines nicht-teleologischen Systems, das keinen Abschluss kennt, sondern mit jeder Operation auch die Operation von Annehmen oder Ablehnen reproduziert“ (Ebenda). Luhmann schließt an die Theorie symbolisch generalisierter Kommunikationsmedien (Parsons) an, die sich z.B. auf Begriffe wie Geld, Macht oder Liebe richtet und mit Differenzen arbeitet. Diese Differenzen sind gegenteilspezifisch aufgebaut, wie das im Analog-Modell der Logik üblich ist. Dabei bewegt sich die Beobachtung auf der Ebene der zweiten Ordnung, die ohne die Beobachtung erster Ordnung nicht möglich ist. Man beobachtet, wie und was andere beobachten oder auch nicht beobachten. In der Wissenschaft ist die Wahrheitsfrage an der Differenz Wahrheit/ Unwahrheit orientiert.

Für Luhmann ist Wahrheit nicht eine feststehende Größe. Sie ist auch nicht eo ipso rational (Ebenda, 173): „Sie ist ein beobachtbar funktionierendes Symbol, das Unwahrscheinliches möglich macht – wenn es gelingt.“ Wahrheit als binär verstandener Code der Wissenschaft erweist sich als kommunikatives Symbol. Zur Wahrheit gelangt man auf dem Weg über die Leitdifferenz dieses gesellschaftlichen Funktionssystems. Wahrheit enthält keinerlei Fremdreferenz, weil es keine Wahrheit außerhalb der Wahrheit gibt. Wahrheit funktioniert für Luhmann als ein in empirisch beobachtbaren Prozessen verwendetes Symbol.

Luhmanns Modell ist darauf angelegt, mit Hilfe einer einzigen gegenteilspezifischen Unterscheidung ein ganzes Funktionssystem der modernen Gesellschaft in den Griff zu bekommen. Mit dem Code ist ein binärer Schematismus gemeint, „der nur zwei Werte kennt und auf der Ebene der Codierung dritte Werte ausschließt“ (Luhmann: Die Kunst der Gesellschaft, 3.Aufl. 1999, 302). Unter Code wird eine Struktur verstanden, „die das Erkennen der Zugehörigkeit von

Operationen zum System ermöglicht“ (Ebenda, 303). Das System richtet sich bistabil ein. Es nötigt sich, „ständig zwischen seinen beiden Werten zu oszillieren und durch Nichtfestlegung auf einen dieser Werte eine offene Zukunft zu bilden“ (Ebenda, 305). Eine Problematik der Code-Theorie Luhmanns liegt darin, dass es im Regelfall mehrere Bestimmungsgründe eines Funktionssystems gibt. So bestimmt Luhmann das Kunstwerk als ausschließliches Mittel der Kommunikation (Ebenda, 41).

Im Unterschied zur analog bestimmten Theorie Luhmanns arbeitet die auf Parmenides zurückgehende binäre Logik mit zwei sich zugleich einschließenden und ausschließenden Funktionsfeldern: im vorliegenden Fall mit dem Kunstwerk als Einheit und zweitens mit der Verschiedenheit bezogen auf das, was Kunst als kategoriale Einheit nicht ist, z.B. die Kunst als Mittel der Kommunikation sehen, die Kunst als Kapitalanlage sehen, die Kunst von der Ästhetik her sehen, die Kunst als persönliche Befreiung sehen, die Kunst als Ausdruck persönlicher Empfindungen sehen, die Kunst als Ausdruck des Zeitgeistes sehen usw. Im Funktionssystem der Massenmedien heißt der von Luhmann genannte Code Information/ Nichtinformation, im Rechtswesen heißt der Code Recht/ Unrecht. In der Wirtschaft heißt er zahlen/ nicht zahlen. Nach Luhmanns Auffassung spalten Codierprobleme die Selbstreferenz des Systems in Form der Unterscheidung akzeptabel/ unakzeptabel (Ebenda, 306).

Für Luhmann kann der Code nicht durch einen dritten Wert ergänzt werden (Luhmann: Die Kunst der Gesellschaft, 3.Aufl. 1999, 314). Wohl aber hält er es für möglich, polykontextural in dem Sinne zu verfahren, dass mehrere duale Unterscheidungen benutzt werden. So operiert Luhmann im Funktionssystem Kunst mit den Unterscheidungen schön/ hässlich, passen/ nicht passen und stimmig/ unstimmig (Ebenda, 310ff.). Seine grundlegende Feststellung, das Kunstwerk werde ausschließlich als Mittel der Kommunikation hergestellt (Ebenda, 40), wird nicht in die Form einer dualen Unterscheidung hineingeführt. Der von Luhmann für wichtig gehaltene Ausschließungseffekt des Codes bezieht sich somit nur auf die unmittelbare Besetzung der Unterscheidung, die dann nur mit zwei Attribuierungen arbeitet. Mit dem positiven Wert kann man im System etwas anfangen. Er gilt als Designationswert, während der negative Wert als Reflexionswert fungiert (Ebenda, 302). Luhmann sieht den Wert der Binarität im ausgeschlossenen Dritten (Luhmann: Die Wissenschaft der Gesellschaft, a.a.O., 194ff.). Die binäre Codierung bringt ein sequentielles Operieren und als dessen Effekt Systembildung in Gang. Der Code definiert die Einheit des Systems. Er macht erkennbar, welche Operationen das System reproduzieren und welche nicht (Ebenda, 401).

Luhmanns Begriff der Binarität und damit des binären Codes verlässt grundsätzlich nicht die logisch-funktionale Ebene der Analogizität. Das heißt: Seine Unterscheidungen erheben keinen anderen Anspruch als die Konstruktion des Gegenteils, wie er selbst äußert. Das Gegenteil im Sinne des Gegensatzes ist nichts anderes als der größte Unterschied. Und der Unterschied bezieht sich immer auf die größte Gegensätzlichkeit im selben System und damit in derselben Einheit. Folglich wird die Umschlossenscheit der Einheit grundsätzlich nicht verlassen. Operationen dieser Art bewegen sich im Analog-Modell und nicht im binären Modell der Logik, das mit dem Gegensatz von kategorialer Einheit und dem operiert, was nicht kategoriale Einheit ist, was also nicht Einheit mit Anfang und Ende ist. Luhmann verwendet den Begriff binär innerhalb des Spielraums der analog bestimmten Logik. Binarität geht einher mit dem Satz vom ausgeschlossenen Dritten: Was berühren soll, muss getrennt von, aber dicht an dem zu Berührenden sein, und kein Drittes darf zwischen ihnen sein (Platons Parmenides, 149a). Das analoge Modell der Differenzierung dagegen, mit dem Luhmann operiert, lässt unendlich viele Unterschiede innerhalb einer gegebenen Einheit zu. Innerhalb der Fülle dieser Unterschiede, die alle auf dasselbe System bezogen sind, macht das Gegenteil im Sinne des Gegensatzes nur den größten Unterschied aus. Das Kategoriensystem Kants wird nicht verlassen. Denn hier gibt es nur differenzierbare Einheit.

Binäres System

Die Konstruktion des binären Systems hat verschiedene Ursprünge. Auf der metaphysischen Ebene gilt seit dem frühen Altertum das Sein im Sinne alles dessen, was überhaupt ist und was vor allem beständig ist, als Einheit. Die Reflexion über das logische Modell Einheit führt zu der Frage, was denn Einheit ist und ob es nur Einheit gibt. Dem Sein wird in der Metaphysik das Nichts gegenübergestellt. Die Anwendung dieses metaphysischen Reflexionsmodells auf die Logik wirft die Frage auf, wie das Nichts zu definieren ist, wenn das Sein als Einheit bestimmt wird. Es geht um das logische Gegenüber der Einheit. Die aristotelische Lösung des Problems ist die Antithetik von Einheit und Vielheit. Da Vielheit nichts anderes als die Vervielfältigung von Einheiten (vor allem Zahleneinheiten) ist, führt dieses Modell nicht aus der logischen Sphäre der Einheit heraus. Folglich muss es andere Wege geben, um das logische Feld zu erfassen, das nicht Einheit ist.

Parmenides geht in dem von Platon überlieferten gleichnamigen Dialog von universalmathematischen Voraussetzungen aus. Ausgangspunkt ist das Modell „das Ganze und seine Teile". Das Ganze ist nicht mehr und nicht weniger als das Insgesamt seiner Teile. Folglich entsprechen das Ganze und die Teile einander genau und vollkommen. Vor dem Betrachter liegen zwei Sphären: hier (links) das Ganze und dort (rechts) die Teile. Wenn die Teile logisch und funktional dem Ganzen präzis entsprechen, kann man die Teile, wenn man sie für sich nimmt und ihnen kein geringeres funktionales Gewicht als dem Ganzen zukommen lässt, nicht ohne logischen Schaden in das Ganze hineinführen und dort unterbringen.

Der entscheidende logische Schritt besteht darin, dass das Ganze und die Teile jeweils für sich genommen und analysiert werden. Diese Absolutsetzung der beiden Sphären ist damit zu begründen, dass beide Sphären zwar das gleiche logisch-funktionale Gewicht haben, dass sie aber bei genauerer Prüfung durch unterschiedliche Merkmale charakterisiert sind. Damit sind Ganzes und Teile zugleich identisch und nicht identisch. Worin besteht nun die Nichtübereinstimmung beider Seiten der Unterscheidung? Die Einheit enthält alle Teileinheiten in sich selbst. Die Einheit ist ein Ganzes. So sieht es aus, wenn man die Einheit als das Eine für sich nimmt und sie in die logische Ebene des Ansich hineinführt. Zur Gegenseite lässt sich keine vollgültige Symmetrie herstellen. Der Grund: Die für sich genommenen Teile auf der rechten Seite der Unterscheidung entsprechen zwar, wie gezeigt, dem Ganzen auf der linken Seite. Die auf sich selbst gestellten Teile machen das „Teilesein" oder die Geteiltheit schlechthin aus. Diese Vorstellung ergibt sich als notwendige Folge aus der Idee, dass die Einheit als Ganzes den ersten und höchsten Platz in der Hierarchie der Begriffe einnimmt. *Ein* Begriff kann nur den ranghöchsten Platz einnehmen.

Die rechte Seite der Unterscheidung kann also kein Ganzes und damit keine Einheit ausmachen. Eine solche Prädikatierung kann nur einer der beiden Seiten der Unterscheidung zukommen: der linken. Links gibt es nur das Modell Einheit. Einheit steht für Unterschiedenheit. Denn man kann verschiedene Teile unterscheiden: Anfang, Mitte und Ende. Damit steht die linke Seite für Unterscheidung. Rechts gibt es nur Teile, d.h. in abstrahierter Form das Geteiltsein. Rechts kann es nur dasjenige geben, was nicht zur Einheit geführt worden ist und was sich folglich grundlegend von Einheit und Unterschiedenheit unterscheidet: die Nichtunterschiedenheit.

Die Nichtunterschiedenheit stellt die Verschiedenheit schlechthin dar. Die Verschiedenheit ist als solche aber nicht greifbar. Man kann sie nur festmachen, wenn man sie genauer untersucht. Sie besteht aus lauter unterschiedlichen negativ gemeinten Einheiten, die sich darin gleichen, verschieden zu sein. Die Seite der Verschiedenheit enthält also Einheiten mit negativen Vorzeichen: Negativeinheiten. Die Negativeinheiten sind die Teile der Verschiedenheit. Können diese negativen Teile der Verschiedenheit nun ein Ganzes ausmachen? Die eindeutige Antwort lautet: nein. Die Begründung: Das Ganze ist nicht in einem einzigen Teil, weil es größer als ein Teil ist. Das Ganze ist nicht in drei Teilen, weil es größer als drei Teile ist. Das Ganze ist auch nicht in allen Teilen. Denn man kann nicht ausmachen, bei welchem Teil man einhalten sollte, um ein Ganzes mit diesen Teilen auf der Negativseite der Unterscheidung aufzufüllen. Angenommen, es würde gelingen, auf der rechten Seite ein Ganzes zu konstruieren: Man könnte dieses Ganze nicht in dem Ganzen unterbringen, welches auf der linken Seite der Unterscheidung positioniert ist. Ein zweites Ganzes lässt sich nicht in einem ersten Ganzen unterbringen, wenn beiden abstrakten Ganzen das gleiche funktionale Gewicht zukommt. Auf der Seite der Verschiedenheit gibt es keine Maßeinheit, mit der man ermitteln könnte, wann die Ansammlung der Teile ein Ganzes ausmachen würde. Es gibt auf der rechten Seite der binären Unterscheidung grundsätzlich nichts, was man als Einheit definieren könnte. Wohl aber kann auf der linken Seite der Unterscheidung die Einheit alle Teileinheiten ihrer selbst umschließen und in sich selbst unterbringen. Das Ergebnis dieser logischen Untersuchung besagt: Wenn man Einheit als Ganzes seiner Teile sieht, ist Einheit in sich selbst. Denn es sind die Teile, die das Insgesamt der Einheit ausmachen. Wenn man Einheit als das Insgesamt der Verschiedenheit sieht, steht die Verschiedenheit auf sich selbst und bildet eine eigene logisch-funktionale Sphäre, die sich nicht in dem Ganzen der Einheit unterbringen lässt. Wenn man die Teile nicht als Dazukommendes im Ganzen verschwinden lässt, sondern ihnen dasselbe logisch-funktionale Gewicht zukommen lässt wie dem Ganzen, hat man es mit zwei Größen zu tun, die zugleich für sich wie auch unmittelbar zusammengehörend vorgestellt werden müssen. Beide Seiten der Unterscheidung gehören zusammen wie die beiden Teile eines Paares (=bini). Einheit als Inbegriff des Unterschiedenseins und Verschiedenheit als Inbegriff des Nichtunterschiedenseins gehören unablöslich zusammen. Zugleich stehen sie jeweils auf sich selbst. Damit ist die Identität von Identität und Nichtidentität ebenso gegeben wie die Nichtidentität von Identität und Nichtidentität. Hegel beschränkt sich auf den ersten Teil dieser logischen Figur und dokumentiert damit die Zuordnung seiner Logik zur analogen Identitätslogik (und nicht zur binären Logik).

Das binäre Modell der Logik lässt sich auch anders begründen. Der Unterschied lässt sich als Differenz bezeichnen. Differenz bedeutet wörtlich das Auseinandergetragene. Das Verb differre besagt: auseinander tragen. Das s aus der Vorsilbe dis wird zu f. Das heißt: Aus disferre wird differre. Wo etwas auseinandergetragen wird, da muss es etwas geben, was als Gegebenheit und damit als Einheit für das Auseinandertragen vorliegt. Das Auseinandertragen (=Unterscheiden) als laufender und damit nicht durch Anfang und Ende begrenzter Vorgang ist Nichteinheit im kategorialen Sinne. Es fehlt die Umgrenzung und damit die Messbarkeit. Das unterscheidbare Etwas als Einheit dagegen hat Anfang und Ende und ist damit umgrenzt. Das binäre Modell der Unterscheidung enthält somit Einheit und Negativeinheit zugleich. So wird z.B. das Insgesamt der politisch-kulturellen Meinungsvielfalt als Einheit in unterschiedliche politische Parteien (pars=Teil) eingeteilt. Die Parteien stehen jeweils für sich und sind zugleich Teil eines Ganzen. Das politisch-kulturelle Mentalitätsspektrum ist das Ganze und steht für Einheit. Das Einteilen und Unterscheiden dieses differenzierbaren Ganzen macht die Binarität der Aussage aus. Die binäre Ebene wird erst dann erreicht, wenn kategoriale Einheit unablöslich mit kategorialer Negativeinheit verbunden wird: ein Haus (Einheit) bauen (Negativeinheit), eine Datei (Einheit) kopieren (Negativeinheit), den Arm (Einheit) heben (Negativeinheit).

Das binäre Modell der Unterscheidung besteht aus Einheit und Verschiedenheit. Denn was nicht Einheit ist, das ist nicht Eines und Unteilbares (=Individuelles). Es ist vielmehr Verschiedenes. Das Nichteine steht für Verschiedenheit und damit für Mehreres. Folglich müssen auf der rechten Seite der binären Unterscheidung jeweils mehrere Gegebenheiten aufgeführt werden. Auf der linken Seite dagegen gibt es nur Eines, nämlich Einheit. Die binäre Figur der Unterscheidung macht also die gleichzeitige Verbindung und Trennung von Einheit und Negativeinheit aus. Dieses Modell findet im Computer Anwendung: eine Datei speichern, einen Ordner löschen, eine Datei öffnen usw.

Das binäre Modell lässt sich auf eine weitere Weise begründen. Der Unterschied kann nicht den Unterschied machen. Vielmehr ist die Einheit immer dabei. Wenn man den Unterschied aus dem Unterschied hervorgehen lässt, wie das z.B. in Luhmanns Modell der Fall ist, belegt man die logische Ebene nur mit Differenzen. Dann ist alles Differenz, nichts als Differenz. Alles wäre schon unterschieden und eingeteilt. Für weiteres Unterscheiden wäre kein Platz verfügbar. Es gäbe keine Einheiten, innerhalb derer man Unterschiede machen könnte. *Folglich ist es notwendig, das logische Modell der Einheit unmittelbar und unablösbar in das genannte Unterscheidungsmodell einzubeziehen.*

Dialektik

Das Wort Dialektik hängt mit dem griechischen Verb dialegesthai zusammen. Dieses bedeutet: hin- und herrechnen, sich etwas im Nachdenken auseinander legen, überdenken, erwägen. Bekannter ist eine weitere Bedeutung: sich unterreden, sich unterhalten, mit einem über etwas unterhandeln. Es bedeutet auch: gewandt sein im Reden. Das Wort Dialektik wird in sehr unterschiedlichen Bedeutungen gebraucht. Aristoteles erwähnt gelegentlich die alten Dialektiker. Falls er Parmenides u.a. gemeint hat, wäre eine Abgrenzung der Dialektik gegenüber der binären Logik erforderlich.

Luhmann grenzt sich trotz aller Ähnlichkeiten klar von Hegel ab. Hegels Paradigma von der Identität der Identität und Nichtidentität stülpt er um zur Differenz von Identität und Differenz. Beide Denker verlassen nicht das Gehäuse der Einheit und sind daher als Analog-Theoretiker einzuordnen. Zu den „bekennenden“ Dialektikern gehört Hegel. Wenn man sich über die Theorie der Dialektik orientieren will, bietet sich Hegels Konstruktion an, zumal Hegel Wissenschaft als System versteht (Hegel: Phänomenologie des Geistes, 1952, 12ff.). Klar und eindeutig entwickelt Hegel als Vordenker der modernen Systemtheorie seine Dialektik in seinem umfassenden Werk „Wissenschaft der Logik“ (1951). Es entstand in den Jahren nach 1812.

Für Hegel ist die absolute Methode des Erkennens der sich selbst konstruierende Weg. Das Negative ist ebenso sehr positiv. Das Negative macht das wahrhaft Dialektische aus. Das Spekulative besteht im Fassen des Entgegengesetzten in seiner Einheit. Das reine Wissen ist Wissen als solches, ohne Beziehung auf Anderes. Es ist reine Unmittelbarkeit. Das Ganze der Wissenschaft ist ein Kreislauf in sich selbst. Der Anfang ist die Einheit des Seins und Nichtseins. Das heißt in reflektierterer Form: die Einheit des Unterschiedenseins und des Nichtunterschiedenseins. Das reine Sein hat keine Verschiedenheit in sich selbst. Es ist reine Unbestimmtheit und Leere.

Das Werden ist das Verschwinden des Seins und des Nichtseins in ihrem jeweiligen Gegenteil: Das Eine verschwindet im Anderen. Die Einheit von Sein und Nichts ist die erste Wahrheit. Aus ihr folgt alles Weitere. Es geht dabei um die reinen Abstraktionen des Seins und des Nichts. Der Satz „Sein und Nichts ist dasselbe“ widerspricht sich und löst sich damit auf. Es ergibt sich das Werden. Das Werden widerspricht sich in sich selbst. Es vereint etwas, was sich entgegengesetzt ist: Sein und Nichts.

Im Dasein ist das Sein wie auch das Nichts enthalten. Die Realität enthält auch die Negation. (Erläuternder Einschub: In Kants Kategorientafel sind Realität wie auch Negation Teileinheiten und damit Akzidentien eines Ganzen: der Qualität. Realität und Negation sind also hier bei Hegel Teile eines Ganzen.) Die Realität als bestimmte enthält das Moment des Negativen und wird zum Inbegriff aller Widersprüche. Alle Bestimmtheit ist Negation. So gilt für Spinoza: Omnis determinatio est negatio. Das heißt: Alle Bestimmtheit ist Negation. Hegel geht als Systemtheoretiker vom System aus, und zwar vom System als Version von Einheit schlechthin und ohne irgendeine nähere Bestimmung. Gemeint ist die Einheit des Seins als Inbegriff des noch nicht Bestimmten. Die dialektische Reflexion nimmt nun den Weg zur logischen Ebene der näheren Bestimmungen. Das Dasein ist Etwas. Das Etwas ist die erste Negation der Negation, als einfache Beziehung auf sich. (Erläuternder Einschub: Bestimmtheit überhaupt und ganz allgemein ist Negation, und zwar Verneinung der Unbestimmtheit. Der Weg zur konkreten Ebene der Wirklichkeit verneint nun als nächsten Schritt die Verneinung dieser Verneinung. So ergibt sich die Negation der Negation, das heißt: Es ist etwas da. Insofern ist das Etwas als Dasein definiert.) Das Etwas bestimmt sich als Fürsichseiendes. Die Negation der Negation ist damit das Wiederherstellen der einfachen Beziehung auf sich. Etwas ist die Vermittlung seiner mit sich, das heißt Bezug auf sich selbst.

Nun ist jedes zugleich ein Anderes. Ein Etwas ist A, ein anderes Etwas B. Zunächst ist B (von A aus gesehen) als das Andere bestimmt. Aber A ist ebenso sehr das Andere des B. Beide sind auf gleiche Weise Andere. Beide sind sowohl als Etwas als auch als Andere bestimmt. Etwas steht in Beziehung auf sein Anderssein. Die zwei Momente des Etwas sind Sein-für-Anderes und Ansichsein. Es sind zwei Momente Eines und Desselben.

Die Bestimmtheit des Seins (als Negation der Unbestimmtheit) ist die Beziehung auf Anderes. Die Beziehung auf sich ist das Negieren der Negation. Das Sein ist die Negation des Nichts. Die Bestimmtheit des Seins ist ein Übergehen ins Entgegengesetzte. Die Identität ist ein Unterschied, der in seinem Entstehen verschwindet. Allgemein gilt Identität als erstes Denkgesetz. Die Identität ist verschieden von der Verschiedenheit. Die Wahrheit ist nur in der Einheit der Identität mit der Verschiedenheit vollständig. Identität ist die Negation der Negation.

Der Unterschied ist die einfache Negativität. Die Identität ist das Verschwinden des Andersseins. *Der Unterschied hat die Identität (sein Anderes) an ihm selbst. Der Unterschied ist nicht Übergehen in ein Anderes. Der Unterschied ist nicht Beziehung auf Anderes außer ihm. Er hat sein Anderes, die Identität, an ihm selbst.*

Der reflektierte Unterschied ist Verschiedenheit.

Die Momente des Unterschieds sind die Identität und der Unterschied selbst. Die Verschiedenheit ist der Gegensatz. *Im Gegensatz ist der Unterschied vollendet.* Jedes Moment des Gegensatzes ist an ihm selbst die Einheit der Gleichheit und Ungleichheit. Das Positive und das Negative sind die selbstständig gewordenen Seiten des Gegensatzes. (Erläuternder Einschub: An dieser Stelle verlässt Hegel die Ebene der Identität im Verständnis von Einheit als Inbegriff von Substanz. Die paradigmatische Unterscheidung bewegt sich nicht mehr auf der logisch-funktionalen Ebene Unterschiedensein/ Nichtunterschiedensein. Vielmehr wird die Ebene der Unterscheidung verlegt, und zwar von der abstrakteren Ebene der Einheit von Identität und Nichtidentität in die Ebene der Teile der Einheit, der Besonderheiten der Einheit. Positiv und negativ sind Eigenschaften, die man einer Einheit als Akzidens zuschreibt.)

Jede Seite des Gegensatzes ist von der Art, dass sie ebenso gut als positiv wie als negativ genommen werden kann. Jedes ist an ihm selbst positiv und negativ. Der Gegensatz ist in sich geschlossen.

Der im Gegensatz liegende Widerspruch löst sich auf. Das Positive und das Negative lösen sich in ihrer jeweiligen Selbstständigkeit auf. Jedes ist schlechthin das Übergehen oder vielmehr das sich Übersetzen seiner in sein Gegenteil. Dieses rastlose Verschwinden der Entgegengesetzten in ihnen selbst ist die nächste Einheit, die durch den Widerspruch zustande kommt. Sie ist die Null. Der Widerspruch enthält nicht nur das Positive, sondern auch das Negative. Der Gegensatz ist in seinen Grund zurückgegangen. Dieser ist ein Gewordener. Der aufgelöste Widerspruch ist der Grund als Einheit des Positiven und Negativen. Der Gegensatz und sein Widerspruch ist daher im Grund so sehr aufgehoben als erhalten. Das Negative liegt somit im Begriff des Positiven. Die Wahrheit liegt in der Beziehung aufeinander.

Die Bestimmung der Entgegensetzung kommt im Satz vom ausgeschlossenen Dritten zum Ausdruck: Etwas ist entweder A oder Nicht-A. Es gibt kein Drittes. Somit ist alles ein Entgegengesetztes. Es gibt nicht etwas, was zugleich A und Nicht-A ist. Die denkende Vernunft spitzt den abgestumpften Unterschied des Verschiedenen, die bloße Mannigfaltigkeit der Vorstellung, zum wesentlichen Unterschied, zum Gegensatz, zu. „Die Mannigfaltigen werden erst, auf die Spitze des Widerspruchs getrieben, regsam und lebendig gegeneinander und erhalten an ihm die Negativität, welche die innewohnende Pulsation der Selbstbewegung und Lebendigkeit ist" (Ebenda, Zweiter Teil, 61).

Wie ist nun Hegels Beitrag zur modernen Systemtheorie einzuordnen, wenn man den Schwerpunkt der Reflexion auf die Dialektik legt? Zunächst ist festzuhalten, dass Hegel seine philosophische Konstruktion als Wissenschaft gewertet wissen will. Zu seiner Zeit wird Philosophie als Wissenschaftslehre verstanden, so auch von Fichte. Hegel greift auf die Anfänge der Philosophie zurück, vor allem auf Parmenides und dessen Interpretation durch Platon. Da man in Luhmanns Konstrukt einer analogen Systemtheorie verschiedene Elemente aus Hegels Logik erkennt, ist es sinnvoll, die gegenwärtige Version der Systemtheorie u.a. auch von Hegels Dialektik her aufzuarbeiten:

1. Hegel setzt im Rekurs auf Parmenides bei der Einheit an: Sein als Inbegriff der Beständigkeit ist Einheit. Luhmann setzt dagegen bei den Teilen des Ganzen (bei der Unterscheidung) an und ergründet deren Einheit.
2. Hegel löst die Einheit von der ursprünglichen Integrität und Unbestimmtheit her in mehreren Reflexionsschritten auf und führt sie in die Richtung der Bestimmtheit und damit Konkretheit der Anschauung. Er spreizt die Einheit auseinander und lässt sie in ihre Teile fließen bis hin zum Gegensatz, den er zum Widerspruch hochstilisiert.
3. Das Heraustreten der Einheit aus ihrer ursprünglichen unversehrten Fassung (bei Luhmann ist das der unmarked space) in die Sphären der Bestimmtheit hinein wird als Negation bezeichnet. Die jeweils vorausgehende Fassung der Reflexion wird negiert.
4. Einheit ist ursprünglich das unbestimmte Unmittelbare.
5. Das Werden ist ein Selbstlauf der Reflexion.
6. Die auf sich selbst gestellte Einheit ist für sich genommen nicht vorstellbar, ohne sie von einem Gegenüber her zu sehen. Dieses Gegenüber ist das Entgegengesetzte der Einheit: das Nichtsein (und nicht die Vielheit wie bei Aristoteles).
7. Damit ist das Entgegengesetzte der Einheit, das Nichts, als Nichteinheit zu verstehen. Jetzt stehen sich im Vollzug der Reflexion

Einheit und Nichteinheit gegenüber. Einheit und Nichteinheit bilden eine Einheit.

8. Einheit und Nichteinheit gehen ständig ineinander über. So entsteht das Modell des Werdens. Das Werden ist also weder Einheit für sich allein noch Nichteinheit für sich allein. Vielmehr bilden Einheit und Nichteinheit einen unablöslichen Verbund.
9. In diesem Verbund sind Einheit und Nichteinheit funktional dasselbe. Diese Feststellung trifft nur für die abstrakte Form von Einheit zu. Das heißt: Sie gilt für die Abstraktionsebene der Einheit, wenn diese ohne irgendwelche näheren Bestimmungen vorgestellt wird.
10. Die Dialektik ergibt sich aus der Konstruktion der beiden Entgegengesetzten: aus Einheit überhaupt und Negation von Einheit überhaupt und dem Verschwinden des Einen in seinem Anderen. *Dialektik ist nicht das Übergehen eines bestimmten Einen in ein bestimmtes Anderes. Das Modell des gegenseitigen Übergehens trifft für die reflektierte Ebene zu.*
11. Das Heraustreten der Einheit aus der ursprünglichen Unbestimmtheit in die Sphäre der Bestimmtheit überhaupt und allgemein ist die Beziehung auf Anderes. So ist alle Bestimmtheit Negation. Gemeint ist die Verneinung der Unbestimmtheit.
12. Sobald also Einheit zur bestimmten Einheit geworden ist, ist sie Einheit von etwas und damit auf Anderes bezogen. Das Etwas ist das Andere.
13. Die Negation dieser Negation ist die Beziehung auf sich selbst.
14. Das Etwas ist die erste Negation der Negation. Es ist bestimmt als Fürsichseiendes.
15. Das Heraustreten der Einheit aus der ursprünglichen Unversehrtheit und Unbestimmtheit ist die Bestimmtheit der Einheit: die Beziehung auf Anderes.
16. So ist die Bestimmtheit der Einheit zu sehen als ein Übergehen ins Entgegengesetzte.
17. Das Etwas als bestimmte Form von Einheit ist Fürsichsein und damit Bezug auf sich selbst (Selbstreferenz). Es ist aber zugleich Bezug auf Anderes (Fremdreferenz).
18. So sind und bleiben Selbstbezug und Bezug auf Anderes eine unmittelbare Einheit.
19. Damit ist Einheit nicht mehr Inbegriff der Unteilbarkeit wie bei Aristoteles. Vielmehr ist Einheit zugleich Einheit und Nichteinheit in Form des Geteiltseins in Bezug auf Anderes und in Bezug auf das Selbst.

20. Der Unterschied hat die Identität als sein Anderes an ihm selbst. Der Unterschied, die Differenz im Sinne Luhmanns, verlässt also nicht den funktionalen Spielraum der Einheit. Der Unterschied bezieht sich damit immer nur auf Differenzierungen innerhalb der Einheit.
21. Der Gegensatz ist bei Hegel immer das Entgegengesetztsein innerhalb der Einheit. So gibt es gute und schlechte Bedingungen für die Einheit. Einheit ist hier die Zuteilungsstelle für Bedingungen verschiedener Qualität.
22. Der Gegensatz wird bei Hegel durch die Entgegensetzung des Positiven und des Negativen repräsentiert. Diese Logik fragt nicht danach, was z.B. das Negative zu einem Negativen macht, nach dem Sich-Konstruieren des Positiven usw.
23. Im Gegensatz der Konstruktion Hegels bleibt die Einheit grundsätzlich bei sich selbst, auch dann, wenn bestimmte Bestandteile innerhalb ihrer selbst sich zum Widerspruch ausweiten.
24. Positiv und negativ erweisen sich damit als Teileinheiten des Ganzen einer gegebenen Einheit. So unterscheidet man positive und negative Momente einer Reise. Hegel sieht den Gegensatz von positiv und negativ als Widerspruch.
25. Der Widerspruch löst sich auf, indem das Positive und das Negative ineinander übergehen.
26. Der Gegensatz geht in seinen Grund, die Einheit, zurück.
27. Der dann gewordene Grund ist Einheit. Aber diese gewordene Einheit ist nicht reine ungemischte Einheit. Vielmehr ist der gewordene Grund die Einheit des Positiven und des Negativen, also in sich selbst geteilte Einheit.
28. Der Widerspruch ist daher zugleich aufgehoben wie erhalten. Denn die Einheit des gewordenen Grundes ist eine Zweiheit, die durch Einheit verknüpft wird.
29. Damit ergibt dieser Abschluss der Reflexion dasselbe Bild wie deren Anfang. Der Anfang ist die Einheit des Seins und Nichtseins. Das ist für Hegel auf reflektierterer Ebene die Einheit von Unterschiedensein (=Einheit) und Nichtunterschiedensein (=Nichteinheit im Sinne von Geteiltsein und Trennung).
30. Für die Konstruktion einer Systemtheorie ist entscheidend, dass die Entgegensetzung von Positivität und Negativität die kategoriale Figur Einheit nicht verlässt. Mit seiner paradigmatischen Unterscheidung „Identität der Identität und Nichtidentität" befindet sich Hegels Reflexionsgang unmittelbar vor dem Tor der Sphäre der binären Nichtunterscheidung. *Wenn man sich Hegels*

Unterscheidung auf dem Hintergrund des binären Systems der Logik vorstellt, schließt er im Vollzug der Darstellung der Figur des Widerspruchs mit der Unterscheidung positiv/ negativ ausschließlich an die linke Seite der binären Unterscheidung an: nämlich an die Figur Substanz/ Akzidens in Form der differenzierungsfähigen Einheit. Hegels Reflexionsweg von der genannten abstrakten Leitunterscheidung in Richtung auf den Bereich der konkreten Anschauung lässt die vorgestellte rechte Seite der binären Unterscheidung unbesetzt und damit unberücksichtigt. Daher wird in Hegels analoger Dialektik das binäre Modell nicht erreicht. Der Grund: Positivität und Negativität sind zwei Momente und damit (akzidentelle) Teileinheiten des Ganzen einer Einheit. Die logische Figur ist die differenzierte Einheit und damit das Analog-Modell. Positivität und Negativität sind zwei Teile eines Ganzen, einer Einheit. Sie sind analoge Teile einer Einheit. Das heißt: Sie passen so zusammen, dass sich aus ihnen eine Einheit bilden lässt. Das Zusammenpassen (und damit die Analogizität) beider Teile des Ganzen wird auch aus Hegels Formulierung erkennbar: „Einheit des Unterschieden- und Nichtunterschiedenseins" (Hegel, a.a.O., Erster Teil, 59). Die verbindende Einheit beider Seiten der Unterscheidung kommt durch das gemeinsame „-sein" zum Ausdruck. Sein wird seit Parmenides als Einheit verstanden. Folglich enthält Hegels Leitunterscheidung auf jeder Seite die logische Figur Einheit. Die binäre Unterscheidung dagegen enthält auf der linken Seite Einheit und auf der rechten Seite dasjenige, was eben nicht Einheit ist: die Negation von Einheit überhaupt. Auf dem Reflexionsweg Hegels vom Absoluten zum Konkreten wird die logisch-funktionale Ebene der Nichtunterscheidung nicht erreicht. Die Reflexion verbleibt ausschließlich in der Sphäre des Unterscheidens. Es wird nicht diejenige Sphäre erreicht, in der es nicht mehr möglich ist, Unterschiede zu vollziehen. Für die Konstruktion der Systemtheorie erweist sich die Unterscheidung verschiedener Abstraktionsebenen als unerlässlich. Hier scheinen die meisten Schieflagen zu entstehen.

Hegels dialektische Oszillation läuft innerhalb des Gegensatzes und dessen Einheit. Dabei durchläuft der Gang der Reflexion unterschiedliche Kategorienklassen. Einheit wird als Unterschiedensein verstanden. Damit wäre die Unterscheidung Einheit/ Nichteinheit der Kategorienklasse der Quantität zuzuordnen. Einheit ist eine Kategorie der Quantität, wenn man Kant folgt. Die Unterscheidung positiv/ negativ dagegen ist der Kategorienklasse der Qualität zuzuordnen. Denn die Negativität ist die Negation der Positivität. Folglich springt Hegels Reflexion von einem kategorialen Feld ins andere. Damit verletzt er das Modell der Analogizität. Dieses verlangt, dass die unterschiedenen Gegebenheiten kompatibel und damit vergleichbar sind.

Die dialektische Selbstbewegung wird durch die „denkende Vernunft" in Gang gesetzt und gehalten, damit also durch das zu den sedimentierten (und somit bereits etablierten) logischen Figuren hinzu kommende Subjekt, das Hegel ausdrücklich in die logische Konstruktion einbezieht. *Damit springt er von der logischen Ordnungsebene mit den Kategorien Einheit, Unterschied, Verschiedenheit, Differenz, Vielheit usw. in die völlig andere Ebene des menschlichen Handelns hinein.* Die von Hegel gemeinte Selbstbewegung ist keine binäre Reflexion. Dialektik ist analoge Logik. Dialektik im hier gemeinten Sinne erweist sich als methodischer Umgang mit dem Gegensatz, der zum Widerspruch hochstilisiert wird. Hegels Satz vom ausgeschlossenen Dritten stellt A und Nicht-A jeweils auf sich: Entweder ist etwas A oder Nicht-A. Es gibt kein Drittes. So erhalten beide Seiten der Unterscheidung ihre eigene Substantialität. Beide Seiten schließen sich gegeneinander ab. Insofern kann man von Geschlossenheit reden. Gleichzeitig gehen beide Seiten ineinander über. Insofern kann man von Offenheit reden. Geschlossenheit und Offenheit sind gleichzeitig gegeben. Das Eine ist nicht vorstellbar ohne das Andere. *Die Unterscheidung Geschlossenheit/ Offenheit erweist sich als sinnvoll auf der von Hegel konstruierten Abstraktionsebene des Ansich.* Gemeint sind Einheiten ohne nähere Bestimmungen. Auf der von Luhmann verwendeten Abstraktionsebene erweist sich die Unterscheidung Geschlossenheit/ Offenheit als differenzierungsbedürftig. System und Umwelt gehen nicht ineinander über. Im Gegenteil: Das System schließt sich gegen die Umwelt ab und gewinnt dadurch seine Selbstreferenz, seine Eigenständigkeit. Der Umwelteinfluss ist zwar gegeben. Jedoch ist er nicht so stark, als dass er die Strukturdeterminiertheit des Systems aus der Fassung bringen könnte. Die Geschlossenheit dominiert die Offenheit. Man müsste festlegen, mit welchem Anteil die Offenheit an der Geschlossenheit beteiligt sein sollte. Es leuchtet ein, dass Luhmann geschlossene Systeme als Grenzfall definiert (Soziale Systeme, 1985, 22). Die Theorie befasst sich mit offenen Systemen (Ebenda). Mit Hilfe von Grenzen können Systeme sich zugleich schließen und öffnen (Ebenda, 52). Ergebnis: Die Aussagen über Offenheit und Geschlossenheit der Systeme verlieren ihre Eindeutigkeit und müssen ständig dem Fortgang der systemtheoretischen Reflexion angepasst werden. Der logische Grund: Die zusammenführende Einheit von Geschlossenheit und Offenheit muss gefunden werden. Diese Einheit ist hier der Grad der Öffnungsmöglichkeiten der als geschlossen gesehenen Grenzen des Analog-Systems der Einheit. Das Analog-Modell lässt unbegrenzte Öffnungsmöglichkeiten zu. Das Modell der Kontingenz gibt immer neue Möglichkeiten der Zuordnung von Geschlossenheit und Offenheit frei.

Differenz

Der Begriff Differenz steht in Luhmanns Konzeption der Systemtheorie im Zentrum des Modells. Der tragende Grund ist das System als Version der Einheit. Einheit ist durch Unterschiedenheit (in Anfang und Ende) charakterisiert, also durch Differenzierung. Der Begriff Differenz ist von dem lateinischen Verb differre (auseinander tragen) abgeleitet. Das Auseinandertragen ist das Umverteilen von etwas. Dieses Etwas muss eine differenzierbare Einheit oder ein System sein. Folglich kann die Differenz nicht für sich allein stehen.

Die Differenz ist der Unterschied. Luhmanns Ansatz ist durch den Unterschied bestimmt: Mach einen Unterschied! Eindeutig wird diese Problematik in seinem Buch „Die Wissenschaft der Gesellschaft" (1992, 474) behandelt: „Die Einheit, auf die reflektiert wird, muss im Unterschied gefunden werden und nicht im Endziel". Damit verabschiedet Luhmann die aristotelische Ursache des Endzwecks (Ebenda). In den Reflexionstheorien wird die Einheit von der Differenz her gedacht. Luhmann formuliert: „Es gibt keine Einheit als Ende. Was sich als Erkenntnis beobachten lässt, ist und bleibt die Erzeugung einer Differenz im Ausgang von einer Differenz" (Ebenda, 547). Luhmann sieht den Vollzug eines Unterschieds und damit das Setzen eines Anfangs als die Verletzung der Welt durch die eine oder die andere Unterscheidung (Ebenda, 547f.). In aller Sinnerfahrung liegt zunächst eine Differenz vor, nämlich die Differenz von aktual Gegebenem und auf Grund dieser Gegebenheit Möglichen (Soziale Systeme, 1985, 111).

Die Ausgangsdifferenz ist die Leitunterscheidung System/ Umwelt. Der Ausgangspunkt aller daran anschließenden systemtheoretischen Forschungen ist für Luhmann nicht eine Identität, sondern eine Differenz (Ebenda, 243). Luhmann sieht seine Theorie als eine Umstellung von Identität auf Differenz (Ebenda, 396). Für Luhmann ist ein System die Differenz von System und Umwelt. Er sieht daher die Paradoxie in der Gleichsetzung von Identität und Differenz: „Wenn aber Identität Differenz ist (ist!)". Diese Formulierung findet sich in seinem Buch „Soziologische Aufklärung 6 (1995, 164). Mit dieser Formulierung setzt Luhmann die Identität von Identität und Differenz. Im Unterschied dazu konstatiert sein neues systemtheoretisches Paradigma die „Differenz von Identität und Differenz" (Soziale Systeme, 1985, 26). *Damit behauptet Luhmann (allerdings zu unterschiedlichen Zeiten) zugleich die Differenz und die Identität von Identität und Differenz.*

Die Verwendung des Begriffes Differenz deutet auf die Analogizität der Systemtheorie Luhmanns. Denn die Begriffseinheit Differenz im Sinne des Unterschieds gibt es nur im Modell des Ganzen und seiner Teile. Eine sehr wichtige Besonderheit der Einheit besteht darin, dass sie ein Ganzes ist. Das Ganze der Einheit ist nur vorstellbar als das Ganze von Teilen. Umgekehrt sind die Teile nur vorstellbar als die Teile eines Ganzen. In diesem analogen Modell der Differenzierung des Ganzen in seine Teile hat weder das Ganze der Einheit noch haben die Teile einen logischen oder funktionalen Vorrang. Die Teile sind für diese Figur ebenso bedeutsam wie das Ganze. Funktional gesehen besteht eine Identität vom Ganzen und den Teilen. Es handelt sich jedoch um unterschiedliche Begriffe mit unterschiedlichen Inhalten. Daher sind beide Begriffe nicht nur funktional miteinander verbunden. Sie sind zugleich voneinander getrennt, also unterschiedlich und nicht identisch. Folglich bestehen zugleich die Identität und die Nichtidentität vom Ganzen und den Teilen des Ganzen. Auf der sprachlichen Ebene Luhmanns müsste es heißen: Gegeben ist nicht nur die Differenz von Identität und Differenz, sondern zugleich die Identität von Identität und Differenz.

Luhmanns Paradigma der Unterschiedenheit (Er sagt: der Differenz) von Identität und Differenz geht einher mit der logischen und funktionalen Gleichsetzung (Identität) von Identität und Differenz. Insofern macht sein Paradigma nur die halbe Wahrheit aus. Sie enthält eine logische Schieflage zugunsten der Unterschiedlichkeit, der Differenz. Die logische Schieflage ist im Analog-System selbst begründet: Hegel hat in seiner umfassenden Abhandlung unter dem Titel „Wissenschaft der Logik“ (1951) auf einen Sachverhalt hingewiesen, der in der üblichen analog bestimmten Denkweise leicht übersehen wird. Im ersten Abschnitt des Zweiten Buches (a.a.O., 32ff.) behandelt Hegel den Unterschied, d.h. in Luhmanns Terminologie: die Differenz. Für Hegel hat der Unterschied die Identität an ihm selbst. Das heißt: Hegels Formulierung klingt paradox: Der Unterschied ist nicht er selbst. Vielmehr ist er sein Anderes. Das vom Unterschied Unterschiedene ist die Identität. *Der Unterschied als einfacher ist kein Unterschied. Er ist dies erst in Beziehung auf die Identität. Der Unterschied ist nicht Übergehen in ein Anderes, nicht Beziehung auf Anderes außer ihm. Er hat sein Anderes, die Identität, an ihm selbst.* Der Unterschied hat die beiden Momente: Identität und Unterschied. *Wenn der Unterschied so gedacht wird, ist er als der reflektierte Unterschied die Verschiedenheit.*

Die ungewohnte Art der Reflexion Hegels macht auf einen höchst bedeutsamen Sachverhalt aufmerksam: Der Unterschied ist nicht ein in sich selbst stehendes Etwas. Er ist nicht ein Etwas, das sich selbst trägt. Zwei Momente sind im Unterschied vereint: Der Unterschied ist er selbst. Aber er hat zugleich die Identität in sich. Der Unterschied ist nicht vorstellbar ohne die Identität. Diese gehört daher unmittelbar und unabdingbar zu ihm selbst. Der Unterschied kann gar nicht ohne die Identität gedacht werden. Daher tritt die Identität als der Inbegriff von Einheit und System gar nicht aus sich selbst heraus, wenn ein Unterschied gemacht wird. Die logisch-funktionale Sphäre der Einheit, der Identität, wird gar nicht erst verlassen, wenn innerhalb dieser übergreifenden Einheit differenziert wird. Der Teil verlässt nicht den logischen Spielraum des Ganzen der Einheit, wenn er als solcher ausgemacht und vom übrigen Bereich der ganzen Figur abgesondert gedacht wird. Kein Teil ohne Ganzes. Kein Ganzes ohne Teil. Hier gibt es keine logischen Rangunterschiede. Denn das Eine kann nur in unablösbarer Verbindung mit dem Anderen gedacht werden. Insofern besteht eine funktionale (auf den Stellenwert bezogene) Identität zwischen dem Teil und dem Ganzen.

Die Folge: Weder die Einheit noch die Differenz können auf sich selbst gestellt und als begründender Grund für die logischen Konstruktionen eingesetzt werden. Daher ist es notwendig, in den Leitunterscheidungen die unmittelbare Verbundenheit (und gleichzeitige Getrenntheit) von Identität und Differenz zu berücksichtigen. Folglich befindet sich Luhmanns Leitunterscheidung, die Differenz von Identität und Differenz, in einer logisch-funktionalen Schieflage, unter der das gesamte Modell seiner Systemtheorie leidet. Es fehlt eben die gleichzeitige Identität von Identität und Differenz. Das Ganze der Einheit ist nicht mehr als das Insgesamt der Teile dieser Einheit. Man ist es nicht gewohnt, die Teile für sich zu nehmen und ihnen das gleiche funktionale Gewicht zuzuerkennen wie dem Ganzen. Wohl aber stellt das Alltagsdenken gern das Ganze auf sich und hebt es gegenüber den Teilen hervor, z.B. in Gestalt der ganzheitlichen medizinischen Behandlung eines Kranken.

Die binäre Perspektive dagegen räumt den für sich vorgestellten Teilen dieselbe funktionale Bedeutung ein wie dem Ganzen. Sie stellt für die Zwecke der logischen Untersuchung sowohl das Ganze der Einheit wie auch das Insgesamt der Teile auf sich selbst, indem sie beide Seiten dieser Unterscheidung verabsolutiert. Das heißt: Die

Einheit wird ebenso wie die Differenzierung der Einheit in Teileinheiten jeweils auf sich gestellt. Beide Seiten der Unterscheidung werden auf eine abstraktere Reflexionsstufe gehoben. Auf der linken Seite der Unterscheidung wird die bestimmte und konkrete Einheit zur Einheit an sich, d.h. zur Einheit als solcher, zur Einheit an sich selbst, zur Einheit ohne irgendwelche näheren Bestimmungen und Besonderheiten. Es bleibt nur das Modell Einheit als unmittelbare Gegebenheit, als Kategorie im Sinne des Grundbegriffs. Auf der rechten Seite der Unterscheidung legen die Teile ihre Konkretheit ab. Es bleibt die Vorstellung vom Geteiltsein als solchen. Links gibt es nur das Modell Einheit mit Anfang und Ende. Rechts gibt es nur Verschiedenheit im Sinne negativer Einheit, d.h. Einheit ohne Messbarkeit und Differenzierbarkeit. Denn differenzieren kann man nur dort, wo es durch Anfang und Ende umgrenzte Einheit gibt. Beide Seiten dieser binären Unterscheidung bilden eine Einheit. Zugleich sind sie durch die unterschiedliche Begrifflichkeit voneinander unterschieden und insofern getrennt.

In Luhmanns Analog-Modell bedeutet Differenz den konkreten Unterschied, aber auch das Unterschiedensein ohne Bezug auf etwas Bestimmtes, so die paradigmatisch gemeinte grundsätzliche Unterschiedlichkeit von Identität und Differenz im Unterschied zu deren Verbindung. Jedoch denkt Luhmann die Differenz als etwas für sich Bestehendes. *Denn er sieht die Differenz als den alles begründenden Grund und damit als Eines.* Die Identität kommt dann als Ergebnis des Zusammenfassens (akzidentell) dazu. Im praktischen Vollzug des systemtheoretischen Operierens sieht Luhmann die Differenz als den bestimmten Unterschied (und nicht den Unterschied schlechthin ohne nähere Bestimmungen).

Wenn man die binäre Ebene der Logik ansteuert, ist es in jedem praktischen Vollzug des Unterscheidens erforderlich, auf beiden Seiten der binären Unterscheidung die reflektierte Ebene des Unterscheidens zu erreichen: Links steht dann Einheit oder Identität an sich ohne nähere Bestimmungen und ohne Bezug auf sozialpsychologisch gemeinte Identität im Sinne der Selbstfindung usw. Rechts steht dann das Unterschiedliche an sich ohne nähere Bestimmungen, das Hegel treffend als Verschiedenheit bezeichnet. So stehen sich im binären Modell vorübergehend die höchsten Abstraktionsformen von Einheit (=Identität) und Unterschied (jetzt in Gestalt der Verschiedenheit) als Entgegengesetzte gegenüber. Beide Seiten müssen als zugleich vereint und getrennt vorgestellt werden. In diese reflektierte binäre Unterscheidung wird anschließend auf beiden Seiten etwas Konkretes eingesetzt. So kann links der Begriff Datei eingesetzt werden. Rechts wären z.B. die Begriffe öffnen und schließen einzusetzen. Die Datei steht für Einheit mit Anfang und Ende. Das Öffnen und Schließen sind keine Abläufe mit Anfang und Ende. Vielmehr sind es unbegrenzte Gegebenheiten. Rechts müssen immer mehrere Gegebenheiten eingesetzt werden, weil Verschiedenheit grundsätzlich mit Mehrheiten verbunden ist.

Grundsätzlich ist der Umgang mit Unterscheidungen in der Evolution der Logik nicht „eingeübt" worden. Der Grund liegt in der entschiedenen Dominanz der Einheit seit dem Altertum. Und Einheit legt Differenzierung innerhalb der Einheit nahe. Die Unterscheidung zwischen dem Innen und dem Außen der Einheit ist selbst bei Kant nicht über das Modell Vielheit hinausgelangt. Vielheit ist in Kants Kategorientafel eine Teileinheit der Quantität. Das heißt: Die Behandlung der Einheit über deren Umgrenzungen hinaus bewegt sich lediglich auf der quantitativen Ebene. *Vielheit wird dann als Mehrheit von Einheiten gesehen und nicht als kategoriale Negation von Einheit.* Auch die Negation als Teileinheit der Qualität bewegt sich nur innerhalb der Einheit. Denn die von Kant gemeinte Negation ist Bestandteil einer in sich selbst differenzierten Einheit, nämlich der Kategorie der Qualität. Die kategoriale Sphäre der Einheit wird in der Kategorientafel grundsätzlich nicht verlassen. So ist es verständlich, dass die gegenwärtige Logik den kategorialen Raum der Einheit nicht verlässt, auch nicht in der analogen Systemtheorie. Die von Platons Parmenides und Hegel ausgehenden Impulse für den Fortgang der Unterscheidungstheorie waren offensichtlich zu schwach, um die Modellierung einer komplexen Systemtheorie voranzubringen. Ein Grund mag darin zu sehen sein, dass der Umgang mit verschiedenen Graden der Abstraktion und Reflexion bisher vernachlässigt wurde.

Digitalisierung

Der Begriff digital ist von digitus=Finger abgeleitet. Im übertragenen Sinn ist der Zeiger gemeint. Der digital konstruierte Rechner operiert mit Binärziffern, und zwar mit den Binärziffern 0 und I. Digitaltechnik ist die Umsetzung von Zeigerausschlägen in Ziffern. Allgemein bedeutet Digitalisierung die Verteilung von etwas auf zwei Felder, die zugleich miteinander verbunden und voneinander getrennt sind. Das Analog-System dagegen gibt die Möglichkeit, eine gegebene Einheit in unbegrenzt viele Teileinheiten zu zerlegen. Die Digitalisierung grenzt die Vielheit auf die Zwei ein.

In der analogen Systemtheorie wird das Modell der Digitalisierung mit der Zusammenführung von Selbstreferenz und Fremdreferenz in Verbindung gebracht (Luhmann: Soziale Systeme, 1985, 495). Die dann entstandene Einheit wird als paradox konstituiert angesehen. Luhmann bezieht sich in diesem Zusammenhang auf G. Bateson, A. Wilden und Y. Barel, wenn er diesen Vorgang Digitalisierung eines Kontinuums nennt. Die Digitalisierung wird auch mit den strukturellen Kopplungen in Verbindung gebracht. So wird festgestellt, dass strukturelle Kopplungen analoge Verhältnisse digitalisieren (Luhmann: Die Gesellschaft der Gesellschaft, 1997, 101). Auf analoger Ebene des Verständnisses wird Digitalisierung auch an die Zwei-Seiten-Form gebunden. So besteht für Luhmann ein Code aus zwei entgegengesetzten Werten. Auf dieser Ebene werden dann weitere Werte ausgeschlossen. „Damit wird die unbestimmte, tendenziell zunehmende Möglichkeit der Ablehnung des kommunizierten Sinnvorschlags in ein hartes Entweder/ Oder überführt, also eine >analoge< in eine >digitale< transformiert..." (Ebenda, 360). Digitalisierung hat auch die Bedeutung des Klarstellens und der Manifestation. Für Luhmann digitalisiert nur die Beobachtung das, was geschieht. Nur sie hebt das Eine im Unterschied zum Anderen hervor (Ebenda, 886). Im Verständnis der analogen Systemtheorie bedeutet Digitalisierung folglich im Prinzip das, was Kant die synthetische Einheit der Apperzeption nennt und was den höchsten Punkt der ganzen Logik ausmacht (Kritik der reinen Vernunft, B134).

Das analog bestimmte Verständnis der Digitalisierung ist ebenso wie das binär orientierte Verständnis der Digitalisierung auf die Zwei gerichtet. Die analoge Digitalisierung nimmt die duale Unterscheidung von Einheit und Vielheit als Maßstab. Die Aufgabe: Vielheit ist so zu ordnen, dass klar überschaubare Einheit entsteht. Denn Einheit lässt sich in unbegrenzt viele Teileinheiten zerlegen, so dass die Übersicht zum Problem werden kann. Das binär bestimmte Verständnis der Digitalisierung führt zu derselben Aufgabe. Nur die Mittel sind andere. Zunächst wird gefragt, was Einheit überhaupt ist: Einheit ist dasjenige, was Anfang und Ende hat und damit messbar oder differenzierbar ist. Im Unterschied zum analogen Modell wird die Was-Frage klar beantwortet. Die Analyse (Dekomposition) des Begriffsmodells Einheit ergibt, dass Einheit etwas in sich selbst Geteiltes ist. Einheit enthält zunächst sich selbst in sich, ferner das, was nicht Einheit schlechthin und überhaupt ist: Negativeinheit, negative Kehrseite von Einheit überhaupt, also alles, was weder Anfang noch Ende hat. Einheit überhaupt enthält in sich die Einheit von Unterschiedensein und Nichtunterschiedensein. Einheit enthält eine Zweiheit in sich selbst. *Damit macht die rechte Seite der binären Unterscheidung nicht die Vervielfachung von Einheit aus, sondern deren Negation.* Die kategoriale Zweiteilung der Einheit wird nun auf die konkrete Ebene der Anschauung zurückgeführt (Rekomposition). Dabei wird der beobachtende Blick ständig in einem Prozess der Oszillation von der einen Seite zur anderen geführt. Auf diese Weise wird die gedankliche Konstruktion der Wirklichkeit vollzogen. Der durch den Reflexionsverlauf geführte Zeiger oszilliert von der einen Seite der Unterscheidung zur anderen.

Eigenwert

Der systemtheoretisch gemeinte Begriff Eigenwert schließt an die aristotelisch geprägte Tradition an. Im Sinne der Metaphysik und der Kategorienlehre ist mit Substanz das einem bestimmten Wesen oder Ding zukommende Eigene gemeint (Aristoteles, Kategorien 2a). Das Ranghöchste ist die Einheit der Substanz als Bestimmtheit und Besonderheit. So kommt einer jeden Einheit im Sinne des Substantiellen etwas Eigenes zu. Einheit wird daher nicht nur als geschlossenes Ganzes verstanden, sondern zugleich als Individualität, als etwas Unteilbares. Von dieser Tradition her lässt sich der Begriff Eigenwert verstehen. Luhmann bringt die Eigenwertbildung in Verbindung mit der Beobachtung der Beobachtung. Auf dieser Ebene der Kybernetik zweiter Ordnung wird beobachtet, wie der beobachtete Beobachter beobachtet (Die Wissenschaft der Gesellschaft, 1992, 95). Damit verwandeln sich Was-Fragen in Wie-Fragen. In diesem rekursiven Vorgang des Beobachtens von Beobachtungen bilden sich stabile Eigenzustände heraus, z.B. sprachliche Formen, auf die man zu jeder Zeit zurückgreifen kann. In der Konstruktion der analogen Systemtheorie kann die Beobachtung nicht auf der Ebene der Wie-Fragen verbleiben. Denn das Wie baut auf dem Was auf. So ergibt sich die Notwendigkeit, das Beobachten auf der Wie-Ebene zu entparadoxieren. Luhmann hält die Transformation von Wie-Fragen in Was-Fragen für den wichtigsten Mechanismus in diesem Prozess des Entparadoxierens (Ebenda, 98).

Auf dieser Ebene der Beobachtung von Beobachtungen ergibt sich das Problem der systemtheoretisch verstandenen Identität. Die Konstituierung von Identität wird gebunden an die Entstehung von unterschiedlichen Beobachtungsebenen. Auf dieser Reflexionsebene geht es um die Unterscheidung von Unterscheidungen. Hier bildet sich in Luhmanns Perspektive das Identische heraus, das sich von anderem unterscheidet, zugleich aber auch vom identifizierenden Beobachter, der andere Beobachtungen beobachtet. Die Eigenwertbildung als Form des Konstituierens von Identität steht im Verbund mit dem Prozessieren von Differenzen (und nicht mit dem Rekurs auf letzte Einheiten, Prinzipien und Gründe). So ist es letztlich das Modell der Differenz, das die Bildung von Eigenwerten und Eigenzuständen ermöglicht.

Diese Argumentationskette läuft an dem Tatbestand vorbei, dass jede Differenz immer die Aufgliederung einer gegebenen Einheit in unterschiedliche Teileinheiten ist. Daher kann das Modell Differenz nicht logisch-funktional ranghöher sein als das Ganze der Einheit, das zur Aufteilung verfügbar sein muss, damit eine Differenz eine Differenz werden kann. *Ergebnis: Weder die Differenz noch die Einheit lässt sich aus dem Unterscheidungsgefüge herausbrechen, auf sich selbst stellen und als letzter Grund ansetzen.*

Zu den Eigenwerten werden Kondensate von Beobachtungen gerechnet. Auf diese Weise entstehen Sinnmarken (tokens). Diese Zeichen geben Anhaltspunkte für weiteres Beobachten. Die Stabilität dieser Zeichen ergibt sich dadurch, dass sie aus unterschiedlichen Perspektiven gewonnen worden sind. Die Sprache gilt als hervorragendes Beispiel für derartige Sinnmarken (Ebenda, 114). Luhmanns wissenschaftliches Interesse ist nicht nur auf das für ihn zentrale Modell der Differenz gerichtet, sondern auch auf Konfirmierungen, Kondensate und Eigenwertbildungen, also auf die Resultate der Reduktion von Komplexität. In diesem Zusammenhang ergibt sich die Frage: Wie wird Identität produziert oder errechnet? (Ebenda, 311f.) Identifikationen erfordern für Luhmann zwei Voraussetzungen. Erstens müssen Unterschiede weggelassen werden, z.B. Unterschiede der räumlichen oder zeitlichen Zurechnung. Ohne die Abstraktion von Unterschieden gibt es für ihn keine Identität. Die zweite Voraussetzung liegt im Gelingen einer rekursiven Produktion von Eigenwerten. Identität muss am schon Identifizierten identifiziert werden. Die Wiederholung des Identifizierens muss gelingen. Sie muss das für identisch Gehaltene identifizieren können. Dieses rekursive Testen mit anderen Operationen unter anderen Bedingungen muss in demselben System erfolgen. Eine Konfirmierung muss möglich sein. „Auf diese Weise errechnet das System seine ‚Eigenwerte' und identifiziert Identität als Zeichen für solche Eigenwerte, und über Eigenwerte kann es dann Eigenverhalten organisieren" (Ebenda, 312). Man kann nicht davon ausgehen, dass die Identität für verschiedene Beobachter die Selbigkeit der Referenz ihrer Beobachtungen garantiert.

Eigenwerte, so lässt sich Luhmann interpretieren, sind kondensierte und konfirmierte Leistungen eines bestimmten Systems. Eigenwerte sind also systemspezifische Verdichtungen wiederholter Operationen, auf die man zu jeder Zeit zurückgreifen kann, so z.B. auf die Sprache eines bestimmten Systems. Mit dieser theoretischen Modellkonstruktion folgt Luhmann der Tradition der Wissenschaftstheorie, die seit Aristoteles die Vielheit und Mannigfaltigkeit der Gegebenheiten auf Einheit zurückführt und somit in das Grundmodell der

Einheit mit Anfang und Ende hineinordnet. Das kategoriale Modell der Einheit wird grundsätzlich nicht verlassen. Die Sphäre der Binarität wird nicht betreten.

Eigenwerte werden gesehen als Kondensate von Wissen, die sich in den Abläufen des Beobachtens bewährt haben. So festigt das System Eigenzustände und gewinnt auf diesem Wege eine dynamische Stabilität. Die Eigenwertbildung geht immer mit Rekursivität einher. Das heißt: Neue Operationen des Systems schließen grundsätzlich an frühere Operationen dieses Systems an. Durch die Rekursivität wird die Beliebigkeit der Anschlüsse reduziert, so dass zugleich Sicherheit und Dynamik ermöglicht werden. Die Eigenwerte des Systems sind allgemein bekannt, so dass sie Bestandteile des gesamten Steuerungssystems werden. Im Kommunikationssystem führt das Eigenverhalten zur Stabilisierung der Bedeutungen, die den Gegebenheiten beigemessen werden (Die Gesellschaft der Gesellschaft, 1997, 219). Luhmann sieht die Eigenwertbildung als ein Resultat der Wiederverwendung und Anwendung von Operationen auf das Resultat vorheriger Operationen desselben Mediums (Ebenda, 394).

Luhmanns Konstruktion des Eigenwerts setzt bei der Verflochtenheit und Vielgestaltigkeit, also bei der Differenz der Beobachtungen an. Der Weg der Reflexion führt dann zu Stabilisierungen, die im sozialen System Steuerungsfunktionen des Verhaltens einnehmen. Diese Grundidee schließt an die aristotelische Metaphysik an, in der es heißt: „Es ist aber auch klar, dass es einen Anfang gibt und die Ursachen der Dinge nicht ins Unendliche gehen, weder in derselben Kette, noch in der Art der Verkettungen“ (994a). Der Anfang ist in Luhmanns Konzept die Differenz als fester Punkt. Das Ende ist die Stabilität des Eigenwerts im System. Das Ende ist zugleich der Anfang für neue Anschlüsse und Verkettungen der Beobachtungen. Luhmann schließt an eine weitere Aussage der aristotelischen Wissenschaftslehre an. Sie besagt, dass der Wesensbegriff für jedes Ding das ist, was es an sich selbst ist (Metaphysik 1029b). Gemeint ist das einem jeden Ding Eigene, das insofern unteilbar ist, als es mit keinem anderen Ding geteilt werden kann. Das binäre Modell des Eigenwerts würde über die Differenzierung der Einheit mit der Bezeichnung Eigenwert hinaus auf ein Programm hinauslaufen: die sprachliche Seite des Modells Eigenwert analysieren, die geschichtliche Herkunft dieses Modells ergründen, diesen Begriff in bestehende Theoriekonstruktionen einzubauen versuchen, den praktischen Nutzen des Eigenwerts für das Alltagsleben in differenzierter Form darstellen usw. Das binäre Modell erfordert das Zugleich von Einheit und Negativeinheit, d.h. von Differenzierbarkeit (Eigenwert, Eigenverhalten, Eigenzustand usw.) und Nichtdifferenzierbarkeit (analysieren, vergleichen, prüfen usw.).

Element

Der Begriff Element ist aus dem Lateinischen abgeleitet. Elementa bedeutet: die Buchstaben als Lautzeichen, die Anfangsgründe, die Urstoffe, die Grundstoffe. Luhmann behandelt diesen Begriff u.a. in seinem Werk „Soziale Systeme“ (1985, 28ff.). In der analogen Systemtheorie wird der Elementbegriff in die logische Ebene der Akzidentien gelegt, das heißt in die Reihe der Teileinheiten des Systems im Sinne von Einheit. Die Elemente werden als radikal verzeitlichte Gegebenheiten gesehen. Die Elemente, aus denen das System besteht, haben keine Dauer. Sie müssen daher unaufhörlich durch das System dieser Elemente reproduziert werden. Bei der Ersatzbeschaffung neuer Elemente geht es Luhmann um einen eigenartigen Zugang zur Autonomie. Das System versieht die momenthaften Elemente, aus denen es besteht, mit Anschlussfähigkeit, mit Sinn. Wäre das nicht der Fall, so würde das System aufhören zu existieren. Auf diese Weise reproduziert das Systems seine Elemente.

Die Elemente des Systems gewinnen Qualität dadurch, dass sie relational in Anspruch genommen werden. Sie müssen aufeinander bezogen werden. Die Einheit eines Elements ist nicht ontisch vorgegeben. Sie wird vielmehr z.B. als Einheit einer Handlung erst im System konstituiert. Damit wird der Elementbegriff funktionalisiert. *Das Element fungiert als nicht weiter auflösbare Einheit.* Ein System baut sich nur durch Relationierungen seiner Elemente auf. Die Elemente sind Elemente für das System und durch das System. Das ist das Konzept der Autopoiesis. Emergenz ist dann die Unterbrechung und der Neubeginn des Aufbaus von Komplexität. Relationen zwischen Elementen können sich auf der Wenn-dann-Ebene konditionieren. Erfolgreiche Konditionierungen wirken als Einschränkungen. Diese haben im Sinne der constraints eine positive Konnotation. Organisierte Komplexität ist Komplexität mit selektiven Beziehungen zwischen den Elementen. Komplexität bedeutet: Auf Grund immanenter Beschränkungen kann sich nicht mehr jedes Element jederzeit mit anderen Elementen verknüpfen. Kontingenz heißt nun: Auch andere Relationierungen wären möglich. Die Frage, welche Relationierungen zwischen Elementen realisiert werden, wird beantwortet durch die Differenz von System und Umwelt. Elemente werden immer durch das System konstituiert, das aus ihnen besteht. Der Vollzug von Relationierungen erfordert wegen der Komplexität Selektionen.

Das Handeln gewinnt seine selektive Bestimmtheit aus seiner

Funktion als Element im sozialen System. Alle Elemente werden auf der Grundlage einer vorausgesetzten Komplexität als emergente Einheiten konstituiert. Stärker differenzierte Systeme müssen ihre Elemente, die auch als Handlungen oder Ereignisse bezeichnet werden, temporalisieren. Sie müssen zeitpunktbezogen ihre Elemente von Moment zu Moment reproduzieren. Sie müssen ihre Elemente abstrakter fassen, damit eine Verknüpfung über die Systemgrenze hinweg möglich wird. *Der Begriff Element ist kein Letztelement systemtheoretischer Analyse.* Damit zeichnet sich der Verzicht auf alle letzten Elemente und alle historisch invarianten Gesetzmäßigkeiten ab.

Luhmanns Modell des Elements verlässt nicht die Einheit auf der grundbegrifflichen Ebene. Was über die Elemente gesagt wird, das sind Besonderheiten der Elemente und damit Eigenschaften, die den Elementen akzidentell zukommen. Beispiele: Die Elemente sind verzeitlichte Gegebenheiten. Elemente sind nicht dauerhaft. Elemente werden immer durch das System konstituiert. Diese drei Beispiele bleiben auf der linken Seite des binären Systems. Hier geht es nur um das Modell Einheit mit unbegrenzt vielen Teileinheiten in Form von Attribuierungen. Alles ist Einheit (System) oder Teileinheit (Element). Die Sphäre der Negativeinheiten wird gleichsam in die Gegensphäre der Einheit hineingezogen. Der Funktionsplatz der Negativeinheit bleibt unbesetzt. So macht Luhmann die Konstituierung der Elemente durch das System zu einer definitiven Aussage: Die Elemente werden durch das System konstituiert. Das binäre System der Logik stellt dagegen nur Verbindungen und Trennungen her. An die Stelle der Satzaussage treten z.B. Infinitive: Die Elemente mit besonderen Eigenschaften ausstatten. Oder: Den Elementen etwas absprechen.

Nun ist das binäre System der Logik eine Einheit, die eine Zweiheit in sich enthält. Wenn die Sphäre der Einheit die Funktion eines Analog-Systems einnehmen soll, darf sie nichts weiter als die Differenzierung eines Systems in unbegrenzt viele Teileinheiten sein. Sie darf das logische Gehäuse der Einheit grundsätzlich nicht verlassen. Alles muss von der Einheit ausgehen und auf Einheit zurückgeführt werden. Das ist die aristotelische Logik, die z.B. über Descartes, Kant und Max Weber bis heute gilt. Luhmann bemerkt, dass die Relationierungen der Elemente an der Differenz von System und Umwelt orientiert sein müssen. *Da alles, was das Analog-System enthält, Einheit ist, muss folglich auch die Umwelt Einheit sein. Also führt das Modell Umwelt nicht aus der Sphäre der Einheit heraus. Der Begriff*

Umwelt kann dann Verwendung finden, wenn man unter Umwelt die Systeme außerhalb des beobachteten Systems versteht (und nicht die Verlängerung der Handlungssequenzen des Systems oder das Negativ-Korrelat des Systems). Aber in diesem Fall bleibt man in der Sphäre der konkreten und kategorialen Einheit.

Entropie

Der Entropiebegriff gehört zu den „Eigenwerten“ der analogen Systemtheorie. Das Wort ist vom griechischen Verb entrepo=ich wende um, ich kehre um, ich wende mich um abgeleitet. Luhmann behandelt diesen Begriff z.B. in seinen Büchern „Soziale Systeme“ und „Die Gesellschaft der Gesellschaft“. Ein System wird als entropisch bezeichnet, „wenn eine Information über ein Element keinerlei Rückschlüsse auf andere zulässt. Das System ist für sich selbst entropisch, wenn im Prozess der Reproduktion, also des Ersetzens entfallender Elemente, jedes mögliche Nächstelement gleichwahrscheinlich ist. Anders gesagt: Im Falle der Entropie fehlt jede Engführung der Anschlussfähigkeit... Der Begriff bezeichnet mithin den Grenzfall, in dem die Reproduktion des Systems aus sich selbst heraus zum Zufall wird“ (Soziale Systeme, 1985, 80). In Anwendung auf die Kommunikationstheorie bedeutet Entropie, dass Kommunikation unbestimmte Beliebigkeit des jetzt noch Möglichen ausschließt.

Einen Stellenwert hat der Entropiebegriff in Verbindung mit der Selbstreproduktion des Systems. Strukturbildung bedeutet in der Systemtheorie die Reduktion von Komplexität, die Einschränkung von offenen Möglichkeiten. Strukturbildung hebt durch die selektive Einschränkung der Relationierungsmöglichkeiten die Gleichwahrscheinlichkeit jedes Zusammenhangs einzelner Elemente auf. Strukturbildung ist Erzeugung von Redundanz: Man kann von einer Beobachtung auf andere Beobachtungen schließen.

Luhmann bringt den Entropiebegriff auch in die systemtheoretische Evolutionstheorie ein. Die Grundaussage der Evolutionstheorie besagt: Evolution transformiert geringe Entstehungswahrscheinlichkeit in hohe Erhaltungswahrscheinlichkeit. Das Thema ist dann die Morphogenese der Komplexität. Dies ist eine andere Formulierung der Frage, wie aus Entropie Negentropie entstehen kann (Die Gesellschaft der Gesellschaft, 1997, 414f.). In seinem Buch „Das Recht der Gesellschaft“ (1993, 42) bringt Luhmann das Begriffsmodell Entropie in Verbindung mit der operativen Geschlossenheit des Rechtssystems. Wenn man die Falle des Entropiegesetzes vermeiden will, „müssen alle Aussagen der Systemtheorie als Aussagen über die Differenz von System und Umwelt formuliert werden oder jedenfalls von der Form dieser Unterscheidung ausgehen. Hierfür hatte die ältere Systemtheorie zunächst die Form ‚offene Systeme‘ vorgeschlagen. Angriffspunkt dieser These war das Entropiegesetz mit der Einsicht, dass Systeme, die gegen ihre Umwelt abgeschlossen sind, sich allmählich der Umwelt angleichen, also auflösen, weil sie Energie verlieren und thermodynamisch irreversibel dem Wärmetod ausgesetzt sind. Für den Aufbau von Komplexität, für die Herstellung und Erhaltung von ‚Negentropie', sei daher ein kontinuierlicher Austausch mit der Umwelt erforderlich...".

Das Verständnis des Entropiebegriffes wird erleichtert, wenn die Einsicht gewonnen wird, dass die operative ebenso wie die grundsätzliche Schließung eines Systems schwerwiegende Folgen für die Fortschreibung dieses Systems hat. Luhmann schließt nicht nur prinzipiell an Durkheim an, der Soziales vor allem durch Soziales erklärt. Auch thermodynamische Gesetzmäßigkeiten gehen in die analoge Systemtheorie ein. So wird es verständlich, dass die Abschnürung des Systems gegenüber allem, was nicht das System ist und von Luhmann als „alles andere" etikettiert wird, zum Kollaps des Systems führt. Insofern macht die Entropie eine Falle aus. Die analoge Systemtheorie geht von der Voraussetzung aus, dass Geschlossenheit nicht ohne Offenheit vorstellbar ist. Jedoch operiert dieses Theoriemodell grundsätzlich konkret und anschaulich. Jede Operation nimmt Zeit in Anspruch, wenn man die logische Ebene der Empirie nicht verlässt. So ist die Rede von der radikalen Verzeitlichung der Operationen. Unter diesen Bedingungen muss jedes System dafür sorgen, dass die Öffnung immer wieder vollzogen wird, weil sie ja (im Unterschied zum binären Modell) nicht ständig gegeben ist. Dazu der Einwand: Das Festhalten an der Empirie wird zur Falle für die Fortexistenz des Systemmodells.

Wenn ein System als offen bezeichnet wird, besteht für die analoge Systemtheorie die Gefahr, dass diese Offenheit der Relationierungsmöglichkeiten nicht zu einer wünschbaren Engführung dieser Möglichkeiten führt, damit eine Struktur sichtbar werden kann, die dann zum Aufbau von Eigenwerten des Systems führen kann. Die Offenheit eines Systems führt tendenziell zur Verschmelzung mit der Umwelt des Systems, die dann nicht als Negativ-Korrelat des Systems oder als Verlängerung der Handlungssequenzen des Systems verstanden wird, sondern als die Fülle der Systeme im Außenbereich des beobachteten Systems. So evident diese Argumentationsweise sein mag: Die analoge Systemtheorie gerät in eine logische Schieflage, sobald sie das Feld ihrer „Eigenwertigkeit" verlässt und Aussagen macht, die über die ihr eigenen Möglichkeiten hinausgehen. Das Analogie-Modell besteht nur aus Einheiten, das heißt aus differenzierbaren Gegebenheiten mit Anfang und Ende. Beweis: Kants

Kategorientafel, deren Reichweite Luhmann nicht überspringt, enthält nur differenzierbare kategoriale Einheiten (Quantität, Qualität, Relation, Modalität). *Sie enthält keine Angaben darüber, was man mit diesen Gegebenheiten macht usw.* Und genau das ist das Geschäft der binären Logik. Diese fügt Einheiten mit Anfang und Ende und das, was diesen Einheiten widerfährt, zu einem unablösbaren Gefüge zusammen. Daher hat sie es immer mit zwei Feldern zu tun. Es entsteht nicht die Notwendigkeit, die Schließung des Systems mit dem Modell der Umwelt zu verkoppeln. *Die analoge Logik übersieht dabei, dass die Umwelt ja auch geschlossen ist. Denn auch die Umwelt ist Einheit, wie man bei Luhmann selbst an mehreren Stellen nachlesen kann. Und Einheit ist grundsätzlich operativ geschlossen. Denn die Umwelt umgibt immer ein System oder ist ein Teil eines Systems.* Umwelt ist schließlich selbst eine differenzierbare Einheit. Sie ist z.B. neben der Mitwelt und der Scheinwelt oder der Unterwelt eine der Varianten von Welt. Im Ergebnis wird offensichtlich, dass die analoge Systemtheorie nicht in der Lage ist, auf der ihr eigenen Argumentationsebene der Konkretheit und Empirie das Feld der Einheit zu verlassen.

Erziehung als Funktionssystem

Das binäre Modell der Logik erklärt alles zu Erklärende von dem fundamentalen Modell der Einheit her. Alles, was durch die Unterscheidung von Anfang und Ende differenzierbar ist, macht Einheit aus. So hat jede Einheit ihre eigene Bestimmtheit und Substantialität durch sich selbst, durch die Anteilnahme an dem, was als Einheit definiert ist. Auf dieser logischen Ebene hat Erziehung ihre Bestimmung von sich selbst her. Das bedeutet: Die Einrichtungen der Erziehung bestimmen selbst, was Erziehung ist. Sie haben ihre eigene Autonomie. Von hier aus ist die systemtheoretische Aussage zu verstehen, dass das soziale System selbstgenügsam und autonom ist.

Das Erziehungssystem steht nicht auf sich allein, weil System mit seinen Definitionen und Umgrenzungen auf etwas bezogen ist, was nicht es selbst ist: auf Anderes. In der binären Logik ist dieses Andere das Nichtunterschiedene, dasjenige, was keinen Anfang und kein Ende hat, also z.B. das Hervorbringen der Erziehungssysteme, das Ausstatten der Erziehungssysteme mit Sinn und Materialien, das Begutachten der Eignung der Systeme usw. *Das binäre System der Logik enthält in sich das analoge System in Form der differenzierbaren Einheit.* Auch auf der analogen Unterscheidungsebene bestimmt die mit Unterscheidungsmöglichkeiten ausgestattete Einheit über sich selbst. Sie bezieht sich bei allen Handlungen auf sich selbst. Der Bezug auf sich selbst wird auch als Selbstreferenz bezeichnet. Der Selbstbezug steht grundsätzlich nicht für sich allein, wie Hegel überzeugend dargestellt hat. Er geht unablösbar mit dem Bezug auf Anderes einher. Es kann daher kein selbstreferentielles Erziehungssystem geben. Erziehung ist nicht nur auf sich selbst, sondern zugleich auf Anderes bezogen. Dieses Andere ist im Verständnis der analogen Systemtheorie Luhmanns die Gesellschaft. Gesellschaft wird als Kommunikation verstanden. Der zentrale Orientierungspunkt der Erziehung ist also neben dem Selbstbezug die Gesellschaft und folglich die Kommunikation. Nach Luhmanns Auffassung schreibt sich die Kommunikation nur durch Kommunikation und damit durch sich selbst fort.

Das soziale System der Gesellschaft ist zwar geschlossen, aber nicht so abgedichtet, dass nicht Anschlüsse zu anderen Systemen hin möglich wären, so zu den Bewusstseinssystemen, an die sich Erziehung unmittelbar richtet. „Unbestritten gibt es also eine ständige strukturelle Kopplung von Bewusstseinssystemen und Kommunikationssystemen, die laufend wechselseitige Irritationen auslöst..., aber trotzdem keine gemeinsame Operation und auch kein übergreifendes System" (Soziologische Aufklärung 6, 1995, 206). Beide Systeme reproduzieren sich durch sich selbst (Autopoiesis). Sie sind daher geschlossen und insofern verschieden. Sie verfügen über ihre eigene Strukturdeterminiertheit, obwohl sie miteinander verkoppelt sind.

Für Luhmann erscheint das Grundproblem der Erziehung in einem neuen Licht. „Die Theorie operativ-geschlossener Systeme schließt die Annahme aus, man könne durch Kommunikation Bewusstseinsoperationen ...spezifizieren. Das, was der Erzieher sich vornimmt, ist unmöglich" (Ebenda). Die verbreitete Vorstellung, dass Medien einen Übertragungsvorgang vermitteln, muss aufgegeben werden. Luhmann greift die von Fritz Heider benutzte Unterscheidung Medium/ Form auf. Als Medium lassen sich z.B. Worte verwenden, die sich zu Sätzen zusammenfügen lassen, so dass Formen entstehen. Das Medium lässt sich immer für andere Formen verwenden. Die Sprache fungiert zugleich als Medium und als Form. So befähigt Sprache dazu, als strukturelle Kopplung von jeweils für sich geschlossenen Bewusstseinssystemen und Kommunikationssystemen zu dienen.

Auch Lehrkräfte sind allgemeinen Gesetzmäßigkeiten des Systems unterworfen. Man kann nur in einem System Einfluss gewinnen und nur dadurch, dass man sich den Einflüssen in dem System unterwirft (Ebenda, 209). Das zu prägende Medium der Erziehung ist das Kind. Das Kind ist das Konstrukt einer Unterscheidung: Kind/ Erwachsener. Luhmann stellt fest, dass Kinder keine Kinder sind. Seine Erklärung läuft über einen Exkurs: Strukturelle Kopplung gibt Anstoß zu einer Art Dauerirritation der Systeme. So werden im System durch die Dauerhaftigkeit der Wiederholung Strukturentwicklungen ausgelöst. „In den Dauerirritationen, die im Bewusstsein auftreten, wenn es sich immer wieder und in wiederholbaren Formen (Sprache) an Kommunikation beteiligt, liegt der Schlüssel für das Problem der Sozialisation" (Ebenda, 213). Alle Sozialisation erweist sich als Selbstsozialisation. Sie ist nicht in der Form der Übertragung entstanden. Sie erzeugt eine über die Auslösebedingungen weit hinausgehende Vielfalt von systemeigenen Formen. Sozialisation hängt vom In-Gang-Halten sprachlicher Kommunikation ab. Das so genannte Kind reagiert auf die Tatsache, dass es als solches behandelt wird. „Man sollte mehr darüber wissen, was im Bewusstsein daraufhin geschieht, wenn es registriert, dass es als Kind (oder jedenfalls anders als Erwachsene) behandelt wird..." (Ebenda, 214).

In Luhmanns Darstellung ist das Kind Medium nur in dem Sinne, „dass eine hinreichende lockere Kopplung seiner Gedanken und Vorstellungen unterstellt werden kann, die dann für Zugriffe, für formstrengere Kopplungen, insbesondere für ‚Wissen' zur Verfügung stehen" (Ebenda, 215). Mit Rousseaus Emile wird die als Natur postulierte Tendenz zur Perfektion aufgegeben und durch die bloße Bezeichnung einer Möglichkeit ersetzt, durch die Perfektibilität. Diese garantiert allerdings nicht den Erfolg. Für die Pädagogen bedeutet Perfektibilität die Fähigkeit, immer vollkommener zu werden als Ausstattung des Menschen im Unterschied zum Tier (Bezug auf A. H. Niemeyer: Grundsätze der Erziehung und des Unterrichts, 1796, Paderborn 1970).

Für das Medium Kind ist für Luhmann bezeichnend, dass man als Erzieher die Zurechnungsform Erleben wählen muss. So wird ein Freiraum für erziehungsspezifische Sanktionen geschaffen. Das Problem Erziehung wird darin bestehen, das Handeln nach Maßgabe des Erlebens des anderen zu wählen. In der Erziehung geht es um die Vermittlung von Wissen. Wissen wird hier als die Struktur bezeichnet, mit deren Hilfe psychische Systeme ihre Autopoiesis fortsetzen, „also im Ausgang von ihrem jeweils aktuellen Stand nächste Gedanken finden, anschließen, aktualisieren können" (Ebenda, 218). Insofern ist der Wissensbegriff ein Begriff für Redundanz, für Nichtbeliebigkeit der operativen Anschlüsse im zeitlichen Vollzug der Autopoiesis des Systems. Gedächtnis ist dann nicht Speicher, sondern als von Moment zu Moment neu aktualisierte Konsistenzprüfung. Erziehung steht im Dienst sozial verlangter Zuverlässigkeit. Die Formel Bildung muss durch die Formel Lernfähigkeit ersetzt werden. Für den Schulunterricht liegt das Problem in der kommunikativen Unerreichbarkeit psychischer Systeme. Die Erziehung ist durch eine hohe Interaktionsintensität gekennzeichnet.

In der systemtheoretischen Argumentation spielt die Unterscheidung von Erziehung und Sozialisation eine Rolle. „Erziehung ... benutzt die Reduktion auf Handlung, um etwas zu erreichen, was die Koordination einer Vielzahl von Bemühungen voraussetzt, also nicht den Zufällen sozialisierender Ereignisse überlassen werden kann. Nur als Erziehung kann die Sozialisation in ein Input/ Output-Schema gebracht werden" (Luhmann: Soziale Systeme, 1985, 281). Für Luhmann scheint ein Hinausgehen über bloße Sozialisation und über bloße ad hocErziehung in allen komplexen Gesellschaften unausweichlich zu sein. Geläufig ist eine Kritik der Lebensfremdheit von Schulen und der Unbrauchbarkeit des gelernten Wissens. Die Kritik müsste auf die Folgen der Intentionalität des Erziehens selbst zielen.

Auch die amerikanische Systemtheorie analoger Prägung behandelt den Themenbereich Erziehung und Sozialisation. Talcott Parsons verwendet den Begriff Bildungsrevolution in dem Sinne, dass die Bildung der Bevölkerung über die elementaren Kenntnisse von Lesen und Schreiben hinaus ständig ausgeweitet wurde (Parsons: Das System moderner Gesellschaften, 1972, 121). In seinem zentralen Werk „THE SOCIAL SYSTEM", 1964, 201ff.) behandelt er das Erlernen von Rollenerwartungen und die Mechanismen der Sozialisation der Motivation. Parsons geht von der Tendenz zur Aufrechterhaltung des Interaktionsprozesses als dem ersten Gesetz aus. Er stellt die Prozesse der Sozialisation in einen funktionalen Zusammenhang mit der Struktur des Interaktionssystems. Die Sozialisation des Kindes ist die Sozialisation im strengen Sinne des Wortes. Er nennt fünf kognitive Mechanismen der Diskriminierung und Generalisierung: 1. Reinforcement-extinction, 2. inhibition (als Überwindung von Motivationsschwächen), 3. substitution, 4. imitation und 5. identification (Ebenda, 211). Mit dieser Aufzählung lehnt sich Parsons an psychologische Forschungen an. Unterschieden werden „basic classes of mechanisms of socialisation: Belohnung/ Bestrafung, Sozialisation durch Unterrichtung (instruction), Mechanismen der Wert-Aneignung. Parsons unterscheidet drei primäre klassische Attribute des Kindes: Plastizität, 2. Empfindsamkeit, 3. Abhängigkeit.

Im Unterschied zu Luhmann ist für Parsons die Grundeinheit aller sozialen Systeme das Individuum als Handelnder (Parsons: Beiträge zur soziologischen Theorie, 1964, 52ff.). In seiner Darstellung einer strukturell-funktionalen Theorie sozialer Systeme (Ebenda) geht Parsons davon aus, dass in den meisten Beziehungen der Handelnde nicht als individuelle Ganzheit beteiligt ist, sondern lediglich mit einem bestimmten Ausschnitt seines gesamten Handelns: der Rolle. Die Erwartungen der Mitmenschen bilden ein wesentliches Merkmal der Situation, in die sich jeder Handelnde gestellt sieht. Im Verlauf des Sozialisationsprozesses nimmt der Handelnde in mehr oder weniger starkem Maß die Verhaltensmaßstäbe und Ideale der Gruppe in sich auf. Sie werden dann zu wirksamen Motivierungskräften für sein eigenes Verhalten.

Zum Verstehen, Einordnen, Vergleichen und Beurteilen dieser systemtheoretischen Aussagen über Erziehung und Sozialisation:

1. Der Standort der Beobachtung ist für analoge Systemtheoretiker das soziale System und nicht das System der Erziehung. Die analoge Logik unterliegt der Anwendung der logischen Figur Substanz/ Akzidens: Eine der beiden Einheiten „soziales System" und „Erziehung" kann dann nur die Position der Substanz einnehmen. Die andere kommt hinzu (Akzidens). Folglich geht es um den Selbstbezug des sozialen Systems als Einheit. Nun gibt es den Bezug auf sich selbst nur in unmittelbarer Verbindung mit dem Bezug auf Anderes. Wenn man zwei differenzierbare Einheiten zu einer Unterscheidungsfigur zusammenfügt, muss die eine Einheit der anderen als Besonderheit zugeordnet werden. Zwei nebeneinander stehende Einheiten würden die Figur einer Zweiheit bilden und nicht eine auf das Eine der Einheit bezogene Figur. Wenn Standort der Beobachtung die Erziehungswissenschaft ist, wäre es umgekehrt. Dann wäre die Erziehungswissenschaft die substantielle Einheit. Die Soziologie wäre die akzidentelle Wissenschaft. Nach dieser logischen Figuration wird in der Gegenwart das Zueinander der Wissenschaften meistens geordnet: nach dem klassischen Modell Substanz/ Akzidens.
2. Erziehung als System ist im Analog-Modell strukturell gekoppelt an andere Systeme, zunächst an das Bewusstseinssystem. Bewusstsein und Kommunikation irritieren sich ständig gegenseitig. Hier bestimmt die analoge Kategorie der Wechselwirkung das logische Feld. Jeder nimmt für sich selbst wahr. Niemand kann in die Wahrnehmungen und logischen Abläufe anderer hineinsehen. Was andere denken und empfinden, bleibt deren ureigene Angelegenheit. Gedanken sind frei. Erraten kann man sie nur über Kommunikation z.B. in Form des Gesichtsausdrucks. Erst wenn Inhalte des Bewusstseins in die Sphäre der Kommunikation hineingelangen, können diese Inhalte von außen her erfasst werden. Bewusstsein und Kommunikation sind trotz dieser gegenseitigen Irritationen Gegebenheiten für sich und insofern „geschlossen". Die gegenseitige Irritation ist nur durch Einschränkungen der Geschlossenheit möglich: durch Öffnung der geschlossenen Grenzen. Also muss die Aussage, dass Systeme geschlossen sind, berichtigt werden. Entweder sind sie geschlossen. Oder sie sind nicht geschlossen. Es gibt kein Drittes. Dasselbe trifft für die Offenheit zu. Das analoge Modell der Logik enthält die Widersprüche in sich selbst, wenn es paradigmatische Figuren der Logik bestimmen soll. Daher muss es Widersprüche grundsätzlich bejahen. Andererseits enthält Luhmanns Systemtheorie zahlreiche Ansätze zur

Eliminierung von Widersprüchen, damit der logische Weg zur Wahrheit nicht blockiert wird. Der Widerspruch wird zugleich bejaht und verneint.

3. Die dem System zugedachte Attribuierung Geschlossenheit erweist sich als verbesserungsbedürftig. Luhmann bringt in diesen logischen Zusammenhang nicht die Vokabel Umwelt ein. Das Wahrnehmungssystem wird nicht als Umwelt des Kommunikationssystems bezeichnet. Statt dessen ist die Rede von Irritation. Immerhin ist Irritation auf die Öffnung der geschlossenen Umgrenzung des Systems angewiesen. *Die analoge Systemtheorie ist ein logisches Verfahren, das dazu zwingt, eine soeben aufgestellte Behauptung sogleich wieder durch Einschränkungen und Bedingungen zurückzunehmen.*
4. Die Unterscheidung Verbindung/ Trennung, die den Satz vom ausgeschlossenen Dritten in der binären Logik bestimmt, ist eher geeignet, die genannten Probleme zu lösen. Systeme sind dann nicht geschlossen und im Falle der Kopplungen mit Öffnungsmöglichkeiten versehen. Sie sind dann vielmehr zugleich verbunden und getrennt. Dabei dürfen Verbindung und Trennung sich nicht gegenseitig behindern.
5. Die von Luhmann konstatierte Selbstreproduktion der Systeme ist eine Version differenzierbarer Einheit. Einheit hat Anfang und Ende. Sie ist daher Inbegriff der Unterschiedenheit. Auch Geschlossenheit und Offenheit sind Einheiten im Sinne differenzierbarer Begriffseinheiten. Wo es nur Einheit gibt, da fehlt dasjenige, was nicht Einheit ist. Es fehlt das Behandeln der Geschlossenheit und Offenheit. Wenn man die Unterscheidung Verbindung/ Trennung verwendet, gehört das Umgehen mit diesen beiden Einheiten dazu. Die analoge Systemtheorie beschränkt in ihren Leitunterscheidungen ihre Logik auf das Grundmodell Einheit und damit auf die Sphäre des (in Anfang und Ende) Unterschiedenen. Das Nichtunterschiedene darf aber innerhalb der Unterscheidungsfiguren nicht unterschlagen werden, wie das z.B. in der einheitsbestimmten Unterscheidung System/ Umwelt der Fall ist.
6. Eine zentrale Aussage der analogen Systemtheorie Luhmanns besteht in der Feststellung, dass Sozialisation immer Selbstsozialisation ist. Dabei bleibt die Frage offen, wie das bewirkt wird. Was ist es, das die Selbstsozialisation zu dem macht, was sie ist? Man kann davon ausgehen, dass Luhmann entscheidende Impulse für die Gestaltung seiner Systemtheorie durch Mitteilungen von Talcott Parsons erfahren hat, mit dem er persönlich kooperierte. Die

„Irritationen" im Sinne von gedanklichen Anregungen hat er, wie man auch nachlesen kann, auf dem Wege der Kommunikation erhalten. Folglich ist das Mitteilen, das Transferieren eines Gedankens, ebenso wichtig wie die Mitteilung selbst. Einem Schüler müssen bestimmte Gedanken zunächst mitgeteilt werden, damit er diese Gedanken so internalisieren kann, dass sie zu einem Bestandteil seiner selbst werden können. Ohne zahlreiche Mitteilungen und damit ohne Kommunikation ist der Aufbau einer eigenen Theorie eines Wissenschaftlers nicht möglich. Dieser Sachverhalt kann nicht ganz „nebenbei" vorausgesetzt werden. Er muss unmittelbar in die Theoriekonstruktion eingehen. Luhmanns Aussage über den Übertragungsvorgang durch Medien bedarf daher einer Korrektur. Er nimmt diese Korrektur partiell selbst vor, indem er bemerkt: Sozialisation hängt vom In-Gang-Halten sprachlicher Kommunikation ab. Ein anders gelagertes Problem besteht in der Erfahrung, dass in der Pädagogik eine Mitteilung der lehrenden Person nicht schon durch das Anhören verstanden werden muss und dass das Verstehen einer Mitteilung noch nicht die Beurteilung dieser Mitteilung ausmachen muss.

7. Das Kind wird als Medium der Erziehung gesehen. Medium wie auch Form lassen sich als unterscheidungsfähige Einheiten charakterisieren. Es gibt verschiedene Medien und Formen. Beide Begriffe sind zugleich Akzidentien, Besonderheiten einer übergeordneten Einheit, z.B. eines Kunstwerks. So kann ein Kunstwerk die Form einer Radierung haben. Es kann zugleich Mittel zur Darstellung der Qualifikation des Künstlers oder der Künstlerin sein. Der Begriff Medium im Sinne eines Mittels kann benutzt werden, um ihn zum Gegenstand einer Aussage über etwas anderes zu machen. Dasselbe trifft für den Begriff Form zu. Folglich beziehen sich die Begriffe Medium und Form auf Eigenschaften oder Besonderheiten von etwas anderem. Sie sind dann auf der logischen Ebene der Akzidentien positioniert. Ein Mittel ist dafür bekannt, dass es einem bestimmten Zweck dient. Aus dieser bekannten Perspektive überzeugt nicht die Aussage, dass das Kind das Medium der Erziehung ist. Ein Mensch ist grundsätzlich nicht Mittel, sondern Selbstzweck. Wenn er als Mittel eingesetzt wird, dann wird er funktionalisiert. Die Frage ist dann, ob das Erziehungssystem der Zweck ist, dem das Kind als Mittel zu dienen hat.
8. Luhmann weist mit Recht auf die Bedeutung der Zurechnungsform Erleben in der Erziehung hin. Für systemtheoretisches Argumentieren ist bezeichnend, dass Gedächtnis nicht als Speicher

verstanden wird. Es ist ständig neu gefasste Konsistenzprüfung. Von Bedeutung ist dann die Anschlussfähigkeit der Lerninhalte. Wissen wird mit Redundanz in Verbindung gebracht, das heißt mit der Möglichkeit, ständig auf einen festen Wissensbestand zurückgreifen zu können. Dieser Sachverhalt dürfte für jeglichen Wissenserwerb von grundlegender Bedeutung zu sein.

9. Luhmanns Ansatz neigt deutlich dazu, als Letzteinheiten soziale und nicht psychische Systeme einzusetzen. Eine menschliche Handlung wird als Ereignis mit Anfang und Ende begriffen. Die Individualität des Individuums tritt in den Hintergrund. Für Parsons ist dagegen die Grundeinheit der sozialen Systeme das Individuum als Handelnder. Es besteht kein logisch zwingender Grund, derartige logisch-funktionale Rangunterschiede vorzunehmen. Personen sind ebenso substantielle Einheiten wie Gruppen oder komplexe soziale Aggregationen. Das Handeln einzelner Personen kann auch in komplexen Gesellschaften von gravierender Bedeutung sein.

Evolution

Der Begriff Evolution lässt sich von dem lateinischen Verb evolvere ableiten. Es bedeutet: auseinander wickeln, entwickeln. Da Entwicklung vielfach biologisch oder entwicklungspsychologisch gemeint ist und die Sozialwissenschaften sich nicht gern durch das primär biologische Modell der Entfaltung im Sinne von Emanation bestimmen lassen, weil Soziales eben auch und vor allem durch Soziales erklärt wird, hat sich der Begriff Evolution ausgebreitet, obwohl durch die Wahl dieses Fremdwortes die Idee der Entwicklung nicht aus der Welt gebracht worden ist.

Luhmann behandelt die Evolution in seinem wissenschaftstheoretischen Buch mit dem Titel „Die Wissenschaft der Gesellschaft“ (1992, 549ff.), ferner sehr ausführlich in seiner Spätschrift „Die Gesellschaft der Gesellschaft“ (1997, 413ff.) Die Rezeption bestimmter Elemente der klassischen Evolutionstheorien von Darwin und Spencer entspricht seinem Stil, als bewährt angesehene Elemente anderer Theorieansätze in die moderne Systemtheorie einzubeziehen. So wird Erkenntnistheorie auf ein evolutionäres Paradigma umgestellt. Seiner Auffassung nach ist dazu der Verzicht auf Rationalität und Konsens erforderlich. Das Wissen ist auf eine Theorie der Evolution gerichtet. Systemtheorie und Evolutionstheorie erfüllen eine Klammerfunktion. Als Leitfaden für das Verständnis von Evolution dient die Paradoxie der Wahrscheinlichkeit des Unwahrscheinlichen. Evolution wird auch als Emergenz bezeichnet. Evolution ist gleichsam eine Theorie des Wartens auf nutzbare Zufälle. Der Zufall nimmt im Ablauf der Evolution einen höheren Organisationsgrad an. Es wird immer wahrscheinlicher, dass der Zufall als das Unwahrscheinliche eintritt. Je größer die Systemkomplexität ist, desto wahrscheinlicher sind Innovationen. Evolution führt zu höherer Komplexität. Geld und Telekommunikation sind Beispiele für evolutionäre Errungenschaften. Diese wird man nicht wieder los. Technik ist als Steigerungsform evolutionärer Errungenschaften aufzufassen. Der enge Zusammenhang von Natur und Technik legte die heute übliche Kontrastierung von Technik und Humanität nahe. Daraus folgt eine Technikaversion. Technik wird dann als notwendiges Übel angesehen. Die inzwischen klassischen Arbeiten von Hans Freyer, Friedrich Georg Jünger, Arnold Gehlen und Martin Heidegger haben sich aus diesen Vorgaben nicht herauslösen können. Sie haben die Technik auf dinghafte Substrate beschränkt oder externalisiert. Detailforschungen zeigen inzwischen, dass man sich auf Technik einlässt, dass diese nicht wie eine anonyme Macht die Gesellschaft beherrscht.

Die Unterscheidungen Materie/ Geist oder Technik/ Mensch führen in die Irre. Das Problem ist vielmehr: Wie führt man in einen automatisierten Prozess Alternativen und Entscheidungsnotwendigkeiten wieder ein? Der Begriff Technik muss von jeder humanistischen Gegenbegrifflichkeit abgelöst werden. Der Computer hat die Technik von Körpern und Dingen auf Zeichen (Formen) verlagert, deren Sinn darin besteht, andere Zeichen zugänglich zu machen. An die Stelle des Naturbegriffs treten die Doppelbegriffe Energie/ Arbeit und Energie/ Ökonomie. Die Risiken nehmen zu. Die Abspaltung einer besonderen Ideenevolution geht letztlich auf den Unterschied zwischen Operation und Beobachtung zurück. Die Strukturbrüche werden im Umbruch selbst nicht beobachtet und beschrieben, weil nicht miterfasst werden kann, wie sich das Neue unterscheidet. Durch die Erfindungen von Schrift und Buchdruck wurden tiefgreifende Umstellungen ausgelöst. Die Variation des Ideenguts geschieht weitgehend endogen durch Produktion von Texten aus Texten. Die evolutionäre Selektion ist auf Kriterien der Plausibilität oder Evidenz angewiesen. Die Ideenevolution ist von der jeweiligen Sozialstruktur abhängig. Heute rücken Konvergenzpunkte, die Ideen zusammenhalten, in komplexer werdenden Gesellschaften zunehmend in die Ferne. Oder sie gehen mit in die gesellschaftliche Differenzierung ein, so dass dann mehr Universalität und mehr Genauigkeit realisiert werden kann. Die Stabilität liegt in der Autopoiesis selbst. Sie ist dynamisch. Keine Geschichtsschreibung wird ohne die Vorstellung von Strukturänderungen auskommen.

Die Evolutionstheorie bietet keine Theorie des historischen Prozesses. Evolutionstheorie weist keine kausalen Sequenzen nach. Die Hauptfunktion des (gesellschaftlich gemeinten) Gedächtnisses liegt im Vergessen, im Selbstblockieren des Systems durch ein Gerinnen der Resultate früherer Beobachtungen. Das soziale Gedächtnis ist eine Eigenleistung kommunikativer Operationen. Kultur ist nichts anderes als das Gedächtnis der Gesellschaft. Der Begriff des „kulturellen Kapitals“ (Bourdieu) bedeutet angesammelte Vergangenheit, die als verfügbare Ressource behandelt werden kann. Die Zukunft bleibt evolutionär unbestimmt und unvorhersehbar.

Die traditionelle Auffassung besagt aus Luhmanns Sicht: Die Evolution des Wissens wird begriffen als die laufende bessere Anpassung des Wissens an die Wirklichkeit der Welt. Die ältere Evolutionstheorie nimmt das Individuum für die Selbststeuerung der

Evolution in Anspruch. *Die Systemtheorie geht davon aus, dass nur die Differenz von System und Umwelt Evolution ermöglicht.* Das Zusammenspiel von Selbstfortsetzung (Autopoiesis) und Strukturbildung ermöglicht und erzwingt Evolution. Die Bewährung liegt in der Spezifikation von sehr verschiedenen Formen. Autopoietische Systeme ermöglichen Evolution dadurch, dass sie sich auf der Basis eigener Unterscheidungen abschließen und damit ihre eigenen Voraussetzungen rekrutieren können. Die rekursive Schließung benutzt keine Elemente aus der Umwelt. Für die Theorie autopoietischer Systeme ist Angepasstsein Voraussetzung, nicht Resultat von Evolution. Von der Evolution ist keine immer bessere Anpassung zu erwarten. Die Evolution ist kein zielorientierter Prozess. Die Evolutionstheorie arbeitet mit der triadischen Unterscheidung Variation/ Selektion/ Stabilisierung. Luhmann plädiert für den Verzicht auf die adaptionale Auffassung des Wissens. Vielmehr bedeutet Fortschritt: Anpassung als Abweichungsverstärkung. So ist nicht das Sich-anpassen-Können entscheidend, sondern das Sich-abkoppeln-Können. Die Fähigkeit, sich abkoppeln zu können, erklärt „die ungeheure Stabilität und Durchhaltefähigkeit des Lebens und aller darauf aufbauenden Systeme“ (Ebenda, 556). Strukturveränderungen werden durch die Differenz von Variation und Selektion erklärt. Die Variation stellt die Selektion frei. Es ergeben sich ständige Rückkopplungen und rekursive Vorgriffe. Ein grundsätzlicher teleologischer Durchgriff ist nicht möglich. Die Selektion bezieht sich immer auf Strukturen. Diese werden in den Bestand der brauchbaren Erwartungen eingereiht oder nicht. Die Eigenständigkeit einer Variation in der Wissenschaft liegt in ihrer Aufzeichnungsfähigkeit und Verständlichkeit. Eine systemtheoretische Erklärung ist dadurch bestimmt, dass Ereignisse nicht schon Strukturen und Strukturen nicht schon Systeme sind. Trotzdem sind Systeme immer strukturdeterminiert. Sie können ihre eigenen Strukturen nur durch eigene Operationen variieren.

Evolution kommt nach Luhmanns Darstellung nicht von Anfängen oder Ursachen her, sondern von Differenzen. Die Zurechnung auf Personen ist ein grobes Unterscheidungsmittel. Denn die Gesellschaft besteht aus Kommunikationen. Zufall ist immer eine Fiktion, eine Unterstellung. Zufall bezeichnet Interdependenzunterbrechungen. Er ist ein Differenzbegriff. Das Bewusstsein gibt der Kommunikation Anregungen. Das Bewusstsein spielt eine besondere Rolle beim Ingangbringen evolutionärer Variation des Kommunikationssystems. Variation tritt als Widerspruch im ursprünglich dialogischen Sinne auf. Bewusstseinsprozesse führen nur dann zu Variationen des

Wissens, wenn sie in Kommunikation umgesetzt werden. Die Bestimmtheit der Variation sagt nichts über die Chancen der Selektion. Alle Variation hängt vom Gedächtnis des Systems ab. Die Kopplung von Kommunikation und Bewusstsein bleibt an Ereignisse gebunden. Die Wissenschaft stellt Kultfiguren des Reputationserwerbs zur Verfügung. Ein System stimuliert über die Behandlung eines Problems die Wissenschaftler zu äquifinalen Bemühungen. Ein weiterer Verdichtungsmechanismus liegt in den Parawissenschaften und Pseudowissenschaften. Evolution wird grundsätzlich als Prozess der Abweichungsverstärkung begriffen. Die Ausgangsirritation muss diszipliniert werden. Selektion vergleicht das vorhandene Wissen mit neuen Möglichkeiten. Die erste Schwelle der Selektion ist die Wiederholung oder Nichtwiederholung der Sinnofferte in der weiteren Kommunikation. Das Widerspruchsverbot hat seine Rechtfertigung in der evolutionären Selektion. Die Legitimation von sinnlicher Wahrnehmung ist ein wichtiger Schritt.

Stabilität ergibt sich durch Einarbeitung neuer Vorschläge in größere Theoriekontexte. Sie ergibt sich durch die Bereitschaft, überholtes Wissen zu ersetzen. Die Stabilisierung ist zirkulär aufgebaut, nicht etwa teleologisch oder linear. Bezugspunkt aller Stabilisierungen ist die Autopoiesis des Systems. Luhmann sieht die Gesellschaft als ein auf der Basis von Kommunikation operativ geschlossenes Sozialsystem. Daher folgt ihre Evolution den Problemen der Autopoiesis von Kommunikation (Die Gesellschaft der Gesellschaft, 1997, 205). Jede erreichte Stabilität bietet wieder Ansatzpunkte für Variationen. Die Restabilisierung erfolgt immer durch eigene Operationen des Systems. Aufs Ganze gesehen stellt die Gesellschaft ihre Stabilisierungsbemühungen auf reaktive Verfahren um. Mit dem Übergang zu Funktionssystemen (Wissenschaft, Recht usw.) ergibt sich eine dynamische Stabilität. Funktionssysteme werden auf Variation hin stabilisiert. Der Stabilisierungsmechanismus wirkt zugleich als Motor der evolutionären Variation. Das Resultat der Evolution ist immer Diversifikation strukturdeterminierter Systeme gewesen. Die gesellschaftliche Evolution hat unzählige tribale Gesellschaften hervorgebracht, zwanzig bis dreißig Hochkulturen und nur noch eine funktional differenzierte Gesellschaft.

Bei der Evolution der Sprache hat vermutlich die Verwendung von Gesten und Lauten eine Rolle gespielt. Die Evolution einer stereotypisierten Zeichenverwendung ist nur eine Vorbedingung der Evolution der Sprache. Die moralische Verurteilung ist im Wissenschaftssystem fehlplatziert, ebenso eine Forschungsethik. Ob Wissen wahr ist, kann nur in der Wissenschaft entschieden werden. Das Wissen hat eine selbstreinigende Kraft. Evolutionstheorie bedeutet einen Verzicht auf jegliche Zukunftssicherheit.

Welchen Gewinn bringt Luhmanns Beschreibung der Evolution? Auf der Ebene der klassischen Differenzierung der Ursachen blendet er das Modell Ursache weitgehend aus, weil das System ein in sich selbst ruhender und tragender Grund ist, so dass sich die Begriffskonstruktion Ursache weitgehend selbst aufhebt. Aus der Reihe der klassischen Ursachen (causa materialis, causa formalis, causa efficiens und causa finalis) stellt er die Form entschieden in den Mittelpunkt seiner Theoriekonstruktion. Der Zugang zur Erkenntnis des Phänomens Evolution führt über die triadische Form Variation/ Selektion/ Stabilisierung. Folglich ist die von Luhmann selbst bevorzugte duale (er nennt sie gern: binäre) Unterscheidung für seine Systemtheorie keineswegs zwingend. Die von ihm angeführten Argumente stellen eine deutliche Bereicherung der Einsichten im Werdegang gesellschaftlicher Strukturen dar. Insofern sind seine Texte lesenswert. Jedoch muss man stets die theoretischen Einengungen der analog verstandenen Systemtheorie im Blick haben. Anpassung lässt sich nicht einfach durch Umstülpung der Entgegensetzung auf dem Weg über Abweichungsverstärkung ersetzen. Luhmann sieht das auch selbst, wenn er von „Anpassung durch Abweichungsverstärkung" spricht. Er lässt jegliche Stabilisierung auf Eines, also auf Einheit, hinauslaufen: auf die Autopoiesis des Systems. Im Sinne einer binären Systemtheorie wäre es nötig, den Terminus Evolution z.B. von vielen Seiten her zu sehen, also von einer klaren Außenperspektive her und nicht von der Umwelt der Evolution her. Das Modell der Evolution ist trotz der zahlreichen soziologischen Zutaten nicht vom klassischen Modell der Entelechie zu lösen, d.h. von der alten Idee, dass gesellschaftliche Strukturen als Keime gesehen werden, die sich in differenzierter Form entfalten, auch wenn man das bedingende Ende der Entwicklung weglässt. Die Biologie ist eine hochrespektable Wissenschaft. Jedoch wären im Sinne der phänomenologischen Reduktion durch E. Husserl Biologismen aus soziologischen Analysen zu entfernen. Luhmanns Begriff der Komplexität macht in diesem Zusammenhang bereits einen positiven Beitrag aus. Der Terminus Evolution steht durch Darwin in unmittelbarem Zusammenhang mit der Biologie. Der Begriff Anpassung ist u.a. auf Lebewesen bezogen und insofern biologisch mitbestimmt. Der Begriff Abweichung ist schon eher für die Sozialwissenschaften geeignet, wie die Fachliteratur inzwischen zeigt. Jedoch kann die Abweichung nicht das Eine sein, das den Erklärungsgrund des Sozialen ausmacht. Denn es gibt auch die Konformität.

So erweist sich Luhmanns Theorie der Evolution als ein nicht hinreichender Grund für die Konstituierung einer Geschichtswissenschaft, wie er selbst erkannt hat. Max Webers idealtypische Unterscheidung der drei Typen der traditionalen, charismatischen und bürokratisch-legalen Herrschaft bietet den Historikerinnen und Historikern bessere Vorlagen. Das trifft aber auch zu für Luhmanns eigene Analysen der gesellschaftlichen Systemdifferenzierung (segmentäre Gesellschaften – Zentrum und Peripherie – stratifizierte Gesellschaften – funktional differenzierte Gesellschaft, in: Luhmann, Die Gesellschaft der Gesellschaft, 1997, 595ff.). Luhmanns Beiträge zur Gesellschaftstheorie überzeugen am meisten dort, wo er mit seinen paradigmatischen Unterscheidungen (Differenz von Identität und Differenz, System/ Umwelt) möglichst sparsam umgeht.

Funktionssystem

Der Begriff des Funktionssystems gehört in den Bereich der Systemdifferenzierung. Luhmann behandelt dieses Thema ausführlich im Zweiten Teilband seines umfangreichen Werkes „Die Gesellschaft der Gesellschaft" (1992, 595ff.). Die Ausdifferenzierung der Gesellschaft in Form von Funktionssystemen weist in die Strukturen der modernen Gesellschaft hinein, obwohl sich diese Form der sozialkulturellen Differenzierung bereits in der Gliederung der frühen Universitäten abzeichnet. Es geht um die Unterscheidung einzelner Kulturbereiche, wie sie z.B. Max Weber beschrieben hat: Wissenschaft, Kunst, Recht, Theologie, Medizin usw. Während Durkheim von organischer Solidarität als moderner Form der Arbeitsteilung spricht, zieht Luhmann den Begriff des Funktionssystems vor. Gemeint ist die Form der modernen Gesellschaft.

Das begriffliche Instrument des Systems zwingt zu strengen Abgrenzungen. Jedes Funktionssystem kann nur eine bestimmte Funktion erfüllen. Ein Erfordernis ist daher die strenge Trennung der einzelnen funktionalen Teilsysteme der Gesellschaft. Luhmann beschreibt diesen Sachverhalt mit der ihm eigenen Terminologie: „Wenn aber eine Subsystembildung als Differenzierung eines Funktionssystems erkennbar sein soll, setzt dies dessen operative Schließung voraus" (Ebenda, 760). Funktionale Differenzierung bedeutet für Luhmann, dass der Gesichtspunkt der Einheit, unter dem eine Differenz von System und Umwelt ausgewiesen ist, die Funktion ist, die das ausdifferenzierte System für das Gesamtsystem erfüllt. Die Einheit von System und Umwelt wird damit in den Dienst am System gestellt. Wenn ein System geschlossen ist, erstickt es an der Zirkularität der eigenen Operationen. Daher muss Öffnung erfolgen, und zwar zur Umwelt hin, deren Einfluss auf das System grundsätzlich nicht geleugnet wird. Die strenge Abgrenzung muss also ständig betont, zugleich aber aufgehoben werden. Diese Art des Argumentierens ist eine unausweichliche Folge der Logik des Analog-Systems, dem Luhmann mit seinem Paradigma der Differenz von Identität und Differenz folgt. Die Identität des Funktionssystems macht die linke Seite der analogen Unterscheidung aus. Die rechte Seite wird durch die Vielheit der Systeme besetzt, die in Luhmanns Modell die Umwelt des Systems ausmachen. Einheit und Vielheit sind grundsätzlich getrennt. Sie müssen aber zusammen reflektiert werden, und zwar so, wie das im binären Modell der Logik der Fall ist. Dieses

System ist aber dem analog reflektierenden Logiker nicht zugänglich. Die Widersprüchlichkeit liegt also in der Art, in der das Analog-System gehandhabt wird.

Die modernen Funktionssysteme der Gesellschaft werden durch den Zwei-Seiten-Code gesteuert. Die Codierung, z.B. Recht/ Unrecht oder zahlen/ nicht zahlen regelt das Oszillieren zwischen dem positiven und dem negativen Wert. Sie regelt damit die Kontingenz der Bewertungen, an denen das Funktionssystem seine Operationen orientiert. Die Codierung regelt nach Luhmanns Darstellung den Fortgang der Autopoiesis im Sinne der Absicherung. Luhmann nennt die Unterscheidung zweier Werte einen binären Code. Gemeint ist der duale Code. Denn das Modell der Binarität ist allein der binären Logik vorbehalten, die Luhmann grundsätzlich nicht verwendet. Die von Luhmann so genannten binären Codes sind cyclical attractors. Der positive und der negative Wert werden in ein symmetrisches, zirkuläres Verhältnis gebracht. Dieses Verhältnis symbolisiert die Einheit des Systems. Zugleich wird die Einheit des Systems für eine Unterbrechung des Zirkels geöffnet und damit dessen Geschlossenheit widerrufen. Durch diese Unterbrechung des Zirkels wird dem System Wachstum ermöglicht. Ferner erhält das System die Möglichkeit, in Reaktion auf neue Vorkommnisse neue Konditionierungen einzuführen. Codes sind für Luhmann nicht Abbilder der Wirklichkeit, sondern einfache Duplikationsregeln, das heißt: Programme. Die aus diesen logischen Abläufen resultierende Semantik unterscheidet sich seiner Auffassung nach grundlegend von den Teleologien, Perfektionsvorstellungen, Idealen und Wertbeziehungen der Tradition. Aus Luhmanns Perspektive wird der von ihm so genannte binäre Code durch alle Operationen des Systems unter Ausschluss dritter Werte laufend reproduziert. Damit verliert die von Kant benutzte Unterscheidung von analytisch und synthetisch ihre Bedeutung. Es geht dann nur noch um das Unterscheiden von Unterscheidungen. Luhmann nennt die Beobachtung des Gesamtsystems Funktion, die Beobachtung anderer Systeme Leistung und die Beobachtung des eigenen Systems Reflexion.

Zu dieser analogen Linienführung ist grundsätzlich zu bemerken, dass Luhmanns so genannter binärer Code auf jeder Seite der Unterscheidung ein Exemplar des Grundmodells Einheit enthält. Die binäre Logik schreibt dagegen vor, dass die linke Seite Einheit mit Anfang und Ende ausmacht und dass auf der rechten Seite dasjenige positioniert wird, was grundsätzlich und kategorial nicht Einheit ist und daher die Verneinung von Einheit schlechthin ausmacht. Dieser

Sachverhalt ist ständig zu beachten, wenn in Luhmanns logischen Untersuchungen der Begriff binär Verwendung findet.

Die Unterscheidung von Selbstreferenz und Fremdreferenz steht nach Luhmanns Auffassung orthogonal zum binären Code: Beide Referenzen können mit beiden Werten des Codes belegt werden. Damit gibt es keinen besonderen Zusammenhang zwischen dem positiven Codewert und der Fremdreferenz. So ist Wahrheit z.B. nicht als Kriterium für die Ordnung von Fremdreferenzen des Erkennens etwa im Sinne der adaequatio zu verstehen. Vielmehr bezieht sie sich auf die Unterscheidung von Selbstreferenz und Fremdreferenz als Konstruktivismus. Zur Erläuterung: Das alte Modell der adaequatio meint das Zur-Einheit-Bringen von Begriff und Gegenstand als Definition der Wahrheit. Wahrheit kann sich nun nicht auf die Art des Ordnens der Gegenstände beziehen, die ja die Fremdreferenz ausmachen. Wahrheit bezieht sich vielmehr auf die Unterscheidung Selbstreferenz/ Fremdreferenz. Das heißt: Sie bezieht sich im Verständnis Luhmanns auf die Unterscheidung „Bezug auf sich selbst“ und „Bezug auf anderes“. Dabei ist der Selbstbezug auf das eigene System gerichtet, während der Fremdbezug auf die Umwelt des Systems gerichtet ist. Und das ist (im Unterschied zur Einheit des Systems) die Vielheit der anderen Systeme im Außenbereich des eigenen Systems. Sichtbar wird die aristotelische Unterscheidung Einheit/ Vielheit, auf die im analogen Modell der Logik alles reduziert werden muss.

Die Welt an sich selbst bleibt für Luhmann unsichtbar. Daher können Aussagen über die Welt nur über Konstruktionen der Reflexion laufen. Und die Reflexion operiert mit der fundamentalen Unterscheidung Selbstreferenz/ Fremdreferenz. Die von Luhmann vorgeschlagene Kombination der Theorie autopoietischer sozialer Systeme mit dem Konzept der funktionalen Differenzierung liefert den Ausgangspunkt für eine Theorie der Gesellschaft. Luhmann sieht in dieser Kombination einen Redundanzverzicht, das heißt einen Verzicht auf eine Mehrfachabsicherung. Damit werden seiner Auffassung nach erhebliche Komplexitätsgewinne erzielt. Die für die Gesellschaft erwartbaren Leistungen können nur noch in den dafür ausdifferenzierten Funktionssystemen erfüllt werden. Eine wichtige Konsequenz der funktionalen Differenzierung ist eine sehr weitreichende Umstellung auf das Beobachten zweiter Ordnung, auf das Beobachten von Beobachtern. Man kann davon ausgehen, dass wohl alle Funktionssysteme ihre eigenen Operationen nach dem Modell der Beobachtung zweiter Ordnung vornehmen.

Damit erhalten die Werte eine andere Grundlage. Ihre gesellschaftliche Bedeutung wird nicht in der Annäherung der Realität an die Werteordnung gesehen, „sondern in jenem Bedingungszusammenhang von Eigendynamik, Abweichungsverstärkung, Temporalisierung und Interdependenzunterbrechung“ (Die Gesellschaft der Gesellschaft, 1997, 769). Bereits die inhaltlichen Bestimmtheiten der Funktionen der einzelnen Systeme und die inhaltlichen Besetzungen der Codes führen zur Rejektion anderer Orientierungen des Systems. Auf diese Weise wird die Anwesenheit des Ausgeschlossenen ständig vor Augen geführt. Dadurch erhalten Wertformulierungen den Sinn, jedem System klar zu machen, wovon es abweicht. Die Orientierung an konkreten Werten wird ersetzt durch die sortierenden Wirkungen der Codes und ähnlicher Merkmale der Systeme. Luhmann formuliert die Folgerung: „Damit wächst aber auch die Störempfindlichkeit und das Angewiesensein auf den Modus der Beobachtung zweiter Ordnung. Jedes Funktionssystem operiert in einer für es unkontrollierbaren innergesellschaftlichen Umwelt.....Im Ergebnis löst sich dadurch jede gesamtgesellschaftlich verbindliche Ordnung des Verhältnisses der Funktionssysteme zueinander auf; und um so mehr ist dann jedes Funktionssystem auf eigene Schließung, auf eigene Autopoiesis angewiesen – wie gut oder wie schlecht auch immer es dafür ausgestattet ist“ (Ebenda, 770). Der sich ergebende Mechanismus heißt dann: Operative Schließung schafft Unruhe. Und Unruhe schafft operative Schließung.

Ein Beispiel für die Konstituierung von Funktionssystemen ist das Recht (Luhmann: Das Recht der Gesellschaft, 1993, 38ff.). Die Kommunikationen des Rechtssystems haben die doppelte Funktion als Produktionsfaktoren und als Strukturerhalter. Das Rechtssystem operiert im ständigen Seitenblick auf eine gleichzeitig existierende Umwelt. Das Rechtssystem ist als soziales System ein Subsystem der Gesellschaft. Im Rechtssystem gibt es eine Kommunikation, die eine Zuordnung der Werte Recht und Unrecht behauptet. Der Code Recht/ Unrecht kann nur auf der Ebene der Beobachtung zweiter Ordnung gehandhabt werden. Das Rechtssystem operiert normativ geschlossen und zugleich kognitiv offen. Auf Grund der normativen Geschlossenheit ist das Recht offen für zahllose Umweltzustände und Umweltereignisse. Es ist eine autonome rechtsspezifische Entscheidung, wenn das Recht Nichtrecht absorbiert und damit legitimiert. Das Rechtssystem legt primär Wert auf die Haltbarkeit der Entscheidungen. Die Autopoiesis des Rechts erkennt sich selbst an der Unabdingbarkeit des normativen Stils der Erwartungen, die den Kommunikationen des Rechtssystems zugrunde liegen. Im Rechtssystem gelangt ein Auffassungswandel in Rechtsform. Das Recht verweist in allen Äußerungen auf sich selbst. Alle Durchgriffe sollen die Entscheidungslage formieren. Das Rechtssystem verfügt über das Symbol der Rechtsgeltung. Geltung ist ein Eigenwert des Rechtssystems. Er entsteht im rekursiven Vollzug der systemeigenen Operationen. Geltung ist die Form der Partizipation an der Einheit des Rechtssystems. Geltung ist die Innenseite der Form, Nichtgeltung die Außenseite. Geltung ist insofern ein zirkulierendes Symbol, als es im System ständig neu produziert werden muss. Der einzige Geltungstest liegt in der Autopoiesis des Systems. Rechts- und Unrechtsfindung kann nur im Rekurs auf frühere Entscheidungen und künftige Möglichkeiten herausgefunden werden. Das Gedächtnis des Systems hält die Eigenwerte der rekursiven Produktionsweise des Systems zur Verfügung.

Der Rückblick auf Luhmanns Ausführungen über Funktionssysteme führt zu dem Ergebnis, dass die Inhalte für sich genommen eine Bereicherung der sozialwissenschaftlichen Theorie bedeuten. *Die logischen und funktionalen Probleme beginnen dort, wo die Teile in ein System hineingeführt werden und alles an die Leitunterscheidung System/ Umwelt gebunden wird.* Das System (hier in Form des Funktionssystems) wird mit dem als entscheidend angesehenen Merkmal der Schließung charakterisiert. Geschlossenheit des Systems führt zum Kollaps des Systems. Daher müssen Öffnungsmöglichkeiten geschaffen werden. Die Umwelt ist dann das Ventil zum Außenbereich des Systems. Die Schließung wird zur operativen Schließung. Wenn die Umwelt nur aus Systemen besteht, wie das im Analog-Modell grundsätzlich der Fall ist und weil auch die Umwelt als Einheit gesehen wird und damit differenzierbar ist, ist alles geschlossen, das System wie auch die Umwelt des Systems. Es gibt dann nur Geschlossenheit. Geschlossen werden kann nur dort etwas, wo es Offenheit gibt. Wenn Geschlossenheit kein Gegenüber hat, erübrigt sich die Verwendung des Begriffs. Geschlossenheit ist logisch-funktional immer an Offenheit gebunden.

Geschlossenheit und Offenheit bilden zusammen ein differenzierungsfähiges System. Das Verbindende ist eine Einheit: das System. Das System ist das Ganze. Geschlossenheit und Offenheit sind Teile des differenzierbaren Analog-Systems. Also führt das Ventil mit dem Namen Umwelt nicht aus der Geschlossenheit des durch Analogie bestimmten Systems heraus. Das Analog-System selbst muss aufge-

brochen werden, damit die Reflexion die Unterscheidungsebene Geschlossenheit/ Offenheit nach „außen" verlassen kann.

Die Umwelt ist wiederum Einheit, wie Luhmann selbst ausführt. Der Reflexionsweg führt von der Einheit des Systems zur Einheit der Umwelt. *Das Additiv Umwelt erweist sich nicht als geeignetes Mittel, die Geschlossenheit des Systems zu beseitigen.* Die Zirkularität bleibt erhalten. Die Reflexion muss den Weg zum Öffnen des durch analoge Bedingungen bestimmten Systems finden. Das Begriffsmodell Offenheit ist nicht hinreichend „freigesetzt", um als Instrument für den Ausgriff in den Außenbereich des Systems benutzt werden zu können. Es ist an das Begriffsmodell Geschlossenheit „gekettet". Es ist nicht von Bedeutung, ob man sich dieser Verkettung bewusst ist oder nicht. Solange man sich mit der Reflexion auf der Ebene derartiger gegenteilspezifischer Verkettungen bewegt, gelangt man nicht in den logisch-funktionalen Bereich hinein, der nicht System und somit nicht Einheit ist.

Ganzes/Teile

Das Reflexionsmodell „das Ganze und seine Teile“ steht im Zentrum der systemtheoretischen Konstruktionen. Luhmann ersetzt im ersten Schub die klassische Differenz von „Ganzem und Teil“ durch die Differenz von System und Umwelt (Soziale Systeme,1985, 22). Er gibt der Unterscheidung Ganzes/Teile den Zuschnitt Ganzes/Teil. Für ihn wird aus dem Ganzen das System und aus dem Teil die Umwelt. Dabei wäre zu berücksichtigen, dass ein Ganzes nicht nur einen Teil enthält, sondern immer mehrere Teile. Daher ist die Unterscheidung Ganzes/Teil hier eingeschränkt. Luhmann macht aus der Mehrzahl der Teile eine „Einzahl“, nämlich die Umwelt. Bereits hier wird deutlich, dass das Modell Ganzes/Teile auf zwei „Einzahlen“ eingeschränkt wird, also auf zwei Einheiten. Zum Ganzen gehören mehrere Teile. Andernfalls liegt die Verdoppelung des Ganzen im Sinne von Einheit vor. *Wenn man im Sinne Luhmanns zwei Einheiten in Verbindung bringt, liegt kein paradigmatischer, sondern ein gradueller Unterschied vor.*

Im Unterschied zu dieser Einschränkung auf einen Teil behandelt Luhmann in seinem Buch “die Gesellschaft der Gesellschaft“ (1997, 912ff.) das genannte Modell mit der Formulierung „Das Ganze und seine Teile“. *Die Formulierung Ganzes und Teil führt die Umwelt in die logisch-funktionale Ebene der Teile hinein. Wo es einen Teil des Ganzen gibt, nämlich die Umwelt, da muss es weitere Teile des Ganzen geben. Andernfalls führt man das Unterscheidungsmodell Ganzes/ Teile in den Zusammenbruch hinein.* Luhmann sieht zumindest in diesem Kontext die Umwelt als eine der Teileinheiten des Ganzen. Dieser Auffassung widerspricht z.B. seine Bemerkung, dass die Umwelt immer sehr viel komplexer ist als das System selbst (Soziale Systeme, 1985, 249), ferner seine Feststellung: „Aber weder ontologisch noch analytisch ist das System wichtiger als die Umwelt...“(Ebenda, 244). Ergebnis: Eines kann die Umwelt nur sein, entweder Ganzes im Sinne der tragenden Substanz oder Teil im Sinne des dazukommenden Akzidens mit der Bezeichnung Teil.

Wenn man System und Umwelt als Substanzen sieht, liegt eine arithmetische Reihe vor. Wenn man das Reflexionsmodell Ganzes/ Teile als Unterscheidung ansieht, muss es einen Unterschied zwischen den beiden Seiten der Unterscheidung geben, das heißt: Ein Teil muss etwas anderes sein als das Ganze. Auf kategorialer Ebene verbleiben beide Seiten der Unterscheidung innerhalb der Sphäre der

Einheit. Denn das Ganze ist immer Einheit, welche die unterschiedlichen analogen Teileinheiten in sich enthält und umfasst.

Dem Unterscheidungsmodell Ganzes/ Teile liegt das Modell Einheit zugrunde. Ein hervorragendes Merkmal der Einheit besteht darin, dass sie ein Ganzes ist. Ein Ganzes ist immer dann gegeben, wenn man dieses Ganze in Teile einteilen kann. Ganzes und Teile bedingen sich gegenseitig. Der Begriff Ganzes fällt in sich zusammen, wenn man keine Teile innerhalb dieses Ganzen unterscheiden kann. Dasselbe trifft entsprechend für die Teile zu. Das Ganze ist nicht mehr als die Summe seiner Teile. So entsprechen Ganzes und Teile einander genau, wenn man sie jeweils für sich nimmt. Die Teile des Ganzen müssen zueinander passen. Sie müssen miteinander kompatibel sein. Das griechische Wort Analogia bedeutet Gleichheit, Ähnlichkeit. So kann man auch sagen: Die Teile müssen zueinander analog sein. Wenn das der Fall ist, liegt ein Analog-Modell vor. Comte unterscheidet drei Stadien in der geschichtlichen Evolution: das theologische, das metaphysische und das wissenschaftliche Stadium. In allen drei Fällen muss es sich um etwas Vergleichbares handeln. Andernfalls kommt keine übergreifende Einheit zustande. Diese Einheit ist der vorgestellte Ablauf der Geschichte insgesamt. Äpfel, Birnen und Pflaumen machen zusammen das Obst als Einheit aus. Erbsen und Bohnen würden nicht in dieses analoge Gefüge hineinpassen. Gemeinschaft und Gesellschaft lassen sich zu einer Einheit mit dem Namen Aggregatsform des Zusammenlebens verbinden. Die Teileinheiten müssen in diesem Analog-System ebenso zueinander passen, wie das Ganze so beschaffen sein muss, dass sich alle Teileinheiten in ihm unterbringen lassen.

Insofern ist das Analog-Modell der Unterscheidung ein auf Passung eingerichtetes Gefüge. Die einzelnen Teileinheiten sind im Regelfall unterschiedlich. Selbst wenn sie völlig gleich aussehen, unterscheiden sie sich durch den Platz in der Zahlenreihe der Teileinheiten. Das theoretische Modell des Unterschieds hat seinen Platz in dem Analog-Modell. Die einzelnen Teileinheiten des Ganzen der Einheit sind dadurch miteinander verbunden, dass sie alle zu einer bestimmten Einheit gehören und in sie hineinpassen, obwohl sie voneinander unterschieden sind. So sind die Deutschen alle unterschiedliche Menschen. Trotzdem gleichen sie sich darin, dass sie Deutsche sind. Die verbindende Einheit ist dann „Deutscher sein". Aus dieser Einheit fällt niemand heraus, der einen deutschen Ausweis besitzt. Das heißt: Bei jedem einzelnen Deutschen ist das Deutschsein als Einheit immer dabei. Die Unterschiedlichkeit der

Personen steht im Verbund mit der Einheit „Deutscher sein". Diese verbindende Einheit wird im Analog-System niemals verlassen, wenn verschiedene Teileinheiten unterschieden werden. Hegel behandelt im zweiten Band seiner „Wissenschaft der Logik" (a.a.O., 1951, 32f.) den Unterschied. Er formuliert den beschriebenen Sachverhalt so: Der Unterschied ist nicht Übergehen in ein Anderes, nicht Beziehung auf anderes außer ihm. Er hat sein Anderes, die Identität, an ihm selbst.

Diese Reflexion bewegt sich auf der kategorialen Ebene. Es geht dann nicht um eine bestimmte Einheit der Anschauung und Konkretion, sondern um Einheit an sich selbst, um Einheit als solche, um Einheit nur als Einheit gesehen ohne nähere Bestimmung. Dasselbe trifft für die Teileinheiten zu. Für die Einsicht in systemtheoretische Zusammenhänge ist dieser Argumentationsgang von ausschlaggebender Bedeutung. Der Begriff Identität ist allerdings nicht typisch für das Analog-Modell. Der von Luhmann meistens gebrauchte Gegenbegriff ist die Differenz. *Wenn Luhmann von Differenz spricht, meint er im Regelfall den Unterschied der Teileinheiten im Analog-Modell, auch wenn er den Begriff binär verwendet.*

Auch das binäre Modell hat die Unterscheidung Ganzes/ Teile zur Grundlage. In dieser allgemein völlig ungewohnten Sichtweise wird die Umgrenzung der Einheit übersprungen. Dieser Reflexionssprung führt in diejenige Sphäre hinein, die grundsätzlich (das heißt: kategorial) nicht Einheit ist. In der von Aristoteles geprägten Tradition führt der Sprung in die Außensphäre der Einheit zur Sphäre der Vielheit im Verständnis der Mannigfaltigkeit der Dinge, die dann im Sinne der Logik Kants zur Synthesis als Form der Einheit gebracht werden muss. Dieser übliche Weg der Erkenntnisgewinnung fügt Vielgestaltigkeit zur Einheit zusammen. Diesen Weg geht auch Luhmann. Für ihn kommt zuerst die Differenz, das Verschiedene. Für das Verschiedene wird dann ein einheitliches System gesucht.

Der binäre Weg verlässt die Pfade der Anschaulichkeit. Er arbeitet mit Abstraktionen. Denn nur so ist der Sprung über die geschlossenen Grenzen des Analog-Systems zu schaffen. Beide Seiten der binären Unterscheidung werden vorübergehend auf sich selbst gestellt und verabsolutiert. Einheit wird als Ganzes gesehen. Denn eine wichtige Eigenschaft der Einheit besteht darin, dass sie ein Ganzes ist. Einheit wird zur Einheit an sich. Das Viele der Teile wird zur Vielheit an sich: zur Verschiedenheit. Die binäre Unterscheidung heißt dann: Einheit/ Verschiedenheit. Einheit steht für Unterschiedenheit. Denn wenn man Einheit meint, dann hat diese Figur Anfang und Ende. Anfang und Ende machen den Unterschied aus, der mit Einheit verbunden ist. Unterscheiden kann man nur dort, wo etwas nicht unterschieden worden ist. In diesem Bereich der Nichtunterschiedenheit gibt es nur Gegebenheiten, die nicht Anfang und Ende haben, wo also keine Umgrenzung vollzogen worden ist. Auf der linken Seite kann man messen. Denn es gibt Anfang und Ende. Auf der rechten Seite kann man nicht messen. Denn es gibt dort keinen Anfang und kein Ende. *So ist denn jedes differenzierbare Konkrete und jeder differenzierbare Begriff eine Einheit oder ein System.* Umgekehrt ist alles, was nicht Einheit mit Anfang und Ende ist, die negative Seite von Einheit und System: Negativeinheit.

Alles wird in dieser binären Logik auf zwei Felder verteilt. Die binäre Unterscheidung heißt dann Unterschiedenheit/ Nichtunterschiedenheit. In diese abstrakte Formel werden nun empirische Gegebenheiten eingesetzt, z.B. Datei/ öffnen, Datei/ kopieren, Ordner/ löschen, eine neue Maschine/ erfinden. Das binäre Modell der Logik erweist sich als theoretische Grundlage des Computers und der binären Systemtheorie. Die binäre Unterscheidung besteht links aus Einheit. Einheit ist grundsätzlich differenzierbar. *Daher ist die linke Seite das bekannte Analog-Modell. Die linke Seite kann aber nicht von der rechten Seite getrennt werden. Denn beide Seiten sind zugleich miteinander verbunden und voneinander getrennt. Das Verbundsystem ist unablöslich.* Daher macht die auf sich selbst gestellte linke Seite des binären Systems nur die halbe Wahrheit aus. Folglich führt eine Systemtheorie, die sich auf die linke Seite der binären Unterscheidung und damit auf das differenzierende Analog-System beschränkt, nicht zu eindeutigen Ergebnissen, sondern zu zahlreichen Widersprüchen, die dann irgendwie aufgelöst werden müssen.

Geschlossenheit/Offenheit

Analoge Systemtheorie wird durch das Grundmodell Einheit bestimmt. Diese Methodologie geht auf die aristotelische Metaphysik zurück, die bis heute weitgehend die Strukturen der Wissenschaftstheorie bestimmt. Für Aristoteles ist Ausgangspunkt aller Erkenntnis auf jedem Gebiet die Einheit (Metaphysik 1016b). Einheit lässt sich durch die Kreisform darstellen. Der Kreis als Grundmodell der Einheit wird durch die Kreislinie umschlossen. Was sich im Kreis befindet, ist durch Geschlossenheit bestimmt. System ist ein analoger Begriff für Einheit. Im System steht etwas durch Geschlossenheit zusammen. Folgerichtig ist Luhmanns System durch autopoietische Geschlossenheit charakterisiert (Die Wissenschaft der Gesellschaft, 1992, 34).

Vom Fundamentalmodell Einheit als kreisförmige Umschlossenheit werden auch alle logisch und funktional untergeordneten Systeme, die Subsysteme oder Teilsysteme, betroffen. So ist es zu erklären, dass Luhmann die lebenden Systeme, die Bewusstseinssysteme und die Kommunikationssysteme auf sich selbst stellt und sie klar gegeneinander abgrenzt. Jedes System ist eine Einheit für sich. Das Problem: Die Kreislinie schließt das System gegen alles ab, was sich außerhalb dieser Umgrenzung befindet. Geschlossenheit führt zur Erstarrung. Folglich müssen die Grenzen des Kreises geöffnet werden. Der zu bewältigende Widerspruch: Die Grenzen müssen zugleich geschlossen und offen sein. Ein Dauerwiderspruch: Wenn alles auf Einheit reduziert werden muss, dann muss das auch auf die Umwelt zutreffen. Denn die logische Figur der Analogie kennt nur Systeme, die innen und außen kompatibel sind, die zueinander passen. Sie kennt keine Nicht-Systeme. Sie kennt nicht die Sphäre, die nicht System als logische Figur ist. Sie kennt wohl Systeme außerhalb der Peripherie des Kreises, aber sie kennt nicht das, was überhaupt nicht mit System als Figur kompatibel ist, was also grundlegend anders ist als System.

Analoge Systemtheorie steht vor der ständigen Aufgabe, den Widerspruch zu bewältigen, der darin besteht, dass die Peripherie des Systems zugleich geschlossen und offen ist. Wenn Widersprüche gegeben sind, liegt die Frage nahe, ob es möglich ist, Klarheit in die Verwicklung der Dinge zu bringen. Systemtheoretische Argumentationen werden immer wieder mit der Notwendigkeit konfrontiert, verschiedene Abstraktionsebenen zu unterscheiden. Herkömmliche

Wissenschaftstheorie wird allgemein durch die Erwartung bestimmt, konkret, anschaulich und damit wirklichkeitsbezogen zu argumentieren. Das Modell des Dies-da erhält eine historische Grundlage in der aristotelischen Metaphysik. Substanz ist zuerst und im obersten logischen Rang ein bestimmtes Etwas, z.B. ein bestimmter Mensch. Dieses grundlegende logische Modell der erfahrungswissenschaftlichen Bezogenheit findet man z.B. auch in der Phänomenologie E. Husserls. Es kommt (im Rekurs auf Descartes) auf die klare und distinkte Wahrnehmung an. Die phänomenologische Reduktion ist auf „dies da" gerichtet, nicht was es transzendierend meint, sondern was es in sich selbst ist.

Angesichts derartiger respektabler wissenschaftslogischer Wertsetzungen haben alle Versuche, von der vorgegebenen Erfahrungswirklichkeit zu abstrahieren, einen schweren Stand. Ausgangspunkt abstrahierender Reflexion ist die konkrete Wirklichkeit. Hier setzen die Unterscheidungen an. Ein Garagentor ist entweder geschlossen oder offen. Ein Geschäft ist entweder geschlossen oder offen. Eine Messe ist entweder eröffnet worden oder nicht. Es gibt kein Drittes, so scheint es zu sein. Die Unterscheidung geöffnet/ geschlossen bezieht sich immer auf ein bestimmtes Objekt, das als verbindende Einheit fungiert. Der Satz vom Widerspruch schafft Klarheit. Nur eine Seite der Unterscheidung kann zutreffen. Das ist das aristotelische Modell. Folglich ist ein bestimmtes System entweder offen oder geschlossen. Es gibt kein Drittes, so könnte man meinen.

Für die konkrete Unterscheidung offen/ geschlossen gilt das aristotelische Entweder/- Oder. Ein bestimmtes soziales System ist entweder offen oder geschlossen. Es gibt aber etwas Drittes: Das Analog-Modell ist grundsätzlich durch das Merkmal der Kontingenz charakterisiert. Das heißt: Es geht auch anders auf der Grundlage einer bestimmten Ausgangslage. So kann eine Tür halboffen sein. Hinsichtlich des Öffnungsgrades einer Tür gibt es unbegrenzt viele Möglichkeiten zwischen geschlossen und offen. Im aristotelischen Beispiel ist etwas schwarz oder weiß. Es gibt viele farbliche Schattierungen um schwarz wie auch um weiß herum und zwischen beiden Farben. So wird es schwer zu entscheiden, wo schwarz aufhört und grau anfängt. Ergebnis: Auf der linken Seite der binären Unterscheidung ist das Analog-Modell mit der Kategorie der (vielen) Möglichkeiten platziert. Eindeutig sind nur die Grenzfälle: tiefschwarz und schneeweiß.

Hinsichtlich der Unterscheidung Offenheit/ Geschlossenheit gelten andere Maßstäbe. Man kann zwar sagen: Für den Zugang zur Partei A ist Offenheit wie auch Geschlossenheit gegeben, wenn Bedingungen erfüllt werden. Jedoch enthält das Begriffsmodell Offenheit das Begriffsmodell Geschlossenheit in sich selbst. Das heißt: Wenn man an Offenheit einer bestimmten Partei denkt, dann denkt man latent an Geschlossenheit. Wo eine Partei offen ist, da ist die Möglichkeit der Geschlossenheit unausdrücklich immer dabei. Die Geschlossenheit läuft ständig mit. Dieser Sachverhalt gilt auch für die Unterscheidung offen/ geschlossen.

Die Einheit der konkreten Unterscheidung offen/ geschlossen ist ein bestimmtes Etwas, z.B. die Außentür einer Sparkasse. Die Einheit der Unterscheidung Offenheit/ Geschlossenheit ist ganz allgemein die Möglichkeit als Kategorie und damit als abstraktes Begriffsmodell. Es gibt die Möglichkeit, dass die Tür geschlossen ist. Und es gibt die Möglichkeit, dass die Tür offen ist. Ergebnis: Im Fall der konkreten Anschauung ist die Einheit (der „Hauptnenner") der Unterscheidung ein konkretes Etwas. Und im Fall der reflektierten, abstrakten Unterscheidung ist die Einheit eine Abstraktion. Die Einheit der Unterscheidung verschiebt sich also mit dem Grad der Abstraktion.

Bisher wurde nur auf der logischen Ebene der Analogie operiert. Wenn eine bestimmte Tür offen ist, dann passt die Vorstellung, dass die Tür auch geschlossen sein kann, dazu. Beide Begriffe stehen im Verhältnis der Kompatibilität und Analogizität. Gegeben ist das Analog-System. Auch Offenheit und Geschlossenheit stehen im Verhältnis der Analogizität. Es gibt jeweils eine Einheit, in die beide Seiten der Unterscheidung hineingeführt werden können. Damit wird die aristotelische Logik nicht verlassen.

Folgerung: Geschlossenheit und Offenheit stehen in einem Verhältnis der gegenteilspezifischen Unterscheidung. Beide Begriffe sind analog und damit einheitsfähig. Beide Begriffe sind zugleich gegeben. Beide Begriffe schließen sich gegenseitig ein. Das Modell Substanz/ Akzidens wird nicht verlassen. Aber für ein bestimmtes konkretes soziales System ist es sinnvoll, eine der beiden gegebenen Möglichkeiten zu ergreifen, wenn z.B. ein Parteieintritt erwogen wird. Entweder entscheidet man sich für die Möglichkeit, von der Offenheit des Weges zu dieser Partei Gebrauch zu machen. Oder man entscheidet sich für die andere Möglichkeit. Beide Möglichkeiten sind zugleich gegeben. Aber man kann nicht zugleich beide Möglichkeiten ergreifen und praktisch wahrnehmen. Man kann nicht zugleich in diese Partei eintreten und nicht eintreten.

So verhält es sich auch mit der Frage nach der simultanen Offenheit und Geschlossenheit sozialer Systeme. Offenheit ist zwar theoretische Voraussetzung für Geschlossenheit und umgekehrt. Jedoch lässt sich nicht beides zugleich herstellen. Auf der reflektierten Ebene ist beides zugleich gegeben. Auf der praktischen Ebene sind nicht beide Möglichkeiten zugleich gegeben. Wenn ein konkretes System das Merkmal der Offenheit hat, dann muss man ihm auch das Merkmal der Geschlossenheit zusprechen. Aber man kann den Ausgriff in den Außenbereich eines Systems nur dann vollziehen, wenn die Geschlossenheit dieses Systems beseitigt wird. Und dieses Beseitigen lässt sich am besten bewerkstelligen, wenn man die Geschlossenheit in Offenheit hinüberführt, das heißt: wenn man das geschlossene System öffnet. Folglich gehört das Öffnen dazu, wenn der logische Sprung in den Außenbereich des Systems gelingen soll. Die für sich genommene Unterscheidung Geschlossenheit/ Offenheit reicht nicht aus, um das logisch-funktionale Feld der geschlossenen Einheit des Systems zu verlassen. *Erforderlich ist der Sprung in eine andere logische Kategorienebene:* der Sprung von der Offenheit und Geschlossenheit hinüber zum Öffnen und Schließen. Anders gesagt: Die für sich genommene Unterscheidung Geschlossenheit/ Offenheit reicht nicht aus, um den Außenbereich des Systems (den Luhmann im Modell der Umwelt sieht) zu erreichen.

Das Öffnen und Schließen liegt also auf einer anderen logisch-funktionalen Ebene als die Unterscheidung von Geschlossenheit und Offenheit. Um diese Zusammenhänge zu verstehen, ist eine weitere Abstraktion erforderlich. Offenheit und Geschlossenheit haben einen „Hauptnenner", eine Einheit, ein Gemeinsames: die Möglichkeit. Die Möglichkeit hat als gegenteiliges Entgegengesetztes die Unmöglichkeit. Möglichkeit und Unmöglichkeit sind Kategorien der Modalität, der Art und Weise. Die Modalität ist also die verbindende Einheit. Damit ist die Ebene des Analog-Modells immer noch nicht verlassen worden. Die Modalität ist als Begriffseinheit eine der vier Kategorienklassen in der von Kant vorgelegten Tafel. Die übrigen drei Kategorienklassen sind Quantität, Qualität und Relation. Alle vier Kategorienklassen zusammen bilden eine logisch übergeordnete Einheit: das Kategoriensystem. Möglichkeit und Unmöglichkeit erweisen sich als zwei kategoriale Teileinheiten eines logisch umfassenden Kategoriensystems.

Die Frage ist nun, ob es so etwas wie ein Gegenteil zum Begriff Einheit gibt. Wenn man die aristotelische Vielheit als Gegenteil von Einheit einsetzt, gerät man in die Reihe der Kategorien hinein, die eine Vielheit bilden. Dieser Weg führt nicht zum Ziel. Das Entgegengesetzte von Einheit ist dasjenige, was in der Kategorientafel Kants gar nicht vorkommt: Nichteinheit, Negativeinheit als dasjenige, was kategorial überhaupt nichts mit Einheit zu tun hat und folglich nicht die Merkmale der Einheit trägt: Anfang und Ende. Das Öffnen und Schließen lassen keinen Anfang und kein Ende erkennen. Das Öffnen ist etwas anderes als der Öffnungsablauf oder Öffnungsvorgang. Das Öffnen als solches weist keine Begrenzung und Unterscheidung auf. So stehen sich in dieser binären Abstraktion die Geschlossenheit des Systems und die Nichtabgeschlossenheit der Behandlung des Systems gegenüber.

Zu einem geschlossenen System gehört unablöslich das Schließen. Ohne Schließen ist die Geschlossenheit eines Systems nicht vorstellbar. Wo etwas geschlossen wird, da muss es vorher offen gewesen sein. Offenheit bildet einen logischen Verbund mit Geschlossenheit. Öffnen bildet einen logischen Verbund mit Schließen. Und Geschlossenheit bildet einen logischen Verbund mit Öffnen, wenn die Grenzen, die die Geschlossenheit ausmachen, übersprungen werden sollen. Umgekehrt bilden Offenheit und Schließen einen logischen Verbund. Offenheit als differenzierbare Einheit ist nicht konstruierbar ohne das Abschließen dieser Offenheit. Und Geschlossenheit ist nicht konstruierbar ohne das Öffnen. Ohne den praktischen Vorgang des Öffnens der Grenzen des geschlossenen Systems ist der Ausgriff in die Außensphäre des Systems nicht möglich.

Handeln

Soziologische Theorie wird vor allem von Strukturen und Funktionen her erklärt. Auf dieser Selektionsebene des Forschungsgegenstandes wirkt Max Webers Ansatz fast wie eine Ausnahme: Max Weber rückt neben den Strukturen etwa in Form der Herrschaftsstrukturen das Modell des sozialen Handelns in den Vordergrund. Für Weber ist Soziologie eine Wissenschaft, die soziales Handeln deutend verstehen und dadurch in seinem Ablauf ursächlich erklären will (M. Weber, 1951, 528). Letzter Bezugspunkt des Handelns ist das menschliche Individuum und nicht die soziale Struktur oder das soziale System. T. Parsons knüpft mit seinem umfangreichen Werk „THE STRUCTURE OF SOCIAL ACTION (1949) an diese Tradition an, ferner z B. mit seiner Arbeit „TOWARD A GENERAL THEORY OF ACTION (Parsons/Shils, 1962). Durch das Buch „THE SOCIAL SYSTEM" (1964) bringt Parsons die zentrale Bedeutung des sozialen Systems für die Erklärung des Sozialen zum Ausdruck. In seinem 1969 herausgegebenen Buch „Politics and Social Structure" (13) positioniert Parsons die Persönlichkeit unterhalb des sozialen Systems in der kybernetischen Hierarchie.

Die Modelle System und Struktur rücken in den Vordergrund, aber das Handeln läuft immer mit, so auch bei Luhmann, der mit Parsons persönlich zusammengearbeitet hat. Luhmann bearbeitet die Thematik des Handelns z.B. in seinen Werken „Soziale Systeme" und „Die Gesellschaft der Gesellschaft". Durch die Kombination des Theorems der doppelten Kontingenz und der Theorie autopoietischer Systeme wird es seiner Auffassung nach möglich, zu einem subjektfreien Begriff das Handelns zu gelangen. Das Modell Ego/ Alter Ego ermöglicht es. Es weist jede Bestimmung, die Ego seinem Handeln gibt, auf sich selbst zurück. Man sieht sich selbst gleichsam durch den anderen hindurch. Handlung wird in sozialen Systemen über Kommunikation und Attribution konstituiert. Handeln und Kommunikation lassen sich nicht trennen, wohl aber unterscheiden. Soziale Systeme werden nicht aus Handlungen aufgebaut Das Mitteilen muss als Handeln aufgefasst werden. Ein soziales System konstituiert sich auf der Basis des Grundgeschehens Kommunikation als Handlungssystem. Es gibt Grenzen der Möglichkeit psychologischer Handlungserklärung. Allgemein wird das Handeln auf konkrete Einzelmenschen zugerechnet. Faktisch ist jedoch eine Handlung nie voll durch die Vergangenheit des Einzelmenschen determiniert. Das Handeln wird häufig auf die Kenntnis der Situation bezogen, in der gehandelt wird. Durch die jeweilige Zumutbarkeit wird Kommunikation auf Handlung umgesetzt.

Handeln hat zur Bedingung die Orientierung am Vorher und Nachher. Dem Handeln wird eine Erwartungsstruktur und ein Ergebnishorizont unterlegt. Es wird programmiert. Zu den Elementen des sozialen Systems gehören Ereignisse, die als Handlungen zu verstehen sind. Kommunikationssysteme werden als Handlung asymmetrisiert. „Sozialsysteme sind zunächst Kommunikationssysteme, sie bauen aber in den selektiven Synthesen der Kommunikation eine Auslegung >der< Kommunikation als Handlung ein und beschreiben sich selbst damit als Handlungssystem“ (Soziale Systeme, 1985, 634).

Wie schwer es für Luhmann als Konstrukteur der analogen Systemtheorie ist, das soziale Handeln in das Konstrukt einzubeziehen, wird aus einer Formulierung in seinem Spätwerk „Die Gesellschaft der Gesellschaft“ (1997) deutlich. Sie besagt, dass im Gegensatz zu Parsons auf eine handlungstheoretische und damit individualistische Begründung der Soziologie verzichtet wird (86). Diese Aussage weist auf die Schwierigkeiten hin, Widersprüche zu vermeiden, wenn man als Beobachter selbst im System steht und von dieser Warte aus eine komplexe Systemtheorie konstruieren will. Dass die Eindeutigkeit der Aussagen schwer einzurichten ist, zeigt auch Luhmanns Feststellung, dass die Theorie der Systemdifferenzierung sich auf Kommunikationen bezieht und nicht auf Handlungen (Ebenda, 608). Wer von Handlungen ausgeht, so bemerkt Luhmann, wird Mühe haben, die Theorie der Systemdifferenzierung überhaupt zu verstehen. „Nur wenn man von Handlungen auf Kommunikationen umstellt, wird es notwendig, die Elementareinheiten der Systembildung rekursiv durch Bezug auf andere Operationen desselben Systems zu definieren. Ein Handlungstheoretiker kann sich mit der Feststellung einer Intention, eines >gemeinten Sinnes< einer Handlung begnügen“ (Ebenda).

Handlung ist für Luhmann zwar unverzichtbar, aber zuerst ist da das System, und dann kommt die Handlung dazu. So ist Handlungsrationalität Episodenrationalität. Sie lässt sich nicht zur Systemrationalität aggregieren (Die Wissenschaft der Gesellschaft, 1992, 582). Letztlich konnten Handlungstheorie und Systemtheorie nie zueinander finden (Die Wirtschaft der Gesellschaft, 1989, 273). Mit dem Handlungsbegriff, so Luhmann, konnte die Soziologie eine Scharnierposition besetzt halten. Sie konnte die Differenz Verhalten/ Handeln und Handeln/ Entscheiden zugleich im Blick haben, „ohne die jeweils andere Seite der Differenz voll betreuen zu müssen. Sie konnte sich damit entlasten, sich als Disziplin eigener Art mit einem besonderen Gegenstand >soziales Handeln< behaupten, aber sie fiel zugleich auch mit Grundannahmen über die Subjektivität der Handlungsbestimmung einer selbstgemachten Mythologie zum Opfer, mit der sie sich bei der Philosophie (Max Weber etwa bei Rickert) rückversichern konnte“ (Ebenda, 273). Luhmann führt diesen Zwang zur Rückversicherung der Einheit von Handlung in der Einheit von Subjekt darauf zurück, dass der Theorieansatz mit Einheit und nicht mit Differenz beginnt, und zwar eben „mit Handlung als Substratbegriff der Soziologie“. Mit dieser Feststellung übersieht Luhmann, dass auch Differenz Einheit ist, weil die Einheit im Vollzug der Differenzierung nicht aus sich selbst heraustritt, wenn sie sich in die Teile hinein unterscheidet. In jeder Differenz bleibt das Grundmodell Einheit bei sich selbst.

Luhmann löst den Handlungsbegriff vom voluntaristischen und subjektiven Bestimmungsgrund ab. Im Sinne einer Theorie sozialer Systeme repräsentiert Handlung immer Ereignis als Begriff „für letzte nicht weiter auflösbare Elemente des Systems“ (Ebenda, 293). Der Begriff der Verhaltenserwartung nimmt dann den Platz eines Strukturbegriffs ein. „Zur Entscheidung über ein Handeln käme es immer dann, aber auch nur dann, wenn das Handeln erwartet wird und dies in Rechnung stellt“ (Ebenda). Mit dieser einengenden Feststellung übergeht Luhmann allerdings die Fülle des nicht erwarteten Handelns.

Ein grundlegender Mangel der analogen Systemtheorie Luhmanns besteht darin, dass der Begriff System nicht eindeutig definiert wird. Die Definition, jeder soziale Kontakt sei ein System bis hin zur Gesellschaft als Gesamtheit (Soziale Systeme, 1985, 33) trifft für soziale Systeme zu, nicht aber für Maschinen, Wahrnehmungssysteme oder Organismen (Vgl. ebenda, 16). Der Umweltbegriff ist so vieldeutig definiert, dass Klarheit wünschenswert wäre. Wenn man im Sinne der binären Logik Einheit und damit System als Gegebenheit mit Anfang und Ende definiert, ist der Weg zu der Folgerung nicht weit, dass Luhmanns Definition der Handlung als Ereignis das Begriffsmodell Handlung mit dem Zuschnitt der Einheit versieht. Denn jedes Ereignis hat einen Anfang und ein Ende. Mit dieser Argumentation wird offensichtlich, dass die analoge Systemtheorie keine Probleme mit der Integration der Handlung in die Theoriekonstruktion zu haben braucht. Handlung im Zuschnitt des Ereignisses oder des Ablaufs ist bereits System geworden und passt sich bruchlos in das Gefüge der Systemtheorie ein. Probleme würden erst dann entstehen, wenn man Handeln als solches (also ohne Anfang und Ende) in die Figuren der analogen Systemtheorie einbauen müsste. Schließlich verfügt das Analogie-Modell nur über analoge Einheiten und Teileinheiten.

Inklusion und Exklusion

Inklusion und Exklusion sind zwei analoge Formen von Schließung (claudere=schließen). Theorien des Schließens sind deshalb wichtig und unentbehrlich, weil ein System als Version von Einheit Anfang und Ende hat und sich daher gegen alles andere, was z.B. andere Systeme ausmacht oder was nicht System ist, abschließt. Das begriffliche Modell Schließung ist an die Thematik der Grenze, der Geschlossenheit und Offenheit gebunden. So ist Systemtheorie in der Pflicht, klare Definitionen zu formulieren. Inklusion und Exklusion sind dadurch aneinander gebunden, dass dort, wo etwas eingeschlossen wird, etwas anderes ausgeschlossen wird. Ein weiterer Grundtatbestand besagt: Die auf Aristoteles zurückzuführende analoge Logik führt alles zu Beobachtende und Beobachtete in das Modell Einheit ein. Daher sind auch Inklusion und Exklusion innerhalb der Einheit oder des Systems positioniert. Einheit oder System schließt alles ein, was als Besonderheit der Einheit differenzierungsfähig ist. Im Analog-System sind das gleiche oder ähnliche (=analoge) Elemente, Teileinheiten, Varietäten, Subsysteme usw. Wenn etwas ausgeschlossen wird, so geschehen diese Ausschließungen nur innerhalb der Grenzen des Systems. Die Unterscheidung im Sinne des Entweder/ Oder ist eine analoge Unterscheidung, z.B. Geschlossenheit/ Offenheit oder auch Inklusion/ Exklusion.

Die binären Gegebenheiten Einheit und Negativeinheit werden auch durch ein Etwas verbunden. Allerdings ist das Verbindende keine konkrete, anschaulich greifbare Einheit als Form des Etwas. Vielmehr handelt es sich bei dieser Einheit um ein zuhöchst abstraktes Gebilde, um Einheit an sich, um Einheit als solche, um Einheit, die nur eine einzige Form der Differenzierung kennt: die Unterscheidung in Einheit an sich selbst und dasjenige, was nicht Einheit an sich selbst ist. Dieses Modell der Einheit bewegt sich vom Abstraktionsgrad her gesehen oberhalb der von Kant unterschiedenen Kategorien. Alle vier von Kant unterschiedenen Kategorienklassen sind triadisch differenzierte Einheiten: Quantität, Qualität, Relation und Modalität. Damit ist erwiesen, dass die von Kant entworfene Wissenschaftstheorie nur durch differenzierungsfähige Einheit und damit durch Analogie bestimmt wird. Seine Logik ist durch die einschließende Einheit (Synthesis) bestimmt (und nicht durch die binäre Unterscheidung von Einheit und Negativeinheit).

Folgerichtig formuliert Luhmann: „Die Unterscheidung Inklusion/ Exklusion ist eine systeminterne Unterscheidung“ (Soziologische

Aufklärung 6, 1995, 261). *Er sieht die Geschlossenheit und Offenheit von Systemen nicht als Gegensatz, sondern als Bedingungsverhältnis* (Soziale Systeme, 1985, 297). Insofern ist Geschlossenheit als Basis für Offenheit zu verstehen. Luhmann bringt die Inklusion mit der Idee der Integration in Verbindung. So kann man sagen: Die Schließung eines sozialen Systems steht mit dem Grad der Integration dieses Systems in Verbindung. Der Begriff Inklusion erhält im analogen Modell den Charakter der Anschaulichkeit und Konkretheit. So wird die Einbindung der Menschen in älteren Gesellschaftsformationen (etwa Zentrum und Peripherie) als feste Inklusion betrachtet, eine Vorstellung, welche die moderne Gesellschaft aufgeben musste (Die Gesellschaft der Gesellschaft, 1997, 157). In der funktional differenzierten Gesellschaft kommt es zu Komplexitätsgewinnen, „die auf der operativen Ausschließung der Menschen aus der Gesellschaft beruhen und mit Titeln wie Individuum oder Subjekt honoriert werden. Individuen können jetzt nicht mehr in der Gesellschaft sozial placiert werden, weil *jedes* Funktionssystem auf Inklusion *aller* Individuen reflektiert, aber die Inklusion sich nur noch auf die eigenen Operationen bezieht“ (Ebenda, 765). Das Begriffsmodell Subjekt bietet sich als Erlösungsformel für die Umstellung des Inklusionsmodus auf moderne, funktionsspezifische Bedingungen an (Ebenda, 1027).

Die Unterscheidung Inklusion/ Exklusion ist in der analogen Systemtheorie auch von Bedeutung im Formalismus der Logik. Für Luhmann beruht die theoriebildende Provokation des Formbegriffs im Unterschied zum Variablenbegriff auf der Forderung, dass durch das Zustandekommen einer Operation immer etwas ausgeschlossen wird. Gemeint ist die zweite mitlaufende Seite der Zwei-Seiten-Form der Beobachtung. Die eine Seite der Form macht immer die Bezeichnung der Unterscheidung aus, während die andere auf Reflexionsebene gleichsam leer mitgeführt wird (Soziologische Aufklärung 6, 1995, 240). Inklusion bezieht sich auf die innere Seite der Form, während die äußere Seite die Exklusion ist.

Luhmann hält es für notwendig, die systeminterne Unterscheidung von Inklusion und Exklusion nur zur Ordnung der Kommunikation zu verwenden (Ebenda, 261). Mit den Modi der Inklusion beschreibt die Gesellschaft das, was sie als Teilnahmebedingung setzt bzw. als Teilnahmechance in Aussicht stellt. Exklusion ist demgegenüber das, was unmarkiert bleibt, wenn diese Bedingungen bzw. Chancen formuliert werden“ (Ebenda, 26). Die Innenseite dieser Form, die Inklusion, findet bevorzugte Beachtung. Exklusion folgt wie ein logischer Schatten. Dieses Modell, so lässt sich Luhmann interpretieren, ist eine Fortschreibung der klassischen aristotelischen Widerspruchsfigur, in der die eine Seite der dualen Unterscheidung dasjenige ausmacht, was als gültig und vorherrschend angesehen wird und in der die andere Seite sich auf dasjenige bezieht, was bei dieser Gewichtung unterliegt und in dieser Position immerhin die Funktion ausfüllt, das nicht entbehrliche Gegengewicht für die Positivseite der Unterscheidung zu sein.

Luhmanns systemtheoretische Konstruktion arbeitet mit dem Begriff der operativen Geschlossenheit. Das bedeutet: Die Einheit des Systems wird durch die Operationen des Systems produziert und reproduziert (N. Luhmann: Das Recht der Gesellschaft, 1993, 34). Ein Beispiel ist die operative Geschlossenheit des Rechtssystems (Ebenda, 18ff.). Das Entropiegesetz besagt: Die Schließung der Systeme führt zur Auflösung der Systeme, weil Energie verloren geht. So ist der Aufbau von Eigenkomplexität eines Systems nur durch operative Geschlossenheit möglich. Die Definition: „Als operativ geschlossen sollen Systeme bezeichnet werden, die zur Herstellung eigener Operationen auf das Netzwerk eigener Operationen angewiesen sind und in diesem Sinne sich selber reproduzieren“ (Ebenda, 44). Das System muss sich gleichsam selber voraussetzen, um mit weiteren Operationen seine eigene Reproduktion in der Zeit betreiben zu können. Das System hat seine Aktualität allein in seinen Operationen. Operationen sind Ereignisse und damit Aktualisierungen sinnhafter Möglichkeiten. Jede Struktur muss im System erst produziert werden. Dies geschieht durch Operationen, über die das System als eigene verfügt. Es gibt also keine externe Strukturdetermination. „Nur das Recht selbst kann sagen, was Recht ist“ (Ebenda, 50). Das System operiert im Seitenblick auf eine gleichzeitig existierende Umwelt. Luhmann sieht die Autonomie eines Systems als Konsequenz von operativer Geschlossenheit. So führt er die Umstellung auf Autonomie des Rechtssystems auf das 11./12 Jahrhundert zurück. *Das Modell der Geschlossenheit wird damit in die empirische Evolution gelegt und nicht von der Struktur der Logik hergeleitet.* Die Anwendung dieser Konstruktion wirft die Fragen auf: Wann erlangt ein Mensch als personales System Autonomie? Erlangt ein personales System überhaupt Autonomie? Kann das kulturelle System Autonomie erlangen?

Die binäre Systemoptik verzichtet dagegen auf den wertenden Vorgang der Autonomisierung eines Systems und damit auf die Erzeugung von Widersprüchen dieser Art. Im binären Modell der Systemlogik ist ein System als Version von Einheit eingegrenzt durch die Definition. Durch die Definition wird das, was etwas ist und wodurch es ist und wie es ist, durch Grenzziehungen bestimmt, die allerdings veränderbar sind. Die linke Seite der binären Unterscheidung grenzt durch die Definition etwas ein. Dieses Etwas ist dann unbegrenzt differenzierbar und somit offen für weitere Unterscheidungen. So ist z.B. das Begriffsmodell Ort unbegrenzt differenzierbar. Durch die Definition mit den dazu gehörenden Grenzen sind Anfang und Ende gegeben. Damit ist Einheit als Inbegriff der Unterschiedenheit konstituiert. Unterschiedenheit ist nur in Verbindung mit Nichtunterschiedenheit vorstellbar und konstruierbar. Denn wo etwas durch Definition eingegrenzt wird, da gibt es noch nicht Eingegrenztes. Andernfalls kann man nicht eingrenzen. Folglich kann Geschlossenheit im Sinne des Umgrenzten und der Unterschiedenheit nicht gedacht werden ohne das Nichtumgrenzte und damit Offene. Im binären System der Logik findet man links Einheit als Umgrenztes und damit Umschlossenes. Dieses durch den Vollzug der Definition Eingeschlossene ist unbegrenzt differenzierbar und insofern für weitere Differenzierungen offen. *Links ist die Eingegrenztheit der Definition unablösbar verbunden mit der Offenheit, die durch die unbegrenzten (kontingenten) Differenzierungsmöglichkeiten gegeben ist.*

Rechts hat die mit der Verschiedenheit verbundene Offenheit ihren Platz. Diese Offenheit zeigt sich in der Vielzahl der Möglichkeiten, die notwendig durch das grundsätzliche Nichtunterschiedensein gegeben ist. Aber auch diese Offenheit steht im unablöslichen Verbund mit Umgrenzung. Diese Grenzziehung ist dadurch gegeben, dass die uneingegrenzte Verschiedenheit als solche eine Einheit ausmacht. *Diese Einheit ergibt sich daraus, dass es in diesem Fall negative Einheiten sind, die unterschiedlich und somit verschieden ausfallen.* Folglich stehen auch auf der rechten Seite der binären Unterscheidung Inklusion und Exklusion im unablöslichen Verbund. Das binäre Unterscheidungsmodell weist die logische und funktionale Verflochtenheit der Begriffe auf und nach.

Interaktion

Interaktion ist die Handlung inmitten anderer (inter=zwischen, unter, inmitten). Es geht um Aktionen im Sinne des Dabeiseins, der Anwesenheit, wenn man Luhmann folgt. Der Symbolische Interaktionismus bezieht die Dinge auf die Bedeutungen, die sich im Interaktionsprozess herauskristallisieren. Interaktionen sind Handlungen. Daher ist der Interaktionismus zuerst Handlungstheorie. Man kann sich schwer vorstellen, dass soziale Systeme handeln können. Sie können das allenfalls mit Hilfe von Personen, die dann Träger der Handlungen sind. So ist es zu verstehen, dass Luhmann den Symbolischen Interaktionismus dadurch charakterisiert, dass die Gesellschaft als aus Individuen bestehend gesehen wird, die durch Interaktion verbunden sind (Soziale Systeme, 1985, 551ff.). Gesellschaft entsteht dann aus der Differenz von personaler und sozialer Identität.

Für Luhmann bleibt diese Erklärung sozialpsychologisch. Denn aus der Sicht der Systemtheorie sind soziale Systeme zuerst Gesellschaftssysteme und nicht Interaktionssysteme. Luhmanns Modell verbleibt beim „Ausschalten der Systemreferenz psychischer Systeme aus der Analyse sozialer Systeme" (Ebenda, 552). Gesellschaftssysteme können nicht einfach als Summe der Interaktionssysteme begriffen werden. Vielmehr setzen Interaktionssysteme immer Gesellschaft voraus. Auch hier folgt Luhmann dem analogen Modell Substanz/ Akzidens. Substanz ist die Gesellschaft als das in sich selbst stehende System, das mit Priorität ausgestattet ist. Dann schließen sich die Akzidentien an und damit auch das Handeln unter Anwesenden. Daher sind Interaktionen denn auch nicht mehr als Episoden des Gesellschaftssystems. Die Unterscheidung von Gesellschaft und Interaktion wurde durch die Unterscheidung von komplexen und simplexen Gesellschaften vorbereitet. Gesellschaft schließt alles Soziale in sich ein. Die Einheit des Gesellschaftssystems ist die selbstreferentielle Geschlossenheit.

Diese Bestimmung muss mit dem Einwand leben, dass Selbstreferenz immer und grundsätzlich unablösbar mit Fremdreferenz verbunden ist, wie die Geschichte dieses Begriffspaares zeigt. Und die Geschlossenheit ist immer und unablösbar mit Offenheit verbunden, zumal ein geschlossenes soziales System an sich selbst erstickt. Daher ist das Öffnen der Geschlossenheit des Systems ein notwendiges funktionales Erfordernis. *Die bloße Gegenüberstellung von Ge-*

schlossenheit und Offenheit bewirkt noch nicht den Ausgriff in den Bereich außerhalb des Systems. Wenn eine Theorie streng operational sein will, muss die reflektierte Unterscheidung Geschlossenheit/ Offenheit auch in die operationale Ebene des konkreten Tuns hinübergeführt werden.

Im Unterschied zu der von Luhmann angesetzten Geschlossenheit können Interaktionssysteme seiner Meinung nach doch kommunikative Beziehungen mit ihrer Umwelt aufnehmen. Gesellschaft ist für Luhmann selbstgeschlossen. Die Weltgesellschaft schließt alles ein. Dieser Feststellung ist entgegenzusetzen, dass Gesellschaft als geschlossenes System immer konkret geöffnet werden muss gegenüber anderen Systemen, z.B. den Organismen und den psychischen Systemen (Dazu Luhmann: Soziale Systeme, 1985, 16). Wenn Gesellschaften sich nicht ernähren, gehen sie zugrunde.

Luhmann bezieht sich auf Watzlawick u.a. mit der Bemerkung, dass man in Interaktionssystemen nicht auf das Kommunizieren verzichten kann. Hier muss das „Man" auf Personen bezogen werden, die sich in der Interaktion nicht der Kommunikation entziehen können. Diese Feststellung widerspricht seiner eigenen Darstellung, in der die Kommunikation ein autopoietisches System ist: Nur die Kommunikation kann kommunizieren und sich selbst fortschreiben und nicht einzelne Menschen. Das bestimmende Konstitutions- und Grenzbildungsprinzip von Interaktionssystemen ist Anwesenheit. Gemeint ist „ein Beisammensein von Personen". Mit dieser Definition bringt Luhmann zum Ausdruck, dass Gesellschaft, die er grundsätzlich für geschlossen hält, zu den personalen Systemen hin offen sein muss, wenn Gesellschaft überleben soll.

Die strukturelle Elastizität von Interaktionssystemen beruht auf Redundanz, „das heißt auf der Möglichkeit auszuwählen, was ins Zentrum der gemeinsamen Aufmerksamkeit gelangt und was unbeachtet bleibt" (Ebenda, 565). Gesellschaftssysteme und Interaktionssysteme verschmelzen nicht miteinander. In den Interaktionssystemen wird die Hydraulik der Interpenetration betätigt, das heißt: Beide Systemarten sind füreinander unentbehrlich. Interaktion beruht für Luhmann auf Wahrnehmung und Kommunikation. Die gesellschaftliche Differenzierung entwickelt sich für Luhmann von oben und nicht von unten her. Sie entwickelt sich „durch Einziehen neuer System/ Umwelt-Relevanzen in das Gesellschaftssystem und nicht durch Aufsuchen und Sortieren passender Interaktionen" (Soziale Systeme, 1985, 574). Dieser Perspektive Luhmanns liegt das Substanz/ Akzidens-Modell der analogen Unterscheidungsweise zugrunde.

Das Gesellschaftssystem wird als der bestimmende Grund und damit als Ursache für die Besonderheiten dieses Systems auf der Ebene der Interaktion gesehen. Umwelt kann in diesem Verständniskontext nur die Mannigfaltigkeit der Systeme außerhalb der Geschlossenheit des Gesellschaftssystems sein und nicht das Negativ-Korrelat des Gesellschaftssystems (Vgl. Soziale Systeme, 1985, 249).

In Luhmanns Verständnis bildet die Gesamtheit der Interaktionen das Spielmaterial für die gesellschaftliche Evolution (Ebenda, 575). Die moderne Gesellschaft trennt schärfer als je zuvor ihre Systembildung von den Möglichkeiten der Interaktion. Es besteht eine Kluft zwischen den Interaktionssequenzen, die die Einzelnen durchleben, und der Komplexität des Gesellschaftssystems. Schrift und Druck ermöglichen es, sich aus Interaktionssystemen zurückzuziehen und trotzdem mit weitreichenden Folgen gesellschaftlich zu kommunizieren (Ebenda, 581). Für Luhmann ist das Gesellschaftssystem nicht aus Interaktionssystemen zusammengesetzt. Es ist ein interaktionsfreier Bereich des sozialen Handelns entstanden. Die Gesellschaft ist für Interaktion unzugänglich geworden. So ist keine Interaktion repräsentativ für Gesellschaft. Durch die Differenz von Gesellschaft und Interaktion sind Selektionsmöglichkeiten etabliert worden. Die Gesellschaft wird als Resultat von Interaktionen gesehen (Ebenda, 588).

In seinem Werk „Die Gesellschaft der Gesellschaft“ (1997, 812ff.) widmet Luhmann einen Abschnitt dem Thema „Interaktion und Gesellschaft“. Auch Kleinstbegegnungen persönlicher und unpersönlicher Art werden als Vollzug von Gesellschaft gesehen. Interaktionen werden definiert als Kontakte unter Anwesenden. Zur Selbstregulierung der Interaktionssysteme gehört, dass die Beteiligten einander Rücksicht schulden und sich wechselseitig in ihren Rollen respektieren. Die Differenz von Gesellschaft und Interaktion ist eine ursprüngliche, nicht zu vermeidende Struktur der Gesellschaft. Keine Interaktion verspricht Dauerglück. Man kann sich auf sie nur einlassen, weil man sich wieder von ihr lösen kann. Durch die Ausdifferenzierung von Interaktionssystemen gewinnt die Gesellschaft Distanz zu sich selbst. Die strukturellen Gründe für die Trennung von Interaktion und Gesellschaft liegen im Übergang von stratifikatorischer zu funktionaler Differenzierung. Eine funktional differenzierte Gesellschaft differenziert und spezifiziert Interaktionsweisen innerhalb der Funktionssysteme und ihrer Organisationen in einem früher unvorstellbaren Ausmaß. Man kann die Gesellschaft heute nicht von den Interaktionssystemen mit ihrem begrenzten Wissen her begreifen.

Wenn man Luhmanns Modellierungen überblickt, ergibt sich, dass der reflexive Aufenthalt und Verbleib im Analog-System die Neigung zur Herstellung von logischen Rangunterschieden erzeugen kann. Denn im Hintergrund leuchtet immer die logische Figur Substanz/ Akzidens auf und gibt die Richtung der Reflexion an. So kommt es dazu, dass Luhmann der Gesellschaft und mit ihr der Kommunikation den temporalen und rangspezifischen Vorrang gibt. Interaktionen werden als Episoden des gesellschaftlichen Geschehens eingeordnet. Das analoge Modell legt es immer nahe, einer der beiden unterschiedenen Einheiten die Priorität zu verleihen. Im vorliegenden Fall muss sich die Interaktion dann anschließen. *So wird die emanative Reflexion durch das analoge Modell selbst produziert.*

Die Figur der Binarität setzt keine logischen Rangunterschiede, wenn es um die Unterscheidung Einheit/ nicht Einheit geht. Einheiten sind eben Einheiten, ob sie nun diesen Namen tragen oder jenen. Und Einheit heißt immer Unterschiedenheit in Anfang und Ende. Dem Fundamentalmodell Einheit steht als Gegensatz immer die Fundamentalfigur Negativeinheit als Inbegriff des Nichtunterschiedenen gegenüber. Wenn die Soziologie für sich die Gesellschaft als Fundament reklamiert, grenzt sie sich nicht nur ab, sondern auch aus. Die Anthropologie und die Sozialpsychologie sind auch in die Gesellschaft verwickelt. Diese exemplarisch genannten Wissenschaften lassen sich sicherlich nicht vorschreiben, wer das größte Recht haben darf, die Gesellschaft als Grundlage für sich zu beanspruchen. Auch gäbe es ohne atmungsfähige Luft und ohne angemessene Bodenverhältnisse keine Gesellschaft und keine Interaktionen. *Keine Einheit ist wichtiger als die andere, wenn es um wissenschaftliche Forschung geht.* Daher sind Rangunterschiede in der Wissenschaft wenig hilfreich. So ist auch die Person nicht den Strukturen der Gesellschaft untergeordnet, wie Parsons meint. Ohne Individuen und Personen gäbe es weder Gesellschaftssysteme noch Interaktionssysteme.

Die binäre Unterscheidungstheorie verbindet und trennt die Gegebenheiten auf der Ebene der Abstraktion, die ohne den Bezug auf die Konkretion nicht herstellbar ist. Die konkreten Abgrenzungen erfolgen in der Sphäre der Einheit durch die Definitionen, das heißt durch die gegenseitigen Abgrenzungen der Dinge voneinander. *Grenzen trennen nicht nur. Sie verbinden auch die benachbarten Einheiten.* Grenzen gibt es nicht ohne Nichteingrenzungen. Man kann nur dort etwas eingrenzen, wo keine Grenzen gezogen worden sind. Somit gibt es Grenzübertritte und Offenheit für das Gebiet nebenan. Insofern beurteilt Luhmann die Dinge angemessen, wenn er äußert, dass Funktionssysteme in einem hohen Maß Interaktionssysteme in sich enthalten.

Grenzen werden auch im binären System der Logik gezogen, z.B. zwischen dem Definieren einer wissenschaftlichen Modellkonstruktion und dem Beurteilen dieses Begriffs. Auch für die Sphäre der Negativseiten der Einheiten gilt das, was für Grenzen und Einschließungen allgemein gilt. Auch die Programme, zu deren Herstellung das binäre Modell anregt, greifen z.B. durch Überschneidungen ineinander.

Kategorie

Der Begriff Kategorie wird bereits im klassischen Altertum verwendet. Aristoteles eröffnet mit der Kategorienschrift (Hier: Aristoteles, Kategorien/ Lehre vom Satz, 1958) die Reihe seiner wissenschaftstheoretischen Schriften. Im wissenschaftstheoretischen Verständnis sind Kategorien die höchsten, allgemeinsten und abstraktesten Begriffe. Man kann sie als Grundbegriffe der wissenschaftlichen Reflexion bezeichnen. Im vierten Kapitel schreibt Aristoteles: „Jedes ohne Verbindung gesprochene Wort bezeichnet entweder eine Substanz oder eine Quantität oder eine Qualität oder eine Relation oder ein Wo oder ein Wann oder eine Lage oder ein Haben oder ein Wirken oder ein Leiden (1b).

Bei Aristoteles nimmt die Substanz die Spitzenposition unter den Kategorien ein.

Substanz ist zuerst dasjenige, was weder von einem Subjekt ausgesagt wird noch in einem Subjekt ist, wie z.B. ein bestimmter Mensch oder ein bestimmtes Pferd.

Zweite Substanzen sind die Arten, zu denen die Substanzen im ersten Sinne gehören, sie und ihre Gattungen (2a). *In erster Linie ist das Einzelne Substanz, in zweiter Linie das Allgemeine.* Wenn die ersten Substanzen nicht sind, ist es unmöglich, dass sonst etwas ist (2b). Die ersten Substanzen sind Subjekt von allem anderen. Die erste Substanz ist weder in einem Subjekt noch wird sie von einem Subjekt ausgesagt (3a). Jede Substanz bezeichnet ein Dieses. Sie ist unteilbar und der Zahl nach eins (3b). *Die Substanzen haben kein konträres Gegenteil.* Die Substanz scheint kein Mehr und kein Minder zuzulassen. Die Substanz ist für Konträres empfänglich.

Von zentraler Bedeutung für die Ausprägung der Wissenschaftstheorie sind weiterhin die von Kant unterschiedenen Kategorien. Die Tafel der Kategorien legt Kant in der „Kritik der reinen Vernunft" vor (B 106). Kant greift drei Kategorien aus der aristotelischen Aufzählung auf: Quantität, Qualität und Relation. Er fügt die Modalität hinzu. Diese vier Kategorien werden von ihm jeweils triadisch differenziert. Die Quantität wird zergliedert in Einheit, Vielheit und Allheit (d. h. die Vielheit als Einheit vorgestellt: die Totalität). Die Qualität wird aufgeteilt in Realität, Negation und Limitation. Die Relation enthält die Unterscheidungen Inhärenz und Subsistenz (substantia et accidens), Kausalität und Dependenz (Ursache und Wirkung) und

Gemeinschaft (Wechselwirkung zwischen dem Handelnden und Leidenden). Die Modalität wird unterschieden in Möglichkeit – Unmöglichkeit, Dasein – Nichtsein und Notwendigkeit – Zufälligkeit. Kant bezeichnet seine Kategorientafel als systematisch. Die aristotelischen Kategorien sind für ihn „rhapsodistisch" zusammengestellt. Kant bezeichnet die Kategorien als die wahren Stammbegriffe des reinen Verstandes.

Die Herauskristallisierung von Kategorien ist gleichsam die Konstruktion eines mehr oder weniger stabilen Gerüstes, mit dem man dann den weiteren Aufbau der Logik vornehmen kann. Wenn man die Art der Modellierung der Kategorien erfasst hat, kann man Rückschlüsse auf das Gesamtsystem der entsprechenden Logik ziehen. Die aristotelische Zusammenstellung der Kategorien erweckt nicht den Eindruck, dass ein System die Konstruktion beherrscht. Und doch ist dieses Modell funktional vielschichtiger als die Systematik Kants. Substanz, Quantität, Qualität und Relation lassen sich als differenzierbare Begriffssysteme bezeichnen. Die Kategorientafel Kants liefert den Beweis. Die Substanz wird von Aristoteles selbst in erste und zweite Substanzen unterteilt. Die genannten vier Kategorien sind dem Analog-System der Logik zuzurechnen.

Schwieriger ist eine solche Zurechnung bei den Kategorien wo und wann. Wenn man Kant folgt, ist die Zeit keine differenzierbare Einheit. Für Kant ist die Zeit nicht etwas, was für sich selbst bestünde. Die Zeit wird gesehen als formale Bedingung a priori aller Erscheinungen überhaupt (B 49f.). Der Raum ist für Kant reine Anschauung (B 39). Der Raum ist nichts anderes als nur die Form aller Erscheinungen äußerer Sinne, das heißt subjektive Bedingung aller Sinnlichkeit, unter der allein äußere Anschauung möglich ist (B 42). Raum und Zeit sind in der transzendentalen Logik Kants keine Substanzen und damit keine differenzierbaren Einheiten. Das binäre Modell der Logik sieht nur zwei Sphären vor: Einheit und Nichteinheit, Einheit überhaupt und Negation von Einheit überhaupt. Die Lage ist die Ortsbestimmung in Raum und Zeit. Die Kategorien Haben, Wirken und Leiden (als substantivierte Infinitive) nehmen im binären Schema ihren Platz auf der rechten Seite ein. So kann man am Begriff „ein Haben" weder Anfang noch Ende ausmachen. Im Ergebnis zeigt sich, dass die aristotelische Benennung der Kategorien sich auf beide Seiten der binären Unterscheidung verteilt. Trotzdem gibt diese Aufzählung der Kategorien keine binäre Logik her.

Auch die Kategorientafel Kants begründet keine binäre Logik. Alle vier Kategorienklassen sind differenzierbare Einheiten und damit logische Systeme. Die jeweilige Unterscheidung in drei Teilsysteme beweist die Möglichkeit der grundsätzlichen Unterscheidbarkeit, so dass Einheit im binären Sinne gegeben ist. Es ergibt sich, dass alle vier von Kant unterschiedenen Kategorien sich darin gleichen, dass sie die Unterscheidbarkeit repräsentieren. Damit ist auf der Ebene analoger Unterscheidungen der bis dahin höchste Stand des Unterschiedenseins gegeben, wenn man von Hegels Leitunterscheidung Identität der Identität und Nichtidentität absieht. Insofern machen alle vier Kategorien eine formale Einheit aus. Von dieser logisch-funktionalen Ebene ist eine andere Ebene der Bestimmung von Einheit zu unterscheiden: Es geht um die Positionierung der Einheit innerhalb der von Kant genannten Kategorie der Quantität. Hier wird das Modell Einheit als eine der drei Teileinheiten der Quantität gesehen. Beide Male geht es um Einheit überhaupt und damit um kategoriale Einheit. Insgesamt verlässt die Logik Kants nicht das grundbegriffliche Modell mit dem Namen Einheit. Kant erweist sich von seinem Kategoriensystem her als Analog-Theoretiker.

Kant ordnet in der „Kritik der reinen Vernunft" (B 106) das Modell des Ganzen und seiner Teile in die Klasse der Relationskategorien ein: Inhärenz und Subsistenz. Inhärenz heißt: das Darinbleiben, das Haften an etwas, das Zusammengehören. Subsistenz bedeutet das Bestehen durch sich selbst. Kant fügt in Klammern hinzu: substantia et accidens. Gemeint ist die Beziehung zwischen dem, was in sich selbst ruht und dem, was dazukommt, die Beziehung von Substanz und Akzidens. Das Ganze der Einheit trägt sich selbst. Und die Teileinheiten kommen zur Substanz hinzu. Damit ist die logisch-funktionale Rangungleichheit offensichtlich. Die Figur vom Ganzen und den Teilen hängt also unmittelbar mit der klassischen Unterscheidung Substanz/ Akzidens zusammen.

Auch die Kategorien als „Stammbegriffe des reinen Verstandes" (Kant) unterliegen systemtheoretischen Bedingungen. Kant unterscheidet drei Kategorien der Quantität: Einheit, Vielheit und Allheit (d.i. die Vielheit als Einheit betrachtet: die Totalität). Die Quantität als triadisch differenzierte Klasse bezieht sich auf ein Etwas, dem sie zugeschrieben wird. Anders formuliert: Quantität ist immer Quantität von etwas. Die Quantität ist das, was sie ist, nicht von sich selbst her. Sie ist eine Attribuierung im Sinne des zahlenmäßigen Umfangs einer bestimmten substantiellen Gegebenheit, z.B. einer sozialen Gruppe. So kann man von der quantitativen Bestimmtheit der Gruppe sprechen (G. Simmel). Man kann von der qualitativen Bestimmtheit der Gruppe insofern sprechen, als die Mitglieder dieser Gruppe auf Jugendliche beschränkt sind. Dann ist eine Limitationalität, eine Begrenzung auf eine bestimmte Hinsicht gegeben. Neben der Limitation ist die Negation auf etwas anderes bezogen, z.B. auf eine bestimmte Behauptung einer Gesprächsteilnehmerin. Negation ist hier Negation von etwas. Auch die Realität als dritte Komponente der Kategorie der Qualität ist immer Realität von etwas, etwa eines bestimmten Lebenswegs.

Kants Kategoriensystem ist ein Analog-System. Wenn man seine Kategorientafel als eine paradigmatische Unterscheidungsfigur nimmt, findet man den begründenden Grund außerhalb der Tafel. Die Kategorien sind für Kant die wahren Stammbegriffe des reinen Verstandes (B 107). Folglich ist das umfassende Ganze dieser Stammbegriffe der Verstand des Subjekts, des Menschen. Die Kategorien sind dann als Besonderheiten des reinen Menschenverstandes zu sehen. Die Kategorien werden durch die Dimensionierung des reinen Verstandes bestimmt, der dann für das Ganze steht. Insofern nehmen die Kategorien die funktionale Position der Teile des Ganzen ein. Der Verstand des Subjekts ist der Fixpunkt, in dem die Stammbegriffe ihren Halt finden. Die akzidentelle Positionierung der Kategorien lässt sich demonstrieren:

Quantität:
die Einheit der Willensbekundung
die Vielheit der Meinungen
die Totalität (Allheit) der Kommunikationen

Qualität:
die Realität der Massenmedien
die Negation der Identität
die Limitation der Immigrationsmöglichkeiten

Relation:
die Substanz einer Aussage, die Akzidentien einer Substanz
die Ursache eines Friedensabkommens, die Wirkung einer Beförderung
die Wechselwirkung zwischen Theorie und Praxis

Modalität:
die Möglichkeit eines Berufsabschlusses, die Unmöglichkeit der Durchführung eines Plans

die Existenz (Dasein) eines Konkurrenten, das Nichtsein einer überzeugenden Argumentation
die Notwendigkeit einer Koalitionsbildung der Parteien, die Zufälligkeit der Begegnung

Eine Sonderstellung nimmt die Relationskategorie Substanz/ Akzidens ein. Kant schließt hinsichtlich der Konstituierung der Kategorientafel und der Wahl des Begriffs Kategorie unmittelbar an Aristoteles an. Er ordnet die Kategorien aber völlig neu nach den Maßgaben seiner Transzendentalphilosophie. Für die Konstruktion von Systemtheorien ist die Verortung des Begriffsmodells Einheit seit Parmenides von zentraler Bedeutung. Bei Parmenides ist Einheit mit ihrem negativen Gegenüber ein höchst abstraktes Gebilde mit der Bedeutung der Messbarkeit und Unterscheidbarkeit. Bei Aristoteles wird die Einheit unter den Kategorien nicht namentlich genannt. Für Einheit steht Substanz. Diese ist unteilbar und der Zahl nach eins (Kategorien 3b). Die erste Substanz, z.B. ein bestimmter Mensch, ist weder in einem Subjekt, noch wird sie von einem Subjekt ausgesagt (Ebenda 3a). Die Substanz als ranghöchster Begriff ist in der aristotelischen Logik eine Prädikatierung, die ihren Grund in sich selbst hat. *Man kann Substanz nicht als Etikett verwenden und dieses Etikett auf ein anderes substantielles Etwas kleben.* Der Mensch ist nicht in einem bestimmten Menschen. Der Mensch ist in keinem Subjekt. Die aristotelische Substanz ist nicht Substanz von etwas. Sie hat ihren Grund in sich selbst.

Luhmann schließt an diese Bedeutung der Substanz (entgegen seiner eigenen Bewusstseinslage) an. So ist die Substanz eine fundamentale Einheit, die sich selbst trägt und keiner weiteren Fundierung bedarf. Die aristotelische Substanz wird bei Luhmann zum selbsttragenden System. Luhmann nennt diesen Sachverhalt Selbstreferenz. Er versteht darunter den Bezug auf sich selbst. Diese Bezugnahme auf sich selbst dient der Abgrenzung des Systems gegenüber einer Umwelt, die Luhmann außerhalb der Systemgrenzen sieht. In das Modell der Selbstreferenz im Sinne Luhmanns fließt die Idee der Autarkie, der aristotelischen Selbstgenügsamkeit ein, auf die auch Parsons hinweist. Es fließt auch die Idee der Selbstbestimmung des Systems in Gestalt der Strukturdeterminiertheit des Systems in das Modell der Selbstreferenz ein. Das Moment des „Selbst“ wird vor allem die Grundlage der Idee der Autopoiesis, des Selbstmachens. Es zeigt sich, dass Luhmann die Geschichte der aristotelischen Substanz in sein Modell des Systems integriert. Dazu gehört auch die von Leibniz betonte Individualität der Substanz. Bei Luhmann erhält jedes soziale System seine eigene (individuelle) Umwelt.

Das Analog-System bestimmt nicht nur Luhmanns Modell des Systems. Es bestimmt auch die von Kant ausgeführte Neubearbeitung der aristotelischen Kategorien. Wie dargelegt, ist für Kant der von der Empirie abgelöste (reine) Verstand der substantielle Grund, der die vier Kategorienklassen mit den triadischen Differenzierungen (als Akzidentien) trägt. Die Kategorientafel ist ein Anwendungsfall des grundlegenden Modells vom Ganzen und seinen Teilen. Das Modell Substanz/ Akzidens lässt sich als eine bestimmte Version des Modells ‚das Ganze und seine Teile' deuten. Die Unterscheidung von Substanz und Akzidens erfordert die Analogizität dieser Unterscheidungsfigur. Denn man kann z.B. nicht den Rotkohl in die Reihe der Obstsorten einbauen, indem man ihn zwischen die Äpfel, Birnen und Pflaumen mischt.

Kant beginnt die Differenzierung der Relationskategorien mit der Figur Substanz/ Akzidens. Er ordnet diese Figur in die Reihe der Akzidentien ein, das heißt er behandelt diese Figur wie ein Akzidens, wie ein zum reinen Verstand Dazukommendes, wie eine Besonderheit des Verstandes, wenn man vom Zugriff auf die Erfahrung absieht. Nun ist aber die Substanz selbst seit Aristoteles der tragende Grund der Unterscheidungen, angefangen mit der Unterscheidung zwischen den ersten Substanzen (z.B. bestimmten Menschen) und den Arten (Mensch, Tier usw.) und den Gattungen (z.B. Sinnenwesen). Die ersten Substanzen sind ein bestimmtes Dies-da. Die zweiten Substanzen sind die Arten und Gattungen.

Bei der Konstruktion der kategorialen Unterscheidungen ist der reine Verstand die begründende Einheit. Er repräsentiert das Ganze des Unterscheidungsvermögens. Die einzelnen vier triadisch gegliederten Kategorienklassen stellen dann die akzidentelle Besonderheit des Unterscheidungsvermögens dar. Sie nehmen die Position von Akzidentien ein. Das heißt: Die Kategorien stehen nicht in der Funktion von Substanzen, sondern von Akzidentien. Gemeint ist, dass die Gesamtkonstruktion der kategorialen Bedingungen eine Unterscheidungsfigur ausmacht: die Figur Substanz/ Akzidens. *Kant baut nun die Unterscheidung Substanz/ Akzidens nur an einer einzigen Stelle in die Reihe der Akzidentien innerhalb der Kategorientafel ein.* Die Substanz verliert dann an eben dieser Stelle im Vollzug dieser Positionierung ihren hohen aristotelischen Rangplatz unter den Kategorien. Sie wird zum Akzidens degradiert.

Bildlich dargestellt sieht diese Vermischung der kategorialen Abstraktionsebenen so aus: Man nimmt ein Etikett und schreibt darauf

„Dies ist eine Unterscheidung nach dem Modell Substanz/ Akzidens." Dieses Etikett wird nun auf die Gesamtfigur des kategorialen Unterscheidungsmodells geheftet. Dann wird ein Etikett mit gleicher Beschriftung (nämlich: Substanz/ Akzidens) auf die erste Relationskategorie geheftet. Sie heißt: Substanz/ Akzidens (oder Inhärenz/ Subsistenz). Das gleiche Etikett wird also zweimal vergeben, das erste Mal an die gesamte Tafel der Kategorien mitsamt dem tragenden Grund in Form des reinen Verstandes, das zweite Mal an ein Akzidens in Form einer Teileinheit der Kategorie der Relation. Der Widerspruch besagt: Die Unterscheidung Substanz/ Akzidens gilt für die Gesamtstruktur des Kategorienmodells. Zugleich gilt sie für eines der Akzidentien, die die Kategorien darstellen. *Innerhalb der Summe der genannten Kategorien erhält nur eine einzige Kategorie den Vorzug, so etikettiert zu werden wie das Ganze des Modells.* Derartige Vermischungen der Unterscheidungsebenen sagen etwas aus über die Vermischung der Bedeutungen der Begriffe System und Systematik. Kant hat die von ihm in der Kategorientafel verwendete Systematik überzeugend dargestellt (B 109ff.). Sein Beitrag zu einer Systemtheorie fällt dagegen hinter Aristoteles und vor allem hinter Parmenides zurück.

Kant ordnet das kategoriale Grundmodell Einheit der quantitativen Ebene zu. Einheit ist eine Unterabteilung der Quantität. Auch Parmenides bestimmt Einheit durch Anfang und Ende und damit durch Unterscheidbarkeit. Das Fundament des Analog-Systems ist Einheit im Sinne der Verflochtenheit von Substanz und Akzidens, also die Beziehung zwischen einem Ganzen und dessen Teileinheiten. In der Sprachregelung Luhmanns wäre das die Einheit einer Differenz. *Das tragende Gerüst dieser analogen Logik ist für Luhmann also eine Differenz.* Diese Bestimmung der Logik findet sich in Luhmanns Systemtheorie wieder, die er selbst als eine Differenztheorie versteht. Jedoch verlässt der Unterschied niemals die Umgrenzung der Einheit. Es sind alle Unterschiede eben Unterschiede innerhalb einer gegebenen Einheit. Daher ist Luhmanns Modell eine Fortschreibung der logischen Konstruktionen von Aristoteles und Kant.

Kausalität

Das lateinische Wort causa bedeutet Ursache. Bemerkenswert ist, dass der Begriff Kausalität nicht nur die Ursache meint, sondern ein Begriffsgefüge kennzeichnet, das aus Ursache und Wirkung besteht. Allein dieser Sachverhalt mag Anlass für die Vermutung sein, dass innerhalb der Kausalität die Ursache im Vergleich zur Wirkung die Priorität einnimmt. Wenn diese Vermutung stimmt, müsste in Luhmanns Systemtheorie das System als tragender Grund der theoretischen Konstruktion vor allem die Ursache und nicht so sehr die Wirkung in sich selbst enthalten.

In der Tat verlegt Luhmann die Autopoiesis, die Selbstreproduktion des Systems als das Verursachen dieses Hervorbringens, in die Mitte des Systems: Kausalität wird gesehen als „eine Art Organisation der Selbstreferenz" des Systems (Soziale Systeme, 1985, 26). Wenn man den Terminus Selbstreferenz durch denjenigen der Selbstbestimmung ersetzt, gilt die Feststellung, dass das System grundsätzlich selbst die Richtung der Selbstreproduktion bestimmt, wobei allerdings die Umwelt in den Kausalprozess einbezogen wird. Für Luhmann schaffen sich nur selbstreferentielle Systeme die Möglichkeit, „Kausalitäten durch Distribution auf System und Umwelt zu ordnen" (Ebenda, 26). Nun erhält die von Luhmann skizzierte Umwelt ihre Einheit erst durch das System und nur relativ zum System. Für Luhmann ist die Umwelt selbst kein System. Sie ist durch offene Horizonte umgrenzt, nicht jedoch durch überschreitbare Grenzen (Ebenda, 36). System ist differenzierbare Einheit. Denn ein System ist ein Ganzes, das Teile (z.B. Subsysteme) in sich enthält. Auch Einheit ist ein Ganzes, das Teile (Teileinheiten) in sich enthält. Daher sind beide Begriffe grundsätzlich als synonym anzusehen. Der zu klärende Widerspruch in Luhmanns Ansatz besteht in diesem Fall darin, dass die Umwelt von ihm selbst als Einheit bezeichnet wird. Denn die Einheit der Umwelt, so schreibt er (Ebenda, 249), wird durch das System konstituiert. Ferner erscheint dem System seine Umwelt als differenziert in verschiedene System-Umwelt-Perspektiven, „die sich wechselseitig überschneiden und insofern insgesamt die Einheit der Umwelt repräsentieren" (Ebenda, 256f.). Die Frage ist dann, ob die Umwelt Einheit ist oder nur Horizont. Etwas kann nur Einheit sein oder nicht Einheit. Ein Drittes gibt es nicht. Luhmanns Analog-Modell löst nicht die Schwierigkeit, die Kausalität aus der Umgrenzung der Einheit des Systems herauszuführen. Die Umwelt ist für ihn nicht mehr als ein Negativ-Korrelat des Systems (Ebenda, 249) und damit Teil des Systems. *Sein Modell lässt den logischen Sprung in die kategoriale Sphäre außerhalb der Einheit des Systems nicht zu.*

Luhmann sieht das Problem der Zirkularität der Kausalität selbst. Um diesem Dilemma zu entgehen, wählt er eine Unterscheidung, zumal seine Systemtheorie Unterscheidungstheorie ist und die Differenzen den Einheiten voranstellt. Er unterscheidet zwischen basaler Selbstreferenz und Kausalität (Ebenda, 608). Er lässt den Realitätsaufbau nur aus der Selbstreferenz, nicht aus der Kausalität, hervorgehen (Ebenda). So kann es in voll temporalisierten Systemen, die Ereignisse als Elemente verwenden, „keine kausale Zirkularität" geben. Kybernetische Theorien dagegen, welche die „zeitliche Nichtigkeit der Elemente" übersehen, können daher nicht als Grundlagenwissenschaften angesehen werden (Ebenda, 609). Luhmann drängt die Idee der Kausalität ab. Der Funktionsbegriff ersetzt mehr und mehr den Substanzbegriff. So verlieren Deduktion und Kausalität ihren grundbegrifflichen Rang (Ebenda, 634). Das logische Problem: Entweder erzeugt das System Kausalität oder nicht. Einerseits erzeugen nur selbstreferentielle Systeme die Möglichkeit, „Kausalitäten durch Distribution auf System und Umwelt zu ordnen" (Ebenda, 26). Andererseits verliert Kausalität in Verbindung mit Deduktion den grundbegrifflichen Rang (Ebenda, 634). Der Versuch, eine komplexe Systemtheorie auf der Basis des klassischen Analog-Modells aufzubauen, führt in aristotelische Widersprüche hinein. Ist es nun die Kausalität, die die Selbstreproduktion des Systems bewirkt, oder ist es die basale Selbstreferenz des Systems? Dazu der Einwand: Selbstreferenz gibt es nicht ohne die unablösbare Bindung an die Fremdreferenz. Die Vernachlässigung des Bezuges auf Anderes bringt die gezeigte Argumentation zum Einsturz. Wenn Kausalität durch Selbstreferenz ersetzt werden soll, wie Luhmann das intendiert, wäre der völlige Verzicht auf den Begriff der Kausalität zweckmäßig. Luhmann kann sich allerdings nicht zum völligen Verzicht auf den Begriff Kausalität entschließen. In seiner Modellkonstruktion findet die Kausalität keinen legitimen Platz: „Für die soziologische Betrachtungsweise und besonders für systemtheoretische Analysen sind Kausalerklärungen so schwierig, dass sie auf der Ebene allgemeiner theoretischer Aussagen nicht ratsam sind..." (N. Luhmann: Die Gesellsch. der Gesellsch., 1997, 570). Luhmann lässt eine Theorie der gesellschaftlichen Evolution auf kausale Erklärungen verzichten oder sie auf Kleinstausschnitte der gesamtgesellschaftlichen Evolution beschränken (Ebenda, 527). Ursachen und Wirkungen werden auseinander gezogen. Kausalität erfordert eine Zeitdifferenz zwischen Ursachen und Wirkungen (Ebenda, 605). Das Abdrängen der Kausalität kommt auch dadurch zum Ausdruck, dass Luhmann mit Was- und Wie-Fragen operiert, dass jedoch kein Spielraum für Wodurch-Fragen verbleibt. Seine Systemtheorie richtet sich auf das, was etwas ist, und auf das, wie es ist, wie es sich darstellt und erscheint. Dieses Konstrukt ist eine moderne Version der bewährten analog aufgebauten aristotelischen Wissenschaftstheorie. Aristoteles gewichtet die Erkenntnis des Zusammenhangs und der Gründe höher als die praktische Betätigung. Die Baumeister kennen im Unterschied zu den Handwerkern die Gründe für das, was gemacht wird (Aristoteles: Metaphysik 981 a und b). Aristoteles formuliert: „Nun wissen wir von der Wahrheit nichts, ohne von den Ursachen zu wissen" (Ebenda, 993b).

Die Gründe für den Bedeutungsverlust der Kausalität liegen u.a. darin, dass die aristotelische Substanz als theoretischer Grund für Luhmanns Systemmodell zwar das, was sie ist, sich selber verdankt und insofern auf sich selbst steht, dass die aristotelische Selbstgenügsamkeit und Selbstbestimmung der Substanz im Laufe der geschichtlichen Entwicklung in verschiedenen Hinsichten radikalisiert wird. Für Leibniz enthält der Begriff der Substanz alles, was ihr zukommt. Die vollendete Definition einer Sache muss die Regeln für die Erzeugung dieser Sache hergeben (Leibniz: Metaphysische Abhandlung, 1958, 63). In Hegels Logik spielt sogar das Modell der Selbstbewegung eine wichtige Rolle, z.B. das Übergehen des Seins ins Nichts und das Übergehen des Nichts ins Sein. Auf dieser historischen Basis trägt Luhmanns System sich selbst unter peripherer Berücksichtigung der Umwelt. Da die von Luhmann konstruierten selbstreferentiellen Systeme als geschlossen definiert werden und die Autopoiesis die Selbstreproduktion des Systems bewirkt, reicht der Selbstbezug des Systems offensichtlich aus, um die Perpetuierung des Systems zu sichern, so dass die klassische Kausalität eine periphere Position einnimmt, sofern sie (mit Rücksicht auf die Tradition) immer noch als erwähnenswert angesehen wird.

Das binäre Modell einer Theorie des Systems bindet das System als Form der Einheit unablösbar an kategorial gemeinte Negativeinheit, d.h. an Gegebenheiten ohne Anfang und Ende, z.B. an das Beobachten des Systems, an das Begründen des Systems, an das Beschreiben des Systems, an das Absichern des Systems, an das Rücksichtnehmen auf das System usw. Hier nimmt die zugeschriebene Kausalität einen der mehrheitlichen Plätze in der Sphäre der

Negativeinheit ein. Kausalität macht dann einen der zahlreichen Teilbereiche innerhalb der Verschiedenheit aus, die die Sphäre der Negativeinheit bestimmt. Binäre Logik gewährt der Kausalität einen vollgültigen Platz innerhalb des Gefüges der Unterscheidung. Für die Plätze innerhalb der Negativeinheit gibt es keine Rangunterschiede. Es kommt allerdings darauf an, Kausalität auf der logischen Ebene der Verschiedenheit nicht zu übersehen.

Klassische Systemtheorie (Vilfredo Pareto)

Zu den klassischen Systemtheoretikern gehört neben T. Parsons Vilfredo Pareto. Im Zusammenhang mit der Entwicklung einer Theorie des sozialen Systems sind seine entsprechenden Äußerungen aus dem Trattato di Sociologia generale von Interesse. In deutscher Übersetzung hat Gottfried Eisermann Auszüge aus dem Trattato unter dem Titel „Pareto's Allgemeine Soziologie", Stuttgart, Enke, 1962, herausgegeben. Auf diese Veröffentlichung nimmt der Herausgeber Carlo Mongardini des Ullstein-Buches mit dem Titel „Vilfredo Pareto Ausgewählte Schriften, Frankfurt/M. u.a., 1975) Bezug. Aus dieser Veröffentlichung werden hier verschiedene Paragraphen aus dem Trattato ausgewählt und interpretiert.

Von Bedeutung mag die Feststellung sein, dass Pareto (1848-1923) seine soziologische Theorie als ausgebildeter Ingenieur aus der Perspektive eines Technikers aufbaut. Seine zahlreichen Briefe geben Aufschluss über seine politisch-kulturelle Einstellung, die er mit großer Leidenschaft darstellt. *Für die Evolution einer Theorie des sozialen Systems sind allein seine wissenschaftlichen Darlegungen von Interesse.*

In § 2060 (S.262) beschreibt Pareto die Elemente der Form der Gesellschaft. Damit erweist sich die Form der Gesellschaft als der zentrale Bezugspunkt der theoretischen Konstruktion. Die Form der Gesellschaft wird durch alle Elemente bestimmt. Die Elemente wirken auf die Form ein. Die Form wirkt ihrerseits auf die Elemente ein. So geht eine wechselseitige Determination vor sich. Unter den Elementen werden die folgenden Kategorien unterschieden:

1. Boden, Klima, Flora, Fauna, geologische und mineralogische Bedingungen usw.;
2. andere für eine Gesellschaft zu einem gegebenen Zeitpunkt externe Elemente, d.h. die hinsichtlich des Raumes externen Einwirkungen anderer Gesellschaften auf sie, hinsichtlich der Zeit die externen Konsequenzen des vorausgegangenen Zustandes dieser Gesellschaft;
3. interne Elemente, zu denen hauptsächlich die Rasse, die Residuen (oder besser: die durch sie manifestierten Gefühle), die Neigungen, die Interessen, die Haltungen gegenüber rationalem Denken und Beobachtung, der Wissensstand usw. gehören; hierher gehören auch die Derivationen (d.h. Ableitungen aus den Residuen).

In § 2061 äußert Pareto, dass diese Elemente nicht unabhängig sind. Vielmehr ist ein Großteil von ihnen interdependent. „Darüber hinaus muss man zu den fraglichen Elementen die Kräfte zählen, die sich der Auflösung und dem Ruin fortbestehender Gesellschaften entgegenstellen" (Ebenda, 263). In den beiden nächsten Paragraphen legt Pareto dar, dass man die Wirkungen der Elemente erforschen muss und dass man Indizes dazugeben muss, um alle Bedingungen aufzählen zu können, von denen die Gesellschaft abhängt und die sich in quantitativer Weise in Gleichungen ausdrücken ließen. Eine umfassende Erforschung der gesellschaftlichen Formen müsste zumindest den hauptsächlich bestimmenden Elementen Rechnung tragen und einzig diejenigen hintanstellen, deren Wirken als akzessorisch betrachtet werden kann.

In § 2066 führt Pareto aus, dass die Elemente ein System bilden, „das wir soziales System nennen werden" (Ebenda, 264). In § 2067 heißt es, dass die Form des sozialen Systems stets veränderlich ist. Der reale statische oder dynamische Zustand des Systems wird durch seine Bedingungen determiniert. Wenn in der Form des sozialen Systems irgendwelche Veränderungen vorgenommen werden (virtuelle Bewegungen), „so wird alsbald, wenn der realen Veränderung Rechnung getragen wird, eine Reaktion in dem Sinne erfolgen, dass die veränderte Lage auf ihren Ausgangszustand zurückgeführt wird" (Ebenda, 264). Der § 2079 besagt etwas über die Ordnung des sozialen Systems. Das soziale System ist sehr komplex. Wenn man es vereinfachen will, wird man es als ein Kompositum aus gewissen Molekülen betrachten müssen. Zu diesen Molekülen gehören Residuen, Derivationen, Interessen und Neigungen, aber auch die zahlreichen Fesseln unterworfenen logischen und nichtlogischen Handlungen.

Paragraph 2080 lautet: „Betrachten wir die Moleküle des sozialen Systems, d.h. die Individuen, in denen gewisse, durch Residuen manifestierte Gefühle vorhanden sind, die wir der Kürze halber einzig mit dem Namen Residuen bezeichnen werden". Und § 2081 besagt: „Die Residuen manifestieren sich mit den Derivationen, die ein Anzeichen der Kräfte sind, die auf die sozialen Moleküle einwirken". Der § 2203 besagt, dass das gesellschaftliche Gleichgewicht vom Insgesamt der Elemente abhängt.

Zum Verstehen, Einordnen, Vergleichen und Bewerten dieses Konzepts:

1. Pareto gehört zu den wichtigen Mitbegründern der sozialwissenschaftlichen Systemtheorie. Er hat einen nachdrücklichen Ein-

fluss auf das von Parsons entwickelte Konzept ausgeübt, wie man bei Parsons selbst nachlesen kann.

2. Pareto folgt dem üblichen Analog-Modell der Logik, insofern alles auf Einheit bezogen wird. Daher ist sein Modell des sozialen Systems das Ganze einer differenzierbaren Einheit.
3. Diese Einheit ist das soziale System. Es gliedert sich in externe und interne Elemente im Sinne von Teileinheiten.
4. Die beiden Teileinheiten werden in weitere Teileinheiten untergliedert. Alle Teileinheiten werden als Elemente des Systems bezeichnet.
5. Das soziale System wird bestimmt durch die (Relationskategorie der) Wechselwirkung. Die Wechselwirkung als Bestandteil des Analog-Modells erfolgt vom Ganzen auf die Teile hin und umgekehrt.
6. Die Elemente sind überwiegend interdependent. Pareto lässt sich damit so interpretieren, dass die Elemente als Teilsysteme für Außeneinflüsse offen sind.
7. Die in Luhmanns und Parsons' Modell unentbehrliche Umwelt des Systems ist in Paretos Architektur vor allem die Gruppe der externen Elemente des sozialen Systems. Das heißt: *Wenn man sich Paretos Modell als mit einer Umwelt ausgestattet vorstellen würde, wäre diese Umwelt ein Bestandteil des Systems und nicht eine gesonderte logische Einheit außerhalb des Systems.* Umwelt würde aus Elementen bestehen, die sich im Außenbereich des sozialen Systems befinden, aber auch im Innenbereich.
8. Pareto hält verschiedene Konstruktionsbedingungen der analogen Logik ein. Dadurch vermeidet er das logisch-funktionale Dilemma, das sich ergibt, wenn man die nichtsozialen Systemelemente in zusammengefasster Form zur Umwelt des Systems ausformt und verselbstständigt. Der Preis für dieses Vorgehen besteht darin, dass die Logik dieses Modells ungenau ist. Boden, Klima, Flora usw. sind streng genommen keine sozialen Gegebenheiten. Auch mehrere Elemente aus dem Bereich der internen Elemente sind nicht der Sozialität, sondern vielmehr der Personalität zuzuordnen. Sie können damit nicht Bestandteile des Systems als soziale Institution sein. Das Klima ist nicht „sozial". Eher schon trifft das für den Boden zu. Dieser kann allenfalls als sozial überformt bezeichnet werden, wenn er kultiviert wird. Die geologischen Bedingungen sind keine sozialen Tatsachen. Die Gefühle, Neigungen und Interessen sind ebenso keine sozialen Gegebenheiten. Sie müssen dem personalen System zugeordnet

werden, wenn man Parsons und Luhmann folgt. Aus dieser Sicht ist Paretos Modell logisch nicht tragfähig. Er vermischt soziale Gegebenheiten mit nichtsozialen Gegebenheiten.

9. Der Ausweg aus diesem Dilemma ist von Parsons und Luhmann gesucht worden: Die Unterscheidung heißt „System/ Umwelt". Nun liegen zwei differenzierungsfähige Einheiten nebeneinander. Mit dieser Figur wird das Analog-Modell „Das Ganze und seine Teile" grundsätzlich nicht verlassen, sofern es um eine paradigmatische Figur der Unterscheidung geht. Die damit verbundene klassische Figur Substanz/ Akzidens wird auf zwei gesonderte Einheiten verlegt: auf das System wie auch auf die Umwelt des Systems. Zwei vollgültige unterscheidungsfähige Einheiten stehen nun nebeneinander und bilden eine Zahlenreihe. Zwei abstrakt vorgestellte Einheiten und damit zwei von der konkreten Wirklichkeit abgetrennte Ganze können sich nicht gegenseitig umfassen und dadurch zu einer einzigen abstrakten Unterscheidungsfigur werden. Ein Ganzes als abstrakte Figur kann sich nicht selbst umfassen.
10. Im Ergebnis erweisen sich die Konzepte von Pareto, Parsons und Luhmann als zu ungenau, um die logischen und funktionalen Probleme der Systemtheorie zu lösen. Aber auch das binäre Unterscheidungsmodell kann nicht alle Erwartungen erfüllen. Es bietet mit der binären Unterscheidung auf der Reflexionsebene Unterschiedensein (=Einheit, System)/ Nichtunterschiedensein (=Negativeinheit) keinen erwarteten Ersatz für das in der Unterscheidungstheorie untaugliche Modell Umwelt.
11. Eine wichtige Ursache für diese in der Unterscheidungstheorie anfallenden Probleme liegt in der Einheitszumutung. Für sich genommen haben alle hier aufgezählten Einheiten und deren Teile ihre jeweils eigene Bedeutsamkeit und Substantialität. Für sich genommen ist selbst das Reflexionsmodell Umwelt logisch „richtig". So ist die Belastung der Atmosphäre mit Abgasen im üblichen Sprachgebrauch eine Belastung der Umwelt. *Erst durch den Einbau dieses Begriffs in ein logisch-funktionales Unterscheidungsmodell z.B. in der Form „System/ Umwelt" treten die logischen Schwierigkeiten auf.* Den beiden für sich genommen korrekten oder doch akzeptablen begrifflichen Konstruktionen System und Umwelt wird die Einfügung in ein logisches System zugemutet. Wenn sie in einem formelhaften Verbund stehen, ändert sich ihr funktionaler Stellenwert. Aus der konkreten wahrnehmbaren Umwelt wird in der Unterscheidungsformel eine lo-

gische Größe, die ihren Stellenwert nicht allein von sich selbst her erhält. Der Stellenwert ergibt sich ausschließlich aus der Verknüpfung der beiden Begriffe System und Umwelt. Diese Verknüpfung kann nicht beliebig sein. Im Laufe der Jahrtausende haben sich bestimmte Verknüpfungsformen herauskristallisiert, die nicht nur durch die Tradition, sondern auch durch die Evidenz der logischen Konfiguration mit einen hohen Grad der Verbindlichkeit versehen sind.

12. Das Ergebnis dieser Tradition ist einfach und leicht zu verstehen: Entweder ist etwas ein Ganzes. Oder es ist das nicht. Es gibt kein Drittes. Und entweder ist etwas ein Teil oder nicht. Es gibt nichts Drittes. Das heißt: Entweder ist Umwelt ein Ganzes und damit differenzierungsfähige Einheit. Oder Umwelt ist das nicht. Wenn Umwelt als abstraktes Gebilde (Und nur darum geht es in unterscheidungstheoretischen Formeln) differenzierungsfähige Einheit ist, dann kann sie dem System nicht als Besonderheit (Akzidens) zugeordnet werden. Der Grund: Man kann nicht eine abstrakte Ganzheit in einer anderen Ganzheit mitsamt ihrem Gefüge von Teilen oder Elementen unterbringen. Abstrakte Ganzheiten lassen sich gleichsam nicht gefallen, als Attribuierung benutzt und in den Zubringerdienst einer anderen Ganzheit gestellt zu werden. Daher haben beide Begriffe, System und Umwelt, ihre je eigene logische Standfestigkeit und Unantastbarkeit.
    Wenn man die Umwelt als die Umwelt des Systems begreift, wie das bei Luhmann der Fall ist, dann muss die Umwelt dem System als Eigenschaft und Besonderheit zugeordnet und damit logisch untergeordnet werden. Dann ist Luhmanns Aussage logisch nicht tragfähig, die besagt: „Aber weder ontologisch noch analytisch ist das System wichtiger als die Umwelt; denn beides ist das, was es ist, nur im Bezug auf das jeweils andere" (Soziale Systeme, 1985, 244). Dann ist auch Luhmanns Aussage logisch nicht tragfähig, die besagt: „Jedes System nimmt sich aus seiner Umwelt aus" (Ebenda, 249). Wenn Luhmann feststellt, dass jedem System seine Umwelt als verwirrend komplexes Gefüge wechselseitiger System/ Umweltbeziehungen gegeben ist (Ebenda, 37), dann stimmt die soeben genannte Aussage nicht, die besagt, dass System und Umwelt analytisch und ontologisch gleich bedeutsam sind.

13. Ergebnis: Weder die von Pareto noch die von Parsons noch die von Luhmann entworfenen Konzeptionen einer Systemlogik für die Sozialwissenschaften können überzeugen. Es bleibt die Mög-

lichkeit, dem herkömmlichen und bewährten Analog-System neue bisher nicht wahrgenommene Spielräume abzugewinnen. Die Verwendung des Begriffes Umwelt führt in der Systemlogik nach bisherigen Erfahrungen in eine Sackgasse, so dass die Reputation eines ganzen Faches gefährdet wird. Möglich wäre der Verzicht auf logische Grenzüberschreitungen des Funktionsfeldes System. Es ergäbe sich die Möglichkeit, das Differenzierungsgefüge des abstrakten Modells System als Version von Einheit zu verfeinern und weiter auszubauen. Dazu könnte z.B. der Verzicht auf die Einbringung von Aussagen in Differenzformeln (etwa System/ Umwelt) gehören. Logisch tragfähig wäre dann nicht die Formulierung: Im Zusammenhang mit dem System/ Umwelt-Problem hat das Werk X. den überalterten Schornstein mit einer modernen Filteranlage versehen. Logisch tragfähig wäre dagegen die Aussage: Das Werk X. hat seinen Schornstein mit einer modernen Filteranlage versehen, um die bis dahin als Belastung der Lebensqualität empfundene Verschmutzung der Luft weitgehend zu vermeiden.

14. Wenn man im Sinne Luhmanns die systemlogische Argumentation auf die von Hegel entwickelte Reflexionsebene führt und sich durch Variation der Formel „Identität der Identität und Nichtidentität“ von Hegel abgrenzt, dann hat man die paradigmatische Reflexion unmittelbar an die logische Umgrenzung des grundlegenden Reflexionsmodells Einheit herangeführt. Dann tritt das Problem Geschlossenheit/ Offenheit des Systems auf. Der Grund liegt darin, dass Einheit eben nur Eines ist und nichts Anderes. Wenn ein Etwas nur Eines ist, dann muss es Grenzen gegenüber allem haben, was nicht zu diesem Einen gehört. Die Unterscheidung System/ Umwelt ist kein geeignetes Mittel, um die Grenzprobleme überzeugend zu beschreiben.
15. Auf der logischen Ebene der konkreten Wahrnehmung ist es nicht möglich, das Reflexionsfeld Einheit zu verlassen. Man nimmt überall nur Einheiten und deren Teile wahr, z.B. die Regierung und die einzelnen Ministerien. Luhmann hat treffend beschrieben, dass das Beobachten der konkreten Einheiten mit den damit verbundenen Unterscheidungen und Bezeichnungen in die Reflexionsebene der Wissenschaften hineinführt. Wissenschaft erreicht erst durch die Beobachtung der Beobachtung ihre Erfüllung. Aber auch diese Beobachtung zweiter Ordnung ist differenzierbare Reflexionseinheit. Verdoppelte Einheit ist und bleibt Einheit als solche, Einheit ohne nähere Bestimmungen. Luhmann

verlässt mit seinem Modell der Systemlogik nicht das Abstraktionsfeld Einheit. Es fehlt das, was nicht abstrakte Einheit ist.

16. Wenn Systemlogik sich das Ziel setzt, außerhalb des Abstraktionsfeldes Einheit zu operieren, dann bleibt nur die Möglichkeit, dieses Feld durch Verneinung von Einheit überhaupt zu verlassen. So führt die Argumentation in die hier mehrfach beschriebene logische Ebene der binären Unterscheidung hinein. Wenn man dieses schwierige Feld beschreiten will, muss man zunächst ermitteln, was denn rein formal überhaupt Einheit ist. Andernfalls ist eine solche Logik vom Beginn an zum Scheitern verurteilt. Man kann nur dann etwas verneinen, wenn man Näheres darüber weiß, was verneint werden soll. Es ergibt sich ein Definitionszwang für Einheit schlechthin wie auch für konkrete Einheit. Die Antwort: Einheit ist dasjenige, was Anfang, Mitte und Ende hat, was sich also unterscheiden lässt. Einheit als Inbegriff des Unterschiedenen kann nicht für sich allein stehen. Denn eine Unterscheidung kann sich immer nur auf etwas beziehen, was von Unterscheidungen bis dahin nicht betroffen worden ist. Zum Unterschiedensein gehört unabdingbar das Nichtunterschiedene. *So werden durch jede Unterscheidung beide Seiten des binären Systems der Logik zugleich betroffen.*

Das binäre Modell arbeitet auf der Ebene höchster Abstraktion. Daher kann es mit dem Modell der Gleichzeitigkeit operieren. Luhmann dagegen operiert operativ. Er geht streng empirisch vor. Im Widerspruch dazu setzt er die über die unmittelbare Erfahrung hinausgehende Leitunterscheidung System/ Umwelt ein. *Durch diese Vermischung der logischen Ebenen entsteht eine Schieflage des gesamten Modells der analogen Systemtheorie.* Wenn Systemlogik den von Luhmann beschrittenen Weg weitergehen soll, ist die Auseinandersetzung mit der binären Logik nicht zu umgehen. Ein wichtiges funktionales Erfordernis besteht dann darin, die unterschiedlichen Abstraktionsebenen nicht zu vermischen. Die Unterscheidung der verschiedenen Abstraktionsebenen gehört zu den wichtigsten Voraussetzungen für die Konstruktion von Systemtheorien.

Man kann dann nicht z.B. mit dem Paradigma „Differenz von Identität und Differenz" operieren. Das geht schon deswegen nicht, weil man dabei die zugleich gegebene Identität von Identität und Differenz übersieht. Denn Differenz gibt es nicht ohne Identität. Oder man muss, wenn man das Analog-Modell als alleiniges Unterscheidungsmodell aus der Hand geben will, in die sehr abstrakte Atmosphäre des binären Modells einsteigen. Dieses mit dem Zweiersystem arbeitende Reflexionsmodell teilt alles in zwei Funktionsfelder ein: in die Sphäre der in sich selbst differenzierbaren Einheit mit Anfängen und Enden und die unablöslich damit verbundene Sphäre dessen, was nicht Einheit in dem soeben beschriebenen Sinn ist. Mit diesem logischen Schritt nimmt man den Teilen deren Dienstleistungsposition für das Ganze ab. Man stellt die Teile auf sich selbst, so wie das Ganze der Teile auf sich selbst steht. Denn die Teile bringen dasselbe Gewicht auf die Waage wie das Ganze. Die gewonnene Substantialität müssen die Teile dann aber mit dem Ganzen teilen.

Klassische Systemtheorie (Talcott Parsons)

Parsons begreift die Gesellschaft als ein Sozialsystem besonderer Art (sui generis). Dabei ist bemerkenswert, dass das Sozialsystem Gesellschaft als eines der primären Subsysteme menschlichen Handelns definiert wird (T. Parsons: Gesellschaften, 1975, 14). Mit dieser systemspezifischen Rangordnung stellt sich Parsons in die Tradition des von Max Weber begründeten Ansatzes einer Handlungstheorie. Man kann davon ausgehen, dass Weber die zentrale Bedeutung des aktiven Handelns aus der von ihm beschriebenen puritanischen Ethik herleitet. Folglich wird das soziale Handeln des Menschen an die logische Spitze des theoretischen Modells gestellt. Anders formuliert: Die entscheidenden Impulse der klassischen Systemtheorie Parsons' gehen zuerst vom menschlichen Individuum aus und nicht vom Sozialsystem selbst. Die übrigen Subsysteme des menschlichen Handelns sind der Verhaltensorganismus, die Persönlichkeit des Individuums und das kulturelle System.

In seinem Buch „Das System moderner Gesellschaften" (1972, 13) entwickelt Parsons die vier Subsysteme des Handlungssystems: Dem sozialen System wird die Hauptfunktion der Integration zugeordnet. Das kulturelle System hat die Aufgabe der Normenerhaltung. Der Persönlichkeit wird die Hauptfunktion der Zielverwirklichung zugeschrieben. Der Verhaltensorganismus wird mit der Funktion der Anpassung in Verbindung gebracht. Für Parsons ist das Persönlichkeitssystem die Haupttriebkraft von Handlungsprozessen. Mit dieser Feststellung schließt Parsons unmittelbar an Max Weber an, an dem er sich geschult hat.

Nun unterscheidet Parsons zwei Realitätssysteme, die als Umwelt des Handelns zu verstehen sind. Das erste ist die physische Umwelt. Gemeint sind nicht nur die physikalischen und chemischen Erscheinungen, sondern auch „die Welt lebender Organismen, soweit sie nicht in Handlungssysteme integriert sind" (Ebenda, 14). Das zweite Realitätssystem, das neben der physischen Komponente die Umwelt des Handlungssystems ausmacht, ist für Parsons die „letzte Realität". Sie steht für das, was Weber das Sinnproblem für menschliches Handeln genannt hat.

Die vier Handlungssubsysteme stehen in Wechselbeziehung. Sie durchdringen sich gegenseitig. Die Zonen gegenseitiger Durchdringung machen Austauschprozesse zwischen Systemen erst möglich. Um mit Hilfe von Symbolen zu kommunizieren, müssen Individuen kulturell geordnete gemeinsame Codes wie z.B. die Sprache haben. Soziale Systeme werden daher als offen gesehen. Sie stehen durch Eingaben und Ausgaben von Informationen in ständigem Austausch mit der Umwelt.

Soziale Systeme werden gebildet durch Interaktionen zwischen handelnden Einheiten. Parsons sieht es hinsichtlich seiner Theoriekonzeption als entscheidend an, dass die Interaktionseigenschaften sich nicht von Eigenschaften der handelnden Einheiten ableiten lassen, also von personbezogenen Bedingungen. Vielmehr schließt er an Durkheim an, dessen Auffassung besagt, dass die Gesellschaft wie auch andere soziale Systeme eine Realität eigener Art darstellen. Ergebnis: Die Gesellschaft als Inbegriff eines sozialen Systems erhält die stärksten Impulse zur Konstituierung dieses Systems vom Persönlichkeitssystem her. Denn das Handlungssystem ist logisch und funktional den anderen hier genannten Systemen übergeordnet. Wie gezeigt, ist das soziale System ein Subsystem des Handlungssystems, also des menschlichen Handelns.

Die Analyse der Struktur sozialer Systeme führt zur Unterscheidung zwischen vier Typen unabhängig variabler Komponenten: Werte, Normen, soziale Gesamtheiten und Rollen (Ebenda, 15). Soziale Gesamtheiten werden definiert als Strukturkomponenten, denen vorzüglich Funktionen der Zielverwirklichung zukommen. Dazu muss der Mitgliedstatus klar definiert sein. Beispiele sind Kernfamilien und politische Gruppen. Weiter muss eine Differenzierung von Stellungen und Funktionen der Mitglieder gegeben sein. Der Rolle kommen hauptsächlich Anpassungsfunktionen zu. Rollen umfassen die wichtigsten Zonen der gegenseitigen Durchdringung (Interpenetration) zwischen dem sozialen System und der Persönlichkeit.

Gesellschaft ist für Parsons durch ein Höchstmaß an Selbstgenügsamkeit (selfsufficiency) im Verhältnis zur Umwelt gekennzeichnet. Das gilt auch im Verhältnis zu anderen sozialen Systemen. „Jede Gesellschaft ist hinsichtlich ihrer Erhaltung als System auf die Eingaben (inputs) aus dem Austausch mit Systemen ihrer Umgebung angewiesen. Selbstgenügsamkeit im Verhältnis zur Umwelt bedeutet also Stabilität der Austauschbeziehungen und die Fähigkeit, Austauschvorgänge im Interesse eines guten Funktionierens der Gesellschaft zu kontrollieren (Ebenda, 17). Eine Gesellschaft ist nur insoweit selbstgenügsam, als sie im allgemeinen auf den angemessenen Beitrag ihrer Mitglieder zum Funktionieren der Gesellschaft „zählen“ kann.

Mit diesen Andeutungen wird offensichtlich, dass Parsons die Blickrichtung vom sozialen Handeln her in die Richtung des Systems lenkt. Seine Theoriekonstruktion wird nicht von Anfang an durch die Idee des Systems bestimmt. Ein erster großer Entwurf einer soziologischen Theorie entsteht bereits im Jahre 1937 unter dem Titel „The Structure of Social Action". Im Jahre 1949 erscheint die zweite Auflage. Der Bezug auf die europäische Tradition kommt im Untertitel zum Ausdruck: „A Study in Social Theory with Special Reference to a group of Recent European Writers". Der Bezug richtet sich u.a. auf Hobbes, Locke, Malthus, Marx, Darwin. Parsons orientiert sich neben Alfred Marshall an V. Pareto, E. Durkheim, Max Weber und W. Sombart. Aus Webers Werk übernimmt er ein Leitwort: „Jede denkende Besinnung auf die letzten Elemente sinnvollen menschlichen Handelns ist zunächst gebunden an die Kategorien ‚Zweck' und ‚Mittel'". Mit diesem Zitat dokumentiert Parsons seinen Respekt für die grundlegenden Arbeiten Max Webers.

Schon 1951 zeigt Parsons seine Neigung zur Auseinandersetzung mit dem Modell des sozialen Systems. Der Zugang zu dieser Reflexionsebene erfolgt von dem Eindruck her, den Paretos „großes Werk" bei ihm hinterlässt. Parsons bekundet diesen Sachverhalt in seinem umfassenden Werk mit dem Titel „THE SOCIAL SYSTEM", das zuerst 1951 erscheint (Preface). Dieses komplexe Werk sieht er als den Versuch, Paretos Intention zu entfalten. Trotz des allmählichen Übergangs zur Idee des Systems bleibt Parsons auch hier der Grundlage einer Handlungstheorie und damit dem an das menschliche Individuum gebundenen Theorieansatz verpflichtet. Dieser Ansatz lässt sich zurückführen auf eine Äußerung, die Max Weber in seiner Abhandlung „Soziologische Grundbegriffe" (1921) formuliert hat: „Handeln im Sinn sinnhaft verständlicher Orientierung des eigenen Verhaltens gibt es für uns stets nur als Verhalten von einer oder mehreren e i n z e l n e n Personen." (M. Weber, Gesammelte Aufsätze zur Wissenschaftslehre, 1951, 538) Der Letztbezug richtet sich bei Weber wie bei Parsons immer auf das Individuum, auch im Bezugsrahmen der Kollektivität (Vgl. dazu die Definition des Handelns in „THE SOCIAL SYSTEM", Seite 4). In diesem Werk teilt Parsons seine „pattern variables" (Ebenda, 67) mit:

1. Affectivity vs. Affective Neutrality
2. Self-Orientation vs. Collectivity-Orientation
3. Universalism vs. Particularism
4. Achivement vs. Ascription
5. Specifity vs. Diffuseness

Dieses häufig zitierte Lehrstück soziologischen Fachwissens ist ein Musterbeispiel für das analoge System der differenzierten Einheit. Die sich auf die Rollendefinition beziehenden Variablenmuster sind jeweils Teile einer übergeordneten Einheit:

Das Variablenschema Nr. 1 bezieht sich auf das „Gratification-Discipline Dilemma". Das zweite Variablenmodell bezieht sich auf das Dilemma zwischen privaten und kollektiven Interessen. Die dritte Variable bezieht sich auf die Einheit, die Parsons mit der Formulierung „The Choice Between Types of Value-Orientation Standard" beschreibt. Die vierte Unterscheidung bezieht sich auf die Wahl zwischen Modalitäten des sozialen Objekts. Die fünfte Unterscheidung bezieht sich auf die Definition des Interessenspielraums im Objekt.

Dietrich Rüschemeyer hat in dem von ihm herausgegebenen und eingeleiteten Buch „Talcott Parsons – Beiträge zur soziologischen Theorie" (1964, 26ff.) eine sinnvolle Erläuterung der pattern variable vorgelegt:

1. Affektivität oder affektive Neutralität: Der Handelnde kann unmittelbar emotionale Befriedigung suchen oder eine solche Befriedigung hinter instrumentale Erwägungen zurückstellen.
2. Funktional diffuse oder funktional spezifische Definition der Situation: Die Bedeutsamkeit der verschiedenen Objekte, insbesondere der verschiedenen Interaktionspartner, für das Handeln kann viele Aspekte ohne genaue Abgrenzung umfassen oder eng auf wenige Aspekte begrenzt sein.
3. Partikularismus oder Universalismus: Hier geht es darum, ob ein Objekt im Hinblick auf seine konkrete, einzigartige Beziehung zum Handelnden beurteilt wird oder aber in einem allgemeinen Bezugsrahmen, der nicht auf diese Beziehung abstellt.
4. Vorgegebene Qualitäten oder Verhalten und Leistung als Bezugspunkt der Beurteilung: Es geht hier um eine allgemeinere Fassung der von Linton getroffenen Unterscheidung ascription/ achievement.
5. Kollektivitätsorientierung oder Selbstorientierung: Der Handelnde kann den Anforderungen des sozialen Systems den Vorrang geben oder den eigenen Interessen.

Rüschemeyer vollzieht nun einen von Parsons vorgegebenen Rekurs auf die klassische deutsche Soziologie (F. Tönnies). Die jeweils erste dieser (von ihm umgestellten) Orientierungsalternativen entspricht dem Begriff der Gemeinschaft, die zweite dem der Gesellschaft.

Das soziale System wird gesehen als ein differenziertes System, wenn es um die strukturell signifikanten Komponenten geht (Ebenda, 114). Diese Differenzierung bezieht sich auf das Handlungssystem, auf die Struktur des sozialen Systems hinsichtlich der Organisation der Subsysteme, der invarianten Bezugspunkte für die strukturelle Differenzierung und die Variation von Gesellschaften, der empirischen Differenzierung und Variation in der Struktur der Gesellschaften. Weitere Bestandteile des sozialen Systems sind das Erlernen sozialer Rollenerwartungen und die Mechanismen der Motivation, das abweichende Verhalten und die Mechanismen der sozialen Kontrolle, das Verhältnis von Glaubenssystem und sozialem System mit dem Blick auf die Rolle der Ideen, die Ausdruckssymbole unter Berücksichtigung der Kommunikation von Affekten, die Praxis der modernen Medizin, der soziale Wandel der Systeme. Ausführlich werden die aus der Psychologie bekannten Lernmechanismen behandelt: Verstärkung-Löschung, Hinderung, Substitution, Imitation und Identifikation. Löschung bedeutet, dass ein bestimmtes Verhalten nicht mehr erwünscht ist und folglich nicht mehr honoriert wird. Hinderung (inhibition) ist der Prozess des Durchbruchs durch die in der Motivation liegende Ungeschicktheit. Die Inhibition ist das bedeutsamste Problem in der Sozialisationstheorie.

Im Unterschied zu Luhmann geht Parsons von der Persönlichkeit aus und stellt von hier aus die Verbindungen zur Sozialstruktur her. Das ist auch in seiner zuerst 1964 erschienenen Buchveröffentlichung unter dem Titel „Social Structure and Personality“ der Fall. Dieses Buch erschien 1968 in deutscher Übersetzung in Frankfurt. Die theoretischen Perspektiven enthalten u.a. psychoanalytische Themen: Vatersymbol, Über-Ich, Inzesttabu. Behandelt werden ferner Themen der Schule und Jugend und der Gesundheit und Leistung im Alter. Die Unterscheidung Gesundheit/ Krankheit bildet den abschließenden Teil dieses umfangreichen Werkes.

Erwähnenswert ist das 1969 erschienene umfangreiche Buch „Politics and Social Structure“. Parsons hält auch hier an seiner bekannten Position fest: Das soziale System ist das integrative Subsystem der Handlung im Allgemeinen. Das soziale System baut sich auf durch die Interaktion menschlicher Individuen. Das Interaktionssystem ist ein analytischer Aspekt, abstrahierbar von dem gesamten Handlungsprozess der Teilnehmer. Gleichzeitig sind diese „Individuen“ auch Organismen, Persönlichkeiten und Teilnehmer an kulturellen Systemen. Wegen einer solchen Durchdringung (Interpenetration) konstituiert jedes der drei Interaktionssysteme (Kultur, Persönlichkeit und Verhaltensorganismus) einen Teil der Umwelt (Environment) – oder: eine Umwelt des sozialen Systems (8). Ein fundamentales Prinzip hinsichtlich der Organisation lebender Systeme besteht darin, dass ihre Strukturen differenziert sind bezüglich der verschiedenen Erfordernisse, die ihnen durch ihre Umwelten auferlegt werden (Ebenda, 9).

Parsons entwickelt seine Analysen auf der Basis der fundamentalen System-Umweltbeziehungen (Ebenda).

Auch in diesem Zusammenhang bestärkt Parsons seine frühere Auffassung: Eine Gesellschaft ist ein Typ des sozialen Systems, und zwar in jedem Universum sozialer Systeme, das den höchstmöglichen Grad an Selbstgenügsamkeit erreicht als ein System in Beziehung zu seinen Umwelten (Ebenda, 10). *Diese Definition bezieht sich auf ein abstraktes System, zu dem die anderen in ähnlicher Weise abstrakten Subsysteme der Handlung primäre Umwelten sind.* Diese Auffassung kontrastiert scharf zu unserem allgemein üblichen Begriff von Gesellschaft als aus konkreten menschlichen Individuen zusammengesetzt (Ebenda). Folglich steht die Persönlichkeit in der kybernetischen Hierarchie unterhalb des sozialen Systems (Ebenda, 13).

Zum Verstehen, Einordnen, Vergleichen und Beurteilen des wissenschaftstheoretischen Ansatzes in den von Parsons vorgelegten Veröffentlichungen in der hier getroffenen Auswahl:

1. Es erweist sich als sinnvoll, sich einen Einblick in die logischen Konstruktionen Parsons' zu verschaffen, wenn man Luhmanns Ansatz verstehen will.
2. Die hier zuletzt umrissene Konstruktion einer Theorie sozialer Systeme von Parsons lässt sich als unmittelbare Vorlage für Luhmanns Weiterarbeit am Modell des sozialen Systems deuten.
3. Parsons sieht die von ihm konstruierten Systeme ausdrücklich als abstrakt an. Bei genauem Hinsehen erweisen sie sich jedoch als auf der anschaulich-konkreten Ebene des Analog-Systems positioniert.
4. Damit unterliegt auch Parsons den Bedingungen des grundlegenden Unterscheidungsmodells vom Ganzen und seinen Teilen. Wer sich im Analog-Modell bewegt, kann sich den Bedingungen des klassischen Relationsmodells Substanz/ Akzidens nicht entziehen.

5. Den obersten logisch-funktionalen Rangplatz in dem von Parsons vorgestellten Konzept nimmt das „Allgemeine Handlungssystem“ ein (und nicht das soziale System). Damit repräsentiert das Allgemeine Handlungssystem das Ganze der Einheit der Systemlogik bei Parsons.
6. Ein Ganzes kann nur mehrere Teile haben und nicht einen einzigen Teil, z.B. das soziale System. Das soziale System kann eine enorme Bedeutung haben, z.B. für die Soziologie. Auf der logisch-funktionalen Ebene jedoch sind alle Teile dadurch gleich oder ähnlich, dass sie eben Teile eines Ganzen sind. Die Teile sind jeweils Teileinheiten und damit nichts anderes als Einheiten.
7. Insofern ist es logisch korrekt, wenn Parsons dem Handlungssystem vier Subsysteme zuordnet: das soziale System, das kulturelle System, die Persönlichkeit als System und den Verhaltensorganismus als System. Es darf kein Zweifel darüber aufkommen, dass alle vier Subsysteme Teileinheiten eines Ganzen sind. Andernfalls kollabiert das gesamte Unterscheidungsmodell.
8. Parsons führt nun „zwei Realitätssysteme“ ein, die „im Sinne unserer Analyse“ nicht als Bestandteile des Handlungssystems zu verstehen sind (Das System moderner Gesellschaften, a.a.O., 13). Diese Realitätssysteme sind die Umwelt des Handelns im Allgemeinen. Mit der Einführung der Umwelt in seine Gesamtkonzeption begibt sich Parsons in einen völlig neuen logischen Bereich der Unterscheidung. Diese auf das Handlungssystem akzidentell bezogene Einheit mit der Bezeichnung Umwelt wird nun mit zwei Teileinheiten versehen. Die erste Teileinheit der Umwelt ist die physische Umwelt. Diese physische Umwelt enthält nicht nur physikalische und chemische Erscheinungen. Sie enthält auch lebende Organismen, die nicht in Handlungssysteme eingeordnet werden können. Die zweite Teileinheit der Umwelt ist die letzte Realität im Sinne Max Webers. Dazu gehört z.B. auch die biologische Begrenzung des Lebens.
9. Parsons konstruiert die Umwelt als Einheit eines Ganzen, das zwei Teileinheiten enthält: 1. Physikalisches und Chemisches, 2. Letzte Realität, Sinnproblem. Logisch gesehen ist die Umwelt die Einheit eines Ganzen, das (hier) zwei Teileinheiten in sich beherbergt. Die Umwelt im hier gemeinten Sinn ist also ein Analog-System als kontingent differenzierbare Einheit.
10. Ergebnis: Parsons konstruiert zwei differenzierungsfähige Einheiten. Beide Einheiten sind wegen der Differenzierbarkeit Ana-

log-Systeme: 1. das Allgemeine Handlungssystem und 2. die Umwelt des Handlungssystems.

11. Parsons unterscheidet damit zwischen zwei Einheiten, die jeweils dadurch auf sich selbst stehen, dass sie differenzierbar sind. Beide Einheiten repräsentieren die logisch-funktionale Sphäre des Unterschiedenseins. Die differenzierbare Einheit Umwelt wird der differenzierbaren Einheit Handlungssystem zugeordnet. Damit wird dem Handlungssystem als der tragenden Einheit die Umwelt als Teileinheit zugeordnet. Die Konstruktion Umwelt kann im Analog-System der Logik nichts anderes sein als ein Teil des Ganzen des Handlungssystems.
12. Das Allgemeine Handlungssystem ist die substantielle tragende Einheit. Dieser Einheit werden zunächst auf akzidenteller Ebene vier Subsysteme zugeordnet: sozial, kulturell, Persönlichkeit, Verhaltensorganismus. Anschließend wird dem Allgemeinen Handlungssystem eine Umwelt zugeordnet. Dabei ist es aus logischen Rücksichten nicht möglich, der tragenden Substanz „Allgemeines Handlungssystem" eine weitere (zweite) Reihe akzidenteller Teileinheiten zuzuordnen, die unter dem Namen Umwelt zusammengefasst werden. Der Grund: Das Analog-System verlangt die Konstruktion analoger Akzidentien. Alle Teileinheiten eines Ganzen müssen grundsätzlich miteinander kompatibel sein. Die bei Parsons in sich zweifach geteilte Umwelt kann nicht in die akzidentelle Ordnungsreihe der vier genannten Subsysteme hineingepasst werden. Die Voraussetzung der Analogizität ist nicht gegeben.
13. Das Handlungssystem als substantielle Einheit kann also nicht zugleich zwei unterschiedliche akzidentelle Ordnungsreihen auf sich vereinen. Der Grund: Das Handlungssystem ist nur Eines. Es ist nur eine einzige Einheit. Es ist nur ein einziges Ganzes. Und ein einziges Ganzes kann nur in sich selbst differenziert sein. Anders gesagt: Die Differenzierung einer Einheit kann sich nur auf diese Einheit beziehen.
14. Wenn neben dem Handlungssystem eine Umwelt vorgestellt wird, muss diese Umwelt in die analoge Reihe der Teileinheiten eingeordnet werden können. Es würde die folgende Figur entstehen:

Das Handlungssystem als bestimmende Einheit

Die Subsysteme dieser Einheit:

1. Das soziale System
2. Das kulturelle System
3. Das Persönlichkeitssystem
4. Das System des Verhaltensorganismus
5. Die Umwelt des Handlungssystems

Es leuchtet ein, dass die Umwelt nicht in die Ordnungsebene der Subsysteme des Handlungssystems hineinpasst. *Es liegt eine Vermischung unterschiedlicher logischer Ebenen vor.* Resultat: Das von Parsons vorgestellte Unterscheidungsmodell des Allgemeinen Handlungssystems ist in logischer und funktionaler Hinsicht nicht tragfähig. Der Grund: Es ist aus logischen und funktionalen Rücksichten nicht möglich, dem als Einheit zu verstehenden Ganzen des übergeordneten Handlungssystems, das in vier Subsysteme eingeteilt ist, eine weitere differenzierbare Einheit als ein Ganzes „vorzulagern", das den Namen Umwelt erhält und das in zwei Subsysteme zerlegt wird. Das Ganze der differenzierbaren Umwelt lässt sich nicht dem differenzierbaren Ganzen des Handlungssystems einordnen. Hier kommt die Parmenides-Logik zum Zuge: Man kann nicht ein abstraktes Ganzes in ein anderes abstraktes Ganzes „hineinordnen". Die von Parsons gemeinte Umwelt lässt sich aus logischen Gründen nicht aus der Umgrenzung der Einheit des Handlungssystems „heraus schieben" mit dem Ziel, einen vorgelagerten Außenbereich mit der Bezeichnung Umwelt zu schaffen.

Kommunikation

Das Wort Kommunikation ist aus dem Lateinischen abgeleitet. Communis heißt gemeinsam. Communicatio bedeutet Mitteilung. In der analogen Systemtheorie wird Gesellschaft mit Kommunikation gleichgesetzt. Daher ist dieser Begriff im Zentrum der Systemtheorie positioniert. Luhmann behandelt die Kommunikation an sehr vielen Stellen seines umfangreichen Werkes. Besondere Beachtung verdient seine Abhandlung „Was ist Kommunikation?", abgedruckt in seinem Buch „Soziologische Aufklärung 6 (1995):

Bemerkenswert ist sogleich die Feststellung, dass die Begriffe Handlung und Kommunikation zu den Residuen gehören, das heißt zu dem, was übrig bleibt, wenn man alle Besonderheiten weggenommen hat. Nur die Kommunikation kann kommunizieren. Erst im Netzwerk der Kommunikation kann Handeln entstehen. Man muss beim Begriff der Kommunikation ansetzen. Kommunikation ergibt sich als Synthese aus einer dreifachen Selektion: Information, Mitteilung und Verstehen. Zu der Mitteilung der Information ist ein besonderer Entschluss erforderlich. Wenn diese Differenz nicht vollzogen wird, liegt eine Wahrnehmung vor. Kommunikation ist eine emergente Realität, ein Sachverhalt eigener Art (sui generis). Es wird nichts übertragen. Es wird Redundanz erzeugt. Das heißt: Kommunikation erzeugt ein Gedächtnis.

Ein Kommunikationssystem ist ein vollständig geschlossenes System. Dieses System erzeugt die Komponenten, aus denen es besteht, durch die Kommunikation selbst. Insofern handelt es sich um ein autopoietisches System. Nur die Kommunikation kann dann Kommunikation kontrollieren und reparieren. Kommunikation zielt auf Konsens und Dissens. Die Kommunikation forciert eine Entscheidungslage: Annahme oder Ablehnung. Das Ja/ Nein-Risiko führt zum Aufbau von Institutionen. Die Stabilität der Werte ist ein rein kommunikatives Artefakt. Die Geltungsgrundlage der Werte ist Rekursivität, gehärtet durch „kommunikative Benachteilung" des Widerspruchs. Das Bewusstsein trägt zur Kommunikation nur Rauschen, Störung, Perturbation bei. Die Kommunikation lässt sich durch Bewusstsein stören. Man muss zwischen Bewusstseinssystemen und Kommunikationssystemen streng unterscheiden (Ebenda, 39ff.). Beide Systeme sind strukturdeterminierte Systeme. Das heißt: Beide Systeme orientieren jede Reproduktion ihrer eigenen Operationen nur an den eigenen Strukturen. Anpassung ist Voraussetzung der

Strukturdetermination. Sprache und Schrift sichern die ständige Bewusstseinsangepasstheit der Kommunikation. Das Bewusstsein ist in jeder seiner Operationen durch die eigenen Strukturen bestimmt. Das beteiligte Bewusstsein bleibt für die Kommunikation unsichtbar. Soziale und psychische Systeme können niemals fusionieren. Beide Systeme bilden ein Verhältnis struktureller Komplementarität. Kein Bewusstsein kann operativ aus sich herausdenken. Kein Gesellschaftssystem kann mit seiner Umwelt kommunizieren. Sozialisation ist daher immer Selbstsozialisation und nicht Übertragung.

Wenn man die Information an den Anfang der Kommunikation setzt, beginnt die Kommunikation beim Nichtwissen. Kommunikation produziert erst die Verteilung von Wissen und Nichtwissen (Die Gesellschaft der Gesellschaft, 1997, 70ff.). Die andere Seite wird laufend mitgeführt. Information ist eine Selektion aus mehreren Möglichkeiten. Informationen sind nicht rein passiv. Informationen enthalten eine volitive Komponente. Gemeint ist ein Vorausblick auf das, was man mit ihnen machen kann. Die drei Komponenten der Kommunikation sind zirkulär miteinander verknüpft. Erst das Verstehen produziert nachträglich Kommunikation. Kommunikation wird in der analogen Systemtheorie verstanden als eine bestimmte Art von Beobachtung mit der Unterscheidung von Information und Mitteilung. Sie ist keine Übertragung von Sinn.

Für Luhmann besteht ein Kommunikationssystem nur im Moment seines Operierens. Kommunikationssysteme sind rekursiv. Sie greifen auf Operationen desselben Systems vor und zurück. Rekursionen können dann Identitäten erzeugen, die sich für Wiederverwendung eignen. Das kann nur durch selektives Kondensieren geschehen. Die zeitliche Sequenzierung zwingt zur Differenzierung von System und Umwelt und im System zur operativen Schließung der Rekursionen. Jede kommunikative Operation trägt zur laufenden Ausdifferenzierung des Systems bei und kann nur so ihre Einheit gewinnen. Sinnhaft operierende Systeme reproduzieren sich durch die Unterscheidung von Selbstreferenz und Fremdreferenz. Die Fremdreferenz wird beim Suchen nach Anschlüssen ständig mitgeführt.

Kommunikation wird als eine spezifisch soziale Operation gesehen. Als Einheit kann sie keinem Einzelbewusstsein zugerechnet werden. Nach Luhmanns Darstellung ist vollständige Übereinstimmung nicht erreichbar. Kommunikation ist autopoietisch. Sie kann nur im rekursiven Zusammenhang mit anderen Kommunikationen erzeugt werden. Alle Annahmen über Verständigung, Fortschritt und Rationalität werden in eine zweitrangige Position verwiesen.

Luhmanns Aussagen stellen die Kommunikation in das Zentrum des sozialen Systems. Kommunikation ist dann nicht die Mitteilung einer Person gegenüber anderen Personen. Vielmehr ist Kommunikation dasjenige, was das Soziale zu Sozialem macht. Das systemtheoretische Verständnis von Kommunikation geht davon aus, dass Kommunikation ein System ist, das sich selbst steuert. Daher kann nur die Kommunikation selbst die Fortschreibung der Kommunikation bewirken. Insofern ist Kommunikation ein vollständig geschlossenes System. Diese Argumentation wirkt auf den ersten Blick sehr überzeugend. Wahrnehmung und Reflexion werden ja nicht benachteiligt. Sie bilden ein eigenes autonomes System. Das Modell der Entropie zeigt, dass geschlossene Systeme sich selbst in den Kollaps hineinführen, wenn Geschlossenheit nicht mit Offenheit einhergeht. So tritt denn die Umwelt in Erscheinung. Die zeitliche Sequenzierung, so heißt es, zwingt zur Unterscheidung von System und Umwelt. Sobald die Umwelt des Systems in Erscheinung getreten ist, ist vermeintliche Öffnung gegeben. Damit widerlegt das Theoriemodell mit der völligen Geschlossenheit des Kommunikationssystems sich selbst.

Im binären Verständnis der Logik stehen sich Einheit und Negativeinheit als Gegensatz gegenüber. Wenn die Mitteilung als Einheit gesetzt wird, macht sie das Ganze mit ihren Teilen aus, das heißt mit ihren Besonderheiten und möglichen Eigenschaften: Zur Mitteilung gehört dann eine geeignete *Form der Mitteilung*. Im politischen Leben ist immer der *Zeitpunkt der Mitteilung* von Bedeutung. Der Wert einer Mitteilung ist gebunden an die *Wortwahl des Inhalts der Mitteilung*. Von dauerhafter Relevanz ist der *Aufklärungsgrad einer Mitteilung.* Abzuwägen sind immer *Nutzen und Nachteil einer geplanten Mitteilung.* Zur Mitteilung gehört immer der Versuch, die *Folgen der Mitteilung* abzuschätzen. Auf der negativen Gegenseite der Mitteilung gibt es eine Reihe von Gegebenheiten: Zur Mitteilung gehört im Regelfall *das Bedürfnis, auf einen bestimmten Sachverhalt aufmerksam zu machen.* Mit einer Mitteilung verbindet sich allgemein der *Wunsch, eine Information zum Ausdruck zu bringen.* Zu einer Mitteilung gehört die *Überlegung, wann ein geeigneter Zeitpunkt gegeben ist.* Zusammenfassung: Auf der linken Seite der Unterscheidung steht das, was unmittelbarer Bestandteil der Mitteilung ist, was also Teil des Ganzen der Mitteilung ist. Auf der rechten Seite steht das, was von außen her auf die Mitteilung zukommt, z.B. das Berücksichtigen der Folgen einer bestimmten Mitteilung. Eine Rücksichtnahme muss nicht notwendig auf die Folgen einer Mitteilung gerichtet sein. Sie kann auch auf den Umgang mit einer anderen Person bezogen sein. Beide Seiten der binären Unterscheidung sind zugleich verbunden und getrennt. Links steht die Mitteilung als bestimmende Einheit mit ihren Teilbereichen im Mittelpunkt. Rechts ist das Zentrum der Aussage nicht die Mitteilung, sondern dasjenige, was von außen auf die Mitteilung gerichtet ist, z.B. das Kalkulieren. Diese logisch-funktionalen Mechanismen treffen dann auch für die Information und das Verstehen zu. Sie treffen ferner für diejenigen Bereiche zu, die nicht durch Luhmanns triadische Unterscheidung abgedeckt sind.

Gesamtergebnis: Beide Seiten sind unmittelbar und unablöslich miteinander verbunden und zugleich voneinander getrennt. Verbindung und Trennung gehören zur Grundausstattung des binären Systems der Unterscheidung. Das Operieren wird in die Oszillation von links nach rechts und umgekehrt verlegt. Das Modell der Entropie entfällt. Grundsätzlich zu bedenken ist allerdings, dass die binäre Argumentation zunächst in die Höhen der kategorialen Abstraktion geführt werden muss, um den Ablauf der Argumentation zu verstehen. Abstraktion ist immer Abziehen von etwas. Dieses Etwas ist die konkrete Ebene der Anschauung. So zwingt die binäre Logik zur ständigen Oszillation nicht nur von links nach rechts und umgekehrt, sondern auch von unten nach oben und umgekehrt. Die analoge Logik kann nicht über sich selbst, das heißt: aus ihrem eigenen Gehäuse der Einheit heraus reflektieren. Sie ist und bleibt im Raum der Einheit gefangen und muss daher alles zu Erklärende in die Einheit hineinführen und aus ihr heraus ableiten.

Im binären Verständnis ist die Kommunikation kein in sich selbst geschlossenes Gebilde. Zur Kommunikation gehört das Reflektieren über Kommunikation mit den damit verbundenen Möglichkeiten und Unmöglichkeiten, der Einblick in die Mechanismen, die sich z.B. in der politisch-kulturellen Diskussion herauskristallisieren, das Erkennen der Grenzen, die der Kommunikation in den einzelnen Bereichen des Zusammenlebens gesetzt sind und vieles mehr.

Komplexität

Das Ergründen der Ursprünge dieses Begriffs führt auf verschiedene lateinische Wörter zurück. Compleo bedeutet: ich fülle an, ich mache vollzählig. Complexio ist die Verbindung, die Verknüpfung, das Dilemma. Complexus bedeutet die Umfassung, die Umschlingung, die Umarmung. Mit dem Begriff Komplexität verbindet sich die Vorstellung des Angefüllten und Umfassenden, der Fülle. Wenn auch das Dilemma genannt wird, so wird deutlich, dass eine Entflechtung oder Selektion vorgenommen werden muss, damit Überschaubarkeit hergestellt wird.

Die Vorstellung der Komplexität lässt sich weit in die Vergangenheit zurückverfolgen. In der Überlieferung hat meistens das Eine den logisch-funktionalen Vorrang gegenüber dem Vielen. Aristoteles gewährt dem Vielen zwar eine mit Eigenwert versehene logische Position. Letztlich erhält jedoch das Eine der Einheit die Übermacht. Es erhält die philosophische Würde des Seins, des Beständigen und Abtrennbaren. Das Viele repräsentiert die Teile. Und die Teile werden in der Tradition bis heute als Teile des Ganzen begriffen, auch gegen die Einsicht, dass das Ganze nicht mehr ist als die Gesamtheit der Teile. Vom Modell des Ganzen und seinen Teilen her gesehen wäre die Komplexität auf der Seite der Teile zu verorten. Sie wäre Inbegriff der Teile, des Geteiltseins. Wo es nur Teile gibt und nichts Ganzes, da wird der Hebel der Logik angesetzt, um Ordnung und Übersicht zu schaffen.

In allen wissenschaftlichen Ansätzen spielt das Verhältnis zwischen Einheit und Komplexität eine Rolle, so z.B. bei Descartes und Kant. Bei Max Weber ist die Komplexität die unendliche Mannigfaltigkeit, die es idealtypisch zu ordnen und zu bündeln gilt. In der analogen Systemtheorie Luhmanns geht es um die Reduktion von Komplexität. Das heißt: Schon durch die Formulierung wird deutlich, dass die Beobachtung bei der Komplexität ansetzt und nicht bei der Einheit des Systems. Was die Einheit der Teileinheiten ist, muss dann herausgefunden werden, wenn das Ergebnis der Untersuchung vorliegt. Daher wird verständlich, dass in Luhmanns Ansatz die Definitionen des Systems spärlich ausfallen (jeder soziale Kontakt bis hin zur Gesellschaft insgesamt).

Dagegen fallen die Antworten auf die Frage nach der Komplexität reichlicher aus (Die Gesellschaft der Gesellschaft, 1997, 134ff.): Ein Gesellschaftssystem baut eigene strukturelle Komplexität auf. Es entstehen emergente Ordnungen, die nicht z.B. auf die Intentionen von Handelnden zurückgeführt werden können. Organisierte (strukturelle) Komplexität steht im Treffpunkt theoretischer und methodischer Überlegungen. Der Aufbau der Komplexität läuft über die Autopoiesis. Komplexität ist die Einheit einer Vielheit. Die Form der Komplexität ist die Grenze zu solchen Ordnungen, in denen die Elemente jederzeit miteinander verknüpft werden können. Die Form der Komplexität ist die selektive Organisation der Autopoiesis des Systems. Unterschieden werden Systeme mit vollständiger und solche mit nur selektiver Verknüpfung der Elemente. Komplexität des Systems ist verbunden mit unvermeidlicher Intransparenz.

Komplexität ist ein Zugleich von schon feststehenden und noch nicht feststehenden Zuständen. Kommunikationen sind auf Sequenzierung angewiesen. Jede Kommunikation setzt sich der Bezweiflung aus. Es gibt kein letztes Wort. Komplexität wird dargestellt in der Form von Sinn. Die zwei Seiten der Sinnform sind Wirklichkeit und Möglichkeit, das heißt Aktualität und Potentialität. Die Kontingenz aller Operationen wird zur unvermeidbaren Notwendigkeit. Eine Idealisierung oder eine vereinfachende Modellbildung genügen nicht. Auch die klassischen Anthropomorphismen genügen nicht.

H. Willke führt in seiner Einführung in die Systemtheorie unter dem Titel „Systemtheorie" (1987) mehrere Formen der Komplexität an:

1. Sachliche Komplexität: Sie ist z.B. beim Schachspiel gegeben.
2. Soziale Komplexität: Diese Probleme werden in Systemen mit funktionaler Binnendifferenzierung gelöst.
3. Zeitliche Komplexität: Derartige Probleme werden durch die Unterscheidung von Struktur und Prozess gelöst.
4. Operative Komplexität: Derartige Probleme werden in sozialen Systemen durch Selbstthematisierung behandelt.
5. Kognitive Komplexität: Sie bezieht sich z.B. auf die Verwissenschaftlichung der Gesellschaft.

Konflikt

Der Begriff Konflikt lässt sich von verschiedenen lateinischen Wörtern ableiten. Conflictio ist der Zusammenstoß, der Streit. Auch conflictus bedeutet Zusammenstoß, Kampf. Das Verb conflicto bedeutet hart mitnehmen, sich herumschlagen, kämpfen. Wie sehen nun die Definitionen des Konflikts bei Systemtheoretikern aus? Parmenides, der Begründer des Zweiersystems der Logik, misst dem Konflikt keine besondere Bedeutung bei. Für ihn stehen die Verflochtenheit der Gegebenheiten und das Modell der Einheit im Vordergrund. Einheit enthält in sich selbst die Gegensätzlichkeit von Unterscheiden und Nichtunterscheiden. Dieser Gegensatz ist kein Widerspruch. Möglichkeiten eines Konflikts lassen sich dort platzieren, wo das grundlegende Modell Einheit sich entzweit: im Vollzug der Differenzierungen und den damit erforderlichen Selektionen. Man kann so und auch anders auswählen. Die verschiedenen Teileinheiten können miteinander in Konflikt geraten. Wenn man Aristoteles als Begründer der analogen Theorie der Logik einordnet, so ist der zentrale Bezugspunkt der wissenschaftlichen Perspektive die Einheit. Einheit hat mit System gemeinsam, dass beides ein Ganzes ist, das Teile hat. Obwohl beiden Begriffen ein individueller Eigenwert zukommt, lassen sie sich als synonym bezeichnen, weil eine Ähnlichkeit vorhanden ist. *Analogizität bezieht sich sowohl auf Gleichheit wie auf Ähnlichkeit.* Insofern lässt sich feststellen, dass auch die aristotelische Wissenschaftstheorie nicht auf Divergenz und Konflikt angelegt ist.

Hegel bringt eine Veränderung in diesen konnotativen Zusammenhang hinein. Für ihn ist die absolut gesetzte Formel der Logik die Identität der Identität und Nichtidentität, die Einheit von Unterscheiden und Nichtunterscheiden. Das Nichtunterscheiden wird dem Unterscheiden als Gegensatz gegenübergestellt. Der Satz vom ausgeschlossenen Dritten fordert die eindeutige Trennung der Fronten: Etwas ist entweder A oder Nicht-A. Es gibt kein Drittes. Der dialektische Gang der Logik stellt schließlich das Positive dem Negativen gegenüber. Beides hat den gleichen funktionalen Stellenwert. Das Eine enthält sein Anderes. Die Gegensätze verschmelzen zur Einheit. Jedoch enthält diese gewordene, „gesetzte" Einheit in sich selbst die Gegensätze. Das heißt: Wo man Einheit sieht, da ist diese Einheit in sich selbst geteilt. Einheit enthält in sich selbst immer Nichteinheit. So ist es verständlich, dass Hegel den Gegensatz selbst in seiner Logik zum Widerspruch steigert. Es sind offensichtlich gesellschaftliche Bedingungen im Spiel, die in die Gestaltgebung der Logik hineinwirken.

Pareto, dem Parsons einen hohen Stellenwert in der Evolution der Systemtheorie zuweist, tritt in die Arena des politisch-kulturellen Kampfes ein. Er hält den Sieg des Sozialismus für höchstwahrscheinlich und unvermeidlich. Er stellt dem Sozialismus den Nationalismus und in Verbindung damit den Patriotismus entgegen. Pareto formuliert: „Jede Elite, die nicht bereit ist, für die Verteidigung ihrer Stellung zu kämpfen, ist im Verfall begriffen, es bleibt ihr nichts anderes übrig, als ihren Platz an eine andere Elite abzutreten, die die Mannhaftigkeit besitzt, die ihr fehlt“ (Pareto, a.a.O., 132). In einem Brief an einen „treuen Freund“ schreibt Pareto: „Ich meine, dass nur die Stärke, das Gewehr, die Kanone, entscheiden werden, wer der Sieger und wer der Besiegte sein muss“ (Pareto, a.a.O., 231). Die politische Leidenschaft Paretos hinterlässt keine bemerkenswerten Spuren in der von Parsons konstruierten Systemtheorie.

Wenn man in den paradigmatischen Unterscheidungen der Systemtheoretiker Spuren des Konflikts sucht, wird man bei Luhmann fündig. Luhmanns Paradigma ist die Differenz von Identität und Differenz. Bereits der erstgenannte Begriff in dieser Unterscheidung ist auf Unterschiedlichkeit und damit auf die Möglichkeit des Konflikts gerichtet. Der Konflikt wird z.B. in dem Grundriss „Soziale Systeme“ (1985, 488ff.) und in dem Doppelband „Die Gesellschaft der Gesellschaft“ (1997) behandelt. Luhmann fügt dem Konflikt den Widerspruch hinzu. Ein logisch geordnetes Wissenschaftssystem ohne logische Widersprüche ist ein „Glaubensbekenntnis“. Trotzdem gelten Widersprüche allgemein als logische Fehler. Eine widerspruchsvolle Wirklichkeit bringt eine entsprechende Logik hervor. Der Widerspruch hat die Doppelfunktion des Blockierens und Auslösens. Evolution kommt nur durch abweichende Selbstreproduktion zustande. Der Widerspruch wird gesehen als eine Unbestimmtheit des Systems, nicht dagegen der Einzeloperation. Jeder Sinn kann zu einem Widerspruch aufgebaut werden. Luhmann reduziert das Viele auch hier auf das Eine: Dieses Eine ist die Selbstreferenz, der Selbstbezug, z.B. auf der Ebene der Sinnfindung. Erst durch die Einheitszumutung tritt Gegensätzliches zu einem Widerspruch zusammen. Diese sehr instruktive Deutung des Widerspruchs findet sich auch in der negativen Dialektik Adornos.

Für Luhmann wird alle Einheit paradox konstituiert. Insofern ist Logik ein Regelsystem, das die Konstitution von Widersprüchen konditioniert. Die Systembildung läuft über Kommunikation. So erzeugen Systeme Widersprüche durch Ablehnung. Der Widerspruch entsteht also erst dann, wenn er mitgeteilt wird. Das logische Zentrum der Systemtheorie Luhmanns ist die Selbstreferenz, der Bezug des Systems auf sich selbst. Folglich werden Widersprüche als besondere Formen der Selbstreferenz gesehen. In dem Grundriss „Soziale Systeme“ lässt Luhmann die zur Selbstreferenz unablöslich gehörende Fremdreferenz entschieden in den Hintergrund treten. In späteren Arbeiten wird häufiger auch auf die Einheit beider Bezüge hingewiesen. Komplexe Systeme benötigen ein hohes Maß an Instabilität. Die Erwartungssicherheit muss stets erneut geschaffen werden. Widersprüche sind für Luhmann keine Betriebsunfälle. Vielmehr sind sie Promotoren der Selbstbewegung.

Autopoiesis ist Selbstreproduktion auf der Basis instabiler Elemente. Widersprüche fördern die Entwicklung eines Immunsystems. Sie fungieren als Alarmsignale. Das System schützt sich durch Änderungen gegen Erstarrung. Das Immunsystem schützt nicht die Struktur, sondern die Autopoiesis des Systems. Der Widerspruch ist Artikulation von Selbstreferenz. Er zerstört vorübergehend die Ordnung des Systems, sorgt jedoch für erneuten Anschluss.

Luhmann bringt den Konflikt auch mit der Beobachtung der Beobachtung in Verbindung. Konflikte testen Ablehnungspotentiale. Durch die Beobachtung zweiter Ordnung führen sie zu einem intensiven Informationsaustausch. Trotzdem geraten Konflikte außer Kontrolle und stören so die innergesellschaftliche Umwelt. Mit der Entwicklung durchsetzungsfähiger politischer Herrschaft entsteht legitime Gewalt zur Bekämpfung illegitimer Gewalt. Das Recht dient nicht primär der moralischen Integration der Gesellschaft, sondern der Steigerung der Konfliktmöglichkeiten ohne Gefährdung sozialer Strukturen. Mit der Ausdifferenzierung besonderer Funktionssysteme entstehen Kontingenzformeln, die eine systemspezifische Unbestreitbarkeit behaupten können, so z.B. Gerechtigkeit für das Rechtssystem, Limitationalität für das Wissenschaftssystem. Es entstehen also Werte. Integration des sozialen Systems ist nicht eine Angelegenheit des Gehorsams der Teilsysteme gegenüber den zentralen Instanzen. Sie liegt in der Justierung der Teilsysteme zueinander. Das Problem des Konflikts ist die zu starke Integration der Teilsysteme. Insofern ist Integration nicht „besser“ als Desintegration.

Bemerkungen zum Verstehen. Einordnen und Beurteilen dieser Äußerungen:

1. Wenn man versucht, die exemplarisch genannten Positionen verschiedener Systemtheoretiker zu vergleichen, fällt zunächst auf, dass von Parmenides bis Hegel das Modell Einheit im Vordergrund der paradigmatischen Unterscheidungen steht. Einheit bedeutet u.a. auch Konsens. Wenn vorliegende Gegebenheiten auf Einheit reduziert werden müssen, dann liegt zumindest grundsätzlich auch ein Konsensmodell der Logik vor. Der Konsens ist dann das Ziel, das telos der logischen Operation.
2. Man kann davon ausgehen, dass in den paradigmatischen Ausgangspositionen der Bezug auf Einheit den Bezug auf Verneinung der Einheit dominiert. Das trifft selbst für Hegel zu. Seine Formel ist die Identität der Identität und Nichtidentität. Hegels Modell der Nichtidentität springt nicht aus dem logischen Gehäuse Einheit heraus. Sein Unterscheidungsmodell mündet in zwei gegensätzliche Attribuierungen (Besonderheiten) von Einheit hinein: Positivität und Negativität. Immer behält die Einheit die Priorität. Das Positive und das Negative kommen zur Einheit als Akzidentien hinzu. Hegel ergänzt sein Paradigma nicht durch die Formel „Nichtidentität der Nichtidentität und Identität". Es geht ihm, anders gesagt, um die *Einheit* von Einheit und Verschiedenheit. Sein Paradigma signalisiert nicht die *Nichteinheit* von Einheit und Verschiedenheit. *Obwohl er deren Nichteinheit im Blick hat, gewährt er ihr keinen Platz in seiner paradigmatischen Formulierung des Absoluten.* Im Ergebnis dominiert die Einheit. Es dominiert nicht dasjenige, was der Einheit wie immer auch logisch und funktional entgegensteht. *Widerspruch und Konflikt werden vom logischen Aufbau des Paradigmas her nicht evident begründet.*
3. Liegen die Gewichtungen bei Parmenides anders? In Platons Dialog „Parmenides" wird der Satz vom ausgeschlossenen Dritten im Zusammenhang mit Berührungen behandelt (149a). Berührungen sind Verbindungen, Herstellungen von Einheit und Verknüpfung. Insofern liegen die Dinge auch bei Parmenides nicht anders. Der Satz vom ausgeschlossenen Dritten lautet: „Weil wir doch sagen, was berühren soll, muss getrennt von, aber dicht an dem zu Berührenden sein, und kein Drittes darf zwischen ihnen sein". Die Zielorientierung ist Einheit in Form der Berührung, nicht Trennung. Also geht auch Parmenides vom Fundament der Einheit aus. Diese Einheit enthält in sich selbst zwei Entgegengesetzte: Verbindung und Trennung. Im Verlauf des Dialogs werden das Verbindende und das Trennende jeweils auf sich selbst gestellt, so dass sie gleiche Funktionsplätze erhalten. Das, was nicht kategoriale

Einheit ist, wird völlig von Verbindungen getrennt. Daher gibt es hier keine Bemessungseinheiten. *Für eine Chaostheorie ist aber auch kein Spielraum vorhanden, weil Verbindung und Trennung immer dicht beieinander sein müssen.* Das heißt: *Keine der beiden Seiten der binären Unterscheidung darf ständig auf sich selbst gestellt werden.* Verbindung und Trennung als solche müssen gewahrt bleiben. Es darf sich nichts Drittes als Störendes dazwischen schieben. Dieses Dritte würde die Verknüpfung stören und aufheben. Trotz des Getrenntseins (chorís) ist die Verbindung, die Einheit, das Beständige. Im Ergebnis ist auch die binäre Logik auf Einheit gerichtet. Die Gegensätzlichkeit von Verbindung und Trennung enthält keine Tendenz zum Konflikt oder Widerspruch.

Randbemerkung: Dieses Modell der binären Logik scheint heute die Kreise der analogen Systemtheorie Luhmanns zu stören, obwohl es auf den ersten Blick ohne logischen Schaden in die analoge Ordnung hineingepasst werden kann. Auf den zweiten Blick erst mag auffallen, dass das binäre System das, was nicht Einheit überhaupt und schlechthin ist, gänzlich aus dem Gefüge der beobachteten Einheit ohne nähere Bestimmungen herausschiebt und es vorübergehend auf sich selbst stellt, so dass zwei paarweise angeordnete (bini) äquivalente Funktionsplätze entstehen. Diese Modellkonstruktion ist derart ungewohnt, dass selbst Aristoteles als einer der größten Denker in der Philosophie keine Notiz von dieser Konstruktion genommen hat. In Überwegs Grundriss der Geschichte der Philosophie (Erster Teil, Die Philosophie des Altertums, 14.Aufl. 1957, Darmstadt) wird dargelegt, dass Aristoteles zwanzig Jahre in enger Verbindung mit der von Platon gestifteten Akademie stand. In dieser Zeit „erwarb er sich die genaueste Kenntnis der platonischen Philosophie und ihrer Wurzeln in Vorsokratik und Sokratik“ (Ebenda, 349). Es machten sich aber Meinungsverschiedenheiten zwischen Platon und Aristoteles bemerkbar. Aristoteles bezieht sich in seiner „Metaphysik“ wohl auf die von Parmenides überlieferten Fragmente, nicht dagegen auf den Dialog Parmenides. Über die Gründe mag sich jeder Betroffene seine eigene Meinung bilden.

Bemerkenswert ist weiter, dass die ausführliche Behandlung der Dialoge Platons in diesem Werk dort keine inhaltliche Interpretation aufzuweisen vermag, wo die entscheidenden Seiten 137c-166c des Parmenides besprochen werden müssten. Es heißt: „Der Parmenides ist und bleibt das größte Rätsel des platonischen Schrifttums“ (Ebenda, 292). Diese Aussage signalisiert die Verständnisprobleme, die mit der binären Logik seit 2500 Jahren verbunden sind. Dagegen wird heute der Computer, der auch auf der binären Logik beruht, indem alles auf Kombinationen von O und I umverteilt wird, so gut wie überall akzeptiert. Konflikte gibt es heute auf der Akzeptanzebene der binären Logik, nicht dagegen innerhalb der Konstruktion dieser Logik selbst.

4. Das von Pareto entworfene Modell einer Systemtheorie enthält keine direkte paradigmatische Formel. Seine Argumentation bewegt sich auf der an Einheit orientierten analogen Logik. Das soziale System ist wie bei Luhmann eine Form, die in analoge Teileinheiten differenziert wird, in interne und externe Elemente. Konflikte ergeben sich aus dem Zueinander der unterschiedlichen Elemente dieser Form. Widersprüche und Konflikte sieht Pareto in den unterschiedlichen politisch-kulturellen Anschauungen, vor allen zwischen Sozialismus und Kapitalismus.
5. Luhmann bereitet dem Konflikt und dem Widerspruch bereits von seinem Paradigma her einen sichtbaren Spielraum. Zuerst wird der Begriff Differenz genannt, das heißt Unterschiedlichkeit. Widersprüche und Konflikte werden vielseitig behandelt. Sie sind vor allem Promotoren der Selbstreproduktion des Systems und insofern funktionale Erfordernisse. Daher müssen die Blockierungen in Kauf genommen werden. Luhmann räumt den oft genannten Paradoxien einen eigenen Spielraum ein.

Konstruktivismus

Der Begriff Konstruktivismus ist aus dem Lateinischen abgeleitet. Das Verb construo bedeutet aufschichten, zusammenhäufen, erbauen. Constructio bedeutet Bau, Satzbau. Hegels Definition des Begriffs in seiner „Wissenschaft der Logik" (Zweiter Teil, a.a.O., 239ff.) vermittelt geeignete Einsichten in die Logik der Konstruktionen von Begriffen. Für Hegel ist der Begriff wesentlich das Bestimmen und Unterscheiden. Bereits an dieser Stelle wird die systemtheoretische Komponente seiner Argumentation deutlich. Bestimmungen sind überhaupt Negationen. Die Abstraktion ist der bestimmte Begriff. Im Begriff liegt die absolute Bestimmtheit. Mit diesen wenigen Andeutungen aus Hegels „Großer Logik" wird offensichtlich: Der Begriff gibt nicht die Wirklichkeit abbildhaft wieder. Als Abstraktion ist der Begriff etwas Konstruiertes, eine Leistung des Verstandes. Zum Begriff gehört das Subjekt, das den Begriff konstruiert. Das Risiko von Fehlkonstruktionen muss berücksichtigt werden.

Im hier vorliegenden Kontext ist der Stellenwert des Konstruktivismus innerhalb der Systemtheorie von Interesse. Luhmann bezieht den modernen Konstruktivismus in seine theoretischen Konstrukte ein. Er geht davon aus, dass der Konstruktivismus heute allgemein als akzeptiert gilt. Der Konstruktivismus wird von ihm in verschiedenen Veröffentlichungen thematisiert, z.B. in dem Buch „Soziologische Aufklärung 5" mit dem Untertitel „Konstruktivistische Perspektiven" (2.Aufl. 1993, Opladen), ferner z.B. an zahlreichen Stellen seiner Wissenschaftstheorie mit dem Titel „Die Wissenschaft der Gesellschaft" (1992) und in seinem großen Werk „Die Gesellschaft der Gesellschaft" (1997).

Luhmann bringt den Konstruktivismus mit seiner Theorie der Beobachtung zweiter Ordnung in Verbindung. Er geht von der Voraussetzung aus, dass die Beobachtung eine empirische Operation ist. Der Beweis liegt darin, dass die Beobachtung empirisch beobachtbar ist. Daher muss jede Art von Konstruktivismus auf einer solchen Empirie aufruhen. Die frühere Frage nach erkenntnisverzerrenden Interessen wird ersetzt durch die Frage nach der historischen Vorherrschaft bestimmter Paradigmata, Konventionen, Konstruktionen oder Systematisierungen des Wissens. Für Luhmann ist Wissenschaft nicht so sehr Entdeckung, sondern vielmehr Konstruktion eines Beobachters für andere Beobachter.

In Luhmanns wissenschaftstheoretischen Analysen kommt häufig der Begriff autologisch vor. Gemeint ist der Rückbezug der Beobachtung auf sich selbst. Dazu gehört, dass die Beobachtung sich selbst in die Beobachtung einbezieht. Von hier aus mag verständlich werden, dass der Terminus Selbstreferenz in seinen Konstrukten die Priorität gegenüber der Fremdreferenz einnimmt. Soziale Systeme werden als selbstreferentielle Systeme gesehen. Sie können Bezug auf sich selbst aufnehmen und sich so gegen eine Umwelt abgrenzen. So erhält der Begriff Selbstbeschreibung in seinem Theorieansatz einen hohen Stellenwert. Die ungewohnte Formulierung „Die Gesellschaft der Gesellschaft" bedeutet den Rückbezug der Gesellschaft auf sich selbst. Gemeint ist die Perspektive, mit der eine Gesellschaft sich selbst sieht. Aus dieser Begründungsebene heraus sind für Luhmann autologische Theoriekomponenten unvermeidlich. Nun ist Erkenntnis nichts anderes als Konstruktion. Folglich muss das autologische Moment der Theoriekonstruktion auch in den Konstruktivismus eingehen. Erst recht gilt dies für die übliche Kausalbegründung. Somit müssen die Probleme der Selbstbeobachtung und die Selbstbeschreibung beobachtender Systeme auf die Prämissen der üblichen wissenschaftlichen Beobachtung erster Ordnung bezogen werden. Das heißt: Das Feld der empirischen Sozialforschung und der direkten Beschreibung sozialer Phänomene (ohne Rückbezug auf andere Beobachtungen) muss mit der Perspektive der Beobachtung der Beobachtung konfrontiert werden. Nach Luhmanns Auffassung lösen sich dann die Ergebnisse der Beobachtung erster Ordnung auf. Gemeint sind die Ergebnisse, denen sich eine empirische Wissenschaftssoziologie verpflichtet weiß. Anders gesagt: Der Einstieg in die konstruktivistisch gemeinte Beobachtung der Beobachtung lässt die Bedeutung der direkten Beobachtung der ersten (unreflektierten) Ordnung in den Hintergrund treten. An anderer Stelle vermerkt Luhmann allerdings, dass die Beobachtung erster Ordnung nicht durch die Beobachtung zweiter Ordnung aufgehoben wird. Luhmann folgert: Jede Kausalaussage ist eine wissenschaftliche Konstruktion. Mit dieser Aussage überholt Luhmann nicht die vor einem Jahrhundert von Max Weber getroffene Feststellung zur Kausalität: Die Kausalfrage ist, wo es sich um die Individualität einer Erscheinung handelt, eine Zurechnungsfrage (M. Weber: Gesammelte Aufsätze zur Wissenschaftslehre, 1951, 178).

Aus Luhmanns Sicht behauptet der radikale Konstruktivismus: Referenz kann nur Selbstreferenz sein und allenfalls sekundär eine dadurch vermittelte Unterscheidung von Selbstreferenz und Fremdreferenz.

Der Modus der Beobachtung zweiter Ordnung entspricht für Luhmann dem Modus der konstruktivistischen Erkenntnistheorie.

So wagt Luhmann den Übergang „zu einem radikal antihumanistischen, einem radikal antiregionalistischen und einem radikal konstruktivistischen Gesellschaftsbegriff“ (Die Gesellschaft der Gesellschaft, 1997, 34f.). Es wird selbstverständlich nicht geleugnet, dass es Menschen gibt. Sie ignorieren nicht die krassen Unterschiede in den einzelnen Regionen des Erdballs. Sie verzichten nur darauf, aus diesen Tatsachen ein Kriterium für die Definition des Begriffs der Gesellschaft herzuleiten. Die Konstruktion wird radikalisiert: Alle Orientierung ist Konstruktion, ist von Moment zu Moment reaktualisierte Unterscheidung. Damit wird Konstruktion als Unterscheidungsgefüge definiert und von der Systemlogik internalisiert.

Luhmann bringt die Idee des radikalen Konstruktivismus mit seinem Modell der Weltgesellschaft in Verbindung. Die Welt will nicht als Aggregat, sondern als Korrelat der in ihr stattfindenden Operationen verstanden sein. Sie ist das Korrelat der Einheit einer jeden Form; oder das, was als >unmarked state< durch jede Zäsur, durch die Grenzlinie der Form, verletzt wird und danach nur noch unterscheidungsrelativ, also nur noch in der Bewegung von der einen Seite zur anderen abzutasten ist. Und für einen systemtheoretischen Weltbegriff heißt dies, dass die Welt die Gesamtheit dessen ist, was für ein jedes System System-und-Umwelt ist (Ebenda, 154). Die Welt ist unbeschreibbar. Das Geschäft der Selbstbeobachtung der Welt wird auf die Ebene der Beobachtung zweiter Ordnung verlegt. Die Dekomposition der Welt kann nur konstruiert werden. Dem trägt der radikale Konstruktivismus Rechnung. Diese logischen Konstruktionen sind mitgemeint, wenn die moderne Welt als Weltgesellschaft bezeichnet wird.

Einige Bemerkungen zum Verstehen, Analysieren und Beurteilen der gesellschaftstheoretischen Konstruktionen Luhmanns:

1. Luhmann folgt der grundlegenden Aussage Kants, dass die Welt, so wie sie an und für sich ist, durch Beschreibung nicht erfasst werden kann (Ding an sich). Folglich ist die wissenschaftliche Beobachtung mit ihren Bemühungen auf Vorstellungen vom Charakter der Konstruktion verwiesen. Die Konsequenz ist die Einbeziehung des Konstruktivismus einschließlich der radikalisierten Form in die Systemtheorie.

2. Die direkte und unmittelbare Beobachtung der Welt und ihrer Einzelerscheinungen, die Beobachtung erster Ordnung, genügt nicht den Ansprüchen der Wissenschaft, auch nicht in der Form der empirischen Forschung. Erforderlich ist eine logische Ebene, auf der das Beobachtete seinerseits Gegenstand der Beobachtung werden muss: die Beobachtung der Beobachtung. Mit dieser Ebene der Abstraktion wird die Einheit von Beobachtung zweiter Ordnung und Konstruktivismus hergestellt.
3. Wenn die Beobachtung sich auf sich selbst bezieht, ist sie autologisch und zugleich selbstreferentiell. Damit erfüllt sie einige formale Bedingungen der analogen Systemtheorie in Luhmanns Modellkonstruktion.
4. Die auf das Analog-Modell der Logik bezogene Unterscheidung Selbstreferenz/ Fremdreferenz ist in evidenter Form von Hegel bearbeitet worden: Beide Referenzen stehen zueinander im Verhältnis der Identität. Sie sind unablösbar miteinander verbunden. Die Folgerung: Wenn in Luhmanns Konstrukt die Beobachtung auf die Beobachtung und damit auf sich selbst bezogen wird, fehlt der Bezug auf Anderes, die Fremdreferenz. Im Ergebnis ist das Modell „Beobachtung der Beobachtung" logisch und funktional nicht haltbar, wenn die Unterscheidung Selbstreferenz/ Fremdreferenz ins Spiel gebracht wird. Ohne die Einbeziehung des Relationsmodells Selbstbezug/ Bezug auf Anderes liegen die Dinge anders.
5. Die Konstruktion „Beobachtung der Beobachtung" ist auf der logischen Ebene der Negativeinheit im Verständnis der binären Logik positioniert. Beobachtung hat keinen Anfang und kein Ende. Beobachtung ist logisch identisch mit Beobachten. Beobachtung ist nicht identisch mit Beobachtungsablauf. Denn ein Ablauf hat Anfang und Ende. Es führt kein Weg an der Konsequenz vorbei, dass Beobachten nicht Einheit ist, zumal Beobachtung nicht in Teile eingeteilt werden kann. Wohl aber kann ein Beobachtungsablauf in Teile eingeteilt werden. Er ist somit Einheit im Sinne der binären Definition. Ergebnis: Die Sonde der binären Logik ergibt, dass das Modell Beobachtung der Beobachtung die logische Sphäre der Negativeinheit nicht verlässt. In der genannten Unterscheidungsfigur fehlt die Einheit (z.B. in Form des Beobachters oder des Messinstruments). Das Beobachten bleibt unter sich, auch wenn es verdoppelt oder verdreifacht wird.
6. Das Prüfinstrument des binären Systems der Logik weist das Modell der Beobachtung zweiter Ordnung als unvollständig und damit logisch nicht tragfähig aus. Es fehlt etwas sehr Wichtiges, näm-

lich dasjenige, worauf sich das Beobachten bezieht: auf die vorgegebene Beobachtungseinheit als Objekt wie auch als Subjekt. Es fehlt der Gegenstand der Beobachtung. Und es fehlt auch diejenige Einheit, welche die Beobachtung ausführt. Die Figur bedarf der Vervollständigung. Dann könnte sie sehr wertvoll werden.

7. Diese Argumentation betrifft auch den Konstruktivismus in seinen unterschiedlichen Formen. Systemtheorie muss folglich einem Reinigungsakt unterzogen werden. Luhmanns Modell der Weltgesellschaft ist durchaus diskutabel. Es muss aber etwas weiter vom Ideenhimmel auf die Erde herabgezogen werden.

Kontingenz

Der Begriff Kontingenz ist ein spezifischer Terminus der modernen Systemtheorie, insbesondere in der von Luhmann vorgelegten Fassung. Das lateinische Verb contingo wird von tangere abgeleitet. Es bedeutet: berühren, fassen, beeinflussen, treffen, angehen, widerfahren, zuteil werden. Luhmann behandelt diesen Begriff ausführlich in seinem Buch „Soziale Systeme" (1985, 148ff.). Er übernimmt den Begriff von T. Parsons. Es geht in diesem Zusammenhang um eine Grundbedingung des sozialen Handelns überhaupt. Handlungen können für Luhmann nur in sozialen Systemen konstituiert werden. Im Sinne der systemtheoretischen Konstruktion Luhmanns müssen alle Gegenstände der Wissenschaft als kontingent angesehen werden (Die Wissenschaft der Gesellschaft, 1992, 332). Denn alles, was für ein autopoietisches System Einheit ist, wird erst durch dieses System Einheit. In der Gegenstandsauffassung ist also immer schon impliziert, dass es auch anders möglich sei; und alle Notwendigkeit muss entsprechend als negierte Kontingenz bewiesen werden (Ebenda).

Für Luhmann taucht die Konstruktion der Welt alles in das Licht anderer Möglichkeiten. Mit dieser Vorstellung knüpft er an das klassische theologische Modell der Kontingenz an. In seinem systemtheoretischen Konzept steht Kontingenz in unmittelbarer Verbindung mit der Ausdifferenzierung des Systems. Und durch Differenzieren oder Unterscheiden definiert sich die Beobachtung als das Zentrum wissenschaftlichen Prozedierens. Dabei führt die Beobachtung erster Ordnung, der direkte Blick auf die Dinge, weiter zur reflektierten Beobachtung zweiter Ordnung. Diese Konstruktion der analogen Systemtheorie muss mit dem Einwand leben, dass die wissenschaftliche Argumentation grundsätzlich nicht aus dem kategorialen Modell der Einheit herausführt. Das Beobachten und Unterscheiden bleiben Einheiten mit Anfang und Ende, wenn man beides als Abläufe mit Anfang und Ende sieht. Das kategoriale Modell Einheit wird aber auch dann nicht verlassen, wenn man Beobachten und Unterscheiden als negative Einheiten ohne Anfang und Ende sieht. Denn die Negativeinheit ist eine besondere Form von Einheit. Das Beobachten des Beobachtens erweist sich als ein Beobachten ohne Gegenstand. Es dreht sich um sich selbst. Luhmanns Unterscheidung zwischen „drinnen" und „draußen" verlässt nicht die Umgrenzung des kategorialen Grundlagenmodells mit der Bezeichnung Einheit (Ebenda, 526). Analoge Systemtheorie ist Differenzierung von Einheiten, wobei alle Elemente des Systems als Version der Einheit miteinander kompatibel und somit analog sein müssen. Immer hat die Umwelt ihren Platz innerhalb des Systems. Eine andere Möglichkeit gibt das Modell der analogen Logik nicht her. Folglich bleibt offen, was man unter Luhmanns Begriff des „Draußen“ zu verstehen hat. Das Draußen bleibt innerhalb des Drinnen platziert.

Alle Beobachtungen und Beschreibungen sind für Luhmann abhängig von einer vorgängigen Kontextwahl. Diese kann in unserer Gesellschaft nur als kontingent präsentiert werden. Sie kann also immer auch anders ausfallen (Ebenda, 666). Die Begründung für diesen Sachverhalt liegt in der Grundstruktur des analogen Systems selbst: Das analoge System ist eine Einheit, die in beliebig viele Teile oder Elemente eingeteilt werden kann. Dieser Beliebigkeit kann die analoge Logik nicht entrinnen. Wo die Beliebigkeit das Feld beherrscht, da gibt es immer auch andere Möglichkeiten der Unterscheidung und somit Kontingenz. Folglich ist die Beliebigkeit und damit die Unsicherheit im Analog-System durch die Struktur des Modells vorgezeichnet.

Mit der Verwendung des Begriffs „doppelte Kontingenz“ öffnet sich die Theorie nach Luhmanns Auffassung stärker für Zufälle. Die Selbstreferenz des Systems saugt Zufälle geradezu an. Nach Luhmanns Auffassung entsteht alle bestimmte Ordnung erst auf Grund der Problemlage doppelter Kontingenz. Nach seiner Definition ist etwas kontingent, was weder notwendig noch unmöglich ist (Ebenda, 152). Das Kontingente kann so, wie es ist oder war oder sein wird, sein. Es ist aber auch anders möglich. Der Begriff bezeichnet Gegenstände im Horizont möglicher Abweichungen“ (Soziale Systeme, 1985, 152.) Kontingenz bezeichnet nicht das Mögliche überhaupt, sondern das, “was von der Realität aus gesehen anders möglich ist“ (Ebenda).

Kopplung

Die analoge Variante der Systemtheorie hat nur Einheiten zur Verfügung. Der Bereich dessen, was nicht dem grundlegenden Modell Einheit entspricht, bleibt dieser Logik verschlossen. Somit beschränkt sich das Analog-Modell auf das Ganze der Einheit und die Teileinheiten. Einheit bedeutet Unterschiedensein in Anfang und Ende. Das zum Unterschiedensein unablösbar gehörende Nichtunterschiedensein ist nicht Bestandteil der analogen Konstruktion eines Systems. Folglich muss es andere Möglichkeiten geben, um der Verflochtenheit der Systeme verbalen Ausdruck zu geben. Eine solche Möglichkeit ist das Modell der Kopplung. Aber auch der Begriff Kopplung macht eine Einheit aus. Denn eine Differenzierung z.B. in strukturelle und operative Kopplung ist möglich. Solange beide Varianten der Kopplung auf das Modell Einheit zurückgebunden werden können, ist das differenzierende Analog-Modell gegeben (und nicht das binäre).

Luhmann geht davon aus, dass ein System nicht außerhalb seiner Grenzen operieren kann (Die Wissenschaft der Gesellschaft, 1992, 29). Es ist immer schon an die Umwelt gekoppelt als Folge der Sequenz eigener Operationen. Es ist daher grundsätzlich angepasst. Die lebenden Systeme, die Bewusstseinssysteme und die Kommunikationssysteme werden durch strukturelle Kopplungen verknüpft, ohne dass die volle Autonomie dieser Systeme eingeschränkt wird (Ebenda, 36). So sind Bewusstsein und Kommunikation durch strukturelle Kopplung unmittelbar miteinander verbunden: Keine Kommunikation ohne Bewusstsein, keine Evolution von Bewusstsein ohne Kommunikation.

Strukturelle Kopplungen sind für das System unzugänglich (Ebenda, 163ff.). Sie sind Formen, die dadurch etwas einschließen, dass sie etwas anderes ausschließen. Für Luhmann produziert erst Differenz Erkennbarkeit. Strukturelle Kopplungen funktionieren in Luhmanns Verständnis stets gleichzeitig. Das System operiert gleichzeitig mit seiner Umwelt. Kopplungen operieren mehrstufig. Sie erzeugen in den Systemen, die sie koppeln, Irritationen, Überraschungen, Enttäuschungen, Störungen. Wissen ist eine Globalbezeichnung für das, „was als Resultat direkter und indirekter struktureller Kopplungen im Gesellschaftssystem anfällt und in rekursiven Prozessen der Kondensierung und Konfirmierung von Wissen an Wissen gegen Dauerirritation konstant gehalten oder lernend fortentwickelt wird“ (Ebenda, 166). Das wissenschaftliche Wissen gewinnt auf diese Weise eine hohe Unabhängigkeit von menschlichen Wahrnehmungen. Luhmann bringt sein Modell der strukturellen Kopplung in Verbindung mit dem Konstruktivismus: Dieser reflektiert Erkenntnis als geschlossenes System ohne Zugang zur Außenwelt. „Er reduziert den Außenkontakt auf eine nur für Beobachter sichtbare strukturelle Kopplung, die im System (und nur dort) Irritationen erzeugen kann“ (Ebenda, 530).

Luhmanns Kopplungsmodell hat nur Einheiten zur Verfügung. Einheiten sind wegen ihrer Umgrenzung geschlossen. Geschlossenheit lässt sich durch die Kreisform symbolisieren. Daher hat der Kreis seit dem Altertum einen hohen Stellenwert in der Wissenschaft. Die kreisförmig darstellbaren Systeme haben daher keinen Kontakt zur Außenwelt. Der Kreis schließt alles, was ihn betrifft, in sich selbst ein. Im Analog-Modell ist die Außensphäre der Systeme die Vielheit (der Systeme), nicht dagegen die kategoriale Negativseite eines Systems. Für die anschauliche Reflexionsebene des Analog-Modells ist keine andere evidente Vorstellung verfügbar. Deshalb müssen Verbindungen und Trennungen zwischen den einzelnen Systemen konstruiert werden. Die monadologische Geschlossenheit der Systeme, die keine Türen und Fenster haben, wird im Analog-Modell überwunden durch das Modell der Kopplung. Der monadologische Charakter der Systeme wird dadurch nicht aufgehoben. Wohl aber werden durch operative und strukturelle Kopplungen mehr oder weniger feste Verbindungen und Trennungen geschaffen.

Verbindung und Trennung zwischen dem beobachteten System und den anderen Systemen, die Luhmann als Umwelt sieht, kann in dem an Anschauung und Konkretheit gebundenen Analog-System nicht gleichzeitig beobachtet werden. So kann der Blick des Beobachters nicht zugleich auf das System und auf die Umwelt des Systems fallen. Die Zwei-Seiten-Form schreibt vor: Erst links, dann rechts. So begibt sich dieses Reflexionsmodell in einen Widerspruch, der dann irgendwie gelöst werden muss. Einerseits wird die Verbindung als simultan gesetzt. Andererseits muss das Getrenntsein als solches für den Vorgang des Beobachtens sichtbar werden.

Neben diesem zeitbezogenen Widerspruch produziert das Analog-System einen strukturbezogenen Widerspruch: Einerseits leugnet die analoge Theorie nicht, dass die Umwelt ein Teil des Systems ist (Negativ-Korrelat). Andererseits ist die Umwelt für das System unzugänglich. So stellt Luhmann eine radikale , unüberbrückbare Trennung von Bewusstseinssystemen und Kommunikationssystemen fest

(Die Wissenschaft der Gesellschaft, 1992, 36). Das Analog-System enthält nicht die erforderlichen Mittel der Reflexion, um die von ihm selbst erzeugten Widersprüche nachvollziehbar darzustellen. Daher ergibt sich die Tendenz, Widersprüche auszuschalten oder in die Sphäre der Latenz abzusenken. Die binäre Logik kennt solche Probleme nicht. Für sie ist der Gegensatz zwischen Einheit und Nichteinheit strukturell vorgegeben. *Jedoch enthält das binäre Modell das analoge als einen Bestandteil in sich selbst.* Dabei ist dieser analoge Teil des Gesamtsystems aber nicht mehr als ein Moment der Reflexion und keine in sich selbst stehende logische Figur. *Der analoge Teil des binären Systems macht die Differenzierung des analogen Systems aus.* In jedem Akt der Reflexion ist diese linke Seite der binären Unterscheidung an die rechte Seite gebunden und von ihr getrennt. Daher kann die linke Seite nicht ohne logischen Schaden aus der Gesamtfigur herausgebrochen und isoliert auf sich selbst gestellt werden.

Die Analogizität des Ganzen der analogen Einheit (mit Anfang und Ende) muss innerhalb des binären Systems so konstruiert sein, dass alles zueinander passt und damit analog ist. Alle Teile sind dann kompatible Teile des Ganzen. Das gegensätzliche Gegenüber ist die kategoriale Sphäre der Negativeinheit, d.h. die Sphäre dessen, was überhaupt nicht Einheit genannt werden kann und folglich auch keinen Anfang und kein Ende hat. Im binären System ergibt sich keinerlei Notwendigkeit für die Einrichtung von Kopplungen. Ein binäres System weist durch die Programmbildung über sich selbst hinaus und stellt auf diesem Weg Zusammenhänge und Verflochtenheiten her.

Kultur

Der Begriff Kultur steht in Verbindung mit dem lateinischen Verb colere, d.h. bebauen, bewohnen, wohnen, pflegen, ehren, verehren. Vom sprachlichen Ursprung her bedeutet Kultur also das mit Pflege verbundene Bewohnen eines Raumes. Wenn in diesem engen Sinn Kultur beobachtet wird, ist nicht mehr das vorhanden, was man Natur nennt. Die sich so herausbildende Unterscheidung Natur/ Kultur führt der Möglichkeit nach zu Vorurteilen, vor allem dann, wenn man zwischen Naturvölkern und Kulturvölkern unterscheidet. Diese Unterscheidung suggeriert die Möglichkeit, die Kulturvölker als fortgeschritten einzuschätzen, weil der Naturzustand als überwunden gilt. Andererseits kann die Unterscheidung zu dem Vorurteil führen, dass die unversehrte Ursprünglichkeit der Natur durch die Eingriffe der Kulturen verletzt wird und nun wieder hergestellt werden muss. In diesen Zusammenhang gehört das Umweltproblem. In der Soziologie ist daher die Vorstellung anzutreffen, unter Kultur die Lebensweise einer Bevölkerung zu verstehen.

Die Frage ist nun, welche Variationen die moderne analoge Systemtheorie vorzustellen hat. Luhmann versteht unter Kultur keinen notwendig normativen Sinngehalt, wohl aber eine Sinnfestlegung als Reduktion, „die es ermöglicht, in themenbezogener Kommunikation passende und nichtpassende Beiträge oder auch korrekten bzw. inkorrekten Themengebrauch zu unterscheiden“ (Soziale Systeme, 1985, 224f.). Diese Definition wird mit T. Parsons in Verbindung gebracht. Kultur ist Kondensierung des Zusammenwirkens aller Kommunikationsmedien, der Verbreitungsmedien und der symbolisch generalisierten Medien. Kondensierung bedeutet im systemtheoretischen Verständnis, „dass der jeweils benutzte Sinn durch Wiederbenutzung in verschiedenen Situationen einerseits derselbe bleibt (denn sonst läge keine Wiederbenutzung vor), sich aber andererseits konfirmiert und dabei mit Bedeutungen anreichert, die nicht mehr auf eine Formel gebracht werden können“ (Die Gesellschaft der Gesellschaft, 1997, 409). Die klassische Naturteleologie wird durch die Steigerung der Vergleichs- und Kontrollmöglichkeiten im Buchdruck sabotiert. Der Vergleich zwischen Ist- und Sollzuständen wird durch die laufenden Korrekturnotwendigkeiten ruiniert. Es bleiben nur noch die Werte. Strukturelle Analysen haben nur noch exemplarischen Wert. „Sie erfassen bestenfalls Einzelperspektiven, die dem Gesamtkomplex der modernen Kultur nicht gerecht werden, ihn nicht auf ein Grundproblem reduzieren können" (Ebenda, 412).

Für Luhmann ist Kultur ein gelerntes Verhalten. Seit der zweiten Hälfte des 18. Jahrhunderts wird mit Hilfe des Begriffes Kultur verglichen. Kultur ist dann nicht mehr Pflege bestimmter Gegebenheiten. Vielmehr meint Kultur eine besondere Form von Beobachtung mit Blick für Vergleichsmöglichkeiten. „Auch Barbaren, ja selbst die ältesten oder entlegensten Formen gesellschaftlicher Lebensführung haben oder sind jetzt Kultur" (Ebenda, 957).

Der Rückblick auf Luhmanns Begriff der Kultur führt zu dem Ergebnis, dass Kultur auf das bezogen wird, was für ihn Gesellschaft ausmacht: Kommunikation. Kultur kann dann nicht unmittelbarer Ausdruck von Willensbekundungen, Gefühlen, Erkenntnisgewinnen oder Machtbedürfnissen sein. Kultur muss dann in passende Formen gegossen werden, die sich durch Kommunikation im weitesten Sinn des Begriffs herauskristallisieren. Kultur wird dann verbunden mit dem, was systemtheoretisch Beobachten ist: die Komplexität der Gegebenheiten in den Blick nehmen, Unterschiede feststellen, Vergleiche anstellen, Selektionen vornehmen, Bezeichnungen formulieren. Kultur wäre dann nicht Unmittelbarkeit, sondern ständig weiterlaufendes Gestalten der Form, die eine Gesellschaft im Vollzug ihrer Kommunikation geschaffen hat. Bemerkenswert mag der Umstand sein, dass Luhmann vermutlich die Begrenztheit seines System/ Umwelt-Modells gelegentlich selbst sieht und deshalb darauf verzichtet, diese Unterscheidung in einen Zusammenhang mit dem Begriff der Kultur zu bringen.

Kunst als Funktionssystem

Wenn Kunst als System verstanden werden soll, muss sie an wichtige gesellschaftliche Strukturbedingungen geknüpft werden, etwa an die Kommunikation. In der analogen Systemtheorie ist Kommunikation ein zentrales Merkmal von Gesellschaft. Kommunikation ist eine differenzierbare Einheit und insofern ein System. Auf diesem Wege lässt sich Kunst vom Modell System „vereinnahmen“. Luhmann als markanter Theoretiker der analogen Systemorientierung behandelt dieses Thema z.B. in seinem umfassenden Buch „Die Kunst der Gesellschaft“ (3.Aufl. 1999). Obwohl Kunst zu einem bedeutsamen Anteil Mitteilung und damit Kommunikation ist, bleiben Wahrnehmung und Anschauung ständig im Spielraum der Reflexion über Kunst. Denn ohne Ästhetik lässt sich Kunst nicht als Kommunikation interpretieren.

So ist denn für Luhmann Kunst eine Art von Kommunikation, die Wahrnehmung in Anspruch nimmt. Dabei wird das Eine nicht im Anderen fundiert. Allerdings geht es hier um nichtsprachliche Kommunikation: „Kunst ermöglicht die Umgehung von Sprache“ (Ebenda, 39). Im Verständnis Luhmanns wird das Kunstwerk selbst ausschließlich als Mittel der Kommunikation hergestellt. Die Differenz von Information und Mitteilung bildet den Ausgangspunkt. Damit wird Luhmanns zentrale Forderung erfüllt, an den Anfang eine Differenz zu setzen (und nicht eine Einheit). Sein Paradigma, das als ständig verfügbares Messinstrument gilt, ist die Differenz von Identität und Differenz, also eine Differenz. Dabei wird übersehen, dass jede Differenz die Differenzierung einer Einheit ist. Diese muss gegeben sein, wenn man überhaupt differenzieren will.

Die Auffälligkeit der Kunstform erregt im Sinne Luhmanns eine Faszination, durch die in Form einer Information der Systemzustand geändert wird. So schafft Kunst einen Unterschied zum Bisherigen. Das Leitwort dazu: Der Unterschied macht einen Unterschied (im Anschluss an Bateson). Aber auch hier gibt es einen Einwand: Im Unterschied, in der Differenz, tritt das Modell Einheit gar nicht erst aus sich selbst heraus. Der Unterschied bleibt im Gehäuse des Ganzen der Einheit. Der Teil als Unterschiedenes ist immer Teil des Ganzen der Einheit. Und Einheit kann nicht Einheit und damit sich selbst hervorbringen, wie man bereits bei Aristoteles nachlesen kann. Diese Korrekturen der analogen Systemtheorie müssen ständig mitlaufen, wenn die logische Schieflage aufgefangen werden soll.

Luhmann markiert eine Unterscheidung als Form. Kommunikation setzt Formbildung voraus als Bedingung für die Mitwirkung psychischer Systeme. Formen müssen asymmetrisch gebildet werden. Sie entstehen durch Symmetriebruch. Im Verständnis Luhmanns setzt der Formbegriff die Welt als unmarked state voraus, als nicht markierten Raum. Die mit einer Differenzreihe beginnende Operation steigt aus dem unmarked state aus, in dem nichts zu sehen ist und folglich keine Unterscheidung vorliegt. Sie steigt in den marked state ein. Sie zieht im Überschreiten eine Grenze. Die Markierung erzeugt den Raum der Unterscheidung: die Differenz von marked space und unmarked space. Die Operation wählt aus vielen Möglichkeiten des Unterscheidens aus. So entsteht eine (notwendige) Beschränkung für den weiteren Aufbau des Kunstwerks. Die Seite des marked space ermöglicht den Anschluss für weitere Operationen der Unterscheidung. Man kann nicht etwas zugleich als Kunst oder als Natur betrachten. Dieses Modell geht entgegen der Bewusstseinslage Luhmanns auf die aristotelische Widerspruchslehre zurück: Innerhalb einer bestimmten Einheit stehen zwei Teileinheiten zur Diskussion. Aber nur eine der beiden Teileinheiten trifft zu, ist „richtig“ (párestin). Die andere Teileinheit läuft nur noch mit.

Das hier dargelegte Unterscheidungsmodell Luhmanns ist logisch nicht tragfähig. Wo eine Unterscheidung gemacht wird, hat man es mit zwei Feldern zu tun. Hier ist das Feld des Unterschiedenen. Dort ist das Feld des (noch) nicht Unterschiedenen. *Von jeder neuen Unterscheidung werden beide Felder mit Markierungen berührt.* Differenz ist das Auseinandertragen von etwas (disferre wird zu differre). Auseinander tragen kann man nur dort etwas, wo etwas zum Verteilen verfügbar ist, ein Etwas, das Anfang und Ende hat und damit Einheit ist. Die auseinander zu tragende Einheit ist nicht unmarkiert. Denn wo etwas Anfang und Ende hat, liegt Messbarkeit und damit Identifizierbarkeit vor. Wenn eine Einheit in drei Teile geteilt wird, ändert sich das gesamte Bild der Unterscheidung im Verhältnis zum vorherigen Status. Das binäre Modell sieht links das Unterschiedensein in Anfang und Ende und rechts das Nichtunterschiedensein ohne Anfang und Ende, z.B. Begriffe, die nicht Handlungseinheit mit Anfang und Ende sind, sondern das Handeln, an dem man keinen Anfang und kein Ende ermitteln kann.

Wenn man wie Luhmann mit Differenz beginnt und dann nach Einheit der Differenz sucht, bekommt man naturgemäß Probleme mit der Bestimmung der Einheit. Dann ist die Einheit der Differenz zunächst unbestimmt. So ist für Luhmanns Konstruktion die Einheit der Welt unerreichbar, sie ist weder Summe noch Aggregat noch Geist (Ebenda, 51). Trotzdem muss in der auf Aristoteles zurückgehenden analogen Logik alles auf Einheit reduziert werden. „Jede Unterscheidung ist zugleich die Unterscheidung von marked und unmarked space“ (Ebenda, 54). Die Einheit der Unterscheidung ist für Luhmann der blinde Fleck, der das Beobachten erst ermöglicht (Ebenda, 57). Luhmann lässt den unmarkierten Raum markieren: Jedes Kreuzen der Grenze regeneriert auch den unmarked space der Welt im Sinne eines Vorbehalts weiterer Möglichkeiten des Operierens. Kunstbezogene Praxis wird dann als Modifikation der Entfaltung dieser Paradoxie begriffen, als Bilden und Löschen von Formen, nicht dagegen als Anwendung von Regeln und Prinzipien. „Der Unerreichbarkeit der Welt entspricht die Schließung des Kunstwerks – schließlich des Kunstsystems“ Ebenda, 59).

Ein Beobachten von Kunstwerken gelingt nur, wenn die Unterscheidungsstruktur des Werkes entschlüsselt wird. Die Beobachtung des Kunstwerks muss erkennen lassen, dass das Werk auf die Absicht einer Information zurückgeht. Die Information ist im Werk externalisiert. Ihre Mitteilung ergibt sich aus ihrer Artifizialität. Wenn die Wahrnehmung eines Objekts als Verstehen einer Kommunikation (und damit als Verstehen der Differenz von Information und Mitteilung) gelingen soll, ist dazu ein Wahrnehmen des Wahrnehmens erforderlich. „Der Künstler muss deshalb sein entstehendes Werk so beobachten, dass er erkennen kann, wie andere es beobachten werden“ (Ebenda, 71). Was immer sich in der Kunst beobachten lässt, ist die Entfaltung einer Paradoxie. Zwischen den beiden Seiten der Unterscheidung besteht eine Verwendungsasymmetrie. Diese ermöglicht es, weitere Operationen auf der einen und nicht auf der anderen Seite anzusetzen. Es geht für Luhmann nicht darum, in der Kunst das Unbeobachtbare (die Welt) beobachtbar zu machen, es zu symbolisieren wie bisher. Die Einheit des Kunstwerks kann damit nicht beschrieben werden. Der Zusammenhang der Unterscheidungen, die einander wechselseitig artikulieren, ist nicht generalisierbar. Das verleiht jedem Kunstwerk seine Einmaligkeit. Kunstwerke müssen zeitorientiert konstruiert werden. Sie müssen neue Werke sein. Es ist der Unterschied zwischen den einzelnen Kunstwerken, der die Herstellung und das Interesse des Beobachters motiviert. „Nur neue Werke gefallen“ (Ebenda, 77).

Analoge Systemtheorie sieht Beobachten als Einsetzen einer Unterscheidung in einen unmarkiert bleibenden Raum. Beobachtung zweiter Ordnung ist die Beobachtung von Beobachtungen. Beobachten wird verstanden als Gebrauch einer Unterscheidung zum Zweck der Bezeichnung der einen und nicht der anderen Seite. Dazu gehört, dass die andere Seite der Unterscheidung mitrepräsentiert wird (dies-und-nicht-das). Ein Beobachten zweiter Ordnung liegt dann vor, wenn auf Unterscheidungsgebrauch geachtet wird. Das Beobachten erster Ordnung ist das Bezeichnen. Der Blick bleibt an der Sache haften. Für das Beobachten zweiter Ordnung wird die Unbeobachtbarkeit des Beobachtens erster Ordnung beobachtbar. Dieser Vorgang bezieht sich darauf, wie beobachtet wird. Der Beobachter erster Ordnung ist auf das gerichtet, was er beobachtet.

Ganz normal scheint es zu sein, dass sich die Funktionssysteme der Gesellschaft auf der Reflexionsebene der Beobachtung zweiter Ordnung einrichten. Die Asymmetrie der Zwei-Seiten-Form bedeutet: Man kann immer nur eine dieser beiden Seiten bezeichnen. Es gibt allerdings in Luhmanns Verständnis Zweier-Systeme, bei denen man auf beiden Seiten operieren kann: wahr/ unwahr, Eigentum haben/ nicht haben usw. Das Kunstwerk leistet die strukturelle Kopplung der Beobachtung erster und zweiter Ordnung für den Bereich der Kunst. Für den Genuss von Kunst ist wichtig, dass das Kunstwerk Informationen enthält. Das Kunstwerk wird beobachtbar durch verschiedene ineinander verschlungene Unterscheidungen. Die jeweils andere Seite der Unterscheidung fordert zu weiteren Unterscheidungen auf. Der Betrachter kann zu ganz anderen Bewertungen und Erlebnissen kommen, als der Künstler sich vorgestellt hatte.

Allgemein neigt ein Beobachten zweiter Ordnung dazu, Latenzen in Kontingenzen umzusetzen. Das entspricht der Neigung, Was-Fragen durch Wie-Fragen zu ersetzen. Die Welt besteht aus sichtbaren und unsichtbaren Dingen. Daraus ergeben sich Symbole, die das Unsichtbare im Sichtbaren repräsentieren. Sofern Kunst noch als Nachahmung zu verstehen ist, geht es jetzt um Nachahmung der Unsichtbarkeit der Welt, „der als Ganzes nicht darstellbaren Natur durch Verstärkung ihrer Krümmungen, durch >Schönheitslinien<“ (Ebenda, 150). Die sich ändernden Eigenwerte der Kunst nehmen die Modalform der Kontingenz an. „Daher müssen sich alle Formen, auch und gerade in der Kunst, gegen die Zumutung bewähren, auch anders sein zu können“ (Ebenda, 52). Einheit und Reproduktion des Gesellschaftssystems lassen sich nicht im normativen Bereich begründen. Sie lassen sich nicht darauf reduzieren. Die moderne Kunst ist weder als Stütze der normativen Prätentionen von Religion oder politischer Herrschaft zureichend beschrieben. Sie ist auch nicht durch laufende Kritik an sich selbst auf dem Weg zu immer besseren Werken. „Sie macht Ordnungsmöglichkeiten sichtbar, die andernfalls unsichtbar blieben. Sie verändert die Sichtbarkeits-/ Unsichtbarkeitsbedingungen der Welt, indem sie Unsicherheit konstant hält und Sichtbarkeit variiert. Kurz: sie schafft Formen, die es andernfalls nicht geben würde“ (Ebenda, 157). Das Beobachten in verschiedenen Ordnungen führt alle Fragen nach Einheit auf die Letztform der Paradoxie zurück. Der von Luhmann gern verwendete Begriff der Paradoxie ist die Aufforderung, nach Unterscheidungen zu suchen, die für die jeweilige Zeit so plausibel sind, dass man sie unmittelbar anwenden kann, ohne nach ihrer Einheit, nach der Selbigkeit des Unterschiedenen zu fragen. Die Idee des Höchstwertes Schönheit muss ersetzt werden durch den logischen Begriff der positiv/ negativ – Codierung der Operationen des Systems. Luhmann rechnet die Materialität der Texte oder anderer Kunstwerke immer der Umwelt zu. Die Umwelt kann daher nie Komponente der Operationssequenzen des Systems werden (Ebenda, 161).

In Luhmanns Beschreibung der Kunst spielt die von Heider übernommene Unterscheidung Medium/ Form eine wichtige Rolle. Diese Unterscheidung dient für ihn dazu, die Unterscheidung Substanz/ Akzidens zu ersetzen (Ebenda, 165). Dazu ist erläuternd zu bemerken, dass Medium und Form zwei Attribuierungen sind, das heißt: Es handelt sich um zwei Eigenschaften und Besonderheiten, die einer logisch-funktional zugeordneten Gegebenheit als Akzidentien zukommen. Ein Medium ist ein Mittel, das einer logisch-funktional übergeordneten Gegebenheit (z.B. einem Inhaber politischer Macht) als Besonderheit zugeschrieben wird. Und Form ist immer Form von etwas (E. Husserl), z.B. eines Wohnhauses. Das Wohnhaus ist dann die Substanz, der z.B. die zweieinhalbgeschossige Bauweise als Form zukommt. *Die Form nimmt den funktionalen Platz der Eigenschaft oder des Akzidens ein. Form ist also nicht selbst Substanz.* Die Substanz lässt nicht zu, dass sie genommen wird, um als Aussage über etwas anderes zu dienen, das Substanz ist. Wohl aber lässt die Form ein solches zu. Die Form kann Form eines Hauses oder eines Autos sein. Daher ist es logisch nicht tragfähig, im Sinne Luhmanns ein Substanz/ Akzidens-Verhältnis in ein Akzidens/ Akzidens-Verhältnis übergehen zu lassen. Durch derartige logische Operationen wird das gesamte Theoriemodell Luhmanns in den Kollaps hineingeführt. Diese Feststellung lässt zahlreiche andere Aussagen Luhmanns über Kunst unberührt.

In Luhmanns Perspektive werden Raum und Zeit dadurch erzeugt, dass Stellen unabhängig von den Objekten identifiziert werden können, die sie jeweils besetzen (Ebenda, 180). Der Raum macht es dann möglich, dass Objekte ihre Stellen verlassen. Die Zeit macht es notwendig, dass die Stellen ihre Objekte verlassen. Als Kunstwerke erzeugen wahrnehmbare Objekte zugleich imaginäre Räume und Zeiten. Der vielleicht wichtigste Beitrag der Medien Raum und Zeit, so Luhmann, liegt in der Möglichkeit, Redundanzen zu straffen und dadurch ein höheres Maß an Varietät zu garantieren (Ebenda, 183). Der Reichtum an Möglichkeiten der Kunst beruht auf einer Imitation der Differenzstruktur von Raum und Zeit.

Die in der Kunst bedeutsamen Wahrnehmungsmedien z.B. hinsichtlich der Wahrnehmung der Unterscheidung schön/ hässlich sind keine Kommunikationsmedien, wie Luhmann selbst bemerkt (Ebenda, 187). Andererseits äußert Luhmann: Das Kunstwerk wird ausschließlich als Mittel der Kommunikation hergestellt (Ebenda, 41). Die von Luhmann noch nicht aus der Diskussion entlassene codespezifische Unterscheidung Schönes/ Hässliches (Ebenda, 328) bleibt nach wie vor mit dem Wahrnehmungssystem im Sinne Luhmanns behaftet. Das bedeutet: Die Akzidens/ Akzidens-Unterscheidung schön/ hässlich muss in das Kommunikationssystem hinübergekoppelt werden, damit ein Code, auch wenn er von Luhmann selbst nur bedingt in Betracht gezogen wird, Standfestigkeit erhalten kann, und zwar im Kommunikationssystem (und nicht im Wahrnehmungssystem). Diese logischen Operationen machen die gravierenden Zuordnungsprobleme offensichtlich, wenn man versucht, auf der bis heute gültigen aristotelischen Ordnungsebene der Analogie ein hochkomplexes systemtheoretisches Gebäude zu errichten. Fehlleistungen sind unvermeidbar. Die Konstrukteure der analogen Systemtheorie können nicht aus ihrer Verantwortung als Wissenschaftler entlassen werden.

Für Luhmann ist das Medium der Kunst für alle Kunstarten die Gesamtheit der Möglichkeiten, die Formgrenzen im Sinne von Unterscheidungen von innen nach außen zu kreuzen, auf der anderen Seite passende Bezeichnungen zu finden und durch eigene Formgrenzen ein weiteres Kreuzen anzuregen. Im Zusammenwirken von Form und Medium ergibt sich dann das, was gelungene Kunstwerke auszeichnet: unwahrscheinliche Evidenz. Die moderne Kunst ist im operativen Sinne autonom. „Niemand sonst macht das, was sie macht" (Ebenda, 218). Die Funktion der Kunst geht letztlich auf Probleme sinnhafter Kommunikation zurück. Das Kunstwerk etabliert eine eigene Realität, die sich von der gewohnten Realität unterscheidet. Die Funktion der Kunst hat es offenbar mit der Spaltung in eine reale und eine imaginäre Realität zu tun. Die „andere Welt" der Kunst kann nur dadurch kommunizierbar bleiben, dass man Referenzen auf die eingeübte Welt kappt (Ebenda, 247). Mit den von der Kunst verwendeten Symbolen wird das Unzugängliche im Zugänglichen markiert.

Luhmann verdichtet die Operationen eines Funktionssystems auf einen dualen Code (von ihm als binär bezeichnet). Das System richtet sich bistabil ein, indem es zwischen den beiden Werten oszilliert. Heute fällt es schwer, die überlieferten Werte schön/ hässlich beizubehalten. Aber noch immer gibt es keine überzeugende Alternative zur Unterscheidung schön/ hässlich. Luhmann setzt schön mit stimmig und hässlich mit nicht stimmig gleich (Ebenda, 366). Diese Versuche der inhaltlichen Besetzung des Codes machen die großen Schwierigkeiten offensichtlich, die sich ergeben, wenn man die zahlreichen unterschiedlichen Operationen und Wertsetzungen in einem Kulturbereich auf zwei gegenteilspezifische Begriffe verdichten will. Schön und hässlich sind Bewertungen, die primär in die Ebene der Wahrnehmung, Empfindung und Ästhetik verweisen und nicht primär in die Ebene der Kommunikation, die Luhmann für Kunst in Anspruch nimmt. Das Modell der Kopplungen bedarf einer intensiven logisch-funktionalen Aufbereitung, um die sich hier ergebenden Widersprüche auffangen zu können, wenn man seine Absicht darauf richtet. Die Begriffe stimmig und nicht stimmig sind primär auf analytische und synthetische Urteile gerichtet, so dass die Möglichkeiten des Verstandes angesprochen werden. Beide Bewertungsmaßstäbe stellen Analog-Systeme dar. Schön oder hässlich ist immer etwas Bestimmtes. Es handelt sich um Besonderheiten einer gegebenen Einheit, um die Einheit des Kunstwerks. Die beobachtbare Einheit fällt aus der dualen Unterscheidung des Codes heraus. Sie wird in der Unterscheidung nicht genannt. Die gravierenden logischen Probleme einer am Analogie-Modell orientierten Systemtheorie der Kunst müssen die Leserinnen und Leser der Arbeiten Luhmanns über die Kunst nicht daran hindern, Anregungen für eigene Reflexionen mitzunehmen.

Luhmanns Versuch, die maßgeblichen Strukturmerkmale eines Funktionssystems mit einem Zwei-Seiten-Code zu erfassen, stößt auf Grenzen, die durch die binäre Logik gesetzt werden. Abgesehen davon, dass es äußerst schwierig ist, mit einem einzigen Begriffspaar die wichtigsten Züge eines ganzen Kulturbereiches zu erfassen, ist

Klarheit darüber zu gewinnen, dass z.B. die Begriffe schön und hässlich auf der logischen Ebene der Akzidentien positioniert sind. Das heißt: schön und hässlich sind zwei kontingente Teileinheiten eines Beurteilungssystems, das sich auf Kunst bezieht. In der Figur des Codes werden zwei Teileinheiten als Besonderheiten des Einschätzens von Kunst genannt.

Auf dem Hintergrund des binären Schemas Einheit/ nicht Einheit bleibt in Luhmanns Darstellung das Kunstwerk als Einheit ungenannt. Besetzt wird ausschließlich die rechte Seite der Unterscheidung, und zwar im Sinne des Beobachtens. Beobachten lässt sich nach Luhmanns Vorschlag als Unterscheiden und Bezeichnen definieren. Unterschieden wird z.B. zwischen stimmig und unstimmig. So kann ein Kunstwerk etwa als nicht stimmig bezeichnet werden. Auf dieser rechten Seite der binären Unterscheidung geht es nur um dasjenige, was konkret und kategorial nicht Einheit ist und folglich keinen Anfang und kein Ende hat: das Beurteilen, das Einschätzen, das Bewerten, das Einordnen usw. Der Gegenstand des Einschätzens erscheint überhaupt nicht im Code. Damit erfasst Luhmanns Code nur die rechte Hälfte des binären Codes. Selbstverständlich muss man wissen, was da eingeschätzt wird. Jedoch verleitet diese Art von Umgang mit den Bedingungen der Logik zu einem Konstruktivismus, der sich von den zu beobachtenden Gegenständen abhebt und im freien Raum schwebt, ohne auf Bodenhaftung zu achten. Das als Wissenschaft verstandene Beobachten sei es erster oder zweiter Ordnung bleibt als das Eine immer bei sich selbst. Es tritt nicht aus der Sphäre der Negativeinheit heraus. Damit wird von der Struktur des Codes her der Gegenstand der Beobachtung aus dem Blickfeld verloren. Im Ergebnis erweist sich das Modell des von Luhmann als binär bezeichneten Codes als untauglich für die Verwendung in der Wissenschaftstheorie.

Kybernetik

Der Begriff Kybernetik ist von dem altgriechischen Hauptwort kybernétes (lautschriftlich: kybernätäs) abgeleitet worden. Gemeint ist der Steuermann, der nicht bloß das Schiff steuerte, sondern auch die Leitung des ganzen Schiffes unter sich hatte. Kybernetik ist die Leitung, die Steuerung, die Lenkung. Im modernen Sinne ist Kybernetik die Regelung. Luhmann befasst sich mit der kybernetischen Regelung in seinem im Jahre 1968 herausgegebenen Buch „Zweckbegriff und Systemrationalität“ (107ff.). Er bezieht sich auf das von Norbert Wiener herausgegebene Buch „Kybernetik“ (Düsseldorf/ Wien 1963). Der kybernetische Forschungsansatz ist für Luhmann entschieden nichtontologisch und funktionalistisch. Invarianz wird nämlich als Problem und nicht als Wesenskern des Seienden gesehen. So ist dieses Begriffsmodell in überraschender Nähe zur funktionalistischen Systemtheorie der Soziologie positioniert.

In der angewandten Kybernetik bezieht sich die Regelung auf das Modell des feedback. Luhmann formuliert: „Grundgedanke dieses auch ‚Servomechanismus‘ genannten Verfahrens ist es, eine bestimmte beabsichtigte Dauerwirkung trotz verschiedener, wechselnder Umwelteinwirkungen konstant zu erzeugen dadurch, dass die vom System eingesetzte Teilursache nach Maßgabe des in der Umwelt erzielten Effekts veränderlich dosiert wird. Das System kompensiert dann durch Selbständerung etwaige Umweltänderungen.“ (108) In diesem Verfahren, so bemerkt Luhmann, ist nun ein Sollwert vorausgesetzt, dessen Aktualisierung das System „anstrebt“.

Der Sollwert wird auch als Regelungsziel oder als Zweck bezeichnet. Für Luhmann lautet die bemerkenswerteste Darstellung dieses Gedankens, dass die Kausalkategorie und die Zweckkategorie sich nicht widersprechen, „ dass es sich überhaupt nicht um ein Gegensatzpaar handelt, welches auf einer Ebene liegt, dass vielmehr die Kausalkategorie den einfachen Prozess bezeichnet, die Zweckkategorie dagegen eine Systemkategorie ist, die nur angewendet werden kann, wenn ein Komplex einfacher Kausalprozesse in bestimmter Weise geordnet ist, dass also der Zweck nicht unmittelbar aus den einzelnen Ursachen dieser Prozesse als gemeinsame Wirkung abgeleitet werden kann, sondern ein besonderes Arrangement, eben ein System, voraussetzt“. (109) Luhmanns Argumentation wird verständlich, wenn man in diesem Buch liest, dass der Zweckbegriff aus der Handlungstheorie in die Systemtheorie zu verlegen ist.(3) Luhmanns theoretische Orientierung bezieht sich auf die „Umstellung von Handlungskategorien auf Systemkategorien" (6). Diese einfache Aussage wird später in der Weise differenziert, „dass Zwecke nicht einfach nur systeminterne Verhaltensstandards sind, sondern ein Problem in der Beziehung von System und Umwelt lösen" (109).

Luhmann sieht die kybernetische Regelung auch als im Dienst an der Reduzierung von Widersprüchen im System befindlich: Die Zweckorientierung der Regelung verhilft dem System nicht nur zu konstanten Wirkungen trotz unvorhersehbarer Umweltvariationen, sondern reduziert zugleich die sachliche widerspruchsreiche Komplexität der Umwelt auf eine einfache, entscheidungsfähige und gleichwohl elastische Formel (111). In seinen späteren Arbeiten richtet Luhmann seine Aufmerksamkeit nicht auf die Impulse der Kybernetik, sondern vielmehr auf das Modell der Autopoiesis. Die „konstanten Wirkungen" des Systems fließen in das Modell der Strukturdeterminiertheit des Systems ein. Der Begriff determiniert besagt nur, „dass die *Abfolge* der Benutzung und Veränderung von Strukturen auf eben diese Strukturen angewiesen ist, also mit dem Verfahren der Überschussproduktion und Selektion arbeiten muss, das im System selbst angelegt ist" (Luhmann: Die Wissenschaft der Gesellsch., 1992, 279). Die Serie der Transformationen kann mit Maturana als structural drift bezeichnet werden.

Die strukturelle Strömung der komplexen sozial-kulturellen Systeme wird durch strukturierte Erwartungen gesteuert. In seiner 1972 erschienenen zweibändigen Rechtssoziologie (rororo studium 1, 58) verwendet Luhmann den Begriff Erwartungserwartung: „Gegenüber doppelter Kontingenz sind andersartige, sehr viel komplizierter und voraussetzungsvoller gebaute Erwartungsstrukturen erforderlich, nämlich Erwartungen von Erwartungen.... Zur Steuerung eines Zusammenhanges sozialer Interaktion ist nicht nur erforderlich, dass jeder *erfährt*, sondern auch, dass jeder *erwarten* kann, was der andere von ihm *erwartet*"(33). Luhmann bringt die Erwartung von Erwartungen in Verbindung mit der doppelten Kontingenz.

Zur allgemeinen Erläuterung des Modells der Kybernetik:

Die Steuerung des individuellen und kollektiven Handelns erfolgt u.a. durch die Institutionen der Gesellschaft, d.h. durch verfestigte Formen des Zusammenlebens (Vgl. dazu z.B. die grundlegende Arbeit von H. Schelsky u.a. unter dem Titel „Zur Theorie der Institution", Düsseldorf 1970, ferner O. Weinberger über „Neo-Institutionalismus versus Systemtheorie“ in dem von P.-U. Merz-Benz und G. Wagner herausgegebenen Buch „Die Logik der Systemtheorie“, Konstanz 2000). Die Steuerung der Verhaltenssequenzen in komplexen sozialen Systemen wird durch die unterschiedlichen Herrschaftsstrukturen geprägt. Im Gefüge der von Max Weber ausführlich beschriebenen legal-bürokratischen Herrschaftsform („Wirtschaft und Gesellschaft“, 1956) dominiert die Verhaltenssteuerung durch „Recht und Gesetz“. Für diese Herrschaftsform ist die Rationalisierung bestimmend, d.h. die kollektive Auffassung, dass man die gesellschaftlichen Verhältnisse durch Berechnung bestimmen kann, wenn man nur wollte. Im Modell der traditionalen Herrschaft steht die in der Überlieferung enthaltene Verbindlichkeit der Normen im Vordergrund. Im Gefüge der charismatischen Herrschaftsstruktur dominiert die Steuerung durch den Glauben an besondere Gnadengaben und Ausstrahlungen der Inhaberinnen und Inhaber von Führungspositionen.

Quer durch alle soziologisch verstandenen Herrschaftsstrukturen und politisch gemeinten Staatsformen hindurch üben die Verbreitungsmedien einen erheblichen Einfluss auf die kollektive Verhaltenssteuerung aus (Dazu: N. Luhmann: Die Realität der Massenmedien, 1996). Ausführlich hat sich Helmut Willke mit der Steuerung in Systemen befasst (H. Willke: Systemtheorie III: Steuerungstheorie, 3. Aufl. 2001). Willke behandelt (wie auch Luhmann) u.a. die symbolisch generalisierten Steuerungsmedien wie Macht, Geld, Wahrheit, Glaube oder Vertrauen (137). In diesem Zusammenhang wird auch die Bedeutung des Sinnproblems für die Steuerung behandelt.

Die Vernunft als Urgrund in dem von Aristoteles beschriebenen Sinne (Metaphysik 1074b) ist als Steuerungsprinzip der gesellschaftlichen Evolution deutlich in den Hintergrund getreten. Noch Hegel als einer der Vorläufer der Systemtheorie geht davon aus, dass die Vernunft die Welt regiert und so auch die Weltgeschichte regiert hat und regiert (Hegel: Die Vernunft in der Geschichte, 1955, 87). In der Vorrede seiner „Grundlinien der Philosophie des Rechts“ (1955) formuliert Hegel den Satz: „Was vernünftig ist, das ist wirklich; und was wirklich ist, das ist vernünftig“ (14). Derartige Äußerungen zeigen, dass immer auch grundlegende intergesellschaftliche Leitsätze in das Gefüge der Steuerungsmechanismen eingehen, so die Formulierung „Freiheit, Gleichheit, Brüderlichkeit“.

Luhmann hält die Wirkung von Steuerungsmechanismen in komplexen sozialen Systemen für sehr begrenzt. So formuliert er in seinem Buch „Die Wissenschaft der Gesellschaft“, 1992): „Schon aus Sicherheitsgründen verträgt kein autopoietisches System eine Steuerung, kein Gehirn eine Zentralverknüpfung, kein Bewusstsein ein Ich im Sinne einer willkürlichen Oberinstanz“ (625). So steht Luhmann auch der Auffassung skeptisch gegenüber, dass man von einer beschränkten Steuerung der Gesellschaft durch das Recht ausgehen könne (Luhmann: Das Recht der Gesellschaft 1993, 154). Die Übersicht ergibt, dass die teleologischen Steuerungstheorien der gesamtgesellschaftlichen Evolution, wie sie von Aristoteles, Hegel und Fichte entworfen wurden, abgelöst worden sind durch nüchterne Mechanismen wie z.B. Strukturdeterminiertheit.

Die Perspektive der binären Logik lässt das Begriffsmodell Steuerung nicht für sich allein. Zur Steuerung gehören z.B. unablösbar zahlreiche Funktionen im Sinne von Tätigkeiten, welche die Steuerung bewerkstelligen und sie in Gang setzen oder hemmen:

Überhaupt erst einmal auf mögliche Mechanismen der Steuerung von Systemen aufmerksam werden.

Prüfen, ob es relevante Unterschiede gibt zwischen der Steuerung von sozialen, kulturellen und personalen Systemen.

Prüfen, ob es Verbindungen gibt zwischen der Steuerung sozialkultureller, personaler und maschineller Systeme (z.B. binäre Mechanismen im Sinne der Unterscheidung zwischen 0 und I oder Einheit und Negativeinheit ermitteln).

Die historischen Unterschiede im Hinblick auf den jeweiligen kollektiven Optimismus oder Pessimismus bezüglich der Steuerungsmöglichkeiten von Systemen abschätzen (Beispiel: die Vorstellung der Entzauberung der Welt).

Die Vorstellung der Selbststeuerung eines Systems im Sinne der Autopoiesis auf den utopischen Gehalt hin prüfen.

Reflexionen darüber anstellen, ob psychoanalytisch gemeinte Bedingungen (z.B. Projektionen) im Spiel sind, wenn es um Steuerungen von Systemen verschiedener Art geht usw.

Lebenswelt

Luhmann behandelt die Lebenswelt in Verbindung mit dem Sinnproblem: Die Sinngeschichte hat Strukturen geschaffen, die als selbstverständlich gelten (Soziale Systeme, 1985, 105f.). Die Selbstbeschreibung der Welt wird seiner Auffassung nach durch die Unterscheidung von Sinn und Welt im Sinne einer Leitdifferenz charakterisiert. Die Welt gilt als ebenso unausweichlich und unnegierbar wie Sinn. Mit dem Begriff der Lebenswelt verbindet sich das momentan Unbezweifelte, das Vorverständigtsein, die unproblematische Hintergrundsüberzeugung, „dass die Welt irgendwie alles Auflösen und alles Einführen von Unterscheidungen konvergieren lässt (106). Der Lebensweltbegriff wird von Luhmann mit einer tiefreichenden Krise der Rationalitätsbegrifflichkeit verbunden (Die Wissensch. der Gesellsch., a.a.O., 161f.). Er formuliert: „Man kann dann sagen: Jede Thematisierung von Beschränkungen, sei es als Wissen, sei es als Recht, vollzieht sich immer im lebensweltlichen Horizont von nichtthematisierten Beschränkungen."

Der Begriff der Lebenswelt ist kein für die moderne Systemtheorie typischer Terminus. Eher ist er phänomenologischer Herkunft. Er wird vielfach auf E. Husserl (Ders.: Die Krisis der europäischen Wissenschaften und die transzendentale Phänomenologie. Den Haag 1976) zurückgeführt. Ein weiterer Urheber ist A. Schütz mit seiner Studie „Der sinnhafte Aufbau der sozialen Welt" (1992). Das Modell der Lebenswelt knüpft an Max Webers Begriff des sinnhaften Handelns an. Es bezieht sich auf den Aufbau einer Erfahrungswelt und deren Ordnung unter Schemata. Der in Luhmanns Ansatz typische Begriff der Umwelt geht u.a. auf Alfred Schütz zurück. Insofern steht der Umweltbegriff in unmittelbarer Verbindung zur verstehenden Soziologie. Schütz formuliert: Leben in den subjektiven Sinnzusammenhängen des Du ist nur möglich als Leben im inhaltserfüllten Wir der umweltlichen Beziehung (Ebenda, 231). Die sozialpsychologische Perspektive dieses Umweltmodells wird offensichtlich: „Die Umgebung des Ich und die Umgebung des Du, unsere Umgebung also, ist eine einheitliche und gemeinsame. Die Welt des Wir ist nicht etwa meine oder deine Privatwelt, sie ist unsere Welt, die Eine uns gemeinsame intersubjektive Welt, die uns da vorgegeben ist" (Ebenda, 237). Die überwiegend konsensbestimmte Atmosphäre der Fraglosigkeit der Lebenswelt kommt in dem Satz zum Ausdruck: „In jeder Wirkensbeziehung setzt der Handelnde bei seinem Partner eine Anzahl echter Weil- oder Um-zu-Motive fraglos als konstant gegeben voraus..." (Ebenda, 238).

Die Idee des Systems klingt in der Verwendung des Begriffes Schema an, der auch von Luhmann erwähnt wird. Für A. Schütz ist ein Schema unserer Erfahrung ein Sinnzusammenhang unserer erfahrenden Erlebnisse. Schütz geht es um die Vorstellungen des täglichen Lebens, um die ethnomethodologische Welt des Alltags. Die Modelle der Umwelt und Mitwelt (dazu auch K. Löwith) sind keineswegs nur durch Einverständnishandeln geprägt, wie eine Äußerung von A. Schütz zeigt: „Denn eben jene soziale Welt des täglichen Lebens, deren Vorstellungen vom Ablauf des sozialen Phänomens übernommen werden, soll ja ihrerseits Gegenstand wissenschaftlicher Bearbeitung durch die Soziologie werden, deren Aufgabe es also sein muss, gerade das ‚Selbstverständliche' in Frage zu stellen" (Ebenda, 17).

Das Modell der Lebenswelt ist auch als Reaktion auf Abstraktionen, Formalisierungen und Quantifizierungen der konventionellen Soziologie zu begreifen, wenn man die Ausführungen von R. Eickelpasch und B. Lehmann (Soziologie ohne Gesellschaft, 1983) verfolgt. Der von Husserl beklagte Verlust aller Lebensbedeutsamkeit der Wissenschaften findet seinen Ausdruck in einer Soziologie des Alltags, die den „natürlichen" Einstellungen und Selbstverständlichkeiten des täglichen Lebens Rechnung trägt. So wichtig die Impulse für eine Soziologie des Alltags sein mögen: Begrenzungen werden vorgegeben durch die Kritik an der Ursprungsphilosophie und den Identitätstheorien im Sinne der Konsensorientierung. Der neuere systemtheoretische Impetus von Luhmann bezieht die Widersprüche der sozialen Systeme in die Logik ein. Für Luhmann ist der Widerspruch eine Unbestimmtheit des Systems, nicht der Einzelperson: Evolution kommt zustande durch abweichende Selbstreproduktion (Soziale Systeme, 1985, 492). Widersprüchen wird eine Doppelfunktion zugeschrieben, ein Blockieren und Auslösen, „ein Stoppen der Beobachtung, die auf den Widerspruch stößt, und ein Auslösen von genau darauf bezogenen, genau dadurch sinnvollen Anschlussoperationen" (Ebenda). Luhmann bindet den Widerspruch an das Eine der Kommunikation: „Der Widerspruch entsteht dadurch, dass er kommuniziert wird" (Ebenda, 498). Allerdings vernachlässigt Luhmann zugunsten der Bindung des Widerspruchs an die Selbstreferenz dessen gleichzeitige Bindung an die Fremdreferenz, obwohl beide Referenzen eine unablösbare Einheit bilden. Widersprüche werden als Promotoren der Systembewegung gesehen. Systemorientierte Reflexion bringt Widersprüche mit dem Gedanken der Einheitszumutung in kausale Verbindung. Erst der Widerspruch macht das, was in ihm zusammengezogen wird, zu etwas Widersprechendem (Ebenda, 495). Grundsätzlich wird das Konzept der Lebenswelt eher an die interaktionistische Perspektive gebunden als an die systemtheoretische (Vgl. dazu auch die ausführliche Behandlung des Modells der Lebenswelt bei Habermas in seiner „Theorie des kommunikativen Handelns“, 1981).

In der binären Systemtheorie ist eine Umgrenzung des sozialen Phänomens Lebenswelt erforderlich etwa in dem Sinne der sozialkulturellen Atmosphäre, in der man sein tägliches Leben verbringt. Zugleich und mit gleichem Gewicht geht es um den Übersprung in diejenige logische Sphäre, die nicht Lebenswelt als mit Anfang und Ende versehene Einheit ist und doch unablösbar zum begrifflichen System mit der Bezeichnung Lebenswelt gehört: die Lebenswelt in ein klares Definitionsgefüge einbringen; die Lebenswelt nicht aus der wissenschaftlichen Diskussion ausklammern; sich um den gemeinten Sinn der Begriffe Leben und Welt bemühen; prüfen, was Leben aus der Sicht unterschiedlicher Wissenschaften ausmacht; die Möglichkeiten etwaiger Missverständnisse und Vorurteilsbildungen prüfen; die Frage erörtern, ob die Begriffe System und Lebenswelt in die gleiche logisch-funktionale Reihe eingeordnet werden können usw.

Das binäre Modell sieht die Lebenswelt nicht als etwas fest Vorgegebenes, sondern als ein Gefüge, das der ständigen Beobachtung und Bearbeitung ausgesetzt ist. Vorgelegte Definitionen einschließlich der Differenzierungen der Lebenswelt machen das jeweils Feste aus. Die Bearbeitungen und laufenden Wandlungen der wissenschaftlichen Perspektiven hinsichtlich der Struktur der Lebenswelt machen das Fließende aus. So gehen Statik und Dynamik ständig miteinander her, ohne sich zu widersprechen, da es sich in der binären Logik um einen nicht aufhebbaren logischen und funktionalen Gegensatz handelt.

System und Lebenswelt lassen sich nicht in dieselbe logische Reihe einordnen. System ist eine Kategorie im Sinne eines Grundbegriffs der Logik. System steht für die Kategorie der Einheit. Lebenswelt dagegen ist keine logische Kategorie. Der Terminus Lebenswelt hätte keinen legitimen Platz etwa in der Kategorientafel Kants. Lebenswelt ist eine soziokulturelle Struktur, die in die Richtung der gemeinschaftlich bestimmten traditionalen Alltagswelt verweist. Daher ist es von den Strukturen der Logik her nicht möglich, die Lebenswelt und die „systemischen Mechanismen“ in eine logische Reihe zu stellen, wie Habermas das tut, wenn er meint, dass die Gesellschaft sich aus der Binnenperspektive der Lebenswelt als Netz kommunikativ vermittelter Kooperationen darstellt, während die systemischen Mechanismen dem intuitiven Wissen ihrer Angehörigen entzogen sind (J. Habermas: Theorie des kommunikativen Handelns 1981, Band 2, 223f.).

Logik

Logik ist ein komplexer Begriff, mit dem sich viele unterschiedliche Vorstellungen verbinden. Der philologische Ursprung ist das griechische Hauptwort lógos. Gemeint sind z.B. die folgenden Bedeutungen: das Sprechen, das Wort, der Ausdruck, die Rede, der Stoff zum Reden, die Schrift, das Buch, die Bedeutung. Logik und Metaphysik im Sinne übergreifender Formen des Weltverständnisses hängen unmittelbar zusammen. Daher sind die Konstruktionen der Logik grundsätzlich nicht von philosophischen Grundorientierungen abzutrennen, auch wenn diese Verbindungen nicht erkannt werden oder nicht erkannt werden wollen. Zur Logik gehören u.a. die unterschiedlichen Richtungen der Wissenschaftstheorie, der Erkenntnistheorie, der Lehre vom Satz, der Kategorien, der wissenschaftlichen Methoden, der Möglichkeiten und Grenzen der wissenschaftlichen Reflexion, der Evolution der Wissenschaft, der Suche nach der Wahrheit oder nach einzelnen wahren Aussagen, der Formgebung wissenschaftlicher Reflexion, der Abhängigkeit wissenschaftlicher Aussagen von personalen und sozialen Bedingungen, der Begründung wissenschaftlichen Wissens.

Bereits im klassischen Altertum gibt es zahlreiche Grundlegungen logischer Konstruktionen, die unmittelbar in die Gegenwart hineinwirken. Parmenides geht etwa 500 v. Chr. davon aus, dass der grundlegende Beurteilungsmaßstab der Einheit an sich in Einheit und Negation kategorialer Einheit an sich geteilt ist, so dass Logik durch die Zweiheit in der Einheit bestimmt wird. Diese logische Konstruktion kommt in Platons Dialog „Parmenides“ zum Ausdruck. Aristoteles dagegen sieht Einheit als letzten ungeteilten Grund und stellt der Einheit als Gegensatz die Vielheit gegenüber. Platon definiert im „Theaitetos“ Erkenntnis als mit Erklärung verbundene richtige Vorstellung. Es fällt auf, dass im griechischen Altertum als begründender Grund für wissenschaftliche Konstrukte der Mensch gesehen wird und nicht die Gesellschaft. Der Mensch ist das Maß aller Dinge (Protagoras). Der sehr umfangreiche von Aristoteles vorgelegte Entwurf setzt bei der Substanz an, die vorzüglich für einzelne Lebewesen (Mensch oder Tier) steht. Erst in der Gegenwart wird der Stellenwert der Gesellschaft und damit der Kommunikation in das Gefüge der Wissenschaftstheorie eingebracht, z.B. durch N. Luhmann. Wissenschaft ist mehr „Psycho-Logik“ als „Sozio-Logik“.

In der aristotelischen Metaphysik werden das Sein und das Eine zuoberst von allem ausgesagt. Diese metaphysische Grundorientierung ist seitdem bestimmend für die verschiedenen Formen der Logik. Sein steht für Beständigkeit und Bleiben. Einheit steht für das differenzierbare Ganze, dessen Teile dem Ganzen zugeordnet werden. Bis zu Luhmanns Systemtheorie hin verdanken die Teile oder Elemente sich dem Ganzen. Sie sind für das Ganze der Einheit da. So ist das bestimmende und dominante Modell der Logik die differenzierbare Einheit, das gegliederte Ganze der Einheit. Nun haben aber die Teile oder Elemente für sich betrachtet dasselbe logische und funktionale Gewicht wie das Ganze der Einheit. Folglich ist es nicht konsequent, die Teile insgesamt als Zubringer dem Ganzen der Einheit zuzuschlagen und das Ganze der Einheit als den dominanten Teil dieser Unterscheidungsfigur zu sehen. Einheit und Teileinheiten stehen sich funktional gleichgewichtig gegenüber und repräsentieren als solche ein gleichgestelltes Paar. Das Analog-Modell mit der differenzierbaren Einheit auf der historischen Basis der logischen Figur Substanz/ Akzidens nimmt den Funktionsplatz auf der linken Seite der binären Unterscheidung ein, während die rechte Seite dieser Unterscheidung durch die Verschiedenheit an sich im Sinne des Nichtunterschiedenseins dargestellt wird. Beide Seiten der binären Unterscheidung bilden eine unablösbare Einheit. Zugleich stehen beide Seiten jeweils für sich.

In der Zeit des 30jährigen Krieges entfaltet R. Descartes in seinen „Regeln zur Leitung des Geistes“ (1959) eine Reihe von klaren Anweisungen für die Gewinnung wissenschaftlicher Erkenntnisse. Der Geist muss so gelenkt werden, dass er über alle sich ihm darstellenden Gegenstände begründete und wahre Urteile fällt. Erforderlich sind klare und evidente Intuition und sichere Deduktion. Die wissenschaftliche Methode besteht darin, die verwickelten und dunklen Sätze stufenweise auf einfachere zurückzuführen und sodann von der Intuition der einfachsten aus zu der Erkenntnis aller übrigen zu führen. Leibniz legt in der zweiten Hälfte des 17. Jahrhunderts in seiner Schrift „Metaphysische Abhandlung“ (1958) Grundsätze für die Erkenntnistheorie dar: Die Wirkung muss ihrer Ursache entsprechen. Sie wird sogar am besten durch die Erkenntnis der Ursache erkannt. Eine Erkenntnis ist deutlich, wenn man die bekannten Merkmale erklären kann. Die vollendete Erkenntnis besagt: Das Gesetz der Erzeugung der Sache muss aus der Möglichkeit des Dinges hervorgehen. Die Definition muss die Regeln der Erzeugung hergeben. Kant entwickelt in den beiden Ausgaben A (1781) und B (1787) seiner

„Kritik der reinen Vernunft“ die Gesetzmäßigkeiten des Denkens überhaupt, das er transzendental nennt. Der höchste Punkt der Deduktion der reinen Verstandesbegriffe ist „die synthetische Einheit der Apperzeption“. An diese Verbindung eines Mannigfaltigen überhaupt muss man allen Verstandesgebrauch, selbst die ganze Logik heften (B 184). Hegel entwirft (1812 ff.) in seinem umfangreichen Werk „Wissenschaft der Logik“ (1951) vor allem im Rekurs auf Parmenides und Aristoteles aus seiner philosophischen Grundidee heraus das Modell: Der Anfang ist die Einheit des Seins und Nichtseins, d.h. „in reflektierterer Form“ die Einheit des Unterschieden- und des Nichtunterschiedenseins. Das könnte die erste Definition des Absoluten sein (a.a.O., 59). E. Husserl kreiert in seinen „Logischen Untersuchungen“ (1928) den Gedanken der Intentionalität, d.h. das Denken ist immer auf ein Objekt gerichtet (a.a.O. 366), Denken ist immer Denken von Etwas. In seiner Vorlesungsreihe „Die Idee der Phänomenologie“ (2.Aufl.1958) stellt Husserl das Modell der „phänomenologischen Reduktion“ vor: „Dieses Gegebensein, das jeden sinnvollen Zweifel ausschließt, ein schlechthin unmittelbares Schauen und Fassen der gemeinten Gegenständlichkeit selbst und so wie sie ist, macht den prägnanten Begriff der Evidenz aus, und zwar verstanden als unmittelbare Evidenz.“ (a.a.O., 35) Die Phänomenologie reduziert auf „die reinen Erkenntnisphänomene“ (a.a.O., S.47) unter Absehung von jeglicher Transzendenz.

Für K. Popper verfährt Wissenschaft empirisch. Das Ziel der empirischen Wissenschaft ist es, befriedigende Erklärungen zu finden und die Güte der Erklärungen zu verbessern, indem man den Grad ihrer Prüfbarkeit verbessert und zu immer besseren und besser prüfbaren Erklärungen fortschreitet (Popper in Hg. H. Albert, 1964, 75). Wissenschaft heißt: Probieren, Irrtum, Weiterprobieren. Wissenschaft zielt auf die Erfindung von prüfbaren Theorien (Ebenda, 102). Die empirischen Sätze, so schreibt Popper in seinem Werk „Logik der Forschung“ (1969, 59) müssen neben der Bedingung der Widerspruchslosigkeit noch einer weiteren Bedingung genügen: sie müssen *falsifizierbar* sein.“

Mit Ausnahme des binären Entwurfs in der Fassung des von Platon herausgegebenen Dialogs mit dem Titel „Parmenides“ sind alle hier exemplarisch genannten Logiker der Arbeit am Analog-System zuzurechnen. Immer geht es um Unterscheidungen innerhalb der Grenzen der Einheit. So ist z.B. bei Popper die Einheit die Komplexität der wissenschaftlichen Erklärung, die sich in ständig zu verbessernden Stufen in Richtung auf Universalität und optimale Überprüfbarkeit bewegt. So ist z.B. bei Husserl die Einheit die phänomenologische Wesensschau, in der durch den Vorgang der phänomenologischen Reduktion die „Grundirrtümer" des Psychologismus, des Anthropologismus und des Biologismus als Formen der Transzendenz auszuschalten sind (Husserl 1958, 39). Im Ergebnis zeigt sich die Durchsetzungskraft der von Aristoteles gemachten Aussage: „Ausgangspunkt aller Erkenntnis aber ist nun auf jedem Gebiet die Einheit" (Metaphysik, 1016b).

Dieser Bezug auf das Grundmodell Einheit findet sich auch in den soziologisch mitbestimmten Ansätzen der logischen Konstruktionen, z.B. bei Adorno. Er spricht in seiner Abhandlung „Zur Logik der Sozialwissenschaften" (Maus/ Fürstenberg, Hg., 1969, 140) vom Vorrang der Gesellschaft vor der Psychologie. Zentrales Moment der Logik ist die dialektisch gemeinte Antithese im Sinne der inhaltlich bestimmten Kritik bestehender gesellschaftlicher Verhältnisse. Dialektische Logik zielt auf inhaltlich bestimmte Nichtidentität, auf das Denken in Widersprüchen gegen die widersprüchliche Gesellschaft. Adorno formuliert: „Der kritische Impuls ist eins mit dem Widerstand gegen die starre Konformität der je herrschenden Meinung" (Ebenda, 133). Die Beiträge der empirischen Forschung erreichen nicht die Totalität der Gesellschaft. Adornos Logik bewegt sich auf der Achse: die Gesellschaft mit ihren Verschiedenheiten positiv sehen – die Gesellschaft mit ihren Verschiedenheiten negativ sehen. Die Zweiheit der Einheit hat die Struktur des Gegenteils auf der Achse positiv-negativ. Die positive und die negative Beurteilung der Gesellschaft stehen zwar in Verbindung und machen insofern eine Einheit aus. Man nimmt sich aber das Recht, die positive wie die negative Position gegenüber der Gesellschaft jeweils für sich zu nehmen und es bei dieser Autonomisierung der einen wie auch der anderen Seite der Unterscheidung zu belassen: bei der Kritik im Sinne der inhaltlichen Negation. Diese analoge Logik geht im Prinzip auf die von Aristoteles geschaffene Position zurück, die besagt: Alle Dinge sind jedoch entweder Eines oder Vieles, ein jedes eins davon (Metaphysik 1001b). Entscheidend ist hier das Entweder-Oder. Die Entscheidung bezieht sich auf Beurteilung der Gesellschaft als Bemessungseinheit. Die beiden gegenteiligen Positionen sind positiv und negativ. Sie beziehen sich auf die inhaltliche Prädikatierung der Gesellschaft. Sie beziehen sich nicht auf die Negation kategorialer (also inhaltlich nicht bestimmter) Einheit an sich.

Das binäre Modell erfordert die Einheit der Einheit an sich und deren Negation. Die linke Seite der binären Unterscheidung muss im

Anwendungsfall mit einem inhaltlich bestimmten Exemplar der Einheit an sich besetzt werden. Die rechte Seite muss mit mehreren Exemplaren der Negation der Einheit an sich besetzt werden, weil hier die Verschiedenheit platziert ist und somit die Beschränkung auf ein einziges Exemplar nicht möglich ist. Wenn auf der linken Seite die Wahl der inhaltlichen Besetzung des Funktionsplatzes auf die Gesellschaft als differenzierbare Einheit fällt, dann müssen auf der rechten Seite mehrere Exemplare der Nichteinheit eingesetzt werden. Die Beschränkung auf die Kritik der Gesellschaft erfüllt nicht die mit der binären Konstruktion verbundene Bedingung, die besagt, dass auf der rechten Seite des binären Grundmodells nur die Verschiedenheit einen logisch legitimen Platz erhält. *Der kritische Impuls ist nur Eines und eben nicht Verschiedenheit. Die kritische Theorie kann daher nicht der Wissenschaft zugeordnet werden, wenn die Maßstäbe der binären Logik als bestimmend angesetzt werden.* Von dieser Aussage bleibt die Bedeutung der sozialphilosophischen und politischen Position der kritischen Theorie unberührt.

Zudem operiert Adornos Logik mit dem Modell der Wechselwirkung. Dieses ist Bestandteil der Kategorientafel Kants und damit analog orientiert, weil die Wechselwirkung eine Variante (im Sinne einer Teileinheit) der Kategorie der Modalität ist. Adorno formuliert in seiner Abhandlung „Zur Logik der Sozialwissenschaften" (a.a.O., 141): Die Gesellschaft ist ein Gesamtprozess, in dem die von der Objektivität umfangenen, gelenkten und geformten Menschen doch auch wiederum auf jene zurückwirken...". Die Wechselwirkung im Sinne Kants spielt sich zwischen dem Handelnden und dem Leidenden ab. In Adornos Darstellungen ist die Gesellschaft primär das Handelnde und auf das Individuum Einwirkende. Und die Menschen in dieser Gesellschaft sind die primär Leidenden. Dieser Mechanismus der Wechselwirkung wechselt die Funktionsplätze aus. Dadurch wird das Modell der Wechselwirkung bestätigt. Im Resultat zeigt sich: Auch eine sich als dialektisch und kritisch verstehende Theorie verlässt nicht die Umgrenzungen des Analog-Modells der Logik.

Massenmedien

In systemtheoretischen Abhandlungen müssen die Massenmedien vom Modell des Systems her erklärt werden. Luhmann behandelt dieses Thema ausführlich in seinem Buch „Die Realität der Massenmedien“ (2.Aufl. 1996) und in seinem umfangreichen Spätwerk „Die Gesellschaft der Gesellschaft“, 1997). Seine Definition schließt an den Begriff des Eigenwertes an: Die Massenmedien werden als Eigenwert oder Eigenverhalten (das heißt: als Besonderheit) der modernen Gesellschaft gesehen. Der Begriff Massenmedien bezieht sich auf alle Einrichtungen der Gesellschaft, die sich zur Verbreitung von Kommunikation technischer Mittel der Vervielfältigung bedienen. Gemeint sind vor allem Bücher, Zeitschriften, Zeitungen, photographische oder elektronische Mittel.

Die Realitätsproduktion der Massenmedien wird mit einer dualen Zwei-Seiten-Form erfasst. Die reale Realität der Massenmedien besteht aus ihren eigenen Operationen (Berichte herstellen, drucken, funken usw.). Der Verbreitungsprozess ist nur durch Technologien möglich. Es geht hier um den Ablauf der Kommunikationen in diesem Bereich. Die zweite Realität ist das, was für sie oder durch sie als Realität erscheint. Gemeint ist die Erzeugung einer „transzendentalen Illusion“. Die Unterscheidung zwischen den beiden Realitäten entspricht dem Modell Selbstreferenz/ Fremdreferenz. Luhmann bringt in diese Modellkonstruktion seinen „operativen Konstruktivismus“ ein, das heißt: Alle Erkenntnis und damit alle Realität ist eine Konstruktion.

Der in die Systemtheorie einfließende operative Konstruktivismus geht autologisch vor, das heißt: Die primäre Realität liegt in den kognitiven Operationen des eigenen Systems. Der Zugang zur Welt „draußen“ ist der Erkenntnis versperrt. Die Realität an sich selbst ist der Beobachtung nicht zugänglich. Kognitive Systeme, und so auch die Wahrnehmungen der Massenmedien, können nicht die Dinge an sich selbst (Kants Ding an sich) erschließen. Folglich bleibt nur die Möglichkeit, die Realität zu konstruieren. Es wird nicht bezweifelt, dass es eine Umwelt gibt. Die Realität da draußen außerhalb aller Wahrnehmungen und Beobachtungen zweiter Ordnung bleibt unerreichbar. Sie wird als Horizont gesetzt. Folglich ist Realität nichts weiter als ein Indikator für erfolgreiche Konsistenzprüfungen im System. Angesichts der Einsicht, dass alles Erkennen und Wissen die Sphäre der Konstruktion nicht überspringen kann, stellt sich die Frage: Wie konstruieren die Massenmedien Realität? Luhmann stellt das Fehlen einer zureichenden Reflexionstheorie fest.

Das System der Massenmedien arbeitet in Luhmanns Darstellung so, dass die eigenen Operationen demnächst fortgesetzt werden. Jede Sendung verspricht eine weitere Sendung. Die Welt, wie sie ist, und die Welt, wie sie beobachtet wird, können nicht unterschieden werden. Es liegt das Paradox der Konfusion zweier Welten vor. Die Realität eines Systems ist immer ein Korrelat der eigenen Operationen und folglich Konstruktion. Die Themen repräsentieren die Fremdreferenz der Kommunikation. Sie dienen der strukturellen Kopplung der Massenmedien mit anderen Gesellschaftsbereichen. Der Erfolg der Massenmedien beruht auf der Durchsetzung der Akzeptanz von Themen. Im Bereich der Massenmedien entsteht ein sich selbst reproduzierendes System. Es ist auf Interaktion unter Anwesenden nicht angewiesen. Damit kommt es zu einer operativen Schließung. Die Anschlussfähigkeit der Operationen im System wird durch den Code geleistet. Luhmann sieht den Code Information/ Nichtinformation als einen binären Code an. Dritte Möglichkeiten werden ausgeschlossen. Der Blick wird auf einen positiven und einen negativen Wert fixiert. Der positive Wert (Information) bezeichnet die Anschlussfähigkeit der Operation. Der negative Wert dient der Reflexion. Ohne Information findet keine Kommunikation statt. Alle Information ist auf Kategorisierungen angewiesen. Information ist ein Unterschied, der bei einem späteren Ereignis einen Unterschied macht.

Zur Interpretation: Das binäre System der Logik enthält das Analog-System, dem Luhmann grundsätzlich folgt, als linke Hälfte in sich selbst, aber nur, wenn in dieser Hälfte die gegebene differenzierbare Einheit nach den Maßstäben der Kompatibilität und damit Analogizität differenziert wird. Sobald diese Bemühungen um Differenzierung eines vorgegebenen Einen über ihre eigenen Grenzen und Möglichkeiten hinausgreifen und sich z.B. auf die These konzentrieren, dass alle Erkenntnis und damit alle Realität eine Konstruktion ist, wird die Analogizität des theoretischen Systems zerstört. Sie kann dann nicht länger auf der binären Ebene die erforderlichen Erwartungen erfüllen. Das Modell der operativen Schließung eines Systems führt zu dessen Erstarrung und Untergang. Wo von Schließung die Rede ist, muss sich irgendeine Form der Öffnung unmittelbar anschließen. Der Code Information/ Nichtinformation repräsentiert das aristotelische Modell des Gegenteils. Er enthält zwei Einheiten und damit zwei Systeme. Er enthält nichts als

Einheit schlechthin. Er führt nicht aus der logischen Geschlossenheit der Einheit des Systems heraus, es sei denn, es wird auf praktischer Ebene eine Öffnung des Systems geschaffen. Diese Öffnung müsste auf den Weg zu dem führen, was nicht System im grundsätzlichen Sinne ist. Andernfalls würde die Reflexion in die Zirkulation der Geschlossenheit des Systems zurückführen.

Die Operationen des Systems verwandeln in Luhmanns Modell ständig Information in Nichtinformation. Das System führt nun ständig die Bekanntheit von Sachverhalten wieder in das System ein. Dieser Vorgang erfolgt auf der anderen Seite der Zwei-Seiten-Form, also auf der Negativseite des Codes, die für Nichtinformation steht. Die Massenmedien bewirken soziale Redundanz, also den unmittelbar anschließenden Bedarf für neue Informationen. Fresh money und new information sind zentrale Motive der modernen Gesellschaftsdynamik.

Wie in allen Systemen in Luhmanns Modell wird die Ausdifferenzierung des Systems als Emergenz eines besonderen Teilsystems gesehen. Das jeweilige Teilsystem realisiert die Merkmale der Systembildung überhaupt: autopoietische Selbstreproduktion, Selbstorganisation, Strukturdeterminiertheit und operative Schließung. Zu den Konsequenzen der Ausdifferenzierung zählt ein Komplementärverhältnis von Universalismus und Spezifikation. Das Teilsystem hat eine Universalzuständigkeit für die eigene Funktion. In der Kontrolle ihrer eigenen Selektivität sind die Massenmedien autonom. Luhmann vermutet, dass die Selektionsweise der Massenmedien zugleich ferngesteuert wird.

Das analoge Modell Luhmanns sieht die Autonomie der Selbstkontrolle als dominant an. Das Modell zwingt dazu, diese klare Aussage sogleich zu relativieren: Zugleich liegt eine Fernsteuerung durch politische, religiöse oder militärische Stellen vor. Durch diese Fernsteuerung wird die These der Autonomie nach ihrer Setzung sofort wieder aufgehoben. So führt das konsequent angewandte Analog-System in die Sphäre des Widerspruchs hinein. Der Widerspruch bedarf dann der Auflösung durch eine Unterscheidung. Die binäre Perspektive setzt dagegen als Basis eine Einheit, z.B. den zeitlich eingrenzbaren Ablauf des Versuchs der Massenmedien, die eigene Autonomie aufzubauen, zu sichern und die Fortschreibung klar im Blick zu behalten. Die Gegenseite als Verschiedenheit wird mit Infinitiven aufgebaut: die Autonomie der Massenmedien als solche auf den Prüfstand bringen, die Autonomie definieren, sie in ihrer Begrenztheit sehen, Möglichkeiten für die Durchsetzung bestimmter Teilbereiche dieser Autonomie herausarbeiten und die Möglichkeiten einer Umsetzung in die Praxis abstecken, die grundsätzliche Rolle der durch Inhaberschaft der Macht bestimmten Politik für die Verteidigung der Autonomie eingrenzen, mögliche Stärken und Schwachpunkte in der mehr oder weniger unsichtbaren Kontrolle der Massenmedien durch die Politik ausloten, die Bedeutung des in dieser Kontrolle möglicherweise verwendeten Begriffes der Ideologie herausarbeiten und dieses Thema in die öffentliche Diskussion einführen, die Bedeutung grundlegender Werte und Verhaltensmaximen im Bezugsrahmen der Kontrolle der Massenmedien durch andere Funktionssysteme in das Blickfeld rücken usw. Ein derartiges Programm führt unmittelbar in die Lebenspraxis hinein, so dass Theorie und Praxis unabdingbar miteinander verflochten sind.

Auch der Terminus Masse als Bestandteil des Untersuchungsgegenstandes kann mit der Sonde des binären Systems der Logik geprüft werden. Ausgangspunkt: Masse sind immer die anderen. Man rechnet sich nicht selbst dazu. Aufgaben: Den Manipulationsgehalt des Begriffs Masse auf den Prüfstand heben, die Modellkonstruktion „Manipulation durch Massenmedien" an Hand der vorliegenden Fachliteratur prüfen (Beispiel: Rainer Geißler: Massenmedien, Basiskommunikation und Demokratie", 1973, 67ff.), die Übertragbarkeit eines sozialpsychologischen Begriffs auf andere Wissenschaften prüfen, den Begriff Masse auf eventuelle Gefühlsgeladenheiten hin überprüfen, den Fortgang der sozialpsychologischen Diskussion in den Blick nehmen, nach alternativen Formulierungen Ausschau halten, Luhmanns Ausführungen auf derartige affektuelle Beimischungen hin untersuchen usw.

Luhmann unterscheidet induktiv verschiedene Bereiche der Massenmedien: Nachrichten und Berichte, Werbung und Unterhaltung. Im Bereich der Nachrichten gibt es eine Reihe von Selektoren. So muss die Information neu sein. Konflikte werden bevorzugt. Ein wirksamer Aufmerksamkeitsfänger sind Quantitäten. Eine Information erhält durch den lokalen Bezug Gewicht. Normverstöße z.B. in Gestalt der Skandale verdienen besondere Beachtung. Es gibt eine Bevorzugung des Außergewöhnlichen. Bei Normverstößen ist die Erhaltung der Moral von Bedeutung. Die Massenmedien bevorzugen eine Zurechnung auf Handeln. Das Erfordernis der Aktualität führt zur Konzentration auf Einzelfälle, Unfälle usw. Auch Meinungsäußerungen können als Nachricht verbreitet werden. Die Meldungen werden in weitgehend vorseligierte Rubriken und Schablonen eingeordnet.

Die Werbung versucht zu manipulieren. Die Werbetechnik läuft auf Vereinnahmung des Gegensatzes hinaus: Durch das Prädikat „exklusiv" fühlt man sich eingeschlossen und nicht ausgeschlossen. In der Werbung scheint es um den Zwang zu gehen, sichtbar zu bleiben. Die eigene Funktion der Massenmedien dürfte in der Stabilisierung des Verhältnisses von Redundanz und Varietät in der Alltagskultur zu liegen. Redundanz wird durch Verkauf erzeugt, Varietät durch das Erfordernis, die eigenen Produkte am Markt unterscheiden zu können.

In der Unterhaltung gibt es das Modell des Spiels. Im Spiel wird eine zweite Realität geschaffen, von der aus gesehen die übliche Lebensführung als die reale Realität erscheint. Das Spiel enthält ständig auch Verweisungen auf die gleichzeitig existierende Realität. Die Welt der Imagination benötigt keine Spielregeln. Allgemein kann das Publikum heute zwischen realer und fiktionaler Realität unterscheiden. Unterhaltung re-imprägniert das, was ohnehin ist. Man lernt, wie Beobachter auf Situationen reagieren. Jede Operation im fiktionalen Bereich der Imagination führt eine Fremdreferenz mit, die Referenz auf die reale Realität. Unterhaltung ermöglicht eine Selbstverortung in der dargestellten Welt. Insgesamt leisten die Massenmedien einen Beitrag zur Realitätskonstruktion der Gesellschaft. Den Massenmedien wird (in Abgrenzung gegenüber der Wissenschaft) eine hohe Informationskapazität zugeteilt: Was man allgemein über die Gesellschaft weiß, das weiß man aus den Massenmedien.

Medium/Form

Luhmann stellt die Perspektive der Beobachtung um. Das Zentrum ist nicht länger das Bewusstsein, sondern jetzt die Kommunikation. Die Wahrnehmung des Bewusstseins ist nicht kommunizierbar. Diese Umstellung geht von der Voraussetzung aus, dass lebende Systeme, Bewusstseinssysteme und Kommunikationssysteme verschiedenartige, getrennt operierende selbstreferentielle Systeme sind. Das jeweilige System kann nicht außerhalb seiner eigenen Grenzen operieren. Für Luhmann bedeutet Trennung aber auch zugleich Verbindung: Keine Kommunikation ohne Bewusstsein, und keine Evolution von Bewusstsein ohne Kommunikation. In Kommunikationssystemen entwickelt sich wahrscheinlich nichts ohne Bezug auf Bewusstsein und Wahrnehmung. Trotzdem reproduziert die Autopoiesis der Kommunikation grundsätzlich Kommunikation aus Kommunikation. Gemeint ist damit, dass Kommunikationen Nachfolgekommunikationen erzeugen. Dieser Sachverhalt ändert nichts daran, dass das Bewusstsein notwendige Umwelt für Kommunikation ist. Das Kommunikationssystem ist nur durch das Bewusstsein mit der Außenwelt verbunden. Das Kommunikationssystem muss sich selbst eine ausreichende Führung geben. Luhmann sieht Sprache nicht als System an. Das bedeutet: Man muss von Sprache auf Kommunikation umstellen. Sprache ist nicht Zeichen für etwas anderes. Sprache ist ein Moment der Autopoiesis von Kommunikation, aber auch ein Moment der Autopoiesis von Bewusstsein.

Wie ist nun Sprache in der Lage, die Funktion der strukturellen Kopplung von Kommunikationsereignissen und Bewusstseinsereignissen zu erfüllen? Die von Fritz Heider vollzogene Unterscheidung von Medium und Form führt in die Richtung einer Antwort auf diese Frage. Medium ist jeder lose gekoppelte Zusammenhang von Elementen, der für Formung verfügbar ist, z.B. eine Menge von Wörtern. Form ist die rigide Kopplung eben dieser Elemente, die sich durchsetzt, weil das Medium keinen Widerstand leistet (Die Wissenschaft der Gesellschaft, 1992, 53). So lassen sich Wörter zu Sätzen zusammenfügen. Kopplung bedeutet in Luhmanns Verständnis Formbildung. Strukturelle Kopplungen führen zu wechselseitigen Irritationen. Da System und Umwelt gleichzeitig gegeben sind, ist die strukturelle Kopplung keine kausale Verknüpfung von System und Umwelt. In Luhmanns Ansatz ist das Bewusstsein weder Ursache noch Urheber, weder Substanz noch Subjekt der Kommunikation

(Ebenda, 59). Insofern ist denn auch Wissenschaft nicht auf das Kausalschema reduzierbar.

Das Modell des Systems lädt dazu ein, Luhmanns Unterscheidung Medium/ Form in ein System einzuordnen, um es angemessen verstehen und handhaben zu können. Dazu eignet sich ein logisches System, das über die Grenzen des Analog-Systems hinausgreift: das binäre System. Denn das binäre System enthält als erste Hälfte das analoge System in sich selbst, wenn man diese linke Hälfte der Unterscheidung auf sich selbst stellt, nachdem man sie aus dem binären Gehäuse herausgebrochen hat. *Insofern eignet sich das binäre System der Logik als Messinstrument zur Erforschung des Innenlebens der analogen Systeme.*

Luhmann folgt dem Ursprungsdenken, wenn er alles auf das Prinzip der Differenz reduziert und von der Differenz herleitet: „Irgendwie muss jede Beobachtung die Welt als Differenz nehmen und nicht als Einheit“ (Ebenda, 64). Daher hält Luhmann stets Ausschau nach geeigneten Unterscheidungen. Mach einen Unterschied! So wird mit Hilfe von Differenzen das Gefüge des Systems erschlossen. Dabei darf nicht übersehen werden, dass diese Differenzen immer Unterschiede innerhalb eines Systems sind. Denn der Unterschied ist nicht Übergang in ein Anderes. Vielmehr ist er immer ein Aspekt der Einheit.

Wie muss nun der Hauptnenner für die beiden Teileinheiten Medium und Form heißen? Aristoteles legt mehrfach ein analoges Modell der Kausalität im Sinne eines umfassenden Grundes vor (z.B. Metaphysik 1042a). Dazu gehören als Teileinheiten z.B. der Stoff und die Form. Luhmanns Begriff des Mediums entspricht dem Stoff (causa materialis). Neben dem Stoff wird die Form genannt (causa formalis). Beide Begriffe werden als Teilbereiche des Zugrundeliegenden gesehen (hypokeímenon). *Gemeint ist das Gegebene, dasjenige, was der Beobachtung vorgegeben ist und als solches einen festen Grund im Sinne einer fundamentalen Ur-Sache ausmacht. In moderner Formulierung könnte man sagen: Es geht mit Medium und Form um zwei Teileinheiten eines übergreifenden Ganzen einer Beobachtungseinheit. Insofern sind Medium und Form Elemente des Systems.*

Aristoteles nennt außer dem Wesen, zu dem Stoff und Form gehören, an dritter Stelle den Ursprung der Bewegung (causa efficiens) und an vierter Stelle den Zweck und das Gute (causa finalis, Metaphysik 983a). Luhmann greift den Ursprung der Bewegung vermutlich deswegen nicht auf, weil dieser Ursprung die Struktur und die Autopoiesis des Systems selbst ausmacht. Man braucht dann die Ursache des Ganzen nicht außerhalb dieses Ganzen des Systems zu suchen. Das System schreibt sich selbst fort. Die vierte Ursache fällt deswegen weg, weil Luhmanns Systemkonstrukt sich selbst die Richtung gibt und daher nicht auf Zielorientierung angewiesen ist. Teleologischen Vorstellungen erteilt Luhmanns Systemtheorie eine klare Absage.

Luhmanns Modell konzentriert sich somit auf den Anfang der aristotelischen Reihe der Ursachen, wobei der Begriff der Ursache in Verbindung mit der Wirkung in den Hintergrund tritt. Das System ist sich eben selbst Ursache. Kausalität ist daher eine Art von Selbstreferenz. Aus der Heiderschen Unterscheidung Medium/ Form greift Luhmann vor allem das Modell der Form auf. Die Form wird in der analogen Systemtheorie zur Zwei-Seiten-Form (mit Innenseite und Außenseite) als grundlegendes Mittel der Beobachtung. Alles wird auf zwei Seiten verteilt, ohne dass etwas Drittes zugelassen wird. Beide Seiten verlassen nicht das kategoriale Modell der differenzierbaren Einheit und damit des Systems: Die Form ist immer Form von einem Etwas, das heißt von einer Einheit, von einem System.

Form ist somit der logischen Reihe der Akzidentien zuzurechnen. Die Form ist als Akzidens für Unterscheidungen zugänglich. Sie ist daher dem Analog-Modell der Logik zuzuordnen. Die Unterscheidung Medium/ Form ist ein Akzidens einer substantiellen Einheit. *Wenn eine Form als die Gestaltgebung eines Systems gesehen wird, nimmt das System den Funktionsplatz der tragenden Substanz ein. Die Form kann dann nur akzidentelle Eigenschaft des Systems sein.*

Die Unterscheidung Medium/ Form erweist sich als eine Akzidens/Akzidens-Unterscheidung. Medium und Form sind (akzidentelle) Attribuierungen einer substantiellen Gegebenheit. Die Unterscheidung Medium/ Form verlässt nicht die linke Seite der binären Unterscheidung. Sie verbleibt innerhalb der Sphäre der Einheit. Das zentrale Merkmal der Einheit ist die Unterscheidbarkeit. Im vorliegenden Fall wird ein substantielles Gegebenes (das System) in Medium und Form unterschieden. Die Einheit im Sinne des Hauptnenners erscheint in Luhmanns Unterscheidungsmodell Medium/ Form nicht. Im Sinne der binären Unterscheidungslogik fehlt der Bezug auf die Einheit, der die beiden Prädikatierungen Medium und Form zukommen.

Dasselbe trifft umgekehrt für das Modell des Beobachtens zweiter Ordnung als Version des Konstruktivismus zu. Diese logische Figur verbleibt innerhalb der Ebene der Negativeinheit, der rechten Seite der binären Unterscheidung. Die linke Seite des binären Unterscheidungsmodells bleibt unberücksichtigt. Damit bleibt alles unberücksichtigt, was Anfang und Ende hat und als Einheit definiert wird. Luhmanns Form des Konstruktivismus verbleibt in der Ebene der Verschiedenheit. Denn das Beobachten als solches hat keinen Anfang und kein Ende und ist damit nicht Einheit im Sinne des Unterschiedenseins. Auf der Folie der binären Unterscheidung erreicht die Unterscheidung Medium/ Form nicht die Gegenseite mit der grundsätzlichen Negation von Einheit überhaupt. Und das Modell der Beobachtung (auch in Gestalt zweiter und dritter usw. Ordnung) erreicht von der rechten Seite der binären Unterscheidung aus nicht das gegenüber liegende Feld der Einheit mit den Möglichkeiten der Unterscheidung.

Medizin als Funktionssystem

Der Begriff Medizin ist auf lateinische Ursprünge zurückzuführen. Medicus bedeutet Arzt. Das Verb medico besagt heilkräftig machen, wirksam machen, kräftigen, aber auch vergiften und färben. Medicor bedeutet heilen. Medicina ist die Heilkunde, das Sprechzimmer des Arztes, die Arznei. Medicamentum besagt Heilmittel. Medizin ist also von der sprachlichen Perspektive her das heilende Wirken der Ärzte und Ärztinnen mit Hilfe von Arzneimitteln. Ärzte werden dort konsultiert, wo es um Krankheiten geht. Systemtheoretische Theorieansätze operieren vorzugsweise mit Unterscheidungen, zumal Systemtheorie zu einem erheblichen Teil Unterscheidungstheorie ist. Wer eine Arztpraxis aufsucht, hat es mit der grundlegenden Unterscheidung Gesundheit/ Krankheit zu tun. Diese analoge Unterscheidung steht in Verbindung mit der Unterscheidung zwischen dem Normalen und dem Pathologischen.

Die genannte Unterscheidung wird von dem klassischen Strukturfunktionalisten E. Durkheim in seinem Buch „Die Regeln der soziologischen Methode“ (1961) behandelt. Dieses grundlegende Werk erschien zuerst im Jahre 1895. Durkheim formuliert: „Tatsächlich ist für die Gesellschaften wie für den Einzelnen die Gesundheit das Gute und Wünschenswerte, die Krankheit dagegen das Schlechte und zu Meidende. Wenn wir also ein objektives, den Erscheinungen immanentes Kriterium auffinden, das bei ihren verschiedenen Arten der Krankheit von der Gesundheit wissenschaftlich zu scheiden gestattet, so wird die Wissenschaft imstande sein, der Praxis Aufklärung zu bieten, ohne der ihr eigenen Methode untreu zu werden“ (Ebenda, 142).

Krankheit wird als etwas Vermeidbares gesehen, etwas, was nicht in der regulären Konstitution eines Lebewesens inbegriffen ist. Gesundheit wird mit Normalität verbunden: „Wir werden diejenigen Tatbestände normal nennen, die die allgemeinsten Erscheinungsweisen aufzeigen, und werden den anderen den Namen krankhaft oder pathologisch beilegen“ (Ebenda, 148). *Der normale Typ fließt mit dem Durchschnittstyp in eins zusammen. Jede Abweichung von diesem Schema der Gesundheit ist eine krankhafte Erscheinung.* Die Folgerung: Eine Tatsache kann nur unter Bezugnahme auf eine gegebene Gattung als pathologisch erklärt werden. „Die Bedingungen der Gesundheit und der Krankheit können also nicht in abstracto und in absoluter Weise definiert werden“ (Ebenda, 148). Damit muss man auf eine sehr verbreitete Gewohnheit verzichten, „eine Einrichtung, eine Sitte, eine moralische Maxime so zu beurteilen, als wenn sie an und für sich gut oder schlecht wären, und zwar unterschiedslos für alle sozialen Typen“ (Ebenda, 149).

In diese Aussage spielt der Zeitfaktor hinein: „Ein soziologischer Tatbestand kann somit für eine bestimmte soziale Gattung nur mit Rücksicht auf eine ebenfalls bestimmte Phase ihrer Entwicklung als normal bezeichnet werden“ (Ebenda, 149). Die Unterscheidung Gesundheit/ Krankheit ist mit den Lebensbedingungen der untersuchten Gattung verknüpft, „sei es als notwendiges mechanisches Produkt dieser Bedingungen, sei es als Mittel, das dem Organismus die Anpassung an diese ermöglicht“ (Ebenda, 151).

Durkheim fasst die Ergebnisse dieser Reflexionen in drei Regeln zusammen:

1. Ein soziales Phänomen ist für einen bestimmten sozialen Typus in einer bestimmten Phase seiner Entwicklung normal, wenn es im Durchschnitt der Gesellschaften dieser Art der entsprechenden Phase ihrer Evolution auftritt.
2. Die Ergebnisse dieser Methode kann man verifizieren, indem man nachweist, dass bei dem betrachteten sozialen Typus die Allgemeinheit des Phänomens in den allgemeinen Bedingungen des Kollektivlebens begründet ist.
3. Diese Verifikation ist notwendig, wenn sich die Tatsache auf eine soziale Art bezieht, die ihre Entwicklung noch nicht vollständig abgeschlossen hat.

Luhmann hat mit Recht darauf hingewiesen, dass die strukturell-funktionale Theorie von der Systemtheorie nicht ausgeschlossen, sondern eingeschlossen wird. Insofern gehört der Strukturfunktionalismus zu den Grundlagen der heutigen Systemtheorie. Auch Durkheim folgt dem aristotelischen Entweder-Oder: Entweder muss das soziale Geschehen auf das Individuum oder auf die Kollektivität zurückgebunden werden. Durkheim entscheidet sich im Unterschied zum herkömmlichen Individualismus für die soziale Struktur als substantielle Grundlage, wenn es um die Erklärung sozialer Erscheinungen geht. Die mit dieser Entscheidung einhergehende Einseitigkeit muss durch Reflexion aufgefangen werden, so wäre Durkheim zu korrigieren. Immerhin sind es Individuen, die an der Entstehung sozialer Tatbestände mitwirken und so auch an der Konturierung der

Definition von Gesundheit und Krankheit. Das binäre Schema der Logik gibt die Anregung:

1. Durkheims Definition von Gesundheit und Krankheit als messbare Aussageeinheit (mit Anfang und Ende) auf die klassischen Ursprünge zurückbinden, z.B. auf die aristotelische Wissenschaftstheorie, die innerhalb der „Metaphysik" von Anfang an der Frage nachgeht, ob die Beziehung ursprünglicher ist als das an sich Bestehende (990b), ob man die Gattungen als Elemente und Ursachen annehmen solle oder lieber die Urbestandteile, aus denen sich jedes Ding zusammensetzt (998a). Die Waage neigt sich bei Aristoteles etwas mehr zu den Einzeldingen hin (999a). Die Rede ist von Kopfzerbrechen. In den „Kategorien" fällt die Entscheidung mehr zugunsten der Einzeldinge, vor allem der Lebewesen.
2. Die binäre Logik auf diese Fragestellung hin prüfen. Der Frage nachgehen, ob die binäre Unterscheidung zwischen Einheit und Negativeinheit mit ihrem hohen Abstraktionsgrad der vorliegenden Fragestellung gerecht werden kann.
3. Der Frage nachgehen, wie der Terminus Gattung oder Gesellschaft einzugrenzen ist. Die Frage aufwerfen, ob Luhmanns Begriff der Weltgesellschaft auf Durkheims Unterscheidung bezogen werden kann.
4. Erörtern, welchen Stellenwert Durkheims Begriff des Milieus und Luhmanns Begriff der Umwelt einnehmen können, wenn die Unterscheidung Gesundheit/ Krankheit (oder auch normal/ pathologisch) zur Diskussion ansteht.
5. Prüfen, ob gerichtliche Entscheidungen über die Abgrenzung des Pathologischen gegenüber dem Normalen (z.B. im Fall von Süchten) von Bedeutung sind für die Strukturierung der Alltagsmentalitäten.
6. Durkheims „Sui-generis-Modell" (d.h. das mehr oder weniger festgelegte Handeln wird gesehen als von den individuellen Äußerungen unabhängig und daher als mit Eigenleben ausgestattet) mit systemtheoretischen Maßstäben messen. Das heißt: Auf analoger Ebene sind Selbstbezug (Ansichsein) und Bezug auf Anderes mit dem gleichen logisch-funktionalen Gewicht versehen. Der Selbstbezug ist eine gegebene Gesellschaft, die einen bestimmten Gesundheitszustand als normal bezeichnet. Mit dem Blick auf das, was als Krankheit (etwa Alkoholismus) definiert wird, wird der Bezug auf Anderes hergestellt. Die Krankheit ist auf dieser analogen Ebene dann die andere und damit negative Seite der Gesundheit. *Hier kommt Hegels Unterscheidung positiv/ negativ zur Gel-*

tung. Die Krankheit ist hier nicht Zutat zur Gesundheit, sondern logisch und funktional ebenso gewichtig wie die Gesundheit. Anders formuliert: *Die Normalität ist im Bezug auf sich selbst die Gesundheit und im Bezug auf Anderes die Krankheit. Es gibt dann keine akzidentelle Position mehr, die man der Krankheit als zur Gesundheit hinzukommend zuschreiben kann. Gesundheit und Krankheit nehmen beide eine ebenbürtige logisch-funktionale Position ein.*

Diese Argumentation verbleibt im kategorialen Feld Einheit und damit der Analogie, obwohl Gesundheit und Krankheit äquivalent gesetzt werden. Der Grund: Hegel führt als Analog-Theoretiker nicht den Sprung in die Binarität aus. Das Positive enthält in sich das Negative und umgekehrt. Positives (Gesundheit) und Negatives (Krankheit) können verwechselt werden. Jede Seite der Unterscheidung ist von der Art, dass sie ebenso gut als positiv wie als negativ genommen werden kann (Hegel: Wissenschaft der Logik, a.a.O., Zweiter Teil, 43).

Zur Erläuterung der vorstehenden Argumentation sei hier darauf hingewiesen, dass Hegel mit seiner neuen Logik dem Analog-Modell eine wichtige neue Variante hinzugefügt hat. Im klassischen Analog-Modell der Unterscheidung, das bis heute üblich ist, werden Einheiten durch die Bildung von Teileinheiten differenziert. Die Teileinheiten müssen zueinander passen, analog sein. Das Ganze der Einheit ist das substantielle Fundament, das für die Unterscheidungen verfügbar sein muss. Das Modell suggeriert das Empfinden, dass das Ganze verfügbar sein muss, bevor man es in Teile einteilt. So ist der latent vermutete logisch-funktionale Vorrang des Ganzen gegenüber den Teilen zu erklären.

Dagegen spricht: Die Teile verdanken sich dem Ganzen. Aber auch umgekehrt verdankt sich das Ganze den Teilen. Folglich sind Ganzes und Teile auf der reflektierten Ebene äquivalent. Hegels Logik operiert mit der Zwei-Seiten-Form: Einheit/ Verschiedenheit, d.h. Unterschiedensein/ (noch immer vorhandenes) Nichtunterschiedensein. Im nächsten Argumentationsschritt seiner *Dialektik* führt er diese substantiell verstandene Unterscheidung in die akzidentelle Ebene positiv/ negativ hinüber. Durch diesen logischen Bruch hält er die Argumentation „auf Spur" und verbleibt damit innerhalb kategorialer Einheit. Denn positiv und negativ sind zwei unterschiedliche Momente eines Gegebenen, einer Einheit.

Neben Durkheim hat Parsons Vorleistungen für die Konstruktion einer Systemtheorie der Medizin erbracht. Ein Grund liegt darin, dass er ursprünglich vorhatte, Medizin zu studieren. Er wurde „als eine Art Pionier im Bereich der Medizinsoziologie“ angesehen (Parsons: Sozialstruktur und Persönlichkeit, 1968, 408). Als Systemtheoretiker baut Parsons die von F. Tönnies her bekannte Unterscheidung Gemeinschaft/ Gesellschaft in sein Unterscheidungsgefüge mit der Bezeichnung pattern variables ein. Sein Problem besteht darin, die Rolle des Arztes in dieser Konstruktion unterzubringen. Er zieht die Unterscheidung von Universalismus und Spezifität der Funktionen in Betracht. Universalismus bezieht sich zuerst auf verallgemeinerte Unpersönlichkeit, wie sie die Behandlung eines kranken Patienten als Problem angewandter Wissenschaft erfordert (Ebenda, 413). Funktionale Spezifität bezieht sich vor allem auf diejenigen Angelegenheiten, die für die Gesundheit des Patienten jeweils relevant sind. Reflexion über das Arzt-Patient-Verhältnis führte Parsons zu der Unterscheidung Affektivität/ affektive Neutralität. „Eines der Merkmale, das die Definition der Rolle des Arztes in diesem Situationstyp charakterisiert, ist eine ‚neutrale‘ Haltung in dem Sinne, dass er verdrängt, was sonst ‚normale‘ emotionale Reaktionen wären“ (Ebenda, 414). Es entstand der Eindruck, dass die Attitüde affektiver Neutralität etwas mit den Prozessen der sozialen Kontrolle zu tun hat. In diesem theoretischen Zusammenhang mag die Tatsache von Interesse sein, dass Parsons sein Modell der pattern variables vor allem durch seine medizinsoziologischen Studien entwickelt hat. Sein Bemühen ist an dem Ziel orientiert, einen „Schritt in die Richtung eines Systems“ zu gehen (Ebenda, 431). Am Ende seiner Ausführungen kehrt Parsons zu seinem zentralen theoretischen Ausgangspunkt zurück: „Zunächst ist es in der Tat völlig klar geworden, warum das Muster ökonomischer Eigeninteressen als institutionelles Erwartungsmuster im Bereich der Gesundheit weder dominiert noch dominieren kann“ (Ebenda, 448). Diese Veröffentlichung erschien zuerst 1964 in New York.

In seinem zuerst 1951 erschienenen Buch „THE SOCIAL SYSTEM“(5. Aufl. 1964) schließt Parsons mit seinen theoretischen Untersuchungen über den Fall der modernen medizinischen Praxis an Durkheims Position an. Die tragende Unterscheidung lautet: Gesundheit/ Krankheit (Ebenda, 429). Parsons fasst zusammen: „Summing up, we may say that illness ist a state of disturbance in the ‚normal‘ functioning of the total human individual, including both the state of organism as a biological system and of his personal and social adjustments. It ist thus partly biologically and partly socially defined. Participation in the social system is always potentiallay relevant to the state of illness, to its etiology and to the conditions of successful therapy, as well as to other things“ (Ebenda, 431). Mit diesen Worten ordnet sich Parsons in das klassische Modell des Analog-Systems der Logik ein: Die Gesundheit ist der substantielle Normalfall. Die Krankheit ist eine Störung der Normalität des psychischen Systems.

Mensch

In der Systemtheorie Luhmanns nimmt das Thema „Der Mensch" eine ungewöhnliche Position ein. Diese Thematik wird z.B. behandelt in einem Kapitel über „Die Individualität psychischer Systeme" innerhalb des umfangreichen Grundrisses mit dem Titel „Soziale Systeme" (1985, 346ff.). Die einleitende Formulierung: „Wir gehen davon aus, dass die sozialen Systeme nicht aus psychischen Systemen, geschweige denn aus leibhaftigen Menschen bestehen. Demnach gehören die psychischen Systeme zur Umwelt sozialer Systeme. Sie sind freilich ein Teil der Umwelt, der für die Bildung sozialer Systeme in besonderem Maße relevant ist" (346). Damit rückt Luhmann die logische Position des Menschen innerhalb der Theorie sozialer Systeme in die Peripherie sozialer Systeme. In seinem Spätwerk „Die Gesellschaft der Gesellschaft" (1997, 24f.) nennt Luhmann vier „Erkenntnisblockierungen": die Voraussetzung, dass eine Gesellschaft aus konkreten Menschen und aus Beziehungen zwischen Menschen bestehe; dass Gesellschaft folglich durch Konsens der Menschen, durch Übereinstimmung ihrer Meinungen und Komplementarität ihrer Zwecksetzungen konstituiert oder doch integriert werde; dass Gesellschaften regionale, territorial begrenzte Einheiten seien, so dass z.B. Brasilien eine andere Gesellschaft ist als Thailand und dass deshalb Gesellschaften wie Gruppen von Menschen oder wie Territorien von außen beobachtet werden können.

Soziologische und insbesondere systemtheoretische Abhandlungen neigen grundsätzlich dazu, die Begründungen für den beschriebenen Gegenstand mehr in die Struktur des sozialen Systems selbst zu verlegen als in die Struktur des Menschen oder des Individuums. An dieser entschiedenen Akzentverschiebung gegenüber der Sichtwiese des Altertums und der Neuzeit bis etwa 1900 ist vor allem E. Durkheim beteiligt, der den individuellen Handlungen der Menschen ein Eigenleben (sui generis) auf der Basis der Kollektivität zuspricht. Seit Durkheims Begründung der strukturell-funktionalen Theorie werden die Fundamente der gesellschaftlichen Evolution primär auf die sozialen Strukturen zurückgebunden und nicht auf die individuelle Substantialität des Subjekts. Zuerst gibt die Kollektivität der sozialen Gemeinschaft die Richtung und Art der Evolution an. Folglich tritt die Bedeutung des Menschen als Individuum seit etwa 1900 insbesondere für struktur- und systemorientierte Theorien in den Hintergrund. Von hier aus sind Luhmanns Äußerungen z.B. in seinem Buch „Die Gesellschaft der Gesellschaft“ (1997) zu verstehen. Unter Hominisation wird die Absonderung des Evolutionszweigs „Mensch“ verstanden, ein Prozess, der auf die besonderen kognitiven Anforderungen des sozialen Feldes zurückzuführen ist (192). Im Altertum, so führt Luhmann aus, halten ratio und oratio die Gesellschaft in Form (934). „Die Gesamtheit des Sozialen wird, und das ist eine höchst folgenreiche Begriffsdisposition, am Menschen als Wesen einer bestimmten Gattung abgelesen und in der Spezifik menschlicher Lebensform verankert“ (Ebenda). Der Mensch ist seit dem 18. Jahrhundert Individuum und Menschheit zugleich“ (Ebenda, 1025).

Systemtheoretiker, die auf der Ebene der analogen Logik arbeiten, sehen sich vor die Frage gestellt, ob sie den letzten Grund für das Soziale der Gewohnheit gemäß im Menschen oder aber den neueren Maßstäben entsprechend in der Sozialität suchen sollen. Das im Analog-Modell bestimmende Element ist die Entscheidung für die eine oder aber für die andere Seite der Einheit, entweder also für die Personalität des Menschen oder aber für die Struktur der sozialen Aggregation. Dem von Aristoteles her gewohnten Zuordnungsmodell Substanz/ Akzidens entsprechend kann nur eine der beiden Seiten der Unterscheidung die dominante Position erhalten, während die andere dann die Funktion des Zubringers bekommt. Wenn dem Menschen die Position der Substanz zugeschrieben wird, kann das Gesellschaftliche nur das zum Menschen Dazukommende sein oder umgekehrt. Das übliche Analog-Modell der Unterscheidung arbeitet mit der logischen Figur Substanz/ Akzidens, auch wenn diese Begriffe fast völlig in den Hintergrund getreten sind. Folglich wird als Grund der gesellschaftlichen Wirklichkeit immer nur Eines gesehen, im Falle der soziologischen Erklärungen entweder der Mensch als Mensch oder als Subjekt, Substanz, Individuum, personales Wesen usw. Alles andere erhält dann die Position des Akzidentellen, etwa das Psychische, das Somatische, das Geistige, das Vernunftbezogene, das Organisatorische usw. Ausgangspunkt ist immer der Mensch als Mensch. Letzter Bezugspunkt für die Sozialwissenschaften ist dann das soziale Handeln (z.B. bei Max Weber). Typisch für diese Grundorientierung ist z.B. der Buchtitel „Der Mensch im Licht der Soziologie, Versuch einer Besinnung auf Dauerndes und Wandelbares im gesellschaftlichen Verhalten“ (Richard F. Behrendt, 1962).

Durch das aristotelische Modell des Entweder-Oder ergibt sich die Notwendigkeit, die Basis der sozialwissenschaftlichen Theorie entweder im Menschen und damit in der Humanität oder in gesellschaftlichen Zusammenhängen zu sehen. Es liegt auf der Hand, dass konsequente Systemtheoretiker durch die Zwänge des Analog-Systems dazu angeleitet werden, sich für die Sozialität als letzten Grund zu entscheiden. Dass diese Art der Erklärung nicht überzeugen kann, zeigen auch die zahlreichen Positionen Luhmanns in seiner Aufsatzsammlung unter dem Titel „Die Soziologie und der Mensch“ (Soziologische Aufklärung 6, 1995). Im Rekurs auf Durkheim bringt Luhmann die gegenläufigen Positionen auf den Punkt: „Nicht die Individuen begründen die Gesellschaft, indem sie sich zum Zusammenleben entschließen und einen entsprechenden Vertrag schließen, sondern die Gesellschaft begründet die Individuen, indem sie es ihnen ermöglicht, sich als Individuen zu behandeln, Verträge zu schließen, sich wechselseitig zu binden, verantwortlich zu machen, zu sanktionieren“ (129f.). Die Differenzierung (als moderne Version der aristotelischen Vielheit) rückt ins Zentrum der soziologischen Theorieentwicklung (130). Die Umsetzung der gesellschaftlichen Systemdifferenzierung in das Rollenmanagement erzwingt (als Mechanismus) die Individualisierung der Personen. Auf Grund der gesellschaftlichen Entwicklung wird dem Einzelnen eine hohe, unstrukturierte Reflexionslast zugewiesen (132). Die Reflexion gibt nur Kontingenz. Sie gibt nur die Möglichkeit, anders zu sein. Individualität bildet sich faktisch nicht nach dem Ich des Ich in den Seeleninnenräumen. Die Reflexion stößt auf Differenz und nicht auf Identität (135). Individualität wird nur als Anspruch kommunizierbar. Man ist Individuum durch den Anspruch, es zu sein. Die Einheit der Gesellschaft lässt sich nur noch in ihrer Komplexität erleben. Entscheidend ist für Luhmann, „dass der Bezugspunkt der Reflexion von Identität auf Differenz umgestellt werden muss; dass Reflexion also Systeme voraussetzt, die sich selbst als Differenz von System und Umwelt beobachten und beschreiben können...“(136).

Für Luhmann zeigt sich der gesellschaftlich bestimmte Mensch als Person. Personen sind keine Systeme. Hier geht es um die Regelung von sozialer Interaktion (147). Die Zwei-Seiten-Form Person (Person/ Unperson) ist eine individuell attribuierte Einschränkung von Verhaltensmöglichkeiten. Die zirkuläre Notlage der doppelten Kontingenz provoziert die Entstehung von Personen. Die Form Person dient nicht psychischen Bedürfnissen, sondern löst ein Problem aller sozialen Systeme (150). Das psychische System hat sowohl Selbstreferenz als auch Fremdreferenz zur Verfügung. Es reproduziert die Einheit dieser Unterscheidung blind. Die Form Person dient der Selbstorganisation des sozialen Systems, der doppelten Kontingenz durch Einschränkung des Verhaltensrepertoires. Für Luhmann dienen Personen der strukturellen Kopplung von psychischen und sozialen Systemen. Mit diesen Positionen bestätigt Luhmann seinen Funktionalismus, der besagt, dass alles, was ist, für das System ist. Dabei wird im Regelfall an das soziale System gedacht.

Eine binär aufgebaute Systemtheorie kennt nicht die rangspezifische Priorität entweder des Subjekts, von dem her sich nach Luhmanns Einsicht keine Intersubjektivität konstruieren lässt, (162)oder der Gesellschaft, die die Menschen zu dem macht, was sie sind.

Weder ist dann der Mensch der Produzent der Gesellschaft noch die Gesellschaft die Produzentin der Menschen.

Das in diesem Zusammenhang nicht tragfähige analoge Theoriekonzept dagegen entspricht dem kategorialen Modell der Wechselwirkung in der Darstellung durch Kant (Kritik der rein. Vernunft, B 106, Kategorientafel). Kant bringt die Relationskategorie der Gemeinschaft in Verbindung mit der Vorstellung der Wechselwirkung zwischen dem Handelnden und Leidenden. Logik steht ständig vor der Aufgabe, sich nicht durch Leiden oder Freuden bestimmen zu lassen. Insofern ist zumindest für die Sozialwissenschaften die Kategorie der Wechselwirkung nur bedingt brauchbar. Binäre Logik folgt dem Modell der Zweiheit in der Einheit, d.h. der gleichzeitigen Verbindung und Trennung von kategorialer Einheit und dem, was nicht kategoriale Einheit ist. Alles, was Anfang und Ende hat und damit Einheit ist, steht in Verbindung mit und Trennung von dem, was nicht Anfang und Ende hat und somit nicht kategoriale Einheit ist. Folglich ist im Sinne des Systemtheoretikers Hegel jede Bestimmung, jedes Konkrete und jeder Begriff wesentlich eine Einheit unterschiedener und unterscheidbarer Elemente (Hegel: Wissenschaft der Logik, Bd. 2, a.a.O., 61f.). Ein solcher Theorieansatz enthält die Chance, nicht die eine substantiell verstandene Einheit einer anderen unter- oder überzuordnen.

Objektivität

Das lateinische Substantiv objectus bedeutet das Entgegenstellen. Wenn von Objektivität die Rede ist, werden mindestens zwei Gegebenheiten einander gegenübergestellt. So können sich die Gegenpositionen Subjekt/ Objekt oder Subjektivität/ Objektivität ergeben. Oder es können zwei gegenläufige Auffassungen gegenübergestellt werden, die dann miteinander zu vergleichen sind. So wird ein Abstand zu den Gegenständen gewonnen, um der Sphäre des Vorurteils oder der Eingenommenheit zu entrinnen. Im Modell der adaequatio werden Subjekt und Objekt in eine logische Verbindung gebracht. Der vom Subjekt formulierte Begriff muss das, was den beobachteten Gegenstand ausmacht, erfassen. Die Antithetik von Subjekt und Objekt führt zu der Feststellung, dass die Objekterfassung an die Reflexion des Subjekts gebunden ist: Kein Objekt ohne Subjekt. Auch wenn man das Modell der Übereinstimmung von Begriff und Gegenstand aufgibt, bleibt festzuhalten, dass das Subjekt und damit Subjektivität an der Konstituierung von Objektivität beteiligt ist.

Wenn man versucht, eine wissenschaftliche Abhandlung mit dem Unterscheidungsmodell subjektiv/ objektiv zu beurteilen, verlässt man nicht die Sphäre der analog bestimmten Logik. Denn Subjektivität und Objektivität sind zwei Teileinheiten einer übergeordneten Einheit: Qualitätsgrad der beobachteten Gegebenheit. Ein analoges Modell ist kontingent. Daher kann es Zwischenlösungen geben: Teils ist diese Abhandlung sehr subjektiv und persönlich. Teils ist sie als objektiv einzustufen usw. Der Terminus Objektivität erweist sich als Bestandteil des Analog-Modells der Logik. Nun ist das Analog-Modell integrativer Bestandteil des binären Modells, wenn man beide Seiten der Unterscheidung in eine oszillative Verbindung bringt.

So ergibt sich die Frage, ob das Begriffsmodell Objektivität einen legitimen Platz in der binären Logik einnimmt. Es ist und bleibt auf die linke Seite der binären Unterscheidung bezogen. Die binäre Figur insgesamt lässt hinsichtlich der Gegenüberstellung keine Selektionsmöglichkeiten und keine Kontingenz zu. Entweder ist etwas Einheit überhaupt. Oder es ist nicht Einheit überhaupt. Es gibt kein Drittes. Beide Seiten sind zugleich verbunden und getrennt. Sie bilden eine unablösbare Einheit. Zugleich hat jede Seite einen eigenen Namen und ist insofern von der anderen getrennt. Die binäre Unterscheidung als solche ist auf einer logisch-funktionalen Ebene positioniert, die keine Unterscheidungsmöglichkeiten zwischen objektiv und subjektiv zulässt. Ein Beurteilungsmaßstab verschiebt sich auf die Ebene der logischen Korrektheit der binären Unterscheidung selbst: Kann die binäre Unterscheidung Einheit/ nicht Einheit als objektiv beurteilt werden? Oder handelt es sich etwa um eine subjektive Eingenommenheit für den Maßstab Einheit? Der Maßstab subjektiv/ objektiv läuft ins Leere.

Die analoge Systemtheorie Luhmanns verschiebt die Frage nach der Objektivität auf die Unterscheidung Selbstreferenz/ Fremdreferenz (Die Wissenschaft der Gesellschaft, 1992, 78). Die Unterscheidung objektiv/ subjektiv wird als kollabiert bezeichnet. Aus der Realität des operativen Vollzugs der Beobachtungen kann man nicht auf deren Objektivität schließen. Die Realität des Beobachtens ergibt sich nicht durch einen Ausgriff auf eine vom Beobachter unabhängig existierende Welt. Die beobachtete Welt kann nicht von allen Beobachtern, wenn sie sich nicht irren, gleichsinnig erfasst werden eben deshalb, weil sie unabhängig von ihnen besteht. Die Übereinstimmung der Beobachtungen erlaubt daher keinen Rückschluss auf die Realität des Gegenstandes. Sie lässt allenfalls einen Rückschluss darauf zu, dass Kommunikation stattgefunden hat. Jeder Bezug, sei es auf das System selbst, sei es auf das, worauf das System sich außerhalb seiner selbst bezieht, ist eine Konstruktion des Beobachtens. Daher ist die Unterscheidung subjektiv/ objektiv hinfällig. Sie wird durch die Unterscheidung Selbstreferenz/ Fremdreferenz ersetzt.

Mit dieser bemerkenswerten Argumentation gibt Luhmann der Diskussion über das Phänomen Objektivität einen rational diskutablen Akzent. Luhmann geht von der durch Kant bekannten Voraussetzung aus, dass die Welt, so wie sie an und für sich (ohne Rücksicht auf menschliche Beobachtungen) ist, der Erkenntnis nicht zugänglich gemacht werden kann. Folglich ist Beobachtung immer durch die jeweils gesetzten Maßstäbe und Gesichtspunkte bestimmt. Man kann nun nicht davon ausgehen, dass durch die Konvergenz vieler Beobachtungen die Welt immer objektiver erfasst werden kann. Auch wenn eine Beobachtung durch zahlreiche andere Beobachtungen bestätigt wird, kann man nicht den Schluss ziehen, dass die Realität des Gegenstandes erfasst worden ist. Der Grund: Die Übereinstimmung vieler Beobachtungen führt nicht an die Wirklichkeit des Beobachtungsgegenstandes heran. Die Realität, so wie sie an und für sich ist, lässt sich grundsätzlich nicht erfassen. Man kann allenfalls sagen: Hier hat Kommunikation stattgefunden. Aus dieser Not heraus ersetzt Luhmann die Unterscheidung subjektiv/ objektiv durch die Unterscheidung Selbstreferenz/ Fremdreferenz.

Mit dieser Operation führt Luhmann die Argumentation in eines der Zentren der Logik Hegels hinein. Hegel behandelt diese Thematik in seiner „Wissenschaft der Logik, Erster Teil, a.a.O., 104ff.). Das Etwas (zu verstehen als Einheit im Sinne von Unterschiedensein) ist zugleich auf sich selbst (Ansichsein) und auf Anderes (Sein-für-Anderes) bezogen. Beide Bezüge sind zwei verschiedene Momente Eines und Desselben. Das Anderssein ist zugleich im Etwas enthalten und nicht enthalten, also noch davon getrennt. Hegels Ergebnis: Jedes Selbst enthält damit an ihm zugleich auch sein von ihm verschiedenes Moment. Es besteht eine Identität zwischen Ansichsein und Sein-für-Anderes.

Wichtig ist nun, dass Luhmann sich auf paradigmatischer Ebene von Hegel abgrenzt. Hegels Paradigma ist die Identität der Identität und Nichtidentität (Ebenda, 59). Luhmanns Paradigma ist dagegen die Differenz von Identität und Differenz (Soziale Systeme, 1985, 26). Das heißt: Hegel knüpft Verbindung und Trennung möglichst eng zusammen. Luhmann zieht beide auseinander, obwohl ständig auf die Einheit beider hingewiesen wird. Luhmann nimmt sich das Recht, soziale Systeme als selbstreferentiell zu definieren. Mit dieser Definition koppelt er zumindest im Grundriss „Soziale Systeme“ die Selbstreferenz von der Fremdreferenz ab.

In der Systemtheorie ist die Handhabung unterschiedlicher Abstraktionsebenen von nicht zu unterschätzender Bedeutung. Hegel operiert in diesem Kontext auf der Ebene Einheit/ Nichteinheit. Er bewegt sich damit auf der Ebene der Substanz, die hier als Etwas gekennzeichnet wird. Die Substanz hat ihren Grund in sich selbst. Sie ruht in sich selbst. Sie nimmt den ranghöchsten Platz in der Hierarchie der Grundbegriffe ein. Selbstbezug und Bezug auf Anderes dagegen sind Besonderheiten des Etwas. Sie sind Akzidentien, die zu dem Bestehenden hinzukommen, obwohl Substanz und Akzidens gleichzeitig gegeben sind.

Selbstbezug und Bezug auf Anderes sind auf einer anderen logisch-funktionalen Ebene positioniert als Einheit und Nichteinheit.

Die Unterscheidung subjektiv/ objektiv ist auf akzidenteller Ebene positioniert. Luhmann ersetzt die Unterscheidung subjektiv/ objektiv durch die Unterscheidung selbstreferentiell/ fremdreferentiell. Er verlässt damit nicht die logische Ebene des Dazukommenden, der Besonderheiten der jeweiligen Einheiten. Insofern ist der Ersetzungsvorgang konsequent. Nicht konsequent ist er in einer anderen Hinsicht:

Luhmann ersetzt eine Unterscheidung durch eine andere Unterscheidung. Die Unterscheidung subjektiv/ objektiv liegt im Bereich der Beurteilung. Eine als objektiv genannte Arbeit wird mit einem höheren Grad der Qualität versehen als eine subjektiv bestimmte. Der Designationsbereich ist die kategoriale Ebene der Qualität. Die Objektivität gilt als das Positive, das gegen die Subjektivität als das Negative abgegrenzt wird. Die Unterscheidung steht im Zeichen der Limitation. Die eingetauschte Unterscheidung Selbstreferenz/ Fremdreferenz liegt auf einer anderen kategorialen Ebene: auf derjenigen der Relation, der Beziehung oder des Bezuges. *Der Ersetzungsvorgang springt aus der kategorialen Sphäre der Qualität in diejenige der Relation hinein.* Es werden zwei Unterscheidungen gegeneinander ersetzt, die kategorial nicht miteinander kompatibel sind. Damit liegt ein Verstoß gegen die Bedingungen der Analogizität vor, welche das gesamte paradigmatische Unterscheidungsmodell bestimmt. Man kann innerhalb des Analog-Modells der Logik nur analoge Gegebenheiten miteinander austauschen. Wenn man diese Regel nicht befolgt, ist eine logisch-funktionale Schieflage gegeben.

Organisation

Der Begriff Organisation steht in Verbindung mit dem griechischen Wort órganon und mit dem lateinischen Wort organum. Beide klassischen Begriffe bedeuten Werkzeug. Aus dieser Perspektive sind Organisationen Werkzeuge und damit Mittel für einen bestimmten Zweck. Organisationen sind Systeme. Sie haben in der modernen Gesellschaft, so führt Luhmann aus, eine nicht wegdenkbare Bedeutung gewonnen (Soziale Systeme, 1985, 268). Organisationen werden als ausdifferenzierte Sozialsysteme gesehen (Die Gesellschaft der Gesellschaft, 1997, 166ff.). Sie durchsetzen mit ihrer Eigendynamik die Funktionssysteme der modernen Gesellschaft. „Ihre Evolution folgt dem Entscheidungsbedarf und der Notwendigkeit, Entscheidungen zu kommunizieren, um die Ausgangspunkte für weitere Entscheidungen festzulegen" (Ebenda, 166). Organisationen machen in allen Bereichen der Gesellschaft einen weltweiten Verbund unvermeidlich.

Rationalität erhält ihr größtes Gewicht durch den Bezug auf das umfassende Sozialsystem Gesellschaft, auf Organisationen und Professionen. Wenn es um Geld als Mittel der symbolisch generalisierten Kommunikation (Parsons, Luhmann) geht, wird die letzte Sicherheit im Funktionieren der Organisationen gesehen. Damit wird die überragende Bedeutung der Organisationen in der Gesellschaft deutlich. Diesem Gedanken verleiht Luhmann zu Beginn seiner Behandlung des Themas „Organisation und Gesellschaft" in seinem umfassenden Spätwerk „Die Gesellschaft der Gesellschaft" (1997, 826ff.) Ausdruck: Es sieht so aus, dass die moderne Gesellschaft Interaktion gegen Organisation auswechselt. Organisation wird gesehen als eine evolutionäre Errungenschaft der Gesellschaft, die ein relativ hohes Entwicklungsniveau voraussetzt. Ein Beispiel wäre die Fragestellung: Wie regelt die Gesellschaft den Zugriff auf Arbeitsleistungen? Für Luhmann werden externe soziale Abhängigkeiten durch selbsterzeugte Abhängigkeiten ersetzt. Organisationen regulieren die Arbeit als regelmäßig wiederholte Beschäftigung, die nur noch von den Fluktuationen des Marktes oder sonstiger Finanzierungen abhängig ist. Die Funktionssysteme für Wirtschaft, Recht und Erziehung stellen wichtige Voraussetzungen für die Entstehung und Ausbreitung der Systemform Organisation bereit. Organisation wird bezeichnet als eine besondere Form von doppelter Kontingenz. Die Mitgliedschaft als wichtiges Merkmal der Organisation betrifft nicht die gesamte Person, sondern nur Ausschnitte ihres Verhaltens. Mitgliedschaften werden durch Entscheidungen begründet. Daher kann man Organisationen als autopoietische Systeme auf der operativen Basis der Kommunikation von Entscheidungen aus Entscheidungen charakterisieren. Sie sind in diesem Sinne operativ geschlossene Systeme. Die Organisation ersetzt laufend Unsicherheiten durch selbsterzeugte Sicherheiten. Für Luhmann sind alle Strukturen den Operationen nachgeordnet. Organisation kennt Strukturen nur als Entscheidungsprämissen. Organisationen können nach außen kommunizieren. Das ist dank der Hierarchisierung möglich. Die Organisation bevorzugt Weisungsketten.

Traditionelle Organisationen halten sich an das Muster der Korporation (Militär, Kloster, Tempel). Die moderne Gesellschaft verzichtet darauf, selbst Organisation im Sinne der Korporation zu sein. Organisationen können riesige Mengen von Interaktionen aufeinander abstimmen. Das ist möglich durch Entscheidungen über Entscheidungsprämissen. *Der Modus der Umsetzung von Entscheidungen in Entscheidungen ist die Autopoiesis des Systems.* Der Gleichheitsgrundsatz wird von Juristen nicht als Verbot von Ungleichheit, sondern als Willkürverbot ausgelegt. Die Organisationen entfalten eine Eigendynamik, die im Funktionssystem mit Verfahren der Beobachtung zweiter Ordnung aufgefangen wird. Im Wirtschaftssystem zeigt sich deutlich, „dass die das System bestimmenden Entscheidungen bei der Firmenpopulation liegen und Übersichtsinstanzen wie Börsen oder Zentralbanken mit ihren eigenen Rekursivitäten wiederum nur als Organisationen das Geschehen beeinflussen. Keine Organisation repräsentiert das System im System, und jede ist nur für sich selbst verantwortlich. Die sich dabei einstellenden Rückkopplungen lassen sich nicht in der Form von Gleichgewichtsmodellen begreifen" (Ebenda, 846).

Aus dem Bereich der Luhmann-Schule hat Dirk Baecker eine Publikation mit dem Titel „Organisation als System" vorgelegt (1999). Baecker hält es für entscheidend, einen Blick für die Typik der Intelligenz einer Organisation zu bekommen. Ein prägnanter Satz lautet: „Die Organisation einer Organisation ist die Organisation einer Differenz" (21). Dieser Aussage bleibt ergänzend hinzuzufügen, dass eine Differenz nur eine differenzierte Einheit sein kann und somit das Modell Einheit in sich selbst enthält. Alle Organisationen sind für Baecker mit Mischungen von Ordnung und Unordnung, Redundanz und Varietät, loser und fester Kopplung konfrontiert. Komplexität bedeutet, dass nur selektive Verknüpfungen zwischen den Elementen eines Systems möglich sind. Der Nutzen der Unberechenbarkeit wird darin gesehen, dass die Leute es mit Definitionen zu tun haben, die ihnen nicht aufgezwungen werden.

Baecker unterscheidet verschiedene Wissensarten in der Organisation: Das Produktwissen umfasst Produkte, Technologien und Produktionsprozesse. Das gesellschaftliche Wissen über Organisation bezieht sich z.B. auf Kaufverträge, Arbeitsplätze, Autoritäten. Das Führungswissen bezieht sich auf Hierarchie, Arbeitsteilung, Disziplin, Gestaltungs- und Steuerungswissen. Das Expertenwissen ist Wissen über Umwelten. Dieser Äußerung wäre hinzuzufügen, dass Umwelt im Analog-System hier als Komplexität der Systeme außerhalb des jeweils beobachteten konkreten Systems gesehen wird. Umwelt kann dann nicht zugleich die Verlängerung der Handlungssequenzen der Organisation des Systems sein. Das Milieuwissen bezieht sich auf Initiativen, Kontrollen, Revisionsmaßnahmen, Arbeitsabläufe, Berufung auf Rationalität usw. Wissen im Sinne Baeckers ist eine Struktur, mit deren Hilfe ein soziales System enttäuschungsbereite Erwartungen an seine Umwelt adressiert. Wissen ist eine komplexe Prüfoperation.

Baeckers Vorschlag zur Unternehmenskultur läuft hinaus auf die Umstellung von Rationalität auf Viabilität als Zielwert des Organisationsverhaltens, ferner auf die Umstellung von vorgegebener und hierarchisch implementierter Arbeitsteilung auf das Modell der Teamorganisation. Baecker bringt (im Unterschied zu Luhmann) ein teleologisches Moment in Form der Zielorientierung in die Diskussion ein: Umstellung von Hierarchie auf Heterarchie als übergreifendes Organisationsprinzip, Umstellung von Mitgliedschaft auf Netzwerk zur Konstitution der Einheit des Systems. Das Programm wird definiert als eine Implementation der Virtualität, eine variierbare Vorschrift dessen, wie Aufforderungen aufgenommen und eingelöst werden können (149). Das Programm einer Organisation erhält den Namen Geschäft.

Das Management ist für Baecker auf zweifache Weise innerhalb der Organisation der Schlüssel zur Latenzbeobachtung. Gemeint ist die Beobachtung dessen, was ein Beobachter nicht beobachten kann, wenn er eine bestimmte Entscheidung verwendet, die Bestimmtes bezeichnet und anderes nicht (164f.). Rationalität ist für Baecker „die Möglichkeit, Mittel gegen Mittel auszutauschen, wenn damit die Zwecke besser erreichbar scheinen. Und Rationalität ist die Möglichkeit, Zwecke gegen Zwecke auszutauschen, wenn damit die Mittel besser ausgenutzt werden können. In beiden Hinsichten setzt die Rationalität auf Austauschbarkeit“ (300). Baeckers Impetus gegen das

Modell des rationalen Entscheidens und damit der „Abschied von der Rationalität" (314) ist bemerkenswert und bedenkenswert zugleich. So nützlich der Abschied von der Rationalität in einzelnen konkreten Fällen sein kann, so notwendig ist mit Intuition verbundene Rationalität, um die logisch-funktionalen Engführungen der analogen Systemtheorie zu erkennen. Diese bestehen u.a. darin, dass das verwendete logische Modell der analogen Unterscheidung die Grundstruktur von Einheit und damit System überhaupt nicht verlässt und damit die Definitionen über den Außenbereich von System in die Sphäre der Unverbindlichkeit und letztlich Unbestimmtheit führen, so dass man nie weiß, was in der analog orientierten Systemtheorie Umwelt und damit die Abgrenzung gegen Umwelt ist. Die Unbrauchbarkeit des Umweltbegriffs in einer wissenschaftstheoretischen Konstruktion geht letztlich auf Luhmanns Paradigma zurück. Dieses ist die Differenz von Identität und Differenz. Diese Differenz ist gegeben, aber ebenso die Identität von Identität und Differenz. Durch die Betonung des Grabens zwischen Identität und Differenz schafft Luhmanns Theorie den Freiraum für Begriffskonstruktionen, die in der Gesellschaft von Bedeutung sind, die aber in der Nomenklatur einer Wissenschaftstheorie keinen legitimen Platz haben.

Paradigma

Das Wort Paradigma ist vom griechischen Wort paradeigma abgeleitet. Gemeint ist das Beispiel, das Muster, der Beweis. Ein Paradigma ist ein grundlegendes Muster, ein Schema, das eine zusammenfassende Verdichtung einer Theorie zu einer Formel oder einer kurz gefassten Leitunterscheidung oder einer Leitformel ausmacht. Eine paradigmatische Formel muss so konzipiert sein, dass man jede Teileinheit eines theoretischen Systems auf diese Formel reduzieren kann. Umgekehrt muss das Paradigma bereits der Möglichkeit nach alles enthalten, was eine Theorie an Einzelheiten enthält. Folglich ist ein Paradigma ein Prüf- und Beweisinstrument im Vollzug der Beobachtung einer wissenschaftlichen Konstruktion.

Luhmann geht davon aus, dass der Innovationsschub, den seine theoretischen Figuren enthalten, ein neues Paradigma verlangen. Er schließt an Hegels Logik an. Diese operiert mit der Leitunterscheidung Identität der Identität und Nichtidentität (Hegel, Wissenschaft der Logik, Bd.1, 1951, 59). Hegel meint damit die Einheit des Unterschieden- und des Nichtunterschiedenseins: Unterschiedenes gibt es nur im unablösbaren Verbund mit Nichtunterschiedenem. Hegel sieht seine Leitunterscheidung als reflektierte Form der Unterscheidung Sein/ Nichtsein. Die Verflochtenheit von Metaphysik und Logik lässt sich kaum stringenter demonstrieren. Diese Formel ist für Hegel das Absolute, das heißt das von der konkreten Wirklichkeit Abgezogene und Losgelöste. Identität ist für Hegel ein Synonym für Einheit und Einheitlichkeit, aber auch für Zusammenstand. Zu beachten ist, dass Hegel nicht den Terminus Differenz verwendet, sondern von Nichtidentität spricht. Mit dieser Wortwahl wird deutlich, dass Hegel sich darum bemüht, das Analog-Modell der Unterscheidung zu überwinden. Dieses besagt, dass das Modell des Ganzen eine Besonderheit der Einheit ist und dass die Einheit des Ganzen sich in eine unbegrenzte Vielzahl von Teileinheiten einteilen lässt. Mit seiner theoretischen Innovation, die an Platons Parmenides anschließt, setzt sich Hegel der Tendenz nach vom üblichen Analog-Modell der Unterscheidung ab. Unterschiedensein und Nichtunterschiedensein sind Formulierungen, die einen höheren Abstraktionsgrad ausmachen als das konkrete Differenzieren im Sinne des Unterscheidens. Hegel geht mit seinem Paradigma einen sehr deutlichen Schritt in eine Richtung, an deren Ende das logische Zweiersystem steht, das in der elektronischen Technik mit O und I arbeitet und alle Vorgänge auf das binäre Zweiersystem reduziert.

Luhmann setzt sich von Hegel ab (Soziale Systeme, 1985, 26). Er wählt die paradigmatische Formulierung: Differenz von Identität und Differenz. Der Begriff Differenz hat seinen Platz im analogen und nicht im binären Modell der Unterscheidung. Denn Differenz bedeutet Unterschied. Und der Unterschied ist immer Unterschied innerhalb einer Einheit. *Differenz ist somit eine Besonderheit des Modells Einheit, also eine Zutat zu etwas, was logisch bestimmend ist.* Folglich wird das Modell Differenz durch das Modell Einheit bestimmt und verlässt nicht die Umgrenzung des Territoriums mit dem Namen Einheit. Luhmann ordnet sich mit seiner Begriffswahl eindeutig in die Sphäre der analogen Unterscheidungstheorie ein. Eben dieses Territorium versucht Hegel zu überwinden, wie er selbst äußert. Folglich liegt Luhmanns Paradigma auf einer anderen logischen Ebene als diejenige Hegels.

Luhmann meint mit seinem Paradigma der Differenz von Identität und Differenz das Folgende: Differenz im Verständnis von Unterschied (*und nicht etwa von Unterschiedensein*) steht in der Logik an höchster Stelle. Denn Einheit muss man von der Differenz her denken, da Differenz die Priorität zukommt. So kommt es denn auch darauf an, die Bedeutung der Differenz im Sinne des Unterschieds zwischen Identität (=Einheit) und Differenz klar einzuschätzen. Zuerst geht es in Luhmanns Theorieverständnis um den Unterschied von Einheit und Differenz. Dann erst wäre der Zusammenstand, die Einheit von Einheit und Differenz, in den Blick zu nehmen. Die Systeme müssen mit Differenzen zurecht kommen, mit der Differenz von Identität und Differenz (Ebenda, 26) und der Differenz von System und Umwelt. Luhmann rückt die Begriffe Identität und Selbstreferenz dicht zusammen. Wichtig ist der Bedeutungsgehalt des Selbst (Ebenda). Der Begriff Identität meint das Selbst, und ebenso ist das Modell der Selbstreferenz durch das Selbst (idem) bestimmt.

Luhmanns Paradigma der Differenz von Identität und Differenz ist auf der logischen Ebene der Anschaulichkeit und Konkretion platziert. Es geht um das Auseinanderhalten, wenn von Differenz die Rede ist, um das Gewinnen von Abstand, das mit jeder sozialen Handlung verbunden ist. Der von Luhmann gesehene Abstand von System und Umwelt muss immer wieder theoretisch und praktisch bewältigt werden. Daher ist für ihn die Differenz (d.h. die Unterschiedlichkeit) von Einheit und Differenz so bedeutsam und nicht deren Verbindung. Das von Luhmann verwendete Analog-Modell ist schließlich durch das aristotelische Entweder/ Oder bestimmt. Hegels Paradigma, von dem sich Luhmann betont absetzt, operiert nicht auf der von Kants Anschaulichkeit geprägten Ebene.

Hegels Logik ist auf einer höheren Abstraktionsebene angesiedelt. Hegel abstrahiert von den anschaulich-konkreten Dingen. So wird z.B. aus Einheit das Einheitsein. Das ist die Unterschiedenheit, weil Einheiten durch Anfang und Ende unterschieden sind, wie man im „Parmenides“ nachlesen kann. Einheit wird auf der reflektierten (d.h. abstrahierten) Ebene zur Identität. Und umgekehrt wird die anschauliche Differenz (der Unterschied) zum *Nichtunterschiedensein*, d.h. zum Geteiltsein überhaupt und schlechthin. Gemeint ist die Sphäre, in der es gleichsam nur Bruchstücke gibt und keine ganzen Dinge oder Maßeinheiten, mit denen man Anfang und Ende einer Sache ermitteln könnte. Hegel und Luhmann bewegen sich auf sehr unterschiedlichen logisch-funktionalen Gebieten, wenn es um die Formulierung eines Paradigmas geht. Um Logiker zu verstehen, muss man die Unterschiede herausarbeiten. Im vorliegenden Fall bindet die Suche nach einem geeigneten Paradigma (als Einheit) die aufgezeigten Unterschiede zusammen.

Luhmanns Paradigma ist darauf ausgerichtet, dass das von ihm verwendete Analog-Modell nur Einheiten und deren Teile enthält, so dass die kategoriale Sphäre der Einheit grundsätzlich nicht verlassen wird. Folglich muss aus logischen Rücksichten auch die Umwelt als Einheit gesehen werden. Luhmann selbst bestätigt diesen Sachverhalt (Soziale Systeme, 1985, 257). Somit macht die Unterscheidung System/ Umwelt als Leitunterscheidung eine Anhäufung von zwei Einheiten aus. Einheit als Ganzes definiert sich durch seine Teile. Die Teile definieren sich durch das Ganze. Das Analog-Modell ordnet die Teile dem Ganzen unter. Denn die Teile sind eben Teile des Ganzen. Umgekehrt ist das Ganze eben das Ganze seiner Teile. Eines ist das Bestimmende. Das Andere dieses Einen kommt zum Einen dazu. Luhmann erteilt dem System den logischen Vorrang. Die Teile als Elemente arbeiten dem Ganzen des Systems zu. Sie sind Elemente für das System und durch das System (Autopoiesis). Seine Theorie heißt Systemtheorie und nicht Elemententheorie.

Ergebnis: Die Umwelt kann im Modell der analogen Systemtheorie, dem Luhmann folgt, nichts anderes als eine Teileinheit des Ganzen des Systems oder der Systeme sein. Alle Teileinheiten müssen sich dem Ganzen der Einheit des Systems einfügen lassen. Andernfalls kollabiert das Modell des Analog-Systems. Luhmann geht davon aus, dass die Umwelt immer sehr viel komplexer ist als das System selbst (Soziale Systeme, 1985, 249). Für Luhmann gewinnt das System seine Freiheit und seine Autonomie der Selbstregulierung durch Indifferenz gegenüber seiner Umwelt (Ebenda, 250).

Luhmann konstruiert ein Gefälle zwischen System und Umwelt: „Jedes System hat sich gegen die überwältigende Komplexität seiner Umwelt zu behaupten“ (Ebenda). Das Ganze des Systems hat sich somit ständig gegen einen seiner Teile zu behaupten, obwohl dieser Teil dem Verständnis der Autopoiesis zufolge das, was er ist, dem System verdankt, für das er da ist, und obwohl auch für die Umwelt des Systems gelten muss, dass sie eine Verlängerung der Handlungssequenzen des Systems ist. Ferner muss sich das System gegen die Komplexität eines seiner Teile wehren, obwohl es das System selbst ist, das die Einheit seiner Umwelt konstituiert (Ebenda, 249). Die analoge Systemtheorie Luhmanns konstruiert vermutlich ungewollt aristotelische Widersprüche, denen man mit den Mitteln der analogen Logik nicht entrinnen kann. Diese Widersprüchlichkeit zeigt die Grenzen der analogen Logik auf, sobald die Grenzen des Modells „das Ganze der Einheit und dessen Teile“ überschritten werden sollen.

Umwelt ist kein Begriff, der sich in die Reihe der Grundbegriffe der Logik einordnen lässt. Der Begriff Umwelt passt z.B. nicht in die Reihe der Begriffe Relation, Modalität, Quantität, Qualität, Ursache, Wirkung.

Luhmanns Definition der Umwelt als „alles andere“ (Ebenda, 249) verlässt nicht die kategoriale Sphäre der Einheit und damit des Systems. Wenn ein „Außen“ des Systems konstruiert wird, kann dieses Außen zwangsläufig nur Einheit und damit System sein. Einheit ist Einheit, wenn es auch zwischen den einzelnen konkreten Systemen eine Fülle von Unterschieden gibt. Auf der Ebene der logischen Analyse reduziert sich Luhmanns Differenzfigur auf quantitative, qualitative, relationale und modale Unterschiede zwischen den einzelnen Systemen, *ob diese Systeme nun innerhalb oder außerhalb des Systems positioniert sind.* Das Grundmodell System als Version von Einheit schlechthin wird in Luhmanns Systemtheorie nicht verlassen. Damit entsteht die Frage, ob es denn überhaupt möglich ist, eine Systemtheorie zu konstruieren, die darauf besteht, alles, was ist und geschieht, innerhalb des grundlegenden Modells mit der Bezeichnung System als Version von Einheit zu verorten.

Damit wird der Blick frei gemacht für eine logische Untersuchung, die ihrer Zeit um Jahrtausende vorausgeeilt ist. Um 500 vor Chr. Geburt hat Parmenides aus Elea in Süditalien (damals zu Griechenland gehörend) ein logisches Modell entwickelt, das Platon mehr als hundert Jahre später unter dem Titel „Parmenides" bearbeitet hat. Es ist bemerkenswert, dass Aristoteles in seiner „Metaphysik" nur den von Parmenides überlieferten Fragmenten Beachtung schenkt und Platons Arbeit über Parmenides nicht erwähnt. Parmenides führt die Reflexion auf dem Weg über völlig ungewohnte Abstraktionen aus der Umgrenzung des kategorialen Modells Einheit heraus. Er entwickelt ein neues Paradigma:

Das Ganze ist nicht mehr als die Teile dieses Ganzen. So entsprechen Ganzes und Teile einander genau. Die Unterscheidung besagt: Die Teile insgesamt und für sich genommen entsprechen dem Ganzen so, dass beide Seiten der Unterscheidung ein äquivalentes Verhältnis ausmachen. Um diese Figur zu verstehen, werden Ganzes und Teile jeweils für sich gesetzt. Das heißt: Man sieht das Ganze nur als Ganzes und als Einheit, ohne jegliche mögliche Attribuierung. Es geht dann um das Ganze nur als Ganzes, um das Ganze an sich selbst. Auf der anderen Seite der Unterscheidung sind die Teile nur als Teile positioniert, d.h. die Teile an sich. Das Ganze an sich ist Eines, also Einheit. Einheit ist dadurch Einheit, dass man Anfang, Mitte und Ende unterscheiden kann. Einheit erweist sich somit als Unterschiedenheit. Die Gegenseite der Einheit macht das Entgegengesetzte der Unterschiedenheit aus, also die Nichtunterschiedenheit. Unterscheiden kann man nur dort, wo ein Etwas vorliegt, das von Unterscheidungen (bisher) nicht betroffen worden ist. Folglich gehören Unterschiedenheit und Nichtunterschiedenheit unablöslich zusammen. Zugleich sind beide Seiten dieser am Modell des Paares (bini) orientierten Unterscheidung getrennt, weil sie unterschiedliche Bezeichnungen tragen.

Aus der konkreten Einheit wird in diesem binären Modell Einheit an sich, Einheit nur als solche gesehen. Aus der Summe der konkreten Teile wird nun das Geteiltsein an sich, Trennung an sich. Verbindung an sich und Trennung an sich stehen in einem unablöslichen Verbund. Alles wird auf lediglich zwei logisch-funktionale Felder verteilt. Das binäre Modell der Unterscheidung ist eine Figur der reinen Abstraktion. Die linke Seite der binären Unterscheidung macht die reflektierte Ebene des Unterscheidens aus. Hier gibt es nur etwas, was Anfang und Ende hat. Die rechte Seite macht die reflektierte Ebene des Nichtunterschiedenseins aus. Hier gibt es nur etwas,

was Unterscheidungen nicht zulässt, also Verschiedenheit, Geteiltheit, Nichteinheit, Negativeinheit. Beide Seiten enthalten nichts als Absolutsetzungen.

Nun ist das Absolute nicht vorstellbar ohne das Konkrete. Denn wovon sollte man etwas ablösen, wenn nicht vom Konkreten und Anschaulichen? Folglich muss die logische Ebene der Absolutsetzungen verlassen werden. Die Ebene des Konkreten muss betreten werden. So hat z.B. eine Datei teil am Abstraktionsmodell Einheit. Denn eine Datei hat Anfang und Ende. Und so hat z.B. das Verb öffnen teil am Nichtunterschiedensein. Denn Das Öffnen hat keinen Anfang und kein Ende. Das Öffnen hat nur Anfang und Ende, wenn aus dem unabgegrenzten Öffnen ein Ablauf gemacht wird.

Das Paradigma der binären Logik besagt dann die gleichzeitige Verbindung und Trennung von Unterschiedensein und Nichtunterschiedensein, bezogen auf die Entgegensetzung von Einheit an sich und Negativeinheit an sich. Die Absolutsetzungen der Einheit und deren Negativseite sind dann die beiden Ausgangspositionen für die Anwendung auf die konkreten Unterscheidungen.

Paradoxie

Das Wort Paradoxie lässt sich auf das Griechische zurückführen. Als dóxa gilt die Meinung, die Vorstellung im allgemein üblichen Verständnis. Pará bedeutet vor allem neben, an etwas vorbei. Eine Paradoxie ist von der sprachlichen Bedeutung her eine Auffassung, die neben der üblichen Vorstellung liegt und insofern an ihr vorbeiläuft. Von hier aus gesehen ist die Paradoxie etwas anderes als der Widerspruch oder der Konflikt.

In der analogen Systemtheorie Luhmanns wird der Begriff paradox sehr häufig verwendet, während man bei Parsons nicht fündig wird. Luhmann führt diesen Begriff z.B. in seinem Grundriss „Soziale Systeme“ (1985), in dem Buch „Die Wissenschaft der Gesellschaft“ (1992) und in dem zweibändigen Werk „Die Gesellschaft der Gesellschaft“ (1997) ein. Gelegentlich werden Widerspruch und Paradoxie synonym verwendet. Die Paradoxie wird grundsätzlich positiv-funktional konnotiert. Denn nur durch die Verwendung von Paradoxien ist Logik überhaupt möglich. „Man würde sonst beim ersten besten Widerspruch in ein Sinnloch fallen und darin verschwinden. Nur unter Einbeziehung aller Widersprüche kann die Sinnwelt den Charakter selbstreferentieller Geschlossenheit erreichen, und nur so ist sie Korrelat des selbstreferentiell-geschlossenen Kommunikationssystems der Gesellschaft“ (Soziale Systeme, 1985, 138). Die zentrale Bedeutung erhält die Paradoxie durch das Modell der Einheitszumutung: Im Gefüge der Einheit wird Unterschiedliches, Gegensätzliches, Konkurrierendes zu einem Widerspruch zusammengebunden. Erst der Widerspruch macht das, was in ihm zusammengefügt wird, zu etwas Widersprechendem. Die Materialien des Widerspruchs sind für sich genommen widerspruchsfrei. Einheit wird als Einheit von Selbstreferenz und Fremdreferenz gesehen. Sie wird also paradox konstituiert (Ebenda, 495). Luhmann fügt diesen logischen Sachverhalt in das Modell der „Digitalisierung eines Kontinuums“ ein (G. Bateson, A. Wilden). Logik wird als ein Regelsystem bezeichnet, das die Konstitution von Widersprüchen konditioniert. „Das positive Leitbild der Logik, ein widerspruchsfreies Denkgebäude aufzuführen, wäre danach der Negativabzug ihrer Funktion, sozusagen ein notwendiges Nebenprodukt auf dem Wege der Erfüllung ihrer Funktion der Konditionierung von Widersprüchen“ (Ebenda, 495f.). Die Logik hat es nicht sogleich mit der Ausmerzung von Widersprüchen zu tun. Zunächst müssen die Formvorschriften für das Herstellen und Erkennen von Widersprüchen erfasst werden. Die Form des Widerspruchs variiert vermutlich mit der Art ihrer gesellschaftlichen Inanspruchnahme. Die Grundfrage bleibt: Wie wird jene Einheit konstituiert, „die dann nach den Bedingungen der Logik eindeutig widerspruchsvoll bzw. eindeutig widerspruchsfrei sein kann“ (Ebenda, 496)?

Luhmann bringt die Einheit der Differenz mit der Rationalität in Verbindung. Von Rationalität kann erst dann die Rede sein, wenn der Begriff Differenz selbstreferentiell benutzt wird. Gemeint ist, dass die Reflexion auf die Einheit der Differenz gerichtet sein muss. Der Selbstbezug der Differenz wird nun an das System/ Umwelt-Modell gebunden. Luhmann begreift die Umwelt hier nicht als ein umfassendes System. „Die Umwelt ist ein mit dem Innenhorizont korrespondierender Welthorizont. Daher kann die Rationalität eines Systems nicht durch Bezug auf ein übergeordnetes, umfassendes System geklärt werden. Dies würde nur in die seit Pascal bekannte Paradoxie führen, dass die Rationalität des umfassenden Systems ihrerseits nur eingesehen werden kann, wenn man die Teile des Systems in Betracht zieht. Wir führen diese Paradoxie zurück auf die reine Form der Selbstreferenz, und wir sehen die Rationalität deshalb als Wiedereintritt der Differenz in das Differente, als Einbau einer offenen System/ Umwelt-Differenz in das System, das sich durch diese Differenz selbst bestimmt“ (Ebenda, 641).

Wie ist diese hochabstrakte Argumentation zu deuten? Luhmanns „Soziale Systeme“ als anregendes Werk legt eindeutig das Schwergewicht auf die Selbstreferenz. Die Fremdreferenz gehört immer dazu, aber sie läuft mit. Denn Einheit wird als Einheit beider Referenzen konstituiert. Entscheidend ist für Luhmann der Selbstbezug der Differenz. Das Problem: Die Fremdreferenz gehört dazu. Also muss sie einen legitimen Platz im Modell des Differenzbegriffs erhalten. Die Fremdreferenz ist in Luhmanns Konstruktion der Bezug auf die Umwelt. Die Umwelt wird hier nicht als Verlängerung der Handlungssequenzen des Systems gesehen. Sie ist auch nicht Negativ-Korrelat des Systems. Sie ist ferner nicht alles andere, aus dem sich das System ausnehmen muss. Sie ist nicht System und damit nicht Einheit, wie an anderen Stellen festgestellt. Hier ist die Umwelt „Welthorizont“. Nun bedeutet Horizont das Begrenzte. Wo Grenzen gezogen worden sind, da ist Einheit. Folglich führt der Horizontbegriff nicht aus dem kategorialen Modell Einheit heraus. Auf diesem Reflexionsweg lässt sich Fremdreferenz als Umwelt der Differenz nicht begründen. Hinzu kommt, dass die Rationalität des umfassenden

Systems nur eingesehen werden kann, wenn die Teile des Systems in Betracht gezogen werden. Der Ausgriff in die Umwelt des Systems würde in die Binnenstruktur des Systems hineinführen, in die Teile. Der Welthorizont ist aber nicht unter den Teilen des Systems positioniert. Er muss außerhalb der Grenzen des Systems liegen. Folglich führt dieser Weg der Reflexion nicht zum Ziel. Daher lässt Luhmann die Fremdreferenz auf den Boden der Unterscheidung zurückkehren: in das Zentrum der Unterscheidung selbst. Die Lösung des Problems ist der Wiedereintritt der Differenz in das Differente. So kehrt die Differenz auf dem Weg über die Umwelt ihrer selbst zu sich selbst zurück. Dieser Weg der Reflexion erfordert immer neue Definitionen der Umwelt. So wird der Terminus Umwelt durch die Logik des analogen Systems selbst in das Feld der Paradoxie, des Ungewohnten, hineingeführt. Das Definitionsfeld der Umwelt muss immer stärker ausgeweitet werden. Es verliert damit die Eindeutigkeit.

Im Unterschied zu dieser auf Horizonte bezogenen Argumentation richtet Luhmann in seinem Buch „Die Wissenschaft der Gesellschaft“ die Aufmerksamkeit auf das Beobachten als methodisches Prinzip wissenschaftlicher Reflexion. Er sieht Beobachten als eine paradoxe Operation. Sie aktualisiert in einem Zuge eine Zweiheit als Einheit. Das Beobachten beruht auf der Unterscheidung von Unterscheidung und Bezeichnung. Sie aktualisiert damit eine Unterscheidung, die in sich selbst wieder vorkommt. Wie ist diese Paradoxie zu verstehen? Das Beobachten ist eine Einheit und insofern nur Eines. Es operiert in einem Zuge. Zugleich ist es eine Zweiheit. Denn es macht eine Unterscheidung aus, die Unterscheidung von Unterscheidung und Bezeichnung. Diese Zweiheit besteht zunächst darin, dass sie eine Unterscheidung ist. Zweitens ist sie eine Bezeichnung. Denn dort, wo unterschieden wird, gibt es nicht nur eine, sondern mindestens zwei unterschiedliche Gegebenheiten. Also macht die Beobachtung zugleich Eines und nicht Eines aus, nämlich eine Zweiheit. Beobachten = Unterscheiden + Bezeichnen.

Beobachten ist auf der Ebene binärer Logik Nichtunterscheidung. Denn das Beobachten als solches hat keinen Anfang und kein Ende. Also ist das Beobachten keine Einheit. So würde binäre Logik diese Paradoxie sehen. Das Unterscheiden ist auch Negativeinheit, weil weder Anfang noch Ende auszumachen sind. Und das Bezeichnen ist die dritte Negativeinheit innerhalb dieser Paradoxie. Alle drei Begriffe lassen sich nicht als Einheiten definieren, weil sie nicht durch Anfang und Ende begrenzt sind. Die Auflösung dieser Paradoxie besagt: Luhmanns Formel enthält nur drei Versionen der Negativeinheit. Sie enthält nicht das unablösbar dazu gehörende Feld der Unterschiedenheit, also der Einheit. Luhmanns Definition des Beobachtens lässt das Beobachten bei sich selbst. Das Beobachten tritt nicht aus seiner eigenen Zirkularität heraus. Es kann daher nicht das zu beobachtende Objekt in Gestalt der Einheit erreichen. Mit der vorliegenden Definition erreicht man nicht die Wirklichkeit. Die Formel bedarf der Erweiterung, so dass auch dasjenige erfasst wird, was umgrenzt ist.

Luhmann verfolgt das Problem der Paradoxie weiterhin in Verbindung mit dem Konstruktivismus. Es gibt Instrumentierungen der Beobachtung oder Kognition, die ohne Umweltkorrelat funktionieren (Die Wissenschaft der Gesellschaft, 1992, 526ff.). So gesehen gibt es dann keine Möglichkeit, das Modell der adaequatio anzusetzen. Das allgemeine funktionale Erfordernis, den Begriff mit der Wirklichkeit zur Kongruenz zu bringen, muss dann wegfallen. Es gibt dann keine Einheiten, die von etwas anderem abgegrenzt werden müssten. Unter diesen (konstruierten) Bedingungen gibt es dann nur die Bewährung der Kognition selbst. Die Kognition ist unter diesen Voraussetzungen auf sich selbst gestellt. Für einen gut ausgerüsteten Beobachter müsste die Welt wie auch die Kognition durch passende Anschlüsse gleicher Operationen an vorherige Operationen aufgebaut werden. „Rekursivität mag dann als eine Art Formel für die Übereinstimmung von Erkenntnis und Wirklichkeit dienen, aber ohne Zweifel ist auch das eine Konstruktion" (Ebenda, 527). Der Konstruktivismus sieht nach Luhmanns Auffassung die Dinge richtig. Die Welt ist so, wie sie ist. Aber der Konstruktivismus kann sich selbst nur durch Negationen begründen.

Nun bezieht sich eine wichtige Konsequenz dieser Argumentation auf den Status von selbstreferentiellen Zirkeln und Paradoxien. Eine konstruktivistische Erkenntnistheorie sieht überhaupt keine unmittelbare Korrespondenz mit Gegenständen der Außenwelt vor. Folglich muss die Theorie die Last der Paradoxie übernehmen und auf andere Weise für Entparadoxierung sorgen. Das Verfahren der Erkenntnis führt dann die Paradoxie in die Sphäre der Unsichtbarkeit hinein. Man hat es mit Invisibilisierungen zu tun. Die Lösung des Problems läuft über den Begriff der Unterscheidung. Diese kann in der Situation der Beobachtung nur paradox verwendet werden. Das bedeutet: Es liegt nun eine Unterscheidung vor, die sich selbst unterscheidet und nicht unterscheidet. Ein Beobachter kann diese Paradoxie sehen. Er muss sich dabei aber auf die Paradoxie der eigenen Unterscheidung einlassen. So ermöglicht es der Konstruktivismus, Reflexion als Systemreflexion zu reflektieren. Das wiederum bedeutet, Wissenschaft im Wissenschaftssystem als System zu beschreiben. Soweit Luhmanns Argumentation.

Zur einordnenden und beurteilenden Interpretation: Luhmann definiert hier die Umwelt (im Anschluss an das Bild vom Horizont der Welt) als Einheit, nun aber im Sinne eines Objekts der Beobachtung. Damit wird das Umweltmodell weiter differenziert. Luhmann bemüht sich darum, die Umweltlosigkeit des Konstruktivismus dadurch aufzufangen, dass die Paradoxie durch Unterscheidungen gelöst wird. Das Fehlen der Umwelt im Sinne des Gegenstandes der Beobachtung wird durch Unterscheidungsläufe ersetzt. Es hilft nicht weiter, die Paradoxie unsichtbar zu machen. In der Sphäre der Latenz wird sie ja nicht eliminiert. Die fehlende adaequatio wird durch Rekursivität ersetzt. Wer auch immer wo und in welcher Weise unterscheidet: Das Unterscheiden als Negativeinheit bleibt bei sich selbst. Es gibt hier keinen Zugang der Beobachtung und unterscheidenden Reflexion zum Funktionsfeld der mit Anfang und Ende ausgestatteten Einheit. Die Oszillation von der Sphäre der Nichtunterschiedenheit des Unterscheidens als solchen (ohne Begrenzungen durch Anfang und Ende) hinüber zur Sphäre der Unterschiedenheit gelingt nicht. Auf diesem Wege führt kein Weg dahin, Wissenschaft als System zu beschreiben.

Stößt man auf eine Paradoxie, wenn man mit Luhmann formuliert: Komplexität ist die Einheit einer Vielheit? (Die Gesellschaft der Gesellschaft, 1997, 136) Luhmann: Ein Sachverhalt wird in zwei verschiedenen Fassungen ausgedrückt, als Einheit und als Vielheit. Der Begriff negiert, dass es sich dabei um etwas Verschiedenes handelt. Die übliche Art der Entfaltung dieser Paradoxie, so Luhmann, wird mit Hilfe der Begriffe Element und Relation, also mit einer weiteren Unterscheidung, vollzogen. Luhmann operiert grundsätzlich mit dem Modell der Zwei-Seiten-Form. Die Form der Komplexität ist dann die Grenze zu Ordnungen, in denen es noch möglich ist, jedes Element mit jedem anderen zu jeder Zeit zu verknüpfen. Entweder geht das. Oder es geht nicht. So wird Eindeutigkeit erzielt.

Dazu sogleich eine beurteilende und erklärende Interpretation: Das Modell der analogen Systemtheorie selbst produziert die Paradoxie. Luhmann operiert grundsätzlich auf der logischen Ebene der Reflexion. Substanz als höchste Form von Einheit ist immer und grundsätzlich bestimmte Einheit, das heißt konkrete Einheit hier und jetzt.

Für Luhmann ist das die operative Ebene des Beobachtens und Unterscheidens. Sein Vorgehen ist trotz der hochgradigen Abstraktionen unmittelbar empirisch auf der Basis der Anschauung. Wissenschaft ist nun aber auch Abstraktion. Wie sonst könnte man den Saturn mit Raumfahrzeugen erreichen? Einheit und Vielheit haben einen Hauptnenner: Das Eine, die Eins, das heißt allgemein: die Einheit. Das Eine ist in dem Vielen viele Male enthalten. Auf dieser abstrahierenden Ebene widersprechen sich Einheit und Komplexität als Vielheit nicht. Vielmehr bilden beide eine Einheit insofern, als sie durch das Merkmal Einheit bestimmt sind. Die „Entparadoxierung" des Paradoxons besagt: Auf der kategorialen Arbeitsfläche der Wissenschaft gibt es keinen Unterschied zwischen Einheit und Vielheit, wenn man diese als Komplexität definiert. Die Einheit (das Gemeinsame) von Einheit und Komplexität im Sinne der Vielheit ist eben Einheit, das kategoriale Abstraktionsmodell Einheit. Wo es keine kategoriale Unterschiedlichkeit gibt, da lässt sich kein Paradox konstruieren.

Ergebnis: Die binäre Logik führt die Paradoxien der analogen Logik in Gegensätze hinüber (und nicht in Widersprüche). Die beiden Seiten des Gegensatzes sind Unterscheidung und Nichtunterscheidung. Die Einheit als Inbegriff der Unterscheidbarkeit muss immer dabei sein. Andernfalls sind die rekursiven Unterscheidungsläufe in höchster Gefahr, die Bodenhaftung zu verlieren. Die wissenschaftstheoretische Problematik liegt in der Vermischung der beiden logisch-funktionalen Ebenen der Konkretion (empirische Operationalität) und der reflektierenden Abstraktion mit dem Blick auf „kategoriale Kompetenz".

Parmenides-Logik

Platons Dialog unter dem Titel Parmenides stellt die theoretische Grundlage der binären Logik dar. Parmenides geht von der Voraussetzung aus, dass das Ganze sich durch die Teile definiert. Wenn es aber Teile hat, dann ist es Vieles (und nicht Eines). Das Eine (Eins) soll aber Eins sein und nicht Vieles. Also kann es nicht ein Ganzes sein (137c). Weder also kann das Eins ganz sein noch Teile haben, wenn es Eins sein soll (137d). Das Eins hat also keinen Teil. Folglich hat es weder Anfang noch Ende noch eine Mitte. Denn dergleichen wären schon Teile desselben. Auf diese Weise entnimmt Parmenides dem Modell Einheit alle denkbaren Attribuierungen. Es bleibt nur Einheit als Einheit ohne nähere Bestimmungen übrig: Einheit an sich, Einheit als solche. Die Absolutsetzung von Einheit ist erforderlich, um die binäre Unterscheidung zu erreichen.

Nun führt der Weg der Reflexion zurück in die Ebene der konkreten Anschauung. Wenn das Eins ein Ganzes ist, wird es auch Anfang, Mitte und Ende haben (145a). Wenn es sich so verhält, wird das Eins in sich selbst und in einem Anderen sein (145b). Denn von den Teilen ist jeder im Ganzen und keiner außerhalb des Ganzen. Und alle Teile werden von dem Ganzen umfasst. Ferner sind alle Teile Teile des Eins (145c). Und sie sind weder mehr noch weniger als sie (die Teile) insgesamt. Auch das Ganze ist das Eins. Wenn alle Teile im Ganzen sind, es sind aber sowohl alle Teile des Eins als auch das Ganze selbst das Eins, und alle werden von dem Ganzen umfasst: So wird also das Eins von dem Eins umfasst, und so wäre schon das Eins in sich selbst (145c).

Andererseits ist das Ganze wiederum nicht in den Teilen, weder in allen noch in einigen. Denn wenn in allen, dann auch notwendig im Eins. Denn in irgendeinem Eins nicht seiend, könnte es auch nicht mehr in ihnen insgesamt sein. Und wenn dies Eins zu ihnen insgesamt gehört, das Ganze in ihm ja nicht ist, dann kann es nicht in ihnen allen sein. Wenn in einigen Teilen das Ganze wäre, so wäre das Mehrere in dem Wenigeren, welches unmöglich ist. Wenn nun weder in mehreren noch in einem noch in allen Teilen das Ganze ist: Muss es nicht notwendig in irgendeinem Anderen sein oder gar nirgends sein? Die Antwort: Notwendig. Ergebnis: Inwiefern das Eins Ganzes ist, ist es im Anderen. Insofern es aber alle Teile ist, ist es in sich selbst. Und auf diese Weise ist das Eins notwendig sowohl selbst in sich selbst als auch im Anderen (145e). Einheit ist damit zugleich in ihr selbst und in einem Anderen.

Wie ist diese Erklärung zu interpretieren? Der Argumentationsgang ist von der klassischen Fragestellung nach den ranghöchsten und allgemeinsten Begriffsmodellen her zu verstehen, ferner vom Grad und von der Art der Verflochtenheit der Dinge her. Welcher Begriff als Modell hat den höchsten Grad an Komplexität und ist damit dominant, so dass er alles andere in sich einschließt und umfasst? Einheit (Eines) und Ganzes sind synonyme Begriffe. Trotzdem ist nicht zu übersehen, dass Einheit der übergeordnete Begriff ist, während das Ganze eine Attribuierung ist, die zu dem Einen der Einheit akzidentell hinzukommt. Einheit und Ganzes sind funktional gleichgestellt und nicht gleichgestellt. Sie gleichen sich darin, dass sie beide das Insgesamt der Teile in sich enthalten und ihre Teile umfassen. Das Ganze kann sich nicht selbst umfassen und enthalten. So kann das Ganze des Weltalls sich nicht selbst umfassen. Die Einheit dagegen kann sich selbst umfassen. Denn sie hat die Eigenschaft, dass sie ein Ganzes ist. Diese Eigenschaft ist als Akzidens zu verstehen, als ein Etwas, das zur Substanz und damit zur Einheit hinzukommt. In dieser logischen Figur ist die Einheit der tragende Grund. Das Ganzes-Sein ist im Einheit-Sein enthalten, weil es als Attribuierung eine nähere Bestimmung der Einheit ist. Insofern ist das Ganze als analoge Teileinheit in der Umschlossenheit der Einheit enthalten. Einheit und Ganzes sind insofern funktional gleichgestellt, als beide das Merkmal haben: Es handelt sich um ein Etwas, das alle Teileinheiten umfasst und in sich selbst enthält. Daher sind Einheit und Ganzes hinsichtlich dieser Funktion miteinander austauschbar. Wenn man diesen Austausch vollzieht, wird das Ganze, das seine Teile in sich enthält, ersetzt durch die Einheit, die ja auch die Teile in sich enthält und umfasst. Insofern ist die Einheit in ihr selbst. Der Anfang der Argumentation ist bei Parmenides wie auch in der Interpretation seiner Erklärung immer das Analog-Modell. Denn der Ausgangspunkt muss etwas Greifbares sein, mit dem man operieren kann.

Wie entsteht die binäre Figur? Einheit zeigt sich nach zwei verbundenen Seiten hin. Wenn man Einheit als das Insgesamt der Teile sieht, ist sie in sich selbst. Wenn man Einheit dagegen ohne diese Differenzierung in die unterschiedlichen Teile sieht, ist sie in einem Anderen. Die Zweiheit in der Einheit ergibt sich aus dem Sachverhalt, dass die für sich genommene Einheit die Differenzierung der Teile ausmacht und dass die für sich genommenen Teile ein Etwas für sich sind, das logisch und funktional das gleiche Gewicht wie die Einheit selbst einnimmt. Die Teile ermöglichen zwar die Konstituierung des Begriffs Einheit.

Für sich genommen wiegen die Teile aber ebenso viel wie die Einheit selbst, weil das Ganze der Einheit nicht mehr ist als das Insgesamt der Teile.

Im Analog-Modell gehen die Teile im Gefüge der Einheit gleichsam unter, weil sie im Gehäuse der Einheit enthalten sind. *Die für sich genommenen Teile lassen sich dagegen nicht im Gehäuse des Ganzen der Einheit unterbringen.* Sie haben das gleiche Gewicht auf die Waage zu bringen wie die Einheit. Zwei gleiche Gegebenheiten lassen sich nicht ineinander unterbringen. Daher sind zwei gesonderte Funktionsplätze erforderlich.

Zwei gleich große Gegebenheiten können sich nicht gegenseitig umfassen.

Das Eine kann dann nicht sein Anderes umfassen. Es ergibt sich die notwendige Folge, dass die logische Figur der Zweiheit entsteht, die insgesamt aber eine Einheit ausmacht. Wer meint, dass diese Zweiheit in der Einheit möglicherweise nicht auf solidem Grund gebaut worden ist, muss die für sich genommenen Teile wieder aus der gesonderten Position neben der Einheit herausführen und in die Einheit mit ihren Teilen zurückordnen, so dass er dann wieder das bekannte Analog-Modell vor sich hat. Wenn man den Teilen als solchen, welche die Verschiedenheit ausmachen, dieselbe Bedeutsamkeit zuspricht wie dem Ganzen, kann man nicht umhin, dieser Verschiedenheit einen eigenen Platz neben der Einheit einzuräumen. Folglich macht kategorial verstandene Einheit, die man von allen möglichen näheren Bestimmungen und Zuschreibungen entblößt hat, eine Zweiheit aus. Diese Zweiheit ist die Einheit von Einheit und Nichteinheit im Sinne der Negation von Einheit schlechthin.

Parmenides argumentiert weiter: Wenn das Eins so beschaffen ist, muss es dann nicht auch sowohl sich bewegen als auch ruhen? (145e) Es ruht, sofern es selbst in sich selbst ist. Denn indem es im Eins ist und aus diesem nicht herausgeht, ist es in demselben, in sich selbst. Was immer in demselben ist, das muss immer ruhend sein. Was immer in einem Anderen ist, muss im Gegenteil niemals in demselben sein. Und wenn es niemals in demselben ist, muss es auch nicht ruhen (146a). Und wenn es nicht ruht, muss es sich folglich bewegen.

Interpretation: Differenzierungstheorien im Sinne des Analog-Modells sind durch Statik charakterisiert. Theorien, die sich auf die rechte Hälfte der binären Unterscheidung beschränken, also auf das Geteiltsein an sich, auf die Verschiedenheit als solche, sind ausschließlich durch Dynamik bestimmt. Eine Theorie, die beide Seiten der binären Unterscheidung oszillativ berücksichtigt, ist sowohl statisch als dynamisch. Binäre Logik ist folglich statisch und dynamisch zugleich. Ruhe ist nicht konstruierbar ohne das Gegenüber der Bewegung und umgekehrt. Aus dieser Sicht ist z.B. Hegels Theorie der Selbstbewegung im Hinblick auf die Zeit nicht tragfähig (Hegel, Wissenschaft der Logik, Bd.1, a.a.O., 59): „Es bewegt sich etwas nur, nicht indem es in diesem Jetzt hier ist und in einem anderen Jetzt dort, sondern indem es in einem und demselben Jetzt hier und nicht hier, indem es in diesem Hier zugleich ist und nicht ist." Für Hegel ist die Bewegung der „daseiende Widerspruch". Hiersein und Nichthiersein im selben Moment sind zwei Teileinheiten einer Grundeinheit. Es geht um das gegenteilige Gegenüber von Anwesenheit und Abwesenheit. Die verbindende Einheit der beiden Varianten Hiersein und Nichthiersein in einem bestimmten Moment ist die Frage nach der zeitspezifischen Anwesenheit. Diese Logik entspricht dem Analog-Modell, das mit dem Modell des Gegenteils arbeitet.

Parmenides führt weiter aus, dass das Eine mit sich selbst sowohl einerlei als auch verschieden sein muss und dass es ebenso mit dem Anderen sowohl einerlei als davon verschieden sein muss, wenn ihm das Vorige alles zukommt. (146b)

Damit wird bekundet, dass beide Seiten der Unterscheidung die kategorialen Bestandteile der jeweiligen Gegenseite in sich enthalten.

So sind beide Sphären der binären Unterscheidung unmittelbar und unablösbar miteinander verflochten und zugleich voneinander getrennt. Es ergibt sich die wichtige Folgerung: Trotz dieser simultanen Verbundenheit und Getrenntheit sind beide Seiten grundsätzlich voneinander verschieden: „Alles, was nicht Eins ist, ist verschieden von dem Eins, so auch das Eins von dem Nichteins." (146d) Damit wird deutlich:

Entweder ist etwas Einheit oder Nichteinheit. Es gibt kein Drittes zwischen beiden Positionen.

Parmenides begründet das Grundmodell des binären Gegensatzes: Das Einerlei selbst und das Verschieden sind einander entgegengesetzt. (146d) Der gemeinte Sinn des Verschieden ist die Verschiedenheit. Einheit wie auch Nichteinheit repräsentieren in ihrem Entgegengesetztsein die Verschiedenheit. Beide Seiten der binären Unterscheidung stellen Funktionseinheiten dar. Die Verschiedenheit ist ebenso wie die Einheit selbst eine Einheit im kategorialen Sinne, d.h. Einheit an sich ohne Bestimmungen.

Parmenides betont mehrfach, das die Einheit Teile hat: Anfang, Mitte und Ende (z.B. 153c). Damit erhält Einheit das Merkmal des Unterschiedenseins. Nun sind beide Seiten der Unterscheidung einander entgegengesetzt. Folglich muss die Gegenseite des Unterschiedenseins durch Nichtunterschiedensein charakterisiert sein. Diesen Schluss lässt die Dialogführung zu. Sie lässt weiter den Schluss zu: Wenn beide Seiten der Unterscheidung zugleich miteinander verflochten und voneinander getrennt sind, dann ergibt sich aus dem Parmenides-Dialog die Konsequenz:

Gegeben ist zugleich die Einheit (=Verbindung) wie auch die Nichteinheit (=Trennung) von Einheit und Nichteinheit.

Denn Einheit als solche ist nur in Verbindung mit Nichteinheit als solcher zu haben. Mit Einheit ist hier das unablösliche Zusammen von kategorialer Einheit im Sinne des Ansich und kategorialer Nichteinheit im Sinne des Ansich gemeint. Absolut gesetzte Einheit und absolut gesetzte Nichteinheit als Negation von Einheit überhaupt und schlechthin gehören unlösbar zusammen. Die Trennung beider Seiten der binären Unterscheidung darf deren Verbindung nicht behindern. Denn Verbindung gibt es nicht ohne Trennung, und Trennung gibt es nicht ohne Verbindung.

Hegel legt das Schwergewicht auf die Einheit von Einheit und Nichteinheit. Dabei ist für ihn Einheit bestimmte Einheit (und nicht Einheit an sich). Luhmann hat mit seinem Paradigma (Soziale Systeme, 1985, 26) zuerst die Differenz und damit die Unterschiedenheit von Einheit und deren Differenzierung im Blick. Parmenides kommt es durch seinen Satz vom ausgeschlossenen Dritten darauf an, die Unablösbarkeit von Verbindung und Trennung beider Seiten der Unterscheidung zu sehen.

Person

Die einzelnen wissenschaftlichen Disziplinen bezeichnen „den Menschen" vorzugsweise nach den Maßstäben des facheigenen Zuschnitts. So rechnet Aristoteles den Menschen zu den Substanzen. Leibniz spricht von individuellen Substanzen. Am ehesten hält die Anthropologie am Begriff des Menschen fest. In der Soziologie ist z.B. der Begriff des Individuums oft verwendet worden. Luhmann richtet seine Beobachtungen auf den Begriff der Person. Für C.G. Jung ist die Persona ein Ausschnitt aus der Kollektivpsyche. Persona ist ursprünglich die Maske, die der Schauspieler trug und die die Rolle bezeichnete, in welcher der Schauspieler auftrat (C.G. Jung: Die Beziehungen zwischen dem Ich und dem Unbewussten, 5. Aufl. MCML, 63).

Luhmann behandelt dieses Thema in seiner Schrift „Soziologische Aufklärung 6, 1995, 142ff.). Alles muss über Differenz laufen, z.B. über die Zwei-Seiten-Form. Psychische Systeme sind nicht identisch mit Personen. Die Form psychischer Systeme ist die Unterscheidung Selbstreferenz/ Fremdreferenz. Man muss die eine oder die andere Seite der Unterscheidung wählen: Denn Luhmanns Paradigma ist die Differenz von Identität und Differenz. Personen sind für Luhmann keine Systeme. Vielmehr geht es hier um die Regelung sozialer Interaktionen. Der Personbegriff bleibt eine Kollektividee. Die Form Person wird gesehen als eine individuell attribuierte Einschränkung von Verhaltensmöglichkeiten. Für Luhmann kommt alles darauf an herauszufinden, „was die andere Seite dieser Form ist, in welcher spezifischen Hinsicht eine Person also Unperson sein kann, ohne deswegen nicht Mensch, nicht Individuum zu sein" (Ebenda, 148).

Die Form Person in Luhmanns Verständnis dient nicht psychischen Bedürfnissen, sondern löst ein Problem aller sozialen Systeme. Das psychische System hat für Luhmann sowohl Selbstreferenz als auch Fremdreferenz zur Verfügung. Es reproduziert die Einheit dieser Unterscheidung blind. Die soziologisch gemeinte Form Person dient der Selbstorganisation des sozialen Systems, der doppelten Kontingenz durch Einschränkung des Verhaltensrepertoires. Personen dienen der strukturellen Kopplung von psychischen und sozialen Systemen. Die Form Person „überformt" das psychische System durch eine weitere Unterscheidung. Gemeint ist diejenige des eingeschränkten Verhaltens.

Die gravierenden Schwierigkeiten, welche die analoge Systemtheorie zu bewältigen hat, wenn es um die Verortung des Menschen geht, zeigen sich u.a. in Luhmanns Darstellung über „Die Individualität psychischer Systeme“ (In: Soziale Systeme, 1985, 346ff.). Hier liest man: „Vielmehr kann der Grundbegriff einer geschlossen-selbstreferentiellen Reproduktion des Systems direkt auf psychische Systeme angewandt werden; das heißt auf Systeme, die Bewusstsein durch Bewusstsein reproduzieren und dabei auf sich selbst gestellt sind, also weder Bewusstsein von außen erhalten noch Bewusstsein nach außen abgeben“ (Ebenda, 355). Damit erhält der Mensch als psychisches Wesen das Prädikat System. Als Personen dagegen sind die Menschen keine Systeme.

Wie ist dieser Widerspruch zu erklären? Auf der einen Seite muss die analoge Unterscheidungsform den Menschen als psychisches Wesen anerkennen. Denn das Menschsein wird in der Tradition oft vom Bewusstsein, von der Fähigkeit zum Denken und von der Seele her erklärt. Zudem unterscheidet Luhmann selbst zwischen lebenden Systemen, Bewusstseinssystemen und Kommunikationssystemen (Die Wissenschaft der Gesellschaft, 1992, 28). Auf der anderen Seite gibt das Modell Substanz/ Akzidens, dem Luhmann ohne Beachtung dieses Sachverhalts folgt, die Dominanz der Substanz gegenüber dem Akzidens vor. Die alte Idee der Substanz kehrt bei Luhmann in der Form des Systems wieder. Denn Substanz ist bereits bei Aristoteles Inbegriff der Einheit: Substanz ist „unteilbar und der Zahl nach eins“ (Kategorien, 3b). Und System ist ein eindeutiges Synonym für Einheit. Denn Einheit ist ein Ganzes und als solches teilbar, z.B. in Elemente. In Luhmanns Ordnungsschema gilt als System im substantiellen Sinne das soziale System. Alle anderen Systeme sind (wie bei Aristoteles) so etwas wie nachgeordnete Substanzen (zweite Substanzen). Diesem aristotelischen Ordnungsschema ist Luhmann ohne Selbsteinsicht verhaftet. Seit Hegel dagegen gilt der Satz vom ausgeschlossenen Dritten: „Etwas ist entweder A oder Nicht-A; es gibt kein Drittes“(Wissenschaft der Logik, a.a.O., Bd.2, 56). Außerdem ist dieser Satz seit Parmenides und Platon bekannt. Entweder ist etwas System. Oder es ist nicht System. Es gibt kein Drittes. Entweder ist der Mensch System. Oder er ist nicht System. Luhmann ordnet nach dem von Parsons vorgegebenen Modell die Persönlichkeit dem sozialen System unter: „Personality as Environment to Society“ (Parsons, T., 1969: Politics and Social Structure, 13). Parsons formuliert: „...because personality... stands *below* the social system in the cybernetic hierarchy“.

Eines kann im Analog-System, das dem Modell Substanz/ Akzidens folgt, nur den ersten logischen Rangplatz einnehmen, entweder das personale oder das soziale System. Das soziale System nimmt bereits den ersten Rangplatz ein. Daher bleibt kein anderer Weg, als den Menschen nachrangig einzuordnen und ihn auf das Feld des Akzidens zu versetzen. An diesem Beispiel mag deutlich werden, unter welchen systembedingten Zwängen man steht, wenn man ein neues Theoriemodell mit Erfolg einrichten will. Operative Willkür geht von Systemzwängen aus.

Binär verstandene Systemtheorie sieht dagegen alles, was als Einheit Anfang und Ende hat und somit differenzierbar ist, als System an, weil Einheit System ist und als Ganzes Teile hat. Zur Einheit gehört dann auch alles, was nicht Einheit im kategorialen Sinne ist und damit keinen Anfang und kein Ende hat: das Definieren des Menschen oder der Person; das Erörtern der Frage, ob es für den Fortgang der Sozialwissenschaften zweckmäßig ist, den Systembegriff auf alles auszudehnen, was sich als Einheit definieren lässt; der Entschluss, dem Begriff System eine eindeutige Definition zu geben, die auf alle Systeme anwendbar ist und nicht nur auf die sozialen Systeme, die Luhmann von „jedem sozialen Kontakt“ und von der „Gesellschaft insgesamt“ her sieht (Soziale Systeme, 1985, 33) usw.

Die Unterscheidung System/ Umwelt ist auf der Ebene rein logischer Argumentation für den Fortgang der Wissenschaften ungeeignet und sogar schädlich, weil ausgerechnet diese Leitunterscheidung eine eklatante Verletzung des Analog-Modells darstellt. Das Analog-Modell enthält grundsätzlich nur Bestandteile, die im Verhältnis der Ähnlichkeit oder Gleichheit zueinander stehen. So passen die beiden Elemente der Zwei-Seiten-Form im Sinne Luhmanns zueinander: die Innenseite passt zur Außenseite. So enthält Luhmanns paradigmatischer Gegensatz, die Differenz von Identität und Differenz, innerhalb einer Einheit zwei Elemente, die durch Differenz voneinander getrennt sind. Umwelt ist ein Begriff, der nicht in das analoge Schema passt. System steht für Einheit und damit für eine uralte bewährte wissenschaftstheoretische Kategorie, auch wenn dieser Grundbegriff viel Kritik erfahren musste. Umwelt ist ein höchst bedeutsamer Schlüsselbegriff in der modernen technisierten Welt mit den bekannten Beschädigungen der Integrität dieser Welt. Für die Positionierung in der Wissenschaftstheorie eignet sich der Begriff Umwelt nicht, da es nicht möglich ist, diesen Begriff so eindeutig zu definieren, dass er in das Analog-System als Fundament der Systemtheorie in der Darstellung durch Luhmann hineinpasst. Selbst der Systembegriff Luhmanns (Soziale Systeme, 1985, 16) ist sehr vage. Luhmann formuliert: „Die Aussage >es gibt Systeme< besagt also nur, dass es Forschungsgegenstände gibt, die Merkmale aufweisen, die es rechtfertigen, den Systembegriff anzuwenden..." Bereits bei diesem Ansatz zu einer Definition des Systembegriffs wird die Tendenz zur Zirkularität der ganzen Theoriekonstruktion offensichtlich. Der Bezug auf Le Moigne führt in die Region der uneingegrenzten Offenheit: Die Einheit des allgemeinen Systems wird in der Funktion eines artifiziellen Objekts gesehen, als Modell für Objekte schlechthin zu dienen. Eine Systemtheorie mit universalistischen Ansprüchen erfordert klare und operationalisierbare Definitionen.

Phänomenologie

Der Begriff Phänomenologie lässt sich auf das griechische Verb phaínomai zurückführen. Er bedeutet: ans Tageslicht kommen, entstehen, erscheinen. Eine eindeutige Auskunft erteilt E. Husserl in seinem Buch „Die Idee der Phänomenologie“ (1958). Die Abhandlung basiert auf fünf Vorlesungen im Jahr 1907. Husserl findet den Weg zur Erkenntnislehre über die „phänomenologische Reduktion“. Gemeint ist das Erfassen des Sinnes der absoluten Gegebenheit, der absoluten Klarheit des Gegebenseins. Es geht um die absolut schauende, selbst erfassende Evidenz. In der Reflexion wird die cogitatio, das Erscheinen selbst, zum Gegenstand.

Husserl bezieht Erkenntnis auf das menschliche Erkennen, „gebunden an die menschlichen intellektuellen Formen, unfähig die Natur der Dinge selbst, die Dinge an sich zu treffen“ (Ebenda, 21). Phänomenologie bezeichnet einen Zusammenhang von wissenschaftlichen Disziplinen, zugleich aber auch und vor allem eine Methode und Denkhaltung: „die spezifisch philosophische Denkhaltung, die spezifisch philosophische Methode“ (Ebenda, 23). Husserl geht es um das reine Schauen. Die Wahrnehmung „ist und bleibt ein Absolutes, ein Dies-da, das in sich ist, was es ist, etwas, an dem ich messen kann als an einem letzten Maß, was Sein und Gegebensein besagen kann und hier besagen muss, mindestens natürlich für die Seins- und Gegebenheitsartung, die durch Dies-da exemplifiziert wird“ (Ebenda, 31).

Husserls Modell schaltet alles aus, was das reine Schauen auf den Gegenstand durch Transzendenz behindern kann: Einwirkungen von der Anthropologie, der Psychologie und der Biologie. Daher ist jede Ausleihe aus der Sphäre der Transzendenz und damit jede Gründung der Erkenntnistheorie auf Psychologie „und welche natürliche Wissenschaft immer, ein *nonsens*“ (Ebenda, 33). Ausgangspunkt der Erkenntnistheorie ist die Immanenz. Alles Sein ist im Bewusstsein enthalten. Es übersteigt nicht die Erfahrung. Die von Husserl gemiedene Transzendenz hat zwei Bedeutungen: 1. Das Ding, das Erkenntnis meint, ist in der cogitatio nicht reell als Stück, als wirklich darin Seiendes, zu finden. 2. Die Erkenntnis geht über das im wahren Sinn Gegebene hinaus, über das direkt zu Schauende. Das Fundament von allem ist für Husserl das Erfassen des Sinnes der absoluten Gegebenheit, der absoluten Klarheit des Gegebenseins, das jeden sinnvollen Zweifel ausschließt, mit einem Wort der absolut schauenden, selbst erfassenden Evidenz (Ebenda, 9f.). Erkenntnistheorie kann daher nie und nimmer auf natürliche Wissenschaft irgendwelcher Art gebaut sein. In der erkenntnistheoretischen Reduktion wird alle Transzendenz ausgeschaltet. Ausgeschaltet werden daher das Ich als Person, als Ding der Welt, das Erlebnis der Person. Es geht in der Erkenntnistheorie um die reinen Phänomene.

Husserl knüpft an eine von Descartes her bekannte Formulierung an: die clara et distincta perceptio. Gemeint ist die klare und unterscheidende Wahrnehmung. Phänomenologie im Sinne Husserls ist Wesensanalyse und Wesensforschung im Rahmen rein schauender Betrachtung. Sie ist auf Essenzen gerichtete Erkenntnis. Sie ist Erkenntnis a priori (Ebenda, 51). Husserls Denken steht unter dem Leitwort „Zu den Sachen selbst“. In seinem Werk „Logische Untersuchungen“ (4.Aufl.1928, 366) prägt Husserl das Modell der Intentionalität: Das Denken bezieht sich immer auf ein Objekt, Denken ist immer Denken von etwas.

Martin Heidegger widmet sein Hauptwerk „Sein und Zeit“ (8.Aufl.1957) seinem Lehrer E. Husserl. Heidegger formuliert: *„Ontologie ist nur als Phänomenologie möglich“ (35).* Heidegger sieht hinter den Phänomenen der Phänomenologie wesenhaft nichts anderes. Wohl aber kann das, was Phänomen werden soll, verborgen sein. Weil Phänomene zunächst und zumeist nicht gegeben sind, bedarf es der Phänomenologie. Verdecktheit ist der Gegenbegriff zu Phänomen.

Bemerkungen zum Einordnen der Phänomenologie in die Systemtheorie und zur Beurteilung dieses wissenschaftstheoretischen Ansatzes:

1. Die binäre Systemtheorie spannt den Bogen der Reflexion deutlich weiter als die phänomenologische Reduktion. Sie ordnet der linken Seite der Unterscheidung alles zu, was die umgrenzte Einheit der Phänomenologie und deren Differenzierung ausmacht. Damit wird die messbare Komponente der Phänomenologie erfasst. Zur Einheit gehören die Besonderheiten und Einzelheiten dieser Einheit. Die Fülle der vorhandenen Materialien muss durch Selektion eingegrenzt werden, so dass Wertungen und Einseitigkeiten nicht zu vermeiden sind. Die beschränkende Konzentration auf Husserl und Heidegger erweist sich folglich als gezielte Selektion.
2. Die rechte Seite der binär verstandenen Unterscheidung bezieht sich auf alles, was Phänomenologie als Einheit der Reflexion

nicht ist, was aber doch mit Phänomenologie in unabdingbarer Verbindung steht. Dazu gehört die Außenperspektive. Der Standpunkt der Beobachtung wird aus der Umgrenzung des Funktionsfeldes der Einheit der Phänomenologie herausgezogen und auf eine völlig andere Basis gestellt: auf dasjenige, was nicht Einheit überhaupt und an sich ist, was also nicht eingegrenzt ist, z.B. das Erfassen der Phänomenologie oder auch deren Einordnung in die Geschichte der Wissenschaftstheorie. Beide Seiten der Unterscheidung stehen für sich. Zugleich bilden sie eine unablösbare Einheit. So ist ein ständiger gegenseitiger Rückbezug beider Seiten erforderlich.

3. Husserl stellt seine phänomenologischen Reflexionen in den Rahmen einer „Kritik der Vernunft“. Mit dieser Formulierung spielt er auf Kants berühmten Buchtitel an. Der wahrnehmende Blick wird auf die konkrete Anschauung als Ausgangspunkt der Erkenntnisgewinnung gerichtet. Im Sinne Kants fängt unsere Erkenntnis mit der Erfahrung an (Kritik der reinen Vernunft, B1). Die Transzendentalphilosophie ist jedoch „eine Weltweisheit der reinen bloß spekulativen Vernunft“ (B 29). Mit dieser Aussage betritt Kant eine Reflexionsebene, welche die Erfahrung grundsätzlich nicht verlässt. Wohl aber werden für die Zwecke der wissenschaftlichen Analyse und Synthese die Attribuierungen der Begriffseinheiten weggelassen. Dann geht es nur noch um das Denken an sich selbst, um das Denken überhaupt und um die kategorialen Begriffe nur für sich genommen, z.B. um Kausalität als solche und nicht z.B. um Ursachen und Wirkungen hinsichtlich eines bestimmten Krieges.
4. Husserl schließt im Prinzip an diese Tradition an. Das Übersteigen (transcendere) wird auf die Immanenz bezogen. Transzendenz als solche wird negativ plakatiert. Alles Sein ist immanent. Es transzendiert nicht die Erfahrung des Bewusstseins. Wissenschaft wird auf die Empirie festgelegt. Jedoch wird sie von allen Einflüssen der „natürlichen“ Wissenschaften befreit. Dabei wird von Husserl übersehen, dass das menschliche Bewusstsein auch Natur ist. Der Widerspruch: Der Mensch mit seinem Bewusstsein ist selbst ein Stück Natur. Wenn er sein Bewusstsein aktualisiert, bringt er zugleich zwangsläufig die Natur in sich selbst zur Aktualität. Luhmann äußert in diesem Zusammenhang: Man kann nach physikalischen, biologischen, neurophysiologischen, linguistischen, soziologischen Bedingungen von Erkenntnis fragen. „Immer muss man dabei >autologisch< forschen, das heißt:

Rückschlüsse auf das eigene Tun beachten. Ein solcher Zirkel ist keineswegs ‚vitiös'. Man muss nur die Rückverwandlung von Forschungsresultaten in Forschungsbedingungen im Auge behalten und sich dafür Zeit nehmen" (Die Wissenschaft der Gesellschaft, 1992, 9). Luhmann löst den genannten Widerspruch mit Hilfe der Beobachtung der Beobachtung. Sobald man in die Ebene der Beobachtung zweiter Ordnung hinüberwechselt, muss man das Moment der Selbstreferenz beachten und es in seine Ordnungsweise aufnehmen (Ebenda, 170).

5. Der Widerspruch schreibt sich fort. Selbstreferenz und Fremdreferenz sind unablöslich zusammengehörende Bezüge. Bezug bedeutet: Hier ist jemand, der sich mit etwas auf etwas bezieht. Die Substanz ist das beziehende Subjekt, z. B. der Mensch mit seinem Bewusstsein. Die beiden Bezüge sind Akzidentien. Die Referenz ist eine Kategorie der Relation, der Beziehung. Die Beziehung kann nicht sich selbst beziehen. Es ist der auf den Gegenstand schauende Mensch als Subjekt, als Zugrundeliegendes, der eine Beziehung aktualisiert. So führt die Analyse auf das Subjekt zurück als das Etwas im Sinne Hegels, das zwei Momente hat: Ansichsein und Sein-für-Anderes. Das heißt: Das Subjekt als Person oder als soziales System in der Funktion des Beobachters bezieht sich auf sich selbst und zugleich auf Anderes, z.B. auf den angeschauten Gegenstand. Die von Husserl beschriebene reine Anschauung ist auf den empirischen Gegenstand bezogen, zugleich aber auf sich selbst als anschauendes Subjekt. Die Untrennbarkeit beider Referenzen in der binären Logik kann weder das Schauen selbst (durch das Subjekt) noch die als absolut bezeichnete Gegebenheit aus dem Blick verlieren. Die Einheit, die durch das Subjekt repräsentiert wird, ist unablösbar vom reinen Schauen, welches u.a. die Negativseite von Einheit überhaupt darstellt.
6. Folglich lässt sich das Schauen, die Wahrnehmung, nicht absolut setzen, wie Husserl das tut. Schauen als absolute Gegebenheit ist auf das Objekt gerichtet. Denn Schauen ist immer Schauen auf Etwas. Die Befreiung der Wahrnehmung von jeglicher Natürlichkeit hebt die Möglichkeit des Wahrnehmens selbst auf. Wenn es eine Person ist, die wahrnimmt, dann ist diese Person als Erzeugnis der Natur durch verschiedene natürliche Bedingungen bestimmt. Sie ist immer auch durch soziale Bedingungen geprägt. Husserls Modellkonstruktion erweist sich als nicht evident. Wenn ein soziales System wahrnimmt, tritt das Modell Kommunikation in Kraft.

Nach Luhmann gliedert es sich in Information, Mitteilung und Verstehen. Informieren lässt sich eine ganze soziale Gruppe, z.B. durch eine Meldung in den Nachrichten der Verbreitungsmedien. Wenn eine Mitteilung in verbaler Fassung erfolgen soll, muss in der Gruppe gesprochen werden. Es muss geklärt werden, was mitgeteilt wird. Die Information z.B. aus dem Fernsehen muss bearbeitet werden, damit eine Mitteilung aus der Meinungsvielfalt herausgefiltert werden kann. Am Vollzug der Mitteilung sind Personen beteiligt auch dann, wenn es sich um die Meinung eines Kollektivs handelt. Personen können dann nicht aus den sozialen Einbindungen herausgelöst und absolut gesetzt werden. Realistischer wäre der Hinweis auf den Sachverhalt des Eingebundenseins der Mitteilung in soziale, kulturelle, personale, physiologische, zeitbezogene und sonstige Bedingungen. Das wäre die durch Verschiedenheit bestimmte Negativseite der Mitteilung, wenn die Mitteilung selbst als Einheit vorgestellt wird.

7. Zwischenergebnis: Man hat Husserl Positivismus vorgeworfen. Dieser Vorwurf enthält berechtigte und nicht berechtigte Komponenten. Berechtigt ist der Vorwurf hinsichtlich der Beschränkung auf die Empirie in der Fassung der Immanenz. Die Konsequenz ist die Beschränkung der Reflexion auf das Analog-System. Die Grenzen der Einheit der Unterscheidung werden nicht überschritten. Auf diesem Weg lässt sich nicht eine Systemtheorie aufbauen, die das System nicht nur aus der Stratosphäre des Systems und von anderen Systemen oder auch von bestimmten Subsystemen her beobachtet, sondern von einem Außenbereich des Systems her, der kategorial und damit grundsätzlich nicht System ist, der vielmehr das Modell System negiert. Husserls Phänomenologie bietet keine Voraussetzungen zum Einstieg in die binäre Form der Unterscheidung, die ja die analoge Form in sich einschließt. Nicht berechtigt ist der genannte Vorwurf insofern, als Husserl das Verdienst zukommt, die wissenschaftliche Beobachtung als reines Schauen auf sich selbst zu stellen. Wenn man das Modell der „absoluten Klarheit des Gegebenseins“ der Phänomene im Blick hat, dann hat man einen Maßstab gewonnen, der zwar eine Abstraktion von der Realität des Erkennens ausmacht, der andererseits aber Hinweise liefert für mögliche Beeinträchtigungen der empirischen Forschung, z.B. durch persönliche Voreingenommenheiten oder Vorurteile.
8. Luhmann setzt sich mit Husserls Ansatz in einem Vortrag auseinander, den er am 25.5.1995 im Wiener Rathaus gehalten hat.

Die entsprechende Veröffentlichung trägt den Titel „Die neuzeitlichen Wissenschaften und die Phänomenologie“ (2. Aufl. 1997 im Picus Verlag in Wien). Aus Luhmanns Sicht liegt die Theorieentscheidung Husserls in der Konzentration auf das transzendentale Subjekt. Die Form, in der das Bewusstsein seine Operationen vollzieht, wird von Husserl als Intention bezeichnet. Luhmann interpretiert diese Intention als das Setzen einer Differenz. Es ist das Treffen einer Unterscheidung, mit der das Bewusstsein sich selbst motiviert, etwas Bestimmtes (und nichts anderes) zu bezeichnen, zu denken, zu wollen. Luhmann schließt an Husserls Weltbegriff an. Welt bedeutet einen Endloshorizont immer weiterer Möglichkeiten, in dem alles, was überhaupt intendiert wird, Bestimmtheit annehmen muss.

Luhmann projiziert seine analoge Zwei-Seiten-Unterscheidung auf die Phänomenologie. Es ist die Differenz von Noesis und Noema, von Vorstellen und Vorgestelltem, die die Beschreibbarkeit der Welt gewährleistet. Die Noesis ist die Selbstreferenz, das Noema die Fremdreferenz. Das intentionale Operieren ist ein ständiges Oszillieren zwischen Fremdreferenz und Selbstreferenz. Es verhindert, dass das Bewusstsein jemals sich in der Welt verliert oder in sich selbst zur Ruhe kommt. Damit übersetzt Luhmann die Unterscheidung Bewusstsein/ Phänomen in die Unterscheidung Selbstreferenz/ Fremdreferenz. Luhmann formuliert: „Wenn es überhaupt kognitionsfähige Systeme gibt, stößt man auf das Problem, dass diese Systeme mit der Unterscheidung von Selbstreferenz und Fremdreferenz operieren und nur über Fremdreferenz (also nur >phänomenologisch<) eine Vorstellung von Umwelt errechnen können. Operativ bleibt die Umwelt unzugänglich, da das System nicht in seiner Umwelt operieren kann“ (Ebenda, 41). Der radikale Konstruktivismus, so heißt es weiter, löst die Unterscheidung von Fremdreferenz und Selbstreferenz in Selbstreferenz auf.

Luhmann versucht nun, die auf „das gute alte Subjekt“ bezogene Unterscheidung von Selbstreferenz und Fremdreferenz auf die Gesellschaft zu übertragen. Die Kommunikation ist dann die basale Operation. Die Information steht für Fremdreferenz und die Mitteilung für Selbstreferenz. Das Verstehen wäre als Voraussetzung der Überführung des kommunikativ kondensierten Sinnes in weitere Kommunikationen aufzufassen.

9. Mit diesen Vorstellungen baut Luhmann sein Konstrukt einer analogen Systemtheorie weiter aus. Er zeigt, dass es nach wie

vor lohnend ist, sich mit Husserls Phänomenologie auseinander zu setzen. Er schließt an Hegels analoge Unterscheidung von Ansichsein und Sein-für-Anderes an (Selbstreferenz/ Fremdreferenz). Dieser Anschluss ist für eine analoge Systemtheorie eine sinnvolle Möglichkeit. Denn die binäre Unterscheidung von messbarer Einheit mit ihren Besonderheiten und Teileinheiten und deren Negativperspektive ohne Grenzlinien wäre nur mit einem reflexiven Sprung über die Grenzen von Einheit schlechthin zu erreichen. Ein solcher Sprung liegt nicht in den Möglichkeiten einer auf Immanenz gerichteten phänomenologischen Wissenschaftstheorie.

10. Zu welchem Ergebnis führt das Prüfinstrument des binären Systems der Logik? Das Paradigma ist die unablösbare Einheit von Einheit und Negativeinheit. Einheit hat Anfang und Ende. Selbstreferenz und Fremdreferenz sind Akzidentien. Sie kommen zu etwas Anderem hinzu. Dieses Andere ist das Etwas als Substanz, als Tragendes. Das analoge Modell besagt: Die Substanz bezieht sich auf sich selbst und auf Anderes. Selbstreferenz meint dann: Das System stellt Bezüge zu sich selbst her. Es bezieht sich auf sich selbst und auf seine Teileinheiten, seine Elemente. Das ist die linke Seite des binären Systems der Logik. Die substantielle Einheit ist hier die Gesellschaft. Diese Einheit bezieht sich nun auf sich selbst wie auch auf ihre Teileinheiten. Die Argumentation bewegt sich auf der Ebene von Besonderheiten der Gesellschaft. Diese Besonderheiten bestehen darin, dass das System der Gesellschaft über Informationen verfügt und etwas mitteilt. Eine weitere Besonderheit besteht darin, dass die Mitteilungen verstanden werden. *Luhmann setzt dagegen die Mitteilung als Selbstreferenz ein und nicht die Gesellschaft mit ihrer Kommunikation.* Die logisch-funktionale Schieflage besagt: Die Mitteilung, die Luhmann zu Recht als Ereignis und damit als Teileinheit (Element) des Systems Gesellschaft vorstellt, wird in seiner Konstruktion aus der Position einer Teileinheit in die Position der logisch-funktional übergeordneten Einheit der Gesellschaft angehoben. Die akzidentelle Ebene wird in die substantielle Ebene hineingeschoben und mit dieser amagalmiert.

Diese Vermischung der logisch-funktionalen Ebenen innerhalb des von Luhmann verwendeten Analog-Systems hängt mit der Vermischung von Abstraktionsebenen zusammen. Die von Hegel im Rekurs auf Parmenides erarbeitete Abstraktionsebene bezieht sich auf das Etwas als Erscheinungsform des Daseins mit dessen gleichzeitigem Doppelbezug auf sich selbst und auf Anderes. Das Etwas ist im vorliegenden Anwendungsfall das System der Gesellschaft als differenzierbare Einheit. Der Simultanbezug richtet sich auf diese Einheit zurück (Selbstbezug, Selbstreferenz). Zugleich richtet er sich auf Anderes, das heißt auf etwas, was nicht Einheit ist. Hegel nennt es das Nichtunterschiedensein. Anwendungsbeispiele wären im Bezug auf die vorliegende Situation: das Mitteilen, das Informieren, das Verstehen und vieles mehr.

Luhmann wendet das Mitteilen als mit Anfang und Ende ausgestattete Einheit an. Dasselbe trifft für das Informieren und das Verstehen zu. Diese Anwendung schreibt das analoge Modell vor, da es nur über Einheiten und Teileinheiten verfügt. Ein Blick auf Kants analoge Kategorientafel ergibt, dass dort kein einziges substantiviertes oder nicht substantiviertes Zeitwort zu finden ist. Es gibt nur differenzierte Einheiten. Luhmann definiert die Gesellschaft durch Kommunikation als basale Operation. Die Einheit des Systems der Gesellschaft ist ein Ganzes. Dieses Ganze enthält Teile. Denn es gibt kein Ganzes ohne Teile. Zu den Teilen dieses Ganzen rechnet Luhmann die Mitteilung, die Information und das Verstehen. Das Ganze ist hier Kommunikation. Teile dieses Ganzen sind Information, Mitteilung und Verstehen. Wenn nun das als Kommunikation verstandene Ganze sich auf sich selbst zurückbezieht (Selbstreferenz), dann darf die Einheit des Ganzen nicht verloren gehen. Das Ganze der Gesellschaft als Kommunikation ist und bleibt ein Ganzes, das Teile hat. Die als Ereignisse zu sehenden Teile dieses Ganzen der Gesellschaft in Form von Information, Mitteilung und Verstehen sind und bleiben Teile des Ganzen. Im Analog-Modell, das aus dem Ganzen und seinen Teilen besteht, kann das Andere des Ganzen nur das Insgesamt der Teile dieses Ganzen sein. Denn das Analog-Modell verlässt nicht die Grenzen des Ganzen der in Teile eingeteilten Einheit. Folglich richtet sich der Bezug auf Anderes, die Fremdreferenz, auf Information, Mitteilung und Verstehen. *Ergebnis: Die Mitteilung kann nicht Selbstreferenz sein, weil die logisch-funktionale Position der Selbstreferenz bereits durch die übergeordnete Kommunikation der Gesellschaft als System besetzt worden ist.*

Das binäre Modell der Logik wäre deutlich einfacher: Zur Gesellschaft, die hier als Kommunikation verstanden wird, gehört unablöslich der ständige Rückbezug auf das Eine der Gesellschaft selbst in Verbindung mit dem Einrichten, Verbessern, Überprüfen usw. dieser Kommunikation. Dazu gehört ferner das sinnvolle Konstituieren der zahlreichen Informationen in Verbindung mit Selektionen. Weiterhin gehört dazu unablöslich das überlegte Mitteilen der Informationen, wobei es zahlreiche Mechanismen der sozialen Kontrolle gibt. Aber auch das Verstehen und sinnvolle Speichern der mitgeteilten Informationen gehören unabdingbar zur Kommunikation und damit zum System der Gesellschaft. Nicht zuletzt gehört ebenso eng dazu die Einsicht, dass Kommunikation wohl ein zentrales Merkmal der Gesellschaft ist, dass man aber gut beraten ist, nicht die geographischen, physiologischen, klimatischen, biologischen und sonstigen Bedingungen der Gesellschaft zu übersehen.

Politik als Funktionssystem

Der vielseitig verwendete Begriff Politik lässt sich u.a. zurückführen auf das griechische Wort politeúo, das heißt Bürger sein, als Bürger in staatlichen Verhältnissen leben und handeln. Das griechische Wort pólis bedeutet: Vaterstadt, Burg, befestigte Stadt, Vaterland, Stadtgemeinde, Bürgerschaft. In der Neuzeit ergibt sich eine Einengung der Bedeutung des Begriffs Politik in Richtung auf Streben nach Macht oder Machtanteil (Max Weber).

Das binäre System Politik besteht aus zwei unablösbar miteinander verbundenen Sphären. Die linke Sphäre wird durch die begriffliche Einheit Politik einschließlich der unterscheidbaren Teileinheiten dieser Einheit gebildet. Hier geht es um das bekannte Analog-Modell, jedoch unter der Voraussetzung, dass die rechte Sphäre unmittelbar dazu gehört: die Sphäre der Nichtunterscheidung. Im Analog-Bereich geht es um die Teile des Ganzen, um Unterscheidungen innerhalb des politischen Systems der Gesellschaft. Die Umgrenzung des politischen Systems wird durch Definitionen vermittelt. So definiert Max Weber in seinem Aufsatz „Politik als Beruf" (M. Weber, 1958, 493) Politik als jede Art selbstständig leitender Tätigkeit, sei es in der Devisenpolitik der Banken, der Diskontpolitik der überregionalen Banken, der Politik einer Gewerkschaft, der Schule, eines Vereinsvorstandes oder einer klugen Frau. Mit Politik verbindet sich die Vorstellung von Streben nach Macht oder Machtanteil, ferner die Einbindung der Politik in das staatliche und organisationale Gefüge.

Forschungsbereiche der Politik:

Von der Definition der Politik her ergeben sich die Inhalte des politischen Teilsystems „Forschungsbereiche der Politik". Zu den Forschungsgegenständen der Politik gehören z.B. Rekursionen in die Methodenforschung, in die Theorie der Kausalität, des Wert-Alternativismus, der Gerechtigkeit, der Setzung höchster Werte (Vgl. dazu z.B. A. Brecht: Politische Theorie, 1961). Leitende Hinsichten für die Forschung sind Strukturen, Systeme und Funktionen der Politik, z.B. die Strukturen der legitimen Herrschaft (M. Weber) in Verbindung mit den Theorien des Handelns. Nach wie vor ist die Gegenüberstellung von Demokratie und Diktatur von Bedeutung, aber auch das Problem der Eliten (z.B. V. Pareto, W. Röhrich, O. Stammer).

Weitere Forschungsgegenstände sind die Interessenverbände und Parteien in ihren Funktionen im Staat. Ein Forschungsthema von dauerndem Interesse ist die Wahlforschung.

Politikbezogene gesellschaftliche Bereiche:

Ein weiterer Teilbereich der Politik im Verständnis unterscheidbarer Teilsysteme ist die Differenzierung der Lebensbereiche, die von politischen Bedingungen betroffen werden: Sozialpolitik, Innenpolitik, Haushaltspolitik, Außenpolitik, Geldpolitik, Diskontpolitik, Handelspolitik, Bildungspolitik, Rechtspolitik, Familienpolitik, Verkehrspolitik, Wissenschaftspolitik, Einwanderungspolitik, Umweltpolitik usw. Diese Reihe lässt sich erheblich erweitern, so dass selbst eine vorläufige Begrenzung nicht in Sicht ist. Alle Bereiche des täglichen und außeralltäglichen Lebens werden mehr oder weniger durch die Bedingungen der Politik erfasst. Die Umverteilung der öffentlichen Mittel ist das zentrale Instrument der politischen Wertsetzungen, die im Kommunikationsprozess etabliert werden. Die hier gemeinten Kommunikationsprozesse verteilen sich auf alle organisationalen Bereiche der Gesellschaft. Vielfach nehmen die Ergebnisse der Kommunikation den Charakter gesetzlicher oder ähnlicher Regelungen an.

Etablierte Machtausübung durch spezifische Zwänge in Teilsystemen:

Neben gesetzlich legitimierten politischen Einflussnahmen durch die verschiedenen Organisationen der Gesellschaft gibt es eine unübersehbare Reihe von politischen Einflusszentren, deren Konturen für viele Menschen mehr oder weniger im „Okkultbereich“ liegen. In den Wissenschaften etablieren sich „Schulen“, deren Nah- und Fernwirkungen sich auf alle Lehrenden und Lernenden erstrecken. Mit bestimmten Namen des Faches muss jeder Student bestimmte Vorstellungen verbinden können. So sind die Studierenden der Volkswirtschaft gut beraten, wenn sie bestimmte Assoziationen mit dem Namen Keynes verbinden können. In allen akademischen Fächern geht ein mehr oder weniger greifbarer Zwang von bestimmten Namen oder „Schulen“ aus. Diesem Phänomen wird Nachdruck verliehen durch die wissenschaftspolitische Komponente der Literaturbesprechungen. So erhält z.B. der Assistent von seinem Professor die Anweisung: Besprechen Sie dieses Buch bitte negativ! Machtausübung erfolgt im System der Wissenschaft auch durch die Vergabe von Themen für Prüfungsarbeiten. Bestimmte Themenbereiche werden besonders gefördert und andere unterdrückt. Auch der Zugang zu den einschlägigen Fachzeitschriften ist deutlich mit wissenschaftspolitischen Bedingungen verbunden. Die Herausgeber der Fachzeitschriften finden respektable oder auch vorgeschobene Gründe, um die Bearbeitung bestimmter Themen zu fördern oder zu hemmen. Ein Beispiel: Wir bedauern, Ihre Arbeit nicht in unsere Zeitschrift aufnehmen zu können. Ihre Abhandlung passt nicht in unser Programm. In den zahlreichen Organisationen und Betrieben der Wirtschaft und der öffentlichen Verwaltung bilden sich Erwartungsstrukturen heraus, die eine mehr oder weniger anonyme Macht auf die einzelnen betroffenen Personen ausüben.

Diffuse Machtausübung durch unpersönliche Erwartungen:

Ein weiteres Teilsystem der Politik im Sinne differenzierbarer Einheit führt nicht so sehr auf Handlungsimpulse einzelner Personen oder überschaubare Interaktionssysteme zurück, sondern eher auf anonymisierte Maximen verschiedener Art, denen als legal akzeptierte Verbindlichkeit anhaftet. Gemeint sind ethische, religiöse oder andere Grundsätze, die sich zwar bei genauerem Hinsehen auf bestimmte meistens historische Personen zurückführen lassen, die aber in Gestalt von Gewohnheiten oder Normen die gesellschaftliche Wirklichkeit bestimmen, so dass ihnen eine stabilisierende Funktion zugeschrieben werden muss. Gemeint sind z.B. die „ungeschriebenen Gesetze“, die irgendwann einmal etabliert worden sind und die nun trotz des krassen Wandels in modernen Gesellschaften immer noch ein feststellbares Maß an Verbindlichkeit und damit Macht ausüben. Gemeint sind z.B. bestimmte Familientraditionen. Spezifische Erwartungen stehen mehr oder weniger anonym im Raum und üben im Sinne der von E. Durkheim beschriebenen sozialen Tatbestände auf die einzelnen Personen einen äußeren oder auch nur gefühlten Zwang aus (E. Durkheim: Regeln der soziologischen Methode, 1961, 114). Derartige Erwartungen sind auf ein von persönlichen Äußerungen unabhängiges Eigenleben zurückzuführen.

Kategoriale Dimensionen des politischen Systems:

Im quantitativen Bereich orientieren sich die Beobachtungen z.B. am Modell der Einheit im Verständnis von Einheitlichkeit und Uneinheitlichkeit der politisch-kulturellen Mentalitäten und Verfassungen. Von Bedeutung sind in diesem Zusammenhang der Pluralismus und die verschiedenen Formen der Uniformierung im weitesten Sinne des Begriffs. Auf der qualitativen Ebene geht es z.B. um das Verhältnis von Realität und Utopie (Beispiel: K. Mannheim: Ideologie und Utopie). Ein weiterer Gegenstand ist die Verteilung von Bejahung und Verneinung politisch-kultureller Gegebenheiten (Beispiel: M. Horkheimers Modell der bejahten Autorität). In diesen Bereich gehören weiterhin Probleme der Limitation, z.B. der Begrenzungen in der Einwanderungspolitik oder der Möglichkeit, abweichende politische Meinungen zu äußern. In der Sphäre der Relation ist das klassische Modell Substanz/ Akzidens von Bedeutung. Dazu gehört z.B. die politische Komponente der Absicherung der Bausubstanz in Gebieten, die durch Erdbeben oder Flutwellen gefährdet sind (Internationale Konferenzen zur Unterstützung derartiger Gebiete und zur Einrichtung von Frühwarnsystemen). Ferner gehören in diese Dimension z.B. alle Gegebenheiten der Über- und Unterordnung. Von dauerhafter Bedeutung ist das Modell der Kausalität, etwa hinsichtlich der „Elemente und Ursprünge totalitärer Herrschaft" (H. Arendt). Das kategoriale Modell der Wechselwirkung bezieht sich z.B. auf alle Fragen, die mit dem Input-Output-Modell zusammenhängen oder mit der Politik der nationalen Bündnisse. Auf der Ebene der kategorial verstandenen Modalität geht es z.B. um die Möglichkeiten und Unmöglichkeiten der Durchsetzung imperialistischer Bestrebungen oder um die Einbeziehung neuer Staaten in überregionale Vereinigungen (Beispiel: Europäische Union). Politische Entscheidungen sind stets an der Frage orientiert, ob bestimmte Maßnahmen notwendig sind oder nicht.

Zusammenfassender Rückblick:

Die linke Seite der binären Unterscheidung erweist sich als die Sphäre der Unterscheidungen. Immer geht es dabei um in sich ruhende und folglich nicht in Bewegung befindliche Einheiten, die in Teileinheiten untergliedert werden. Im vorliegenden Modell der Beobachtung des politischen Systems wurden zwei Teileinheiten unterschieden: Art und Grad der Machtausübung und kategoriale Bestimmungen. In dieser Sphäre können nur Einheiten positioniert werden, das heißt Gegebenheiten mit Möglichkeiten der Untergliederung. Damit zeigt sich diese Seite der binären Unterscheidung als Gebiet mit Anfängen und Enden. Dieses bekannte Analog-Modell der Unterscheidung steht in unablösbarer Verbindung mit der Seite der Nichtunterscheidung, d.h. mit Begriffen, die von ihrer Struktur her keine Begrenzung aufweisen, z.B. Infinitive. Beide Sphären der Unterscheidung machen ein binäres System aus. Jede Sphäre verdankt ihren Bestand sich selbst (Selbstbezug) und ihrer Gegensphäre (Bezug auf Anderes). Beide Bezüge sind zugleich gegeben. Auf der operativen Ebene müssen sie ständig im Vollzug von Oszillationen in Verbindung gebracht werden. Der Blick kann sich nicht zugleich auf beide Seiten der Unterscheidung richten.

Zur inhaltlichen Besetzung der binären Sphäre der Nichtunterschiedenheit:

Zur nicht unterschiedenen Sphäre des Politiksystems gehört zunächst das Haben. Gemeint ist die grundsätzliche Teilhabe am System der Politik. So muss man z.B. eine bestimmte Struktur des politischen Systems haben und daran beteiligt sein, in welcher Form auch immer, sei es als Beobachter oder als aktiv beteiligte Person. Das Verb „ein Haben" ist für Aristoteles eine Kategorie, nicht dagegen für Kant. Weiterhin ist das Behandeln des politischen Systems ein fundamentaler Ausgangspunkt für die weitere selektive Besetzung der rechten Seite der binären Unterscheidung. Im Verständnis der binären Logik ist das Behandeln eine negative Fassung von Einheit. In das Begriffsmodell des Behandelns geht der Ansatz der Handlungstheorie (M. Weber, T. Parsons) ein.

Die rechte Seite der binären Unterscheidung ist der Funktionsplatz der Verschiedenheit, der Versammlungsort der Negativeinheiten. Das Behandeln des Politiksystems lässt sich verstehen als das Beobachten, das Ordnen, das Begründen, das Beurteilen dieses Systems. Es wird offensichtlich, dass alle Ordnungsreihen auf beiden Seiten des binären Systems der Logik nur durch Selektionen konstruiert werden können. Die rechte Seite der Unterscheidung repräsentiert das Fließen als solches (ohne Anfang und Ende). Die linke Seite repräsentiert das Ruhende, das sich nicht von sich selbst her in Bewegung versetzen kann. Beide Seiten zusammen repräsentieren die logisch-funktionale Verflochtenheit von Ruhe und Bewegung, von Verbindung (durch Unterscheidungen) und Trennung (durch die Konstruktion des binären Gegensatzes). Verbindung und Trennung müssen zugleich gegeben sein. Sie dürfen sich aber nicht durch die Intervention eines Dritten gegenseitig behindern. Das fordert der Satz vom ausgeschlossenen Dritten.

Die oszillative Verbindung beider Sphären des binären Systems der Politik:

Das binäre Modell der Logik ist durch Statik und Dynamik bestimmt. Beide Seiten der binären Unterscheidung müssen ständig in Verbindung gebracht werden. So ergibt sich die Notwendigkeit, Programme zu konstruieren, die unter Selektionszwang stehen. Ein exemplarisches Modell:

Zur Beschreibung eines politischen Ereignisses gehört unablöslich das Behandeln dieses Ereignisses. Das Behandeln lässt sich je nach Situation unterschiedlich aufgliedern:

Das Behandeln dieses Ereignisses schließt verschiedene Gegebenheiten ein:

1. das Bestimmen nach Raum und Zeit
2. das Definieren des Ereignisses
3. das Vergleichen mit anderen Ereignissen ähnlicher Art
4. das Erfassen quantitativer Gegebenheiten
5. das Erfassen qualitativer Gegebenheiten
6. das Einbeziehen relationaler Gegebenheiten in die Beschreibung
7. das Berücksichtigen modaler Bedingungen
8. das Beurteilen des Ereignisses
9. das Einordnen des Ereignisses in einen gesellschaftlichen Kontext
10. das Abwägen der Folgen des Ereignisses

Das Behandeln eines politischen Ereignisses erfordert unterschiedliche Programme. Das jeweilige Programm muss auf die Individualität des Ereignisses abgestimmt sein. So muss ein Programm zur Behandlung einer ungewöhnlichen Flutkatastrophe dem Umstand Rechnung tragen, dass eine Naturkatastrophe zum politischen Ereignis wird, wenn zahlreiche Staaten ihre Hilfsleistungen miteinander koordinieren und aus diesem Grunde z.B. Konferenzen einrichten. So muss ein Programm zur Behandlung von Vorurteilen gegenüber Minderheiten verschiedene wissenschaftliche Ansätze miteinander kombinieren. Wenn es z.B. um die Verfolgung von Juden geht, wäre die Frage zu prüfen, ob die psychoanalytische Erklärung etwa im Sinne der Sündenbocktheorie ausreichend ist. Von Interesse ist innerhalb einer Rückschau die Frage, welche Schwerpunkte die analoge Systemtheorie hinsichtlich des Verständnisses von Politik setzt.

Luhmann geht davon aus, dass das System stets, aber nicht nur, im Selbstkontakt operiert. Im Funktionssystem Politik wird keine genaue Isomorphie gesehen, wohl aber gibt es genaue funktionale Äquivalente (Soziale Systeme, 1985, 626f.). Der Grund liegt darin, dass das Kommunikationsmedium Macht nicht die gleiche technische Präzision hat und nicht die gleiche hohe Integrationskraft besitzt wie z.B. das Geld im modernen Wirtschaftssystem. Machtgebrauch ist damit von sich aus nicht schon eine politische Erscheinung. Daher muss im Funktionssystem Politik zusätzlich eine Selbstbeschreibung in das System eingeführt werden. Diese Selbstbeschreibung soll dann als Bezugspunkt für das Prozessieren von Informationen zur Verfügung stehen. Für Luhmann wird diese Funktion vom Staat erfüllt. Er wäre dann so zu verstehen, dass die Macht kein hinreichender Erklärungsgrund für die Politik ist. So muss der Staat mit seiner Autorität dazukommen. Erst die durch staatliche Einrichtungen gebundene Macht ist eine der Grundlagen der Politik.

Es ergibt sich die bündige Formulierung: Der Staat ist die Selbstbeschreibung des politischen Systems. Die Voraussetzungen besagen: Der Staat ist dann als ein semantisches Artefakt zu sehen. Mit diesem Kunstgebilde ist es möglich, die Selbstreferenz des politischen Systems zu konzentrieren und sie von der Beurteilung konkreter Machtlagen unabhängig zu machen. Der Staat muss dann rechtsfähig sein. Er muss eine juristische Zurechnungseinheit ausmachen. Hoheitliche und fiskalische Maßnahmen müssen den Kernbestand aller politischen Operationen ausmachen. Der Selbstbezug der politischen Handlungen steht gleichzeitig in Verbindung mit Entscheidungsanliegen, Interessen und Strukturveränderungen in der Umwelt des politischen Systems (Ebenda, 627).

Luhmanns Modell der Umwelt hält allerdings nicht den strengen Maßstäben unterscheidungstheoretischer Argumentation stand. Daher ist dieser Terminus für wissenschaftliche Analysen nicht brauchbar. Der Fremdbezug kann sich auf andere Funktionssysteme richten. Das logische Problem bleibt: Selbstreferentielle Systeme sind in Luhmanns Verständnis geschlossen. Etwas ist geschlossen oder nicht geschlossen. Es gibt nichts Drittes. Die Grenzen anderer Funktionssysteme sind also dicht. Ein Tor in einer bestimmten Grenze kann nicht zugleich geschlossen und offen sein. Eines geht nur. Dem Modell Geschlossenheit/ Offenheit fehlt ein theoretischer Regelungsmechanismus für das Öffnen der Geschlossenheit. Diese Regelung besorgt auf theoretischer Ebene (und darum geht es in der analogen Systemtheorie immer) die binäre Logik: Das durch Geschlossenheit ausgewiesene Nachbarsystem der Politik, das System der Wirtschaft, ist eine Version von Einheit (=System) mit Anfang und Ende. Unabdingbar zur Einheit gehören z.B. das Behandeln und das Regulieren der Öffnungen dieser geschlossenen Einheit: die Negativeinheit (ohne Anfang und Ende).

Luhmanns Bemerkung, dass Offenheit eine Voraussetzung für Geschlossenheit ist, lässt sich durchaus als richtig beurteilen. Allein durch diesen theoretischen Hinweis werden die Tore eines bestimmten konkreten grundsätzlich geschlossenen Systems in der benachbarten „Umwelt" nicht geöffnet. Wenn ein theoretisches System Anspruch auf Universalität erhebt, wie Luhmann das tut, dann muss auch die Praxisanwendung einer Theorie gegeben sein. Andernfalls verliert eine Theorie ihre Evidenz und Stringenz. Die Unterscheidung offen/ geschlossen bezieht sich auf ein Etwas und damit auf eine Einheit (ein System) mit Anfang und Ende. Die Einheit ist hier das Tor in der Grenze. Dieses Unterscheidungsmodell ist ein Musterfall der analogen Figur Substanz/ Akzidens. Es ist eine differenzierungsfähige Einheit.

Die gesamte Argumentation führt zum Resultat: Man kann nicht mit der Einheit einer bestimmten logisch-funktionalen Unterscheidungsfigur (hier: Geschlossenheit/ Offenheit einer Grenze) eine andere Figur ähnlicher Architektur erklären (hier: System/ Umwelt der Politik). Anders formuliert: Man kann nicht mit einer bestimmten Anwendung des Modells Substanz/ Akzidens eine andere Anwendung dieses Modells erklären. Auf diesen Sachverhalt weist bereits Aristoteles hin: Alles Werdende muss immer aus einem Anderen entstehen (Metaphysik 999b).

In seiner Publikation „Soziologische Aufklärung" (1970, 154ff.) behandelt Luhmann ausführlich die Soziologie des politischen Systems. Er nennt eine Reihe von Variablen, durch die eine Stabilisierung der politischen Funktion auf einem Niveau höherer gesellschaftlicher Komplexität als möglich gesehen wird:

1. die gesellschaftliche Ausdifferenzierung bestimmter Handlungsbereiche als ein politisches System;
2. eine hohe gesellschaftliche Autonomie dieses Systems;
3. die funktionale Spezifizierung auf Herstellung bindender Entscheidungen und Erzeugung gesellschaftlicher Macht;
4. das Wachstum der Eigenkomplexität und Selektivität des politischen Systems;
5. die Auslösung einer Steigerung der Kommunikationsleistung durch Generalisierung und Reflexivwerden von Macht;

6. das Erfordernis einer funktionalen Differenzierung, verbunden mit einer Übernahme gesellschaftlicher Probleme in das System;
7. die Erzwingung einer Innenabsicherung von Risiken.

Rationalität

Der lateinische Begriff ratio bedeutet zunächst Rechenschaft, Berechnung, Verzeichnis, Interesse, Vorteil, dann aber auch Ordnung, Grundsatz, Denken, Vernunft, Grund, Wissenschaft, System. Aristoteles bezeichnet in seiner Metaphysik (1074b) die Vernunft als Urgrund, der von allem Erlebten das Göttlichste zu sein scheint. Da die Vernunft nur das Göttlichste und Wertvollste denkt, ändert sie sich nicht. Obwohl Hegel sich ausdrücklich darum bemüht, die aristotelische Logik zu überwinden, hält er nicht nur an der tragenden Bedeutung der Idee der Vernunft fest. Er bestärkt sie z.B. durch die Aussage, dass die Vernunft die Welt regiert und so auch die Weltgeschichte regiert hat und regiert (Hegel: Die Vernunft in der Geschichte, 1955, 87).

Während Hegel als einer der Vordenker der Systemtheorie die als Vernunft verstandene ratio als Fundament menschlichen Zusammenlebens sieht, wobei die Abwesenheit der Vernunft nicht übersehen wird, ordnet Pareto als Systemtheoretiker Denken, Vernunft und Logik nicht der Sphäre des Ursprünglichen, den Residuen, zu, sondern den Derivationen, dem Abgeleiteten. Die Derivationen üben keine oder nur eine geringe Wirkung auf die Residuen aus, nur eine geringe auf die Interessen und nur eine ein wenig größere auf die soziale Heterogenität (Pareto, 1975, a.a.O., 267. In seinen Briefen (1900-1914) liest man: „Die Theorien, die Anschauungen der Menschen sind die äußere Hülle der Gefühle, die allein die wirksamen Triebkräfte des menschlichen Handelns sind“ (Ebenda, 244). Für Pareto sind die Theorien die Sprache des Gefühls.

Luhmann bringt die Rationalität in Verbindung mit seinem Modell des Systems: Reflexion führt nicht ohne weiteres zu Rationalitätsgarantien. „Anders als im großen Roman der Philosophie, anders als in der Phänomenologie des Geistes, gibt es deshalb kein Ende, in dem die Erkenntnis mit ihrem Gegenstand, die Vernunft mit der Wirklichkeit eins wird....Es gibt keine Einheit als Ende. Was sich als Erkenntnis beobachten lässt, ist und bleibt die Erzeugung einer Differenz im Ausgang von einer Differenz“ (Die Wissenschaft der Gesellschaft, 1992, 547). Für Luhmann hat die Umstellung der Erkenntnistheorie auf ein evolutionäres Paradigma mehrere Differenzen im Auge: Verzicht auf Rationalität und auf Konsens als Erklärungen für die Morphogenese der Wissenschaft. Trotz aller Einschränkungen des Rationalitätskontinuums ist das wissenschaftliche Wissen im Alltag immer das bessere Wissen (Ebenda, 654). Das frühere Rationalitätskontinuum wird abgelöst durch Polykontexturalität. Alles ist dann abhängig von einer vorgängigen Kontextwahl. Der Entfall des Rationalitätskontinuums wird kompensiert durch eine Radikalisierung der Bewusstseinsphilosophie. Diese wirkt bis heute nach. Sie hat uns die Vorstellung des Menschen als Subjekt seiner Erkenntnis gegeben.

Von der sprachlichen Herkunft aus bedeutet Rationalität auch Rechenhaftigkeit und Berechnung im Sinne des Kalküls. Auf diese Bedeutung greift z.B. Max Weber mit seinem Begriff des Rationalismus zurück. Gemeint ist der Glaube daran, dass man prinzipiell, wenn man nur wollte, alle Dinge durch Berechnung beherrschen könne. Diese Definition läuft auf die Entzauberung der Welt hinaus. In seinem Buch „Organisation als System“ (1999, 300) bemerkt Baecker: „Rationalität ist die Möglichkeit, Mittel gegen Mittel auszutauschen, wenn damit die Zwecke besser erreichbar scheinen. Und Rationalität ist die Möglichkeit, Zwecke gegen Zwecke auszutauschen, wenn damit die Mittel besser ausgenutzt werden können.“ Die Hochschulabsolventen sind Helden der Durchhaltefähigkeit. „Ihre Theorie ist die Theorie der Rationalität, Effizienz und Effektivität“ (Ebenda, 303). Aus dieser Perspektive fordert die Berufspraxis den Abschied vom Modell des rationalen Entscheidens und damit auch den Abschied von der Rationalität.

Die angeführten Äußerungen über Rationalität geben Anlass zu der Frage, ob die starke Einengung der in die Vernunft gesetzten Möglichkeiten nur eine allgemeine Ernüchterung ist oder ob das Modell der Zirkularität des Systems im Spiel ist. Wenn die durch das Modell des Systems gesteuerten Gedanken sich selbst die Richtung geben, wie es die Idee der Autopoiesis nahe legt, wenn das System sich also selbst durch seine Konstruktionsmechanismen steuert und sich im Prinzip aus eigener Kraft reproduziert, dann ist die Rationalität nicht länger erforderlich, so könnte die Argumentation laufen. Das System selbst übernimmt im Vollzug der Selbstproduktion und Selbstreproduktion die Kybernetik. Die Steuerung durch Kausalität und Rationalität übernimmt das System als solches. Rationalität wird dann zur Systemrationalität. Das System wird im Analog-Modell durch Strukturdeterminiertheit und Autopoiesis bestimmt. Die Außensteuerung durch das Modell der Umwelt ist zwar gegeben, so dass sie nicht geleugnet wird. Entscheidend ist jedoch immer die Konstitution des Systems selbst.

Die binäre Logik operiert nicht nur mit Einheiten, sondern auch mit den negativen Versionen von Einheiten, z.B. in Form von Verben, auch in substantivierter Form. Zu der auf das Individuum bezogenen Rationalität gehört dann unablösbar u.a. der ständige Einfluss der kollektiven Rationalität, vermittelt durch die Medien, ferner die Prägung durch kollektive Erfahrungen unalltäglicher Art, etwa in Form von grausamen und als sinnlos empfundenen Vernichtungskriegen. Umgekehrt gehört zur Konstitution der Systemrationalität unablöslich das individuelle Einbringen von Lebenserfahrungen und ganz persönlichen Einsichten. In dieser logischen Konstruktion verschwimmen nicht die individuelle und die kollektive Rationalität ineinander. Die unterschiedenen Begriffe werden lediglich differenziert.

Zur Rationalität im Sinne des Glaubens an die Berechenbarkeit und Machbarkeit der Dinge gehört unablöslich das ständige Korrigieren dieser Form der Mentalität. Durch das Einordnen der Rationalität als Begriffseinheit in einen differenzierenden und präzisierenden Bezugsrahmen auf der Negativseite kategorialer Einheit wird vermieden, dass bedeutsame gesellschaftliche Werte ihren Stellenwert einbüßen. Das Handhaben von Einheiten ist ebenso relevant wie die Einheit selbst.

Recht als Funktionssystem

Die Behandlung des Funktionssystems Recht ist in vielen Hinsichten identisch mit Rechtssoziologie. In klassischer Formulierung könnte es heißen: Recht und Gesellschaft. Die systembezogene Perspektive bemüht sich darum, nicht primär die Begriffe Struktur und Funktion als Leitbegriffe zu setzen. Die analoge Orientierung am System zielt auf die mit der Kreisform verbundene Zirkularität und auf das Modell der Geschlossenheit des Rechts einer gegebenen Gesellschaft. Von seiner Ausbildung her ist es berechtigt, Niklas Luhmann eine besondere Kompetenz für dieses Fachgebiet zuzusprechen. Luhmann hat sich an verschiedenen Stellen und zu verschiedenen Zeiten mit der Materie „Recht und Gesellschaft" befasst. Aus der Reihe dieser Arbeiten dürfte sein umfangreiches Buch mit dem Titel „Das Recht der Gesellschaft" (1993) hervorhebenswert sein. Eine ganz allgemeine Definition des Rechts, die sich auf Hume, Rousseau, Linguet, Kant u.a. beruft, sieht das Recht als die historische Zivilisierung der Gewalt. Luhmann sieht jeweils „alles andere" als Umwelt. So wird denn die Gesellschaft als Umwelt des Rechtssystems gesehen. Die systemtheoretische Perspektive sieht keine Rückkehr zum Naturrecht, Vernunftrecht oder zur Ethik vor.

Die Einheit des Rechts ist für Luhmann Selbstproduktion und damit Autopoiesis. Es gibt kein übergesetzliches Recht als Geltungsebene oberhalb der praktizierten Rechtsordnung. Das Rechtssystem ist Teil des Gesellschaftssystems. Es ist ein durch eigene Operationen bestimmtes System. Es gibt für das Recht keine externe Strukturdetermination. Das Rechtssystem operiert im Seitenblick auf eine gleichzeitig existierende Umwelt. Das Rechtssystem ist ein soziales System. Es ist ein Subsystem der Gesellschaft. Gesellschaft wird begriffen als das umfassende System aller Kommunikationen. Die Autonomie des Rechtssystems erfolgt in Europa im 11./12. Jahrhundert. Diese Autonomie ist eine Konsequenz von operativer Geschlossenheit.

Im Rechtssystem gibt es eine Kommunikation, die eine Zuordnung der beiden Werte Recht und Unrecht behauptet. Der Code Recht/ Unrecht kann nur auf der Ebene der Beobachtung zweiter Ordnung verwendet werden. Das Rechtssystem operiert in Luhmanns Argumentation normativ geschlossen und zugleich kognitiv offen. Das Rechtssystem kann keine Normen, wohl aber Wissen auf die Umwelt beziehen. Auf Grund der normativen Geschlossenheit ist das Recht offen für zahllose Umweltzustände und Umweltereignisse. Expertenwissen wird in die vom Recht vorgegebene Form gebracht. Das Rechtssystem legt zuerst Wert auf die Haltbarkeit der Entscheidungen. Die Codierung Recht/ Unrecht sichert die operative Geschlossenheit des Rechtssystems. Im Rechtssystem gelangt ein Auffassungswandel in Rechtsform. Das Rechtssystem verfügt über das Symbol der Geltung. So ist Geltung ein Eigenwert des Rechtssystems. Sie entsteht im rekursiven Vollzug der systemeigenen Operationen. Geltung ist die Form der Partizipation an der Einheit des Rechtssystems. Geltung muss vom System ständig neu produziert werden. Der einzige Geltungstest liegt in der Autopoiesis des Systems. Das (sozial gemeinte) Gedächtnis hält die Eigenwerte der rekursiven Produktionsweise des Systems zur Verfügung.

Die Funktion der Rechtsnorm liegt in der Stabilisierung des Verhaltens, nicht im Dirigieren von Motiven. Die Moral (Ethik) ist nicht geeignet, die Geltung von Rechtsnormen zu begründen. Die Funktion des Rechts besteht in der Stabilisierung normativer Erwartungen. Sie ist die Regulierung von Beziehungsnetzwerken. Das Recht ist zu seiner Durchsetzung auf Politik angewiesen. Die Funktion des Rechts besteht weiterhin darin, Erwartungssicherheit zu ermöglichen. Leistungen des Rechts sind Verhaltenssteuerung und Konfliktlösung. Das Recht ist eine Art Immunsystem der Gesellschaft.

Luhmann entwirft eine logische Rekonstruktion der Autopoiesis des Rechtssystems. Gemeint ist eine rein logische und nicht eine empirische Konstruktion. Zunächst wird festgestellt, was in der Welt Recht ist (etwa die Zivilisierung von Gewalt). Im zweiten Schritt wird diese Aussage bestätigt und emphatisch verdoppelt: Recht ist Recht. In einem dritten Schritt wird eine Negation mit dem Recht verbunden: Recht ist Unrecht. Das heißt: Das Recht des einen ist das Unrecht des anderen, wenn beide in derselben sozialen Gemeinschaft leben. Der vierte Reflexionsschritt bringt eine weitere Negation: Recht ist nicht Unrecht. Gemeint ist: Wer im Recht ist, behält weiterhin diesen Status. Für das Unrecht gilt dasselbe. In einem fünften Schritt wird dieser Sachverhalt konditioniert. Das heißt: Recht ist Recht, wenn die in den Programmen des geltenden Rechts angegebenen Bedingungen erfüllt sind. Mit dieser Argumentationskette wird auf reflexiver Ebene ein System aufgebaut.

Recht lässt sich für Luhmann nur durch Unterscheidungen begründen. Codes sind Systeme mit eingebauter Unterscheidung im Sinne der Bistabilität: positiv/ negativ usw. Die Operationen gehen dann von zwei möglichen Zuständen aus. Bistabilität heißt: Man kann sowohl beim Recht wie auch beim Unrecht ansetzen. Insofern beruht der Ordnungseffekt der Codierung auf Zweiwertigkeit. Die binäre Codierung ist die Strukturform des Rechts. Die Zweiwertigkeit ist die Minimalbedingung für das Offenhalten des operativ geschlossenen Systems. Die Einheit des Systems besagt: Man kann über den einen Wert nicht ohne Berücksichtigung des anderen entscheiden. Damit wird ein unmittelbares Rechtsbewusstsein gebrochen. Die Einheit des Systems besteht in zwei inkompatiblen Werten, die nicht zugleich benutzt werden können.

Luhmann macht einen Anlauf, damit die um die Einheit von Recht und Unrecht herum vorgestellte Kreislinie überwunden wird (Ebenda, 185). Damit rückt er die aristotelische Gegenteil-Unterscheidung Recht/ Unrecht auf die linke Seite der Form der Unterscheidung. Rechts wird nun nicht im Sinne des binären Systems der Logik die negative Seite der kategorialen Einheit (etwa in Form substantivierter Verben: das Verurteilen, das Richten usw.) positioniert. Rechts baut Luhmann im Anschluss an Spencer-Brown eine „Restkategorie“ auf. Diese Restkategorie ist das, was Spencer-Brown mit unmarked space meint. Die Form sieht dann so aus: Recht-Unrecht/ unmarked space. *An dieser Stelle wird offensichtlich, dass das analoge System der Logik nicht in der Lage ist, diesen Platz auf der rechten Seite der Unterscheidung in seiner binären Bedeutung zu erkennen. Es geht hier also nicht um die negative Seite von Recht. Sie wäre Unrecht. Es geht vielmehr um die negative Seite der analogen Unterscheidung Recht/ Unrecht.*

Das Konditionalprogramm schafft in Luhmanns Darstellung Bedingungen, die besagen, ob etwas Recht oder Unrecht ist. Es wird als eine große evolutionäre Errungenschaft der gesellschaftlichen Entwicklung gewertet. Zweckprogramme riskieren, dass die künftigen Gegenwarten nicht mit dem übereinstimmen werden, was als gegenwärtige Zukunft vorausgesetzt wird. Recht ist das, was Richter letztverbindlich für ein geeignetes Mittel zum Zweck halten. Die Programmierung ergänzt die Codierung und füllt sie mit Inhalt. Verfahren, die durch Verzögerung der Entscheidung Ungewissheit erzeugen, gehören zu den bedeutendsten evolutionären Errungenschaften. Der systemtheoretische Ansatz geht über das Schema Norm/ Devianz hinaus.

Die Idee der Gerechtigkeit kann nach Luhmanns Auffassung nicht an die Ethik abgegeben werden. Sie kann als Kontingenzformel des Rechtssystems aufgefasst werden. Es gibt keinen Schluss von „naturgemäß" auf „gerecht". In allgemeinster Form wird die Kontingenzformel Gerechtigkeit als Gleichheit ausgewiesen. In segmentären Gesellschaften ist die Norm der Reziprozität von Bedeutung. In komplexeren Gesellschaften heißt Gerechtigkeit: gleiche Fälle gleich behandeln (Konsistenz der Entscheidung). Politische Zweckprogramme schaffen Ungleichheit. Das neuzeitliche Vernunftrecht (als Naturrecht) geht von angeborenen Menschenrechten aus. Die Grundlage des Naturrechts ist eine Paradoxie, nicht eine prinzipielle Idee. Denn Gleichheit pur wäre ein Paradox.

Alles schriftlich fixierte Recht ist zu interpretierendes Recht. Der Ausgangspunkt für eine Evolution des Rechts dürfte in einer Ambivalentierung des Normbezuges liegen. Evolutionäre Errungenschaften müssen Variabilität und Stabilität kombinieren können. Nur im Fall von Abweichungen werden Erwartungen überhaupt zur Norm. Die Variation übernimmt das Mutieren des Rechts. Die Selektion bestimmt, welche Auffassung dem Recht entspricht. Die Universalität des Eigentums liegt im Systembezug: Jeder hat den Eigentümer als solchen zu respektieren. Im Verständnis Luhmanns betreibt das Recht sich selbst (zirkulär). Politik gibt dem Rechtssystem zahlreiche Direktiven. Für das Rechtssystem gibt es nur noch positives Recht. Abkoppelung von Natur und Vernunft als externe Referenzen gehört zu den komplexitätsadäquaten Errungenschaften hinsichtlich des Rechtssymbols.

Das Recht muss als ein von sich selbst ausgehendes geschlossenes Universum begriffen werden. Dass Gerichte entscheiden müssen, ist der Ausgangspunkt für die Konstruktion des juristischen Universums. Das Rechtssystem hat sein Zentrum in der Organisation der Gerichtsbarkeit . Alle nichtgerichtlichen Bereiche des Rechtssystems gehören zur Peripherie. Wir können eine Parallelisierung und Vernetzung von gesetzlicher und vertraglicher Geltungsproduktion feststellen. Gerichte interpretieren argumentativ, um die ratio ihrer eigenen Entscheidung darzustellen. Der Sprachstil des Rechts entwickelt ein hohes Maß an Redundanz, das heißt an Formelhaftigkeit und Wiederholbarkeit. Redundanzen sind Attraktoren. Sie organisieren die Informationsverarbeitung. Attraktoren verhindern Ordnungsverlust und Chaos. Gerechtigkeit ist für Luhmann Redundanz, das heißt: Die Konsistenz von Entscheidungen ist gegeben. Die Gerichtsorganisation erzwingt über die Revisionen die ständige Auseinandersetzung mit vorliegenden Entscheidungen anderer Gerichte. Der Ertrag der Argumentation kann zu normativen Regeln oder Prinzipien gerinnen und auf diesem Weg zur Rechtsquelle werden. Insofern wird das

Recht zum Kondensat geprüfter guter Gründe. Die Kontrolle des Rechts hat sich an Hand der Folgen als einzig überzeugendes Prinzip durchgesetzt. Von jeder Entscheidung muss die Vermittlung von Fremdreferenz und Selbstreferenz festgestellt werden.

Die Trennung der Systeme kann als Bedingung der Steigerung wechselseitiger Abhängigkeit gesehen werden. Diese wechselseitige Abhängigkeit wird in der analogen Systemtheorie Luhmanns durch Kopplungen bewirkt. Innerhalb der operativen Kopplungen werden zwei Varianten unterschieden. Die eine heißt Autopoiesis. Gemeint ist die Produktion von Operationen des Systems durch Operationen des Systems. Die andere Variante macht die Gleichzeitigkeit von System und Umwelt aus. Operative Kopplungen sind nur auf Ereignislänge möglich. Von strukturellen Kopplungen wird dann gesprochen, wenn System und Umwelt dauerhaft verbunden sind, z.B. durch die Tatsache, dass Geld überhaupt angenommen wird. Strukturelle Kopplungen haben den Dauereffekt des Einschließens und Ausschließens. Alle denkbaren Pressionen deformieren das Recht, z.B. das Ignorieren oder das Umgehen. Erst im 20. Jahrhundert wird deutlich, dass es auch strukturelle Kopplungen zwischen Wirtschaftssystem und politischem System gibt. Steuern leisten die strukturelle Kopplung zwischen dem Wirtschaftssystem und dem politischen System. Die strukturelle Kopplung verbindet und trennt zugleich. Die Verfassung beschafft politische Lösungen für das Selbstreferenzproblem des Rechts und rechtliche Lösungen für das Selbstreferenzproblem der Politik. In der alteuropäischen Tradition wurde die Gesellschaft selbst als Vertrag begriffen. Das Konzept des Naturrechts mit der normativen Option für Perfektion und gegen Korruption wurde im 18. Jahrhundert aufgegeben (D. Hume). Das Recht entwickelt sich nun in der Gesellschaft mit der Gesellschaft. Die Hauptfunktion des Rechts ist dann die Sicherung des Eigentums. Für die Klassengesellschaft des 19. Jahrhunderts ist die Verschiedenheit des Urteils die Regel.

Die Selbstbeschreibung des Rechtssystems muss davon ausgehen, dass man es im Rechtssystem mit kontroverser Kommunikation zu tun hat. In der „Rechtstheorie“ sucht die Selbstbeschreibung des Rechtssystems interdisziplinäre Abstützung, z.B. linguistischer, semiologischer, hermeneutischer, soziologischer, anthropologischer Art. Naturrecht wird fast übergangslos zum Vernunftrecht. Im neuen Naturrecht des 17. und 18. Jahrhunderts werden Selbstbestimmung, Freiheit und Gleichheit als natürliche Menschenrechte proklamiert. Luhmann sieht die Menschenrechte als Resultat der

Destruktion des Naturrechts (Soziologische Aufklärung 6, 1995, 230ff.). Angesichts der erschreckenden Verletzungen des Menschenrechts liegt heute das Problem in der Kommunikation solcher Verletzungen und im Wachhalten der öffentlichen Aufmerksamkeit. Man sollte sich nicht scheuen, das Menschenrechtsparadox als solches zu bezeichnen, um die „Entfaltung" zu bewirken. Die Positivität des Rechts wird zum Topos der Selbstdarstellung des Rechts in der modernen Gesellschaft (Das Recht der Gesellschaft, 1993, 516ff.). Die Rechtsgrundsätze sind die Eigenwerte des Systems. Vernunft wird zum Zitat, das verdeckt, dass man nicht weiter weiß. Die Funktionsautonomie des Rechtsystems kann mit den Abschlussformeln Vernunft und Positivität nicht hinreichend behandelt werden. Das Rechtssystem produziert derzeit eine Mehrheit von Selbstbeschreibungen und damit Probleme der Inkonsistenz. Das Rechtssystem scheint auf den Wertewandel zu reagieren. Es zeichnet sich eine Tendenz zur Temporalisierung der Normgeltung ab. Das Recht der modernen Gesellschaft muss ohne feststehende Zukunft auskommen. Eine Paradoxie besteht darin, dass Rechte erst durch ihre Verletzung in Geltung gesetzt werden (E. Durkheim).

Welche Eigenwerte und welchen Ertrag bringt die analoge Systemtheorie ein? Zunächst besteht die Leistung dieses Ansatzes für den Fortgang der Wissenschaftstheorie darin, dass im Verhältnis zu den mehr oder weniger diffusen Umgrenzungen der Strukturen und Funktionen versucht wird, eindeutige Grenzen zu schaffen. Das analoge Modell der Schließung des Rechts als System muss aber ständig sehr bald wieder aus der Hand gegeben werden. Denn Schließung bedeutet Tautologie, das heißt Unergiebigkeit und Selbstzerstörung (Entropie). Die Schließung muss ständig wieder aufgehoben werden, damit das Rechtssystem den Anschluss zur Gesellschaft, dessen Teil es ja ist, wieder gewinnt. In Luhmanns Modell ist die Gesellschaft sogar Umwelt des Rechtssystems (Das Recht der Gesellschaft, 1993, 23). Gleichzeitig ist das Rechtssystem ein Teil des Gesellschaftssystems (Ebenda, 33). Der auf das Analog-System zugeschnittene Satz vom ausgeschlossenen Dritten (nach Hegel) besagt hier: Etwas ist entweder das Ganze des Systems. Oder es ist nicht das Ganze des Systems. Es gibt nichts Drittes. Dieser Satz bezieht sich auf konkrete Dinge. Bei Hegel ist dieses Konkrete der Buchstabe A. Für Luhmann, der wie Hegel auf der Analog-Ebene der Logik argumentiert, ist ein Konkretes, das System des Rechts, zugleich geschlossen und offen. Luhmann glaubt, mit den Hilfsmitteln der Operation und der

Umwelt der „Entropiefalle“ (Ebenda, 42) zu entrinnen. Der hier entstandene Widerspruch ist ein Dauerproblem der analogen Systemtheorie.

Das binäre Modell argumentiert mit dem dauerhaften Gegensatz von Einheit überhaupt und Negation von Einheit überhaupt. Die Negativseite von Einheit erhält das gleiche logisch-funktionale Gewicht wie die Positivseite. Das heißt: Alles, was außerhalb der empirisch festgelegten Grenzen (Anfang und Ende) und damit außerhalb der Region der Messbarkeit positioniert ist, ist ebenso bedeutsam wie das differenzierbare Innere des Systems, in diesem Fall des Rechts. Zur rechten Seite der binären Unterscheidung, das ist die Sphäre außerhalb des gesatzten Rechts und seiner Interpretationsspielräume, gehören z.B. das Erörtern der Vitalinteressen (Th. Geiger) der Menschen an der jeweiligen Konstituierung des Rechts, das Vitalinteresse der einzelnen sozial-kulturellen Schichten der Bevölkerung am Erhalt oder der Veränderung des jeweiligen Rechts, das Verständnisproblem hinsichtlich rechtlicher Bestimmungen, die Art des Einflusses der Politik und der Ethik auf die Gestaltung des Rechts, die unterschiedlichen Grade der Fähigkeit oder Unfähigkeit, bestimmte Teile des geltenden Rechts für die eigenen Zwecke nutzbar zu machen usw.

Redundanz

Der Begriff Redundanz hängt mit dem lateinischen Hauptwort unda (=Welle, Gewässer, Strömung) zusammen. Dieser typisch systemtheoretische Begriff hat unterschiedliche Bedeutungen. Auf der einen Seite sind Entbehrlichkeit und Überflüssigkeit gemeint. Andererseits bedeutet das im Begriff liegende Zurückschlagen der Welle ein Absichern. Für Luhmann hat Redundanz eine Sicherheitsfunktion (Soziale Systeme, 1985, 94.) Man kann sich Fehlgriffe leisten. Denn die Möglichkeiten sind mit diesen Fehlhandlungen nicht erschöpft. Man kann zum Ausgangspunkt zurückkehren und einen anderen Weg wählen. Redundanz meint überzählige Möglichkeiten, die trotzdem eine Funktion erfüllen. „Wenn A durch Kommunikation B über etwas informiert und ihm die Information abgenommen wird, kann C und jeder weitere sich sowohl an A als auch an B wenden, wenn er sich informieren will. Es entsteht ein Überschuss an Möglichkeiten, der aber gleichwohl funktional sinnvoll ist, weil er das System von bestimmten Relationen unabhängiger macht und es gegen Verlustgefahr absichert" (Ebenda, 238). Für das Ausfallen von Ressourcen hält das System intern Redundanzen, Notfallsaggregate, Reservelager bereit (Ebenda, 252).

Strukturbildung wird auch als Redundanz aufgefasst. Die Beschreibung eines Systems erfordert in diesem Fall nicht, dass jedes Element einzeln beobachtet wird. Vielmehr kann man aus einer Beobachtung auf andere schließen (Ebenda, 386). Für Luhmann beruht die strukturelle Elastizität von Interaktionssystemen auf der Möglichkeit auszuwählen, „was ins Zentrum der gemeinsamen Aufmerksamkeit gelangt und was unbeachtet bleibt" (Ebenda, 565).

Grundsätzlich steht Redundanz im Dienst an der Selbsterhaltung der sozialen Gruppe. Redundanz dient nicht nur der Sicherheit, sondern auch der Anschlussfähigkeit der Kommunikation. Reformulierungen des Wissens in Form von Erklärungen sind Verdichtungen des Wissensbestandes, durch die der Bereich des möglichen Anschlusswissens vergrößert wird. Luhmann spricht in diesem Zusammenhang von informationeller Redundanz. Gemeint ist damit, dass eine anschlussfähige Information weitere Informationen wahrscheinlicher macht (Die Wissenschaft der Gesellschaft, 1992, 201). Die durch das Analogiemodell bestimmte Systemtheorie Luhmanns enthält an manchen Stellen aristotelische Widersprüche, die dann bearbeitet werden müssen. Einerseits werden Redundanzen als entbehrlich und überflüssig gesehen (Ebenda, 436). Andererseits sind ausreichende Redundanzen „unerlässliche Bedingungen der Autopoiesis des Systems“ (Ebenda, 207).

Auf der sprachwissenschaftlichen Ebene liegen eindeutige Definitionen der Redundanz vor (Vgl. Duden, Fremdwörterbuch, 4.Aufl.1982, 654). Redundanz bezieht sich auf verschiedene Formen des Plurals und auf die stilistisch bedingte Überladung einer Aussage. In der Informationstheorie ist Redundanz eine Bezeichnung für das Vorhandensein weglassbarer Elemente in einer Nachricht, die nur die Grundinformation stützen. Förderliche Redundanzen sind entbehrliche Bestandteile einer Information, die beim Weglassen anderer Bestandteile die Information sichern können. Leere Redundanzen sind entbehrliche Bestandteile einer Information, die beim Weglassen anderer Bestandteile den Informationsgehalt nicht aufrechterhalten.

Re-entry

Das Modell des re-entry ist ein spezifisches Erzeugnis der Systemtheorie. Gemeint ist der Wiedereintritt der Form in die Form. Die Kreisform ist seit dem Altertum ein wichtiges Instrument der Wissenschaften. In manchen Hinsichten ist Hegel ein zentraler Wegbereiter der modernen Systemtheorie. Er formuliert im ersten Band seiner „Wissenschaft der Logik“ (1951, 56): „Das Wesentliche für die Wissenschaft ist nicht so sehr, dass ein rein Unmittelbares der Anfang sei, sondern dass das Ganze derselben ein Kreislauf in sich selbst ist, worin das Erste auch das Letzte und das Letzte auch das Erste wird.“ Somit gehört Hegel zu den Vordenkern der Vorsilbe „re“. Hegel gehört auch zu den Vordenkern des Modells der Autopoiesis im Sinne der Selbstreproduktion: Für Hegel ist die absolute Methode des Erkennens der sich selbst konstruierende Weg (Ebenda, 7).

Aus dieser durch die Tradition übermittelten Perspektive gehört zur wissenschaftlichen Reflexion das Zurückgreifen des Beobachtens auf sich selbst. Das Moment des „Vorwärts“ enthält folglich in sich das Moment des „Rückwärts“. Die neuere analoge Systemtheorie richtet die Beobachtung mit Hilfe von Unterscheidungen nicht nur nach vorn, d.h. auf die Vorgänge des Differenzierens. Zugleich wendet sie sich auf sich selbst zurück. Dieser Vorgang, der mit der Kreisform in Verbindung gebracht wird, findet seinen methodischen Ausdruck in der logischen Figur des re-entry. Gemeint ist damit, dass eine neu entstehende Unterscheidung sich in einen übergeordneten Rahmen einordnet, und zwar in die Leitunterscheidung, so dass die Leitunterscheidung System/ Umwelt dann alle anderen Unterscheidungen auf sich selbst zurückführt und in sich aufnimmt. Somit bestärkt jede neue Unterscheidung das paradigmatische Grundmodell System/ Umwelt im Sinne Luhmanns. Dabei ist eine derartige logische Argumentation ständig dem Einwand ausgesetzt, dass die Umwelt als Komplexität anderer Einheiten von sich selbst her ein Gefälle bildet, gegen das sich das System ständig wehren muss. Diese Perspektive sieht die Umwelt im Vergleich zum System als komplexer an, obwohl die Umwelt immer nur ein Teil des Systems selbst sein kann, zumal sie von Luhmann selbst als Negativ-Korrelat des Systems und als Verlängerung der Handlungssequenzen des Systems gesehen wird. Dieser Widerspruch ergibt sich aus der Einheitszumutung, die mit dem Modell des Analog-Systems verbunden ist. Das heißt:

Für sich genommen ist die Umwelt eine Fülle von Einheiten, so dass das System als eine dieser Einheiten sich gegen die Übermacht der umgebenden Einheiten wehren muss. Wenn jedoch die Einheitszumutung ins Spiel gebracht wird und in Gestalt einer paradigmatischen Unterscheidung auf den Plan tritt, verwickelt sich eine solche Logik in Widersprüche.

Das paradigmatische Modell System/ Umwelt enthält nur das kategoriale Modell Einheit. Das System hat Anfang und Ende und ist folglich Einheit. Die Umwelt ist ebenso Einheit, wie man auch bei Luhmann selbst nachlesen kann. Denn sie hat Anfang und Ende. Einheit kommt in der Unterscheidung System/ Umwelt zu Einheit. Unterschieden wird dann nur zwischen unterschiedlichen Einheiten. Das kategoriale Grundmodell Einheit wird nicht verlassen. Der Unterschied bleibt bei sich selbst. Luhmanns „Außen" bleibt dem „Innen" des kategorialen Modells Einheit verhaftet. Die Entparadoxierung des Problems drängt nach der Unterscheidung zwischen konkreten Einheiten in Form von Systemen einerseits und abstrakten Figuren andererseits, die auf der Ebene der kategorialen Bestimmungen des Ansich verortet sind.

Hier liegt das Dilemma der neueren Systemtheorien: Es fehlt an klaren Unterscheidungen zwischen Anschauung und Abstraktion auf den höchsten Ebenen der Reflexion. Es fehlt die Anwendung das Modells Unterscheidung auf sich selbst.

Die Frage heißt dann: Was unterscheidet die Unterscheidung von der Nichtunterscheidung? Die binäre Logik vollzieht diesen Schritt. Sie konstruiert einen unabdingbaren Gegensatz zwischen dem, was unterscheidbar ist und dem, was nicht unterscheidbar ist. Beide Seiten dieser binären Unterscheidung bilden dann eine unablösbare Einheit.

Wie sieht nun das Modell des re-entry konkret aus? Luhmann beschreibt diesen Vorgang in seinem Buch „Die Wissenschaft der Gesellschaft" (1992, 83ff.). Durch rekursive Vernetzung vieler Beobachtungen entsteht ein System. Die Beobachtungen richten sich auf die Differenz von System und Umwelt. Die Differenz tritt dann als Unterscheidung, an der sich das System orientiert, in das System ein. Es kommt zu einem Eintritt der Form in die Form. Implikate des Operierens gewinnen interne Anschlussfähigkeit. Sie werden in das rekursive Netzwerk des Systems aufgenommen. Sie wirken an diesem

Netzwerk mit. Die Beobachtungen arbeiten mit an der Autopoiesis des Beobachters. Durch die rekursive Vernetzung der Operationen entsteht ein System. Dieses schließt sich gegen eine Umwelt ab. Dadurch ist es möglich, „die Unterscheidung von System und Umwelt, zunächst eine operativ entstandene Differenz, in das System einzuführen“ (Ebenda, 83). Dieser Vorgang wird von Luhmann im Anschluss an George Spencer Brown re-entry genannt. Wenn diese Möglichkeit erreicht ist, kann das System sich auch selbst als Einheit bezeichnen. Luhmann nennt diese besondere Art von Selbstbeschreibung Reflexion.

Die Reflexionsebene ist das Beobachten und das Vernetzen der Beobachtungen. Wissenschaft ist für Luhmann auf der Ebene des Beobachtens zweiter Ordnung erreichbar. Das Beobachten bleibt bei sich selbst. Es geht immer nur um das Eine des Beobachtens. Die Objekte der Beobachtung fallen aus diesem Modell heraus. Vermutlich wird die Existenz der Gegenstände als selbstverständlich vorausgesetzt. Das logische Modell der verflochtenen Beobachtungen verlässt nicht das Eine der Reflexion. Letztlich ist es immer das Subjekt, die lebende Substanz, die das Reflexionsmodell des re-entry trägt.

Aus der Perspektive des binären Reflexionssystems bewegt sich das Modell des re-entry ausschließlich auf der funktionalen Ebene des Nichtunterschiedenseins (d.h. des Beobachtens als solchen). Die Sphäre des Unterschiedenseins wird nicht erreicht.

Wenn man umgekehrt die Beobachtung als messbaren Ablauf mit Anfang und Ende begreift, gelangt des Modell des re-entry nicht aus der Umgrenzung der Einheit oder des Systems heraus. Das Eine des Systems bleibt dann bei sich selbst. Die funktionale Ebene des Nichtunterschiedenseins wird nicht erreicht. Folglich ist das Reflexionsmodell des re-entry logisch nicht tragfähig. Es blockiert vielmehr den Fortgang der Wissenschaften.

Religion als Funktionssystem

Auch die Religion wird als ein gesellschaftliches Funktionssystem gesehen. Luhmann hält es für das Schwierigste, Wissen normfrei zu etablieren (Die Wissenschaft der Gesellschaft, 1992, 153). Schon die Tatsache, dass die Welt nicht gewusst werden kann, dürfte dem Wissen einen normativen Hintergrund gegeben haben. Dieser Hintergrund war zunächst die Legitimation des Wissens durch religiöse Legitimation. Diese wird dann zur Legitimation der Religion mitbenutzt. „Der kosmologische Kontext, in den dies Wissen eingeordnet wird, hält viel Wissen auch gegen Enttäuschungen fest und liefert für Enttäuschungen wissensunabhängige Erklärungen (etwa mit Vorstellungen wie Steresis, Imperfektion, Korruption, Sündenfall)".

In vorwissenschaftlichen Gesellschaften gibt es nach Luhmanns Darstellung keine scharfe Grenze zwischen dem vorhandenen und dem aktuell benutzten Wissen. Wissen muss dann künstlich verschlüsselt, sakralisiert oder als geheimes Wissen ausgewiesen werden. „Das geschieht immer dort, wo die Grenze der Lebenswelt, die Schranke zwischen bekannt und unbekannt, vertraut und unvertraut, in der Lebenswelt selbst zum Thema wird, also im Falle von Religion. Religiöses Sonderwissen, geheimes Wissen, nur Eingeweihten zugängliches Wissen hat mithin ein reflexives Verhältnis zur Lebenswelt. Es betreut die Differenz von Wissen und Nichtwissen und hantiert mit dieser Differenz in der bekannten Welt, zunächst als Wissen der Priester, dann auch als ‚Philosophie'...In der Religion kommt es zu einem semantischen Konzentrationsprozess, zum Monotheismus, der es schließlich ermöglicht, das ‚Geheimnis' auf Gott selber zu konzentrieren" (Ebenda, 161f.). Das religiöse Wissen wird dann als offenbartes Wissen über Schrift und Buchdruck dem Glauben ‚freigegeben'.

Luhmann nimmt für die Weltvorstellungen traditioneller Hochkulturen kosmologische Formen an. Solche auf das Ganze bezogenen Beschreibungen treten als Sinngebung auf, die dann fast ausnahmslos religiös verstanden wird. Die Ausdifferenzierung erfolgt durch eine Eigencodierung. Dazu dient die Unterscheidung Transzendenz/Immanenz. Die Unwahrscheinlichkeit solcher Errungenschaften lässt sich an immer wieder einsetzenden Re-Kosmologisierungen, Re-Moralisierungen, Re-Magnifizierungen der Religion ablesen (Ebenda, 210). Die Eigencodierung der Religion lässt sich als eine Art Vorgriff auf eine funktional differenzierte Gesellschaftsordnung begreifen.

Im Zusammenhang mit der Frage nach richtigen Reduktionen in der Wissenschaft bezeichnet Luhmann die Funktion der Limitationalitätsprämisse als Kontingenzformel des Wissenschaftssystems. Es geht dann um den Gottesbegriff der Religion, die Knappheitsprämisse des Wirtschaftssystems oder das Prinzip des Gemeinwohls als Limitierung der Souveränität des politischen Systems. „In all diesen Fällen geht es um die Transformation unbestimmbarer in bestimmbare Komplexität und damit um eine Funktion, die letztlich in den Funktionsbereich der Religion fällt“ (Ebenda, 397).

Luhmann geht von der Vorstellung aus, dass die Umstellung der Gesellschaft auf Funktionssysteme mit einem gesteigerten und dirigierten Reflexionsbedarf verbunden ist (Ebenda, 478f.). Auch das Religionssystem gerät in eine Art Zugzwang. Bezeichnend dafür ist z.B. die neue Schärfe, mit der seit Leibniz das Problem der Theodizee gestellt wird. Die Welt ist nicht länger ein auf Zeit zu ertragendes Jammertal. Sie ist die Wirklichkeit schlechthin. Überall werden bessere Möglichkeiten gesehen. Selbst Gott kann offenbar erst nach und nach eine befriedigende Welt schaffen. Es entsteht die Frage, wie das jetzt verfügbare Wissen mit dem traditionellen Begriff des guten und allmächtigen Gottes zu vereinbaren ist. Biblische Details wie Hölle und Teufel werden inhaltlich unglaubwürdig und als Metaphern funktionalisiert. „Zwar ist auch die Welt eine Offenbarung Gottes, aber hier bleibt er unsichtbar... Der eigentliche Glaubensinhalt ist den Texten zu entnehmen, die speziell darüber berichten. Man muss deshalb auf jede Art von naturalen Beweisen verzichten. Deshalb wird ‚Hermeneutik‘ nun belastet mit all den Anforderungen der Selbstvergewisserung des rechten Glaubens, und auch dies schließlich zirkulär: unter der Voraussetzung dessen, was man aus den Texten zu gewinnen hofft“ (Ebenda, 478).

Im Zusammenhang mit der Erörterung der Reflexion in der Wissenschaft geht Luhmann von der These aus, dass es eine autonom reflektierende Erkenntnistheorie erst seit dem 18. Jahrhundert gibt (Ebenda, 529). „Die Frage nach der Herkunft des Unterscheidens aus dem Ununterschiedenen ist für unsere Tradition die Frage nach Gott gewesen. Er geht allem Unterscheiden, selbst dem von Unterschiedensein und Nichtunterschiedensein voraus und kann daher durch uns, die wir unterscheiden müssen, nur als Paradox formuliert und in Kommunikation gegeben werden“ (Ebenda). Als Aufweis führt Luhmann den Gottesbegriff des Nikolaus von Kues an: Gott ist vor jedem Unterschied, vor dem Unterschied von Tatsächlichkeit (actus) und Möglichkeit (potentia), vor dem Unterschied des Werden-Könnens und des Machen-Könnens, vor dem Unterschied von Licht und Finsternis, auch vor dem Unterschied von Sein und Nichtsein, Etwas und Nichts, und vor dem Unterschied von Unterschiedslosigkeit (indifferentia) und Unterschiedenheit (differentia), Gleichheit und Ungleichheit. Diese Unterscheidungen werden durch das Modell der coincidentia oppositorum (d.h. Ineinanderfallen und damit Einheit der Gegensätze) bestimmt. Die göttliche Koinzidenz liegt jenseits des Gegensatzes zwischen dem Größten und Kleinsten usw.

Bemerkenswert ist Luhmanns Feststellung über die Letztbestimmtheit der Wissenschaft. Gesellschaft kann nicht in Anspruch genommen werden als letztinstanzliche Steuerung noch als Repertoire von letzten Werten, die man, ungetroffen von Kritik, zitieren und zugrundelegen könnte, weil sie als unbestreitbar gehandelt werden (Ebenda, 689f.).

Zum Einordnen, Verstehen und Beurteilen dieser Aussagen über Religion:

1. Auch im Hinblick auf Religion tastet sich Luhmann mit Hilfe von Unterscheidungen an das heran, was Religion ist. Reflektierte Unterscheidungen sind nicht Angelegenheit des gesunden Menschenverstandes, sondern der Wissenschaft. Wissenschaft ist für Luhmann analoge Systemtheorie, Abstraktion, die das kategoriale Modell Einheit nicht verlässt.
2. Maßgebend ist für die Einordnung der Religion die Unterscheidung Transzendenz/ Immanenz. Die Religion transzendiert die Alltagserfahrung der Lebenswelt. Sie berührt die Unterscheidungen bekannt/ unbekannt, Wissen/ Nichtwissen, zugängliches Wissen/ Geheimwissen, Einschließung in die Einheit des Gegensatzes/ Ausschließung aus der Einheit des Gegensatzes.
3. Wie bereits Max Weber betont hat, kann Wissenschaft nicht voraussetzungslos sein. Aristoteles bezeichnet in seiner „Metaphysik“ (1073a) den Urgrund alles Wirklichen als unbewegt. Er hält die erste ewige Bewegung im Gange und auch nur diese eine. Da alles Bewegte von etwas bewegt werden muss, so muss das erste Bewegende an sich unbewegt sein und muss auch die ewige Bewegung von einem Ewigen bewegt werden. „Das beste, ewige Wesen nennen wir Gott, so dass Gott Leben hat und ununterbrochen ewige Dauer“.(1072b). Für Aristoteles ist das Göttliche

die oberste und wichtigste Grundlage (Ebenda, 1064af.). Das Unbewegte muss auch so verstanden werden, dass es sich nicht im Ablauf der Zeit verändert und somit dem Streit über die Art der Veränderung unterliegt. Insofern gibt das Göttliche allem anderen Sicherheit. Und Sicherheit als Grundlage benötigt das Alltagswissen wie auch das wissenschaftliche Wissen.

4. Das religiöse Wissen hat einen Sondercharakter: Es ist offenbartes Wissen. Es erhält damit einen besonderen Status. Erst wenn Wissen offenbartes Wissen ist, erhält es die Zulassung und die Freigabe für den Glauben. Durch die Offenbarung erhält das religiöse Wissen eine außeralltägliche Dignität.
5. Die Weltvorstellungen der Religionen treten in der Funktion der Sinngebung auf. Folglich wird die Sinngebung dann ausnahmslos religiös verstanden. Die Ausdifferenzierung dieser Sinngebung erfolgt durch den Code Transzendenz/ Immanenz. Die Durchsetzungsfähigkeit dieser Mechanismen zeigt sich in den Rückgriffen auf religiöse Bestimmtheiten, etwa in Form moralischer Argumentation in den Wissenschaften.
6. Die Religion übt in Luhmanns Sicht Einfluss aus auf den Vorgang der richtigen Reduktionen. In der Religion ist die Reduktion auf einen bestimmten Gottesbegriff gemeint. Im Wirtschaftssystem bezieht sich eine solche Reduktion auf die Knappheitsprämisse usw. In allen Fällen der systemspezifischen Reduktion der Mannigfaltigkeit der Dinge auf Einheit geht es um die Transformation unbestimmter in bestimmte Komplexität. Dieser Vorgang, so argumentiert Luhmann, fällt letztlich in den Funktionsbereich der Religion.
7. Die klassische Frage, wie Gott als Inbegriff des Guten eine schlechte Welt zulassen kann, führt in die Frage nach besseren Möglichkeiten hinein. Die Hermeneutik wird jetzt belastet durch die Selbstvergewisserung des rechten Glaubens. Die Zirkularität besteht darin, dass sich die Hoffnungen auf die vorliegenden Texte beschränken.
8. Luhmann bringt eine wichtige wissenschaftstheoretische Problemlage in diese Argumentation ein: Die Frage nach der Herkunft des Unterscheidens aus dem Ununterschiedenen ist für die Tradition die Frage nach Gott und der Wahrheit gewesen. Der Bezug führt in die Philosophie des Cusaners. Nikolaus von Kues hat sich insbesondere um letzte Fragen des Unterscheidens bemüht. Das Maximum ist nur dann das Maximum, wenn es mit dem Minimum als Einheit zusammenfällt und so zu keinem An-

deren mehr in ein Vergleichsverhältnis gesetzt werden kann (Dazu: K.H. Volkmann-Schluck: Nicolaus Cusanus, 1957, 13). So ist es verständlich, dass Luhmann gerade diese mittelalterlichen Positionen aufgreift. Die göttliche Koinzidenz von Entgegengesetzten liegt jenseits der üblichen Unterscheidungen.

9. Wenn man die Sonde der binären Logik ansetzt, bewegen sich die Entgegensetzungen des Cusaners, z.B. Maximum/ Minimum oder Licht/ Finsternis (Dazu Luhmann, Ebenda, 1992, 529) auf der logischen Ebene der Analogizität. Das heißt: Der Zusammenfall der Entgegengesetzten, von Nicolaus von Kues als coincidentia oppositorum bezeichnet, verlässt nicht das logisch-funktionale Feld der Einheit. Der Grund: Licht und Finsternis sind analoge Varietäten einer beide bestimmenden Einheit. Diese Einheit ist der Grad des Lichteinfalls in einen Raum. Dasselbe trifft für die Unterscheidung Maximum/ Minimum zu. Beide Begriffe beziehen sich immer auf ein Etwas, auf eine Einheit, z.B. auf die Temperatur (Maximum/ Minimum-Thermometer).
10. Die coincidentia oppositorum des Cusaners verlässt also nicht die Spannweite des Gegensatzes. Und Gegensatz ist immer der größte Unterschied. Der Unterschied ist immer bezogen auf Unterschiedenes innerhalb einer vorgegebenen Einheit. Das Überspringen der Grenzen von Einheit wird erst dadurch möglich, dass der Standort der Beobachtung nicht mehr innerhalb des Ganzen und dessen Teileinheiten platziert ist, sondern gänzlich außerhalb der Differenzierungsebene der Einheit. Dieser Schritt ist erst dann vollzogen worden, wenn die Einheit zum Gegenstand der Prädikatierung gemacht wird. *Dann verlagert sich das Schwergewicht des Aussagens vorübergehend vom Reflexionsfeld Einheit weg in Richtung auf die Aussage über die Einheit.* Damit ist die Einheit nicht aus dem Blickfeld verschwunden. Sie ist nach wie vor sichtbar. Jedoch rückt nun dasjenige vorübergehend in den Vordergrund des Blickfeldes, was es über die Einheit als Objekt zu sagen gibt. So ergibt sich ein Anschluss für die Reflexion, der darin besteht, dass der Frage nach dem „Was ist es?“ nachgegangen wird. Parmenides findet aus dieser Positionierung der Reflexion heraus die Antwort für das Modell Einheit mit der Definition, dass Einheit das ist, was Anfang, Mitte und Ende hat.
11. So wird offensichtlich, warum für die binäre Parmenides-Logik die Frage nach der Definition der Einheit am Anfang der Reflexion steht und nicht am Ende wie bei Luhmann. Luhmann folgt der Tradition. Diese ordnet seit Aristoteles das Viele der Kom-

plexität in die Einheit hinein, wobei die Einheit als paradox erscheint, weil sie Ungleiches, Verschiedenes in das Gefüge des Systems hineinführen soll. Um in die Einheit hineinzupassen, muss das Viele des Unterschiedlichen kompatibel (und das heißt: analog) gemacht werden. Andernfalls fällt es aus der logischen Ebene der Einheitlichkeit heraus. Dieser Vorgang wird auch Einheitszumutung genannt. Für sich genommen ist das Unterschiedliche in seiner jeweiligen Vereinzeltheit hinsichtlich seiner logischen Gestaltung integer. Sobald es in ein System hineingefügt worden ist, muss es sich den Gesetzmäßigkeiten der Theorie des Systems unterordnen. Infolge der Existenz derartiger Mechanismen stellt das Überspringen der Grenzen der Einheit höchste Anforderungen an die Reflexion.

12. Wenn der reflexive Sprung über die Umgrenzung der Einheit vollzogen ist, stellt sich die Frage: Was gehört in das Gefüge der Einheit hinein, und was gehört nicht hinein? Das, was nicht hineingehört, kann nicht die Umwelt der Einheit sein. Denn Umwelt ist selbst Einheit. Umwelt hat Anfang und Ende und ist damit differenzierungsfähige Einheit. Mit dem Modell Umwelt werden die Grenzen der Einheit nicht übersprungen. Daher kann Umwelt nicht das „Alles andere“ im Verhältnis zur Einheit sein.

Satz vom ausgeschlossenen Dritten

Der Satz vom ausgeschlossenen Dritten steht in Platons „Parmenides". Er heißt: „...was berühren soll, muss getrennt von, aber dicht an dem zu Berührenden sein, und kein Drittes darf zwischen ihnen sein" (149a). Wenn überhaupt eine Berührung sein soll, müssen mindestens zwei Gegebenheiten vorhanden sein. Wenn zu den zwei Angrenzenden sich ein Drittes anfügt, so werden sie selbst drei sein. Die Zahl der Berührungen aber ist zwei. Mit jedem Hinzukommenden wird eine Berührung hinzukommen. Es folgt: Die Berührungen sind um eins weniger als die Menge der Zahlen (Ebenda).

Im Satz vom ausgeschlossenen Dritten geht es geht es um Verbindung und Trennung von Gegebenheiten, die in irgendeiner Form im Verbund stehen wie z.B. die Zahlen in einer Reihenfolge. Jede Zahl steht für sich und damit für Trennung. Zum anderen steht jede Zahl im Verbund mit den benachbarten Zahlen. Anders käme keine Verflechtung zustande, welche die Zahlenreihe ausmacht. Also geht Verbindung mit Trennung einher. Es gibt keine Verbindung ohne Trennung und umgekehrt. Das Modell der Verbindung enthält dasjenige der Trennung in sich selbst und umgekehrt. Verflochtenheit besteht aus Verbindung und Trennung zugleich. Das Eine ist nicht ohne sein Anderes konstruierbar.

Verbindung und Trennung stehen in einem unablöslichen Verbund. Sie machen ein System und damit eine Einheit aus. Im Verständnis der binären Logik wird alles zu Beobachtende auf zwei logische Funktionsfelder verteilt. Die Vielgestaltigkeit der Dinge wird hochgradig verdichtet. Alles, was durch Verbindung gekennzeichnet ist, wird dem abstrakten Modell Einheit zugeordnet. Und alles, was durch Trennung gekennzeichnet ist, wird der negativen Seite der Einheit zugeordnet, der Negativeinheit. Das fundamentale Begriffsmodell Einheit ohne irgendwelche Attribuierungen erfasst alles, was Anfang und Ende hat und somit unterscheidbar ist. Negativeinheit ist alles, was dem Fundamentalmodell Einheit nicht zugeschrieben werden kann, was demnach nicht unterscheidbar ist. Die linke Seite der binären Unterscheidung steht für alles, was durch Einheitlichkeit und Ähnlichkeit charakterisiert ist. Diese linke Seite steht für Analogie. Die rechte Seite steht für Verschiedenheit und Nichtunterschiedenheit schlechthin. Sie ist der Inbegriff des Getrenntseins, während die linke Seite der Inbegriff des Verbundenseins ist.

Beide Sphären dieses Zweiersystems sind völlig abstrakte Gebilde. Sie lassen sich daher nicht ohne Intuition erfassen. Die Konstruktion dieses Zweiersystems dient dem Zweck, nicht nur das Fundamentalmodell Einheit in die Logik einzubeziehen, sondern auch den Bereich, der außerhalb des Grundmodells Einheit liegt. Dabei ist die klassische Unterscheidung von Sein und Nichts nicht ohne Bedeutung. Wer nicht über das Sein hinausdenken kann, wer sich nur innerhalb des Gehäuses mit dem Namen Sein aufhält, wird vermutlich nicht in der Lage sein, die Logik auf jenen Bereich hin auszuweiten, der über das Greifbare und Messbare hinausgeht. Das heißt: Wer die Logik nur innerhalb der Einheit des Seins verortet – und das tut das Analog-System , der wird vermutlich nicht in der Lage sein, diejenige Sphäre in die logischen Konstruktionen einzubeziehen, die nicht Einheit ist. Denn seit dem durchschlagenden Erfolg der von Aristoteles verfassten Logik wird das Sein als Einheit begriffen.

Aristoteles sieht das ausgeschlossene Dritte völlig anders. Er bezeichnet einen Widerspruch als eine Gegenüberstellung, von der immer das eine Glied zutreffen muss, „ohne dass es ein Drittes gibt" (Metaphysik 1057a). Er stellt zwei Gegebenheiten derselben Gattung einander gegenüber, z.B. schwarz und weiß als Teileinheiten der Gattung Farbe. Hier geht es um konkrete Dinge, die zueinander passen müssen. Andernfalls kann man sie nicht vergleichen. Hier geht es nicht um das abstrakte Verbundsystem Verbindung überhaupt/ Trennung überhaupt. Die Anschaulichkeit der aristotelischen Logik wird z.B. über Kants einflussreiche Arbeiten bis in die Gegenwart fortgeschrieben. Daher sind Abstraktionen in der Logik schwer durchsetzbar. Erst die mit Binärziffern arbeitende digitalisierte Elektronik zeigt, dass es nicht nur das Modell der Analogie gibt, sondern auch dasjenige der Binarität.

Luhmann schließt unmittelbar an die aristotelische Position an, ohne sich dessen bewusst zu sein. Er behandelt die Thematik des ausgeschlossenen Dritten in seinem Buch „Die Wissenschaft der Gesellschaft", 1992). Ein Beispiel für binäre Codierung auf der Grundlage seiner Nomenklatur ist die Unterscheidung wahr/ unwahr (Ebenda, 194). Er formuliert: „Über binäre Codierung zwingt ein System sich zum Prozessieren von Selbstreferenz, und ein externer Beobachter, der dies nicht sieht, versteht das System nicht" (Ebenda, 195). Weiter heißt es: „Das ist nur dann ergiebig, wenn mit der Beschränkung auf zwei Werte ein Ausschließungseffekt verbunden ist. Der Wert der Binarität besteht im ausgeschlossenen Dritten" (Ebenda). Für Luhmann bringt binäre Codierung ein sequentielles Operieren und als dessen Effekt Systembildung in Gang.

Luhmanns Argumentation ist durchaus nachvollziehbar. Jedoch ist die Beschränkung auf nur zwei Werte das Ergebnis einer persönlichen Beschlussfassung und damit voluntaristisch. Die von Luhmann als binär bezeichnete Unterscheidung bewegt sich im Bezugsrahmen der Analogie. Die Unterscheidung könnte auch lauten: Wahrheit/ Halbwahrheit/ Unwahrheit.

Wenn Luhmann von binär spricht, ist das Modell dual gemeint.

Das Modell der binären Logik wird in Luhmanns Werk nicht aufgegriffen. Mit der Vorsilbe un gelangt man nicht in die Ebene der binären Logik hinein. Wahrheit ist ein differenzierbares Gebilde. Auch die Unwahrheit kann verschiedene Formen annehmen. Luhmanns duale Unterscheidung weist auf jeder der beiden Seiten eine differenzierbare Einheit aus. Auf beiden Seiten ist das Unterschiedensein und damit Einheit positioniert. Das Nichtunterschiedensein kommt grundsätzlich nicht vor. Luhmanns Verständnis von Binarität verlässt nicht die Ebene der analogen Logik und ist etwas anderes als das hier mehrfach ausführlich beschriebene Modell der Binarität.

Selbstreferenz/Fremdreferenz

Das lateinische Verb refero bedeutet: ich trage zurück, ich wiederhole, ich bringe vor, ich trage ein, ich zeichne auf. Luhmann versteht unter Referenz das, was eine Beobachtung bezeichnet (Die Wissenschaft der Gesellschaft, 1992, 76). Die Begriffe Selbstreferenz und Fremdreferenz werden in der Systemtheorie meistens in einen mehr oder weniger festen Zusammenhang gebracht. Für Luhmann ist diese Unterscheidung auf systeminterne Operationen bezogen (Ebenda, 546). Sie ersetzt nicht nur die Unterscheidung transzendental/ empirisch, sondern auch diejenige von analytisch und synthetisch (Ebenda). Der Begriff Selbstreferenz steht in Verbindung mit dem Bezugsproblem für funktionale Analysen (Ebenda, 72). Selbstreferentielle Systeme sind in der Lage, Beziehungen zu sich selbst herzustellen und diese Beziehungen gegen Beziehungen zu ihrer Umwelt zu differenzieren (Soziale Systeme, 1985, 31). Die Selbstbezogenheit des Systems wird in Verbindung gebracht mit Geschlossenheit und Autonomie. „Das System gewinnt seine Freiheit und seine Autonomie der Selbstregulierung durch Indifferenz gegenüber seiner Umwelt" (Ebenda, 250). Geschlossenheit und Offenheit des Systems sind zugleich gegeben. Der Begriff Fremdreferenz läuft in Luhmanns Analysen meistens beiläufig mit. Die Selbstreferenz steht entschieden im Vordergrund. So lautet eine Definition der Fremdreferenz: "Selbstreferenz referiert das, was die Operation Beobachtung vollzieht. Fremdreferenz referiert das, was dadurch ausgegrenzt wird" (Die Wissenschaft der Gesellschaft, 1992, 707).

Das Begriffspaar Selbstreferenz/ Fremdreferenz hat eine lange Geschichte, auf deren Kenntnis nicht verzichtet werden kann, wenn man Systemtheorie verstehen und beurteilen will. Zu den wenigen maßgeblichen Denkern im Bereich der systemspezifischen Wissenschaftstheorie gehört Hegel mit seinem umfassenden Werk „Wissenschaft der Logik" (1951 Bd.1, 104ff., Etwas und ein Anderes). Für Hegel kommt es auf den Standort des Sehens an. Aus der Sicht des A ist B ein Anderes. Aber umgekehrt ist auch A ein Anderes, nämlich aus der Sicht des B. Somit ist jedes auch ein Anderes. Der Begriff „fremd" kommt direkt bei Hegel vor: "Es erscheint das Anderssein als eine dem...bestimmten Dasein fremde Bestimmung..." (Ebenda, 105). Beide Daseiende, A und B, sind sowohl als Etwas als auch als Anderes bestimmt. Das Anderssein ist zugleich im Etwas enthalten und noch davon getrennt. Sein-für-Anderes und Ansichsein sind zwei Momente Eines und Desselben. „Jedes enthält damit an ihm zugleich auch sein von ihm verschiedenes Moment“ (Ebenda, 106). Im Etwas sind Ansichsein und Sein-für-Anderes ungetrennt. Folglich besteht eine Identität zwischen Ansichsein und Sein-für-Anderes. Der kurze Blick in Hegels Logik zeigt eindeutig: Der Bezug auf das Selbst und der Bezug auf Anderes sind zugleich verbunden dadurch, dass sie eine Identität ausmachen, und getrennt insofern, als es sich um zwei unterschiedliche Begriffe mit entsprechenden Inhalten handelt. Hegels Logik lässt eine voluntaristische Vorrangstellung eines der beiden Begriffe nicht zu.

Nun hat Hegel versucht, die aristotelische Logik zu überwinden. Seine zentrale Orientierung geht auf Parmenides zurück, der vor 2500 Jahren lebte. Im Unterschied zu Aristoteles bezieht sich Hegel eindeutig auf Platons Dialog mit dem Titel „Parmenides“. Folglich führt die Geschichte des Begriffspaares Selbstreferenz/ Fremdreferenz schließlich auf Parmenides zurück. Sie ist letztlich nur von Parmenides her zu verstehen, wenn man Wert darauf legt, das Modell der binären Logik in die Systemtheorie einzubringen und wenn man sich nicht darauf beschränken will, die übliche analoge Logik mit einem systemtheoretischen Kleid zu versehen.

Die Parmenides-Logik geht von der Voraussetzung aus, dass das Ganze nicht mehr ist als das Insgesamt seiner Teile, sondern genau den Teilen entspricht. Folglich kann das Ganze als Einheit die Teile umfassen. Aber umgekehrt können die als negative Einheit vorgestellten Teile nicht das Ganze umfassen. Das Eine der Einheit ist ein Ganzes, das seine Teile zum Inhalt hat. Jedoch können die für sich vorgestellten Teile (in Form des Geteiltseins an sich oder der Verschiedenheit an sich) nicht ein Ganzes ausmachen. Wo es nur Geteiltes gibt, da kann es kein Ganzes und keine Einheit geben. Es fehlen Maßeinheiten. Also müssen die Teile, da sie das gleiche logisch-funktionale Gewicht auf die Waage bringen wie das Ganze, einen eigenen Platz in einer Unterscheidung einnehmen, wenn man denn schon zwischen dem Ganzen und den Teilen unterscheidet. Einheit und Negativeinheit haben das gleiche logische und funktionale Gewicht. Dabei bedeutet Negativeinheit nicht eine zweite Einheit im anschaulichen und konkreten Sinne, etwa in Form der Negativseite der *konkreten* Einheit, sondern negative Einheit im kategorialen Sinne des Ansich. Negativeinheit ist negative Einheit als solche, ohne nähere Bestimmung, negative Einheit nur als Einheit vorgestellt.

Entsprechend muss auch auf der linken Seite der Unterscheidung Einheit nur als Einheit an sich selbst vorgestellt werden.

Die dann entstehende binäre Unterscheidung besteht aus Einheit an sich auf der einen Seite und aus negativer Einheit an sich auf der anderen Seite der Unterscheidung. Einheit hat Anfang und Ende, negative Einheit hat das nicht, d.h. sie besteht aus dem Unbegrenzten (z.B. öffnen, löschen, senden an usw.). Die Konstruktion einer konkreten binären Unterscheidung (z.B. eine Datei kopieren) führt über das kategoriale Modell des Ansich. Einheit als Inbegriff des Unterschiedenseins (in Anfang und Ende) ist unablösbar verbunden mit und zugleich getrennt von Negativeinheit als Inbegriff des Nichtunterschiedenseins (ohne Anfang und Ende).

Selbstreferenz ist dann gegeben, wenn Einheit sich nur auf sich selbst bezieht, ohne nähere Bestimmungen und Attribuierungen.

Fremdreferenz ist dann gegeben, wenn diese nur auf sich selbst bezogene Einheit nicht ist, d.h. wenn Einheit als ein Etwas mit Anfang und Ende nicht vorliegt, wenn also das Grundmodell Einheit überhaupt nicht vorhanden ist.

Beide Seiten dieser binären Unterscheidung gehören zugleich zusammen und sind voneinander getrennt. *Folglich kann es weder selbstreferentielle noch fremdreferentielle Systeme geben.* Das Begriffsmodell System als Version des Modells Einheit ist immer zugleich durch Selbstreferenz und Fremdreferenz bestimmt.

Sinnbegriff

Der Sinnbegriff ist kein für die Systemtheorie typischer Begriff. Er ist eher auf Personen bezogen als auf soziale Systeme. Für Luhmann stattet Sinn das aktuell vollzogene Erleben oder Handeln mit redundanten Möglichkeiten aus (Soziale Systeme, 1985, 94ff.). Sinn wird gesehen als eine Form der Wiedergabe von Komplexität. Der Sinnzwang ist allen Prozessen psychischer, aber auch sozialer Systeme auferlegt. Alle Sinnsysteme sind geprägt durch den grundlegenden Sachverhalt basaler Instabilität. So ist auch Sinn basal instabil. Nur von dieser Basis aus kann emergente Systembildung unter dem Aspekt des Sinnbegriffs behandelt werden. Die Definition: Sinn ist laufendes Aktualisieren von Möglichkeiten. Das Prozessieren von Sinn ist ein ständiges Neuformieren der sinnkonstitutiven Differenz von Aktualität und Möglichkeit. Die Instabilität des Sinnes liegt in der Unhaltbarkeit seines Aktualitätskerns. Alles Aktuelle hat nur im Horizont von Möglichkeitsanzeigen Sinn. „Sinn ist somit die Einheit von Aktualisierung und Virtualisierung, Re-Aktualisierung und Re-Virtualisierung als ein sich selbst propellierender (durch Systeme konditionierbarer) Prozess" (Ebenda, 100).

Luhmann geht von seiner Definition des Beobachtens aus: von Unterscheidung und Bezeichnung. Die semantischen Entsprechungen nennt er Differenz und Identität. Es werden also Unterschiede vollzogen. Anschließend wird identifiziert. Damit wird die Differenz von Differenz und Identität (Luhmanns Paradigma) gleichsam quer zur Differenz von Aktualität und Möglichkeit eingesetzt. Das Mögliche wird als Unterschiedlichkeit verschiedener Möglichkeiten aufgefasst. Die dann zu aktualisierende Möglichkeit wird in ihrer Identität als Dies-und-nichts-anderes bezeichnet. Auch hier gilt Luhmanns Grundmodell der Reduktion von Komplexität: Es gibt eine Reihe von Möglichkeiten. Eine bestimmte Möglichkeit wird dann in die Tat umgesetzt.

Information erhält in diesem Zusammenhang die Bedeutung von Ereignis, das Systemzustände auswählt. Ereignisse werden gesehen als Elementareinheiten von Prozessen. Wenn die Information einen Systemzustand geändert hat, ist damit ein Struktureffekt hinterlassen worden. Das System reagiert dann auf diese geänderten Strukturen. Für Luhmann müssen selbstreferentielle Systeme bei der Änderung ihrer eigenen Zustände immer selbst mitwirken. Informationen wirken einschränkend. Sie legen das System nicht fest. Wenn Sinn und Information als evolutionäre Errungenschaften verfügbar sind, kann eine eigene Sinnevolution in Gang kommen. Alles Beobachten wird als Unterscheiden gekennzeichnet. So muss die Selbstbeschreibung der Welt durch eine Leitdifferenz bestimmt werden: durch die Unterscheidung von Sinn und Welt.

Für sinnkonstituierende Systeme hat alles Sinn. Folglich gibt es für sie keine sinnfreien Gegenstände. Luhmann gibt den Subjektbegriff auf. Statt dessen geht er davon aus, dass in aller Sinnerfahrung zunächst eine Differenz vorliegt. Gemeint ist der Unterschied von aktual Gegebenem und auf Grund dieser Gegebenheiten Möglichem. Mit dieser Unterscheidung bewegt sich Luhmann im Differenzierungsgefüge der Kategorie der Modalität im Sinne Kants. Die triadische Unterscheidung lässt sich beschreiben als die Unterschiedlichkeit von Möglichkeit, Wirklichkeit und Notwendigkeit. Auf dieser kategorialen Ebene bewegt sich auch Luhmanns Modell der doppelten Kontingenz. Es geht dann um dasjenige, was unter dem Aspekt einer bestimmten Situation der Wirklichkeit auch anders möglich ist. In diese Differenz baut Luhmann seinen Sinnbegriff ein. Im Verständnis Luhmanns steht damit am Anfang eine Differenz und nicht eine Identität. Dabei wird übersehen, dass das Wirkliche und das Mögliche durch die Modalität zusammengehalten werden und somit durch Einheit bestimmt sind (und nicht durch Differenz). Somit ist das Modell „Ein Unterschied macht einen Unterschied" (Ebenda, 112) logisch nicht tragfähig. Denn die Differenz ist immer Unterschiedlichkeit innerhalb einer Einheit. Ferner ist die Modalität ihrerseits Modalität von einem Etwas und damit von einer Einheit.

Luhmann verwendet den Sinnbegriff in einem sehr weit gefassten Umfang. So bezeichnet er die von ihm häufig genannten drei Dimensionen: Sachdimension, Zeitdimension und Sozialdimension als Sinndimensionen. Seiner Auffassung nach ist die wohl wichtigste evolutionäre Errungenschaft, die das Auseinandertreten der drei genannten Sinndimensionen bewirkt, auf die Einführung der Schrift zurückzuführen. Denn durch Schrift lässt sich Kommunikation aufbewahren. So wird Kommunikation unabhängig vom Gedächtnis der Interaktionsteilnehmer und von Interaktion überhaupt.

Weiterhin erfordert selbstreferentielles Prozessieren von Sinn symbolische Generalisierungen. Der Begriff Symbol bezeichnet das Medium der Einheitsbildung, z.B. Geld, Wahrheit, Liebe. Eine Handlung ist demnach nur durch symbolisch-generalisierende Identifikation der Einheit des Zusammenhangs ihrer Komponenten möglich. Durch symbolische Generalisierungen werden dem Fließen der Erlebnisse Identitäten aufgeprägt. Luhmann formuliert: „Der Begriff der symbolischen Generalisierung des Selbstbezugs von Sinn ersetzt den Begriff des Zeichens, der bis heute die Theorietradition beherrscht (Soziale Systeme, 1985, 137). Zeichen finden auch in der Sprache Verwendung, z.B. in Gestalt von Worten. Luhmann sieht Sprache nicht nur als Mittel der Kommunikation. Ihre eigentliche Funktion liegt vielmehr in der Generalisierung von Sinn mit Hilfe von Symbolen. Diese Symbole bezeichnen nicht etwas anderes. Das, was sie leisten, sind sie selbst.

Die Verallgemeinerung von Sinn gibt die Möglichkeit, logische Probleme praktisch zu lösen. So haben auch Widersprüche Sinn. Luhmanns Darstellung entsprechend ist es nur unter Einbeziehung aller Widersprüche möglich, dass die Sinnwelt selbstreferentielle Geschlossenheit erreicht. Dabei wäre der Einwand zu berücksichtigen, dass es selbstreferentielle Systeme nur im unablöslichen Verbund mit fremdreferentiellen Systemen und Geschlossenheit nur in unabdingbarer Verbindung mit Nichtgeschlossenheit geben kann. Luhmann betont, dass der Sinnbezug für psychische wie auch für soziale Systeme gilt. Beide Systeme sind in Co-Evolution entstanden und unmitteilbar miteinander verbunden. Es ist überhaupt verfehlt, für Sinn einen Träger zu suchen. So wäre es falsch, der psychischen und damit bewusstseinsbezogenen Verankerung einen der Ontologie ähnlichen Status gegenüber der sozialen zu geben. Diese Skizzierung der Sinntheorie von Luhmanns Sicht aus soll nicht als Metaphysik gelten, wobei Metaphysik von ihm definiert wird als das Denken des Seins. Luhmann geht von der Voraussetzung aus, dass seine Theorie sinnhaft-selbstreferentieller Systeme außerhalb des Ordnungsbereiches der neuzeitlichen Subjekt-Metaphysik liegt. Seiner Auffassung nach hat jedes selbstreferentielle System nur den Umweltkontakt, den es sich selbst ermöglicht, und keine Umwelt an sich.

Luhmann positioniert seine Systemtheorie bezüglich der Behandlung der doppelten Kontingenz und des Sinnproblems im Differenzgefüge der Modalitätskategorie Kants, insbesondere in der Differenz von Wirklichkeit und Möglichkeit. Die Einheit, durch die die Realität des Daseins und die Möglichkeiten miteinander verknüpft werden, ist die Modalität, das heißt der Maßstab, die Art und Weise an sich ohne nähere Bestimmungen. Mit der Unterscheidung von Wirklichkeit und Möglichkeit auf der kategorialen Ebene des Ansich bewegt sich Luhmann bereits in der Reflexionssphäre des Ansich. Das Grundmodell der Subjektphilosophie Kants ist die Synthesis der Apprehension der Vorstellungen (Kritik der reinen Vernunft, A 97), die

Vorstellung der synthetischen Einheit des Mannigfaltigen (Ebenda, B 131). Das Fundament der analogen Systemtheorie ist das grundlegende Modell Einheit, nämlich die Einheit des Systems, das sich auf sich selbst bezieht und durch diesen Selbstbezug sich gegen diejenige Sphäre abgrenzt, die nicht System ist und die Luhmann Umwelt nennt. Sinn wird für Luhmann zur Weltform. Diese Form übergreift die Differenz von System und Umwelt (Soziale Systeme, 1985, 95). Diese Weltform, so lässt sich Luhmann verstehen, ist Einheit. Denn Einheit als andere Seite der Differenz ist unmittelbarer Bestandteil des Gesamtmodells Differenz. Keine Differenz ohne Einheit, und keine Einheit ohne Differenz. Die Differenz erhält erst durch die Einheit ihren Sinn und umgekehrt. Die Reduktion auf Einheit ist ein zentrales Anliegen der aristotelischen Metaphysik. Luhmann definiert Metaphysik als Denken des Seins (Ebenda, 143). Für Aristoteles sind das Sein und das Eine das Höchste. Damit erweist sich Sein als Einheit. Wenn es einen „Träger“ für Luhmanns Sinnmodell gibt, dann ist es die Einheit (des Systems), wer immer diese Einheit konstituiert.

Sprache

Die analoge Systemtheorie spricht der Kommunikation einen hohen Stellenwert zu. Der Grund liegt darin, dass Gesellschaft nicht auf die Grundlage des Menschseins, der Menschlichkeit, der Vernunft, des Geistes oder der Wahrnehmung bezogen wird, sondern auf das Fundament der Kommunikation. Folglich muss der Frage nachgegangen werden, ob diese einseitige Fundierung, der Bezug auf das Eine der Kommunikation, theoretisch gerechtfertigt werden kann und welche Position die Sprache innerhalb der Kommunikation einnimmt.

Sprache wird zunächst an das Begriffsmodell Sinn geknüpft. Sinn gilt als evolutionäre Errungenschaft im Verständnis der Co-Evolution sozialer und psychischer Systeme. Damit werden psychische und soziale Systeme auf eine funktionale Rangstufe gestellt. Sinn stattet das Erleben mit redundanten Möglichkeiten aus, so dass Sinn als eine Form der Verdichtung von Komplexität erscheint. Allen psychischen und sozialen Systemen ist Sinnzwang auferlegt. Sinn wird als eine differenzlose Begriffseinheit betrachtet. Die eigentliche Funktion der Sprache liegt in der Verallgemeinerung von Sinn mit Hilfe von Symbolen. Die systemtheoretische Intention des Analogie-Modells sieht die Funktion der Sprache nicht darin, dass etwas anderes bezeichnet wird. Diese Auslegung wird der Bedeutung des Selbst und damit der Selbstreproduktion nicht hinreichend gerecht. Sprache markiert daher nicht etwas anderes. Der Begriff des Zeichens wird ersetzt durch die symbolische Generalisierung des Selbstbezuges. Diese Feststellung, so wäre hier gegen die Linienführung des Analog-Modells einzuwenden, wird allerdings nicht der unabdingbaren Zusammengehörigkeit von Selbstbezug und Bezug auf Anderes gerecht. Die Bevorzugung der Selbstreferenz gegenüber der Fremdreferenz bringt die Logik der analogen Systemtheorie in eine funktionale Schieflage.

Sprache wird nicht nur durch das abstrakte Modell des Sinns bestimmt, sondern vor allem durch die Platzierung im Gebäude der Kommunikationstheorie. Sprache wird nicht als geeignetes Mittel angesehen, Kommunikation zu definieren. Statt dessen zieht die analoge Theorie sozialer Systeme das Differenzschema von Information und Mitteilung in der von Luhmann entwickelten Form vor. Das heißt: Nicht alles, was Information ausmacht, muss auch mitgeteilt werden. Komplexität wird durch Selektion reduziert. Sprachliche Kommunikation muss hinsichtlich der sozialen Konvenienz verstärkt kontrolliert werden. Das kann auch durch Schweigen geschehen. Sprache ermöglicht die Ausdifferenzierung von Kommunikationsprozessen aus einem komplexen Wahrnehmungszusammenhang. Sprache sichert die Reflexivität des Kommunikationsprozesses ab. Reflexive Kommunikation ist auf die laufende Konfirmierung der Kommunikation gerichtet. Gemeint ist die Kommunikation über Kommunikation (Metakommunikation).

Durch die Sprache ist es ermöglicht worden, dass sich die Verbreitungsmedien in Form von Schrift, Druck und Funk entwickeln. Damit verbindet sich eine enorme Ausweitung der Möglichkeiten der Kommunikation. Die Sprache hat sich als wichtiges Mittel erwiesen, um eine Art Überzeugungstechnik zu konstruieren, etwa in Form der Eloquenz als Ziel der Erziehung, der Rhetorik als Form der Kunstlehre, der Disputation als Konflikt- und Durchsetzungskunst. Die Erfindung des Buchdrucks hat diese Bemühungen verstärkt. Psychische und soziale Systeme entwickeln sich zwar im Verbund. Sie lassen sich aber trotzdem nicht gegenseitig aufeinander zurückführen. Psychische Systeme verwenden das Medium des Bewusstseins, soziale Systeme dasjenige der Kommunikation. So geht das Bewusstsein nicht in Kommunikation auf. Umgekehrt geht keine Kommunikation in Bewusstsein auf. Folglich sind psychische Prozesse keine sprachlichen Prozesse.

Sprache erweist sich somit als wichtiges Mittel zur Ausgestaltung gesellschaftlicher Strukturen. Luhmann bemerkt, dass Sprache eine hohe Unabhängigkeit des Bewusstseins von bestimmten sozialen Konditionierungen ermöglicht, indem sie von Teilnahme an Kommunikationssystemen abhängig macht (Die Wissenschaft der Gesellschaft, 1992, 47). Das Kommunikationssystem verdankt der Sprache eine hohe Unterscheidungsfähigkeit bei gezielter Anschlussfähigkeit. Sprache ermöglicht so den Komplexitätsaufbau im Kommunikationssystem. Sprache stellt sicher, dass die Kommunikation das Bewusstsein hinreichend fasziniert. Luhmann sieht Sprache als „Nichtsystem" (Ebenda, 51).

So anregend Luhmanns Analysen auch sein mögen: Sie fordern immer wieder zur Konstruktion von Gegenpositionen auf, wenn man im Hintergrund das binäre Modell der Logik als Maßstab anlegt. Zunächst ist zu bemerken, dass Luhmann die linke Seite der binären Unterscheidung, in der hier es um die bekannte Differenzierung der Einheit mit der Bezeichnung Sprache geht, mit wertvollen Diskussionsbeiträgen bereichert. Wenn es dagegen um die logischen Zuordnungen zum Grundmodell Einheit hin geht, versagen die Mittel des

Analog-Modells, aus dem Luhmann nicht herausgelangt ist. In der Sprachregelung Max Webers wäre auf Luhmanns Argumentationsebene die Konstruktion der Autopoiesis des Kommunikationssystems das zentrale Anliegen und somit der bestimmende Zweck. Die Sprache und das Bewusstsein wären dann wichtige Mittel, um diesen Zweck zu erreichen. Luhmanns Arbeit an der Verschiebung des funktionalen Zentrums von der Psychologie und der Sprachwissenschaft her in Richtung auf die Soziologie ist dann eine Provokation für die Nachbarwissenschaften. Zugleich ist Luhmanns Gewichtung der Dinge eine Provokation für die respektable Philosophie in der Form der aristotelischen Metaphysik, auf der Luhmann mit seinem Rekurs auf Einheit und damit System aufbaut, ohne sich dessen bewusst zu sein. Für Aristoteles wäre das Modell der Autopoiesis eine logische Fehlkonstruktion. Das Modell Umwelt gibt es in der aristotelischen Aufzählung der Kategorien nicht. Aristoteles formuliert den bedenkenswerten Satz: „Das Gegebene kann sich ja doch nicht selbst zur Wandlung veranlassen" (Metaphysik 984a). Im Zusammenhang mit der Erörterung der Ideenlehre Platons formuliert Aristoteles: „...aber trotz der Ideen entsteht solange noch nichts, was an ihnen Anteil hat, bis etwas kommt, was die Bewegung einleitet" (Metaphysik 991b). Abgesehen von dieser klassischen Information aus der Metaphysik kann sich jeder vorstellen, dass von selbst nichts kommt, weder Bildung noch Wohlstand noch die Selbstbewegung des Systems im Sinne Luhmanns. Jede Automatik muss mit großem Aufwand und Geschick konstruiert und in Gang gehalten werden, wenn sie funktionieren soll. Das gilt für die Technik ebenso wie für die Systemtheorie. Immer muss es etwas geben, was die Selbstbewegung des Systems einleitet und in Gang hält.

Die historisch langfristige Unterbewertung der Kommunikation und damit der Berücksichtigung sozialer Komponenten in der Evolution der Wissenschaftslehre und in den empirischen Wissenschaften ist kein hinreichender Grund dafür, dass die Kommunikation nun die substantielle Priorität erhält, für die dann alles andere als Zubringer eingesetzt wird. Auch die Kommunikation lässt sich als Mittel zu einem Zweck sehen, z.B. als Mittel zur besseren Durchsetzung der eigenen Interessen in einem sozialen Kontext. Gesellschaft ist nicht allein auf das Eine der Kommunikation reduzierbar. Das ist schon aus logischen Bedingungen heraus nicht möglich. Denn das Eine ist eine Konstruktion, die zugleich das Eine (somit sich selbst) und das Viele der Verschiedenheit in sich enthält, ohne dass das Konstrukt Einheit aus der Hand gegeben wird.

Die hier aufgeführten Einschränkungen wären zu berücksichtigen, wenn man sich einen Überblick über Luhmanns Ausführungen über Sprache in seinem Spätwerk „Die Gesellschaft der Gesellschaft" (1997, 205ff.) verschafft: Die Evolution der Gesellschaft folgt den Problemen der Autopoiesis von Kommunikation. Die Autopoiesis eines Kommunikationssystems ist ohne Sprache unmöglich. Im vorsprachlichen Bereich findet man das Wahrnehmen des Wahrnehmens vornehmlich im Verhältnis der Geschlechter zueinander. In der Evolution der Sprache hat vermutlich die Verwendung von Gesten und Lauten eine Rolle gespielt. Zeichen sind Formen als markierte Unterscheidungen. Sie dienen der Repräsentation der Außenwelt im Innern des Systems. Zeichen dienen der Wiederholbarkeit, also der Redundanz. Die Evolution einer stereotypisierten Zeichenverwendung ist nur eine Vorbedingung der Entwicklung der Sprache. Sprache ermöglicht zusätzlich zu strukturellen Kopplungen operative Kopplungen. Mit der rekursiven Festigung der Kopplungen bildet sich ein eigenes autopoietisches System sprachlicher Kommunikation. In der Sprache wird unterschieden zwischen Laut und Sinn. Sprachliche Kommunikation ist ein Prozessieren von Sinn im Medium der Lautbarkeit. Die Differenz von Laut und Form muss durch die Differenzierung von Worten und Sätzen unterspezifiziert sein. Sprache kann ausdrücken, was noch nie gesagt worden ist. Sie dient dem ständigen Freimachen von Kapazität für neue Kommunikationen. Insofern erleichtert sie das Vergessen.

Ein soziales Gedächtnis muss sich außerhalb von psychischen Gedächtnisleistungen bilden. Sprache funktioniert nur, wenn durchschaut wird, dass die Worte nicht Gegenstände und der Sachverhalt sind, sondern sie nur bezeichnen. So entsteht eine emergente Differenz von realer und semiotischer Realität. Das transzendentale Subjekt wird durch Sprache, das heißt durch Gesellschaft ersetzt. Im Eigenverhalten des Kommunikationssystems Gesellschaft werden Bedeutungen stabilisiert. Der von Luhmann so genannte Binärcode der Sprache bedeutet: Die Sprache strukturiert die Autopoiesis der Kommunikation. Die Sprache stellt für alles, was gesagt wird, eine positive und eine negative Fassung zur Verfügung. Die Codierung muss negationsfeste Identitäten voraussetzen können. Die Codierung der Sprache läuft auf eine Verdoppelung der Aussagemöglichkeiten hinaus. Codierung läuft auch hinaus auf eine Negation der Negation. Zugleich wird die Zirkularität unterbrochen. Sie macht das System empfindlich für Zufälle, ob ja oder nein angebracht ist. Das Kreuzen der Grenze erfordert für das System Zeit. Die Sprachcodierung ist die Muse der Gesellschaft. Die Codierung hat den Vorteil, dass Mitgeteiltes bezweifelt werden kann. Jedes ausgesprochene Wort erzeugt Gegensinn. Immer läuft die Codierung an thematischen Identitäten entlang. Kommunikation ist codiert. Sie versucht deshalb zu steuern, in welchen Hinsichten sie Annahme oder Ablehnung, Überraschung und Widerstand zu gegenwärtigen hat. Die sprachliche Codierung hat ihre Einheit in der Ja/ Nein- Codierung. In komplexen Gesellschaften evoluieren nicht Konsenspflichten, sondern symbolische generalisierte Kommunikationsmedien.

Die von Luhmann genannten strukturellen und operativen Kopplungen verbinden und trennen die Systeme, im vorliegenden Fall das Kommunikationssystem und das Wahrnehmungssystem. Auf den ersten Blick sind derartige Formen der Verbindung und Trennung evident. Bei näherer Prüfung erweist sich diese Art von Systemlogik als unzureichend. Der Grund: Die gesamte Argumentation bewegt sich innerhalb der Einheit, ob man diese Einheit nun vorübergehend zur so genannten Umwelt hin öffnet oder nicht. Das Analog-Modell, das nur über Einheiten und deren Teileinheiten verfügt, wie z.B. Kants Kategorientafel beweist, erfährt keine Öffnung nach außen über das Grundmodell Einheit hinaus. Das Außen des Analog-Modells kann nur die Vervielfachung des Einen der Einheit sein. Das gilt auch für die logische Figur der Umwelt.

Einheit repräsentiert Unterschiedensein in Anfang, Mitte und Ende, wie das Beispiel einer Wohneinheit zeigt. Es kann nicht alles bereits unterschieden sein. Wäre das der Fall, so könnte es keine einzige neue Unterscheidung geben. Folglich gehört unabdingbar zum Unterscheiden das Nichtunterschiedene. Keinen Anfang und kein Ende findet man z.B. in den folgenden begrifflichen Konstruktionen: die Kommunikation als System (=Einheit) sehen, sie in ihrer Entwicklung beobachten, sie in Zusammenhänge einordnen, über Zwecke und Mittel der Kommunikation reflektieren usw. Die Infinitive stehen für dasjenige, was keine Grenzen hat und damit keinen Unterschied ausmacht.

Zum Umgrenzten und Umschlossenen gehört unablöslich das nicht Eingegrenzte. Diesem funktionalen Erfordernis trägt die analoge Systemtheorie nicht Rechnung. Sie ermächtigt sich selbst, Aussagen zu treffen über denjenigen logisch-funktionalen Bereich, der außerhalb ihrer Möglichkeiten liegt: über diejenige Sphäre, die gar nicht Einheit im Sinne analoger Systeme ist. Diese Sphäre lässt sich nur über Abstraktionen und den Eintritt in die kategoriale Ebene erreichen, in der es nur Einheit als solche ohne nähere Bestimmungen und Besonderheiten gibt.

Das Modell der binären Unterscheidung enthält links differenzierungsfähige Einheit. Es enthält rechts das, was nicht Einheit ist, was also keinen Anfang und kein Ende hat. Beide Seiten gehören unablösbar zusammen. Zugleich sind sie voneinander getrennt schon deswegen, weil sie unterschiedlich bezeichnet werden. Die Zusammengehörigkeit bestimmt trotz der genannten Trennung die Figur. Der Grund liegt darin, dass der Ausgangspunkt des Vollzuges des binären Unterscheidens die Einheit als Ganzes ist. Ein Ganzes ist nur vorstellbar als das Ganze seiner Teile und umgekehrt. Daher führt die Rekursion der Reflexion immer zum Ausgangspunkt zurück und bezieht ihn in sich selbst ein. Folglich bestimmt die Einheit in ihrer analogen und binären Unterscheidungsform die Struktur der binären Unterscheidung. Diese Argumentation lässt nicht die Herauslösung und Absolutsetzung der linken Seite zu. Das binäre Modell ist das vollständigere und bestimmende, wenn man sich in der systemtheoretischen Diskussion nicht auf den Verbleib im Gehäuse der Einheit beschränken will. Damit verliert das Modell der Kopplung seinen Stellenwert.

Struktur

Struktur ist vom lateinischen Wort struere=aufbauen, schichten abgeleitet. Vom Wortsinn her meint Struktur die Differenzierung einer Einheit in dem Sinne, dass dieses Gefüge geschichtet ist und damit eine spezifische Ordnung aufweist. Der Strukturbegriff fügt sich bruchlos in das Analog-Modell ein: Die Teile des Ganzen der Einheit machen ein schichtspezifisches Ordnungsgefüge aus, so dass sich eine bestimmte Modellierung abzeichnet. So ist im Verständnis Luhmanns die Beobachtung ein strukturiertes System, das sich selbst aus seiner Umwelt ausdifferenziert (Die Wissenschaft der Gesellschaft, 1992, 79ff.). Das Beobachten erfordert eine bestimmte Struktur. Es verwendet eine Unterscheidung, um etwas durch sie Unterschiedenes zu bezeichnen. Die Unterscheidung selbst ist die Markierung einer Grenze. Es entstehen zwei Seiten mit der Folge, dass man nur durch Grenzüberschreitung von der einen Seite zur anderen gelangen kann. Die Form der Unterscheidung erweist sich als Einheit einer binnenregulierten Zweiheit. Das Überschreiten der Grenze (crossing) erfordert Zeit. Es erfolgt nach dem Modell: erst links, dann rechts. Dies gilt auch für die Unterscheidung von Selbstreferenz und Fremdreferenz.

Die Operation des Überschreitens orientiert sich an der Differenz von vorher und nachher, obwohl beide Seiten der Unterscheidung gleichzeitig gegeben sind. Die Unterscheidung aktualisiert gleichzeitig Gleichzeitigkeit und Ungleichzeitigkeit. Das Unterscheiden erfordert mehr Möglichkeiten als nur diejenige, die dann zur Bezeichnung wird. So liegt hier ein Möglichkeitsüberschuss vor. Luhmanns klassisches Modell „Reduktion von Komplexität“ kommt auch hier zum Zuge.

Die Struktur wird auch in den Dienst an der Autopoiesis gestellt. In Anwendung auf das Wissen muss der Strukturbegriff neu gefasst werden (Ebenda, 128ff.). Strukturen haben eine eigene Aktualität nur in dem Moment, in dem sie benutzt werden. Sie dienen der Autopoiesis dazu, „sich von Ereignis zu Ereignis zu schwingen“ (Ebenda, 130). Operativ bezieht sich Struktur nur auf das, was in der jeweiligen Operation benutzt wird, um eine weitere Operation anzuschließen. Damit wird jegliche Zeitbeständigkeit des Wissens an die Leistung eines Beobachters gebunden.

Der systemtheoretisch gemeinte Begriff Struktur nimmt einen wichtigen Platz im Begriff des strukturdeterminierten Systems ein

(Ebenda, 278ff.). Ausgangspunkt ist die These, dass rekursive Systeme strukturdeterminiert operieren. Das heißt: Die Veränderung des Systems von Zustand zu Zustand ergibt Strukturen, „die bestimmen, welcher Zustand erreicht werden kann, ohne dass das System sich auflöst. Der Begriff >determiniert< besagt also nicht, dass alle Ursachen für Veränderungen durch das System selbst ausgewählt und bestimmt werden können; er besagt nur, dass die *Abfolge* der Benutzung und Veränderung von Strukturen auf eben diese Strukturen angewiesen ist...Die Serie der Transformationen kann daher mit Maturana auch als >structural drift< beschrieben werden" (Ebenda, 279).

Das Modell des strukturdeterminierten Systems besagt nichts über Kausalzurechnungen. Für Luhmann ist wissenschaftliche Erklärung nicht als Kausalzurechnung konzipiert, sondern als Beschreibung der Transformationsdynamik strukturell bestimmter Systeme. Damit wird deutlich, dass kein Vorurteil zugunsten endogener gegenüber exogenen Ursachen eingebaut ist. In früheren rechtssoziologischen Arbeiten hat Luhmann auf die Bedeutung der Erwartungserwartung hingewiesen. Erwartungen dienen von Moment zu Moment als Struktur des Systems (Ebenda, 285). Soziale Strukturen sind Erwartungsstrukturen. Erwartungen gelten als die Zeitform, in der Strukturen gebildet werden. Das System setzt seine eigenen Operationen mit Hilfe seiner eigenen Operationen fort (Ebenda, 304). Luhmann formuliert: „Das System ist operational geschlossen und operiert strukturdeterminiert, aber auf der Ebene seiner Strukturen keineswegs unabhängig von der Umwelt" (Ebenda, 305).

Der Strukturbegriff findet im systemtheoretischen Kontext auch Verwendung in Verbindung mit der Unterscheidung Medium/ Form. Die Einheit des Systems wird nicht durch relative strukturelle Stabilität bestimmt, sondern durch die Spezifik, in der ein Medium Formbildungen ermöglicht. So formt ein Satzgefüge eine Reihe von Wörtern zur Einheit der Form. Das Modell ist die strukturelle Kopplung. Allgemein werden Strukturen als notwendige Komplexitätsreduktionen gesehen. Strukturbildung erfordert Selektionsprozesse.

Systemtheoretische Reflexion stützt sich nicht primär auf den Begriff der Struktur. Zwar arbeitet Luhmann vorübergehend mit der begrifflichen Kombination von Funktion und Struktur. Vorrang hat immer der Systembegriff als Zentrum des theoretischen Modells. Die Abgrenzung gegenüber der Struktur wird offensichtlich in der Behandlung der Thematik „Struktur und Zeit" (Soziale Systeme, 1985, 377ff.). So gilt eine strukturalistische Theorieoption für das Modell einer Theorie selbstreferentieller Systeme als nicht annehmbar. Die

Strukturalisten befassen sich mit Texten, Reden, Diskursen, Theorien. Nach Luhmanns Ansicht wird die Realitätsfrage nahezu vergessen. Strukturalismus wird als epistemologische Ontologie gesehen: Wenn die strukturalistische Analyse überhaupt Ordnung entdeckt und auf gut konturierte Sachverhalte stößt, wird das als ein Symptom dafür angesehen, dass man es mit Wirklichkeit zu tun hat. Aus der Sicht der Systemtheorie gibt der Strukturbegriff keine ausreichende Führung. Die Theorie selbstreferentieller Systeme dagegen beginnt mit der Beobachtung ihrer Gegenstände. Sie begreift Strukturen von den Modellen der Autopoiesis und der Selbstreproduktion her. Sie übt Beschränkung auf die Strukturen des Systems selbst. Die Leistung der Struktur wird darin gesehen, dass unstrukturierte in strukturierte Komplexität überführt wird. Unstrukturierte Komplexität würde jederzeit ins Unzusammenhängende zerfallen. Die Strukturbildung benutzt diesen Zerfall, um daraus Ordnung aufzubauen.

Nur durch einschränkende Strukturierung gewinnt ein System so viel „innere Führung“, dass Selbstreproduktion ermöglicht wird. Strukturbildung als Einschränkung der Relationierungsmöglichkeiten hebt Entropie auf. Das heißt: Sie hebt die Gleichwahrscheinlichkeit jedes Zusammenhangs einzelner Elemente auf. Strukturbildung heißt: Man kann von einer Beobachtung auf andere schließen. Für Luhmann müssen soziale Systeme Strukturen bilden, die in der Lage sind, die Handlungsereignisse zu verknüpfen. Die Funktion der Struktur wird darin gesehen, dass die autopoietische Reproduktion trotz Unvorhersehbarkeit ermöglicht wird. Ohne Abweichung gäbe es keine Strukturbildung. Ohne Überraschung gäbe es keine Strukturbildung. Der Strukturbegriff bezeichnet im Kontext der analogen Systemtheorie eine Bedingung der Möglichkeit basaler Selbstreferenz und selbstreferentieller Reproduktion des Systems. Struktur ist weder Summe noch Häufung von Elementen. Temporalisierte Elemente haben immer ein Moment der Überraschung in sich.

Strukturbildung wird für Luhmann gleichsam bezahlt mit der Notwendigkeit, sich auf die Unterscheidung Sicheres/ Unsicheres einzulassen. Erwartungen haben einen Sicherheitswert, der eine systemeigene Leistung ist. Wenn Erwartungen Strukturlast tragen, sind sie mehr oder weniger enttäuschungsanfällig. Einrichtungen der Enttäuschungsabwicklung schützen die Struktur. Als letztes Sicherungsmittel der Struktur gilt allgemein Latenz der Struktur im Sinne fehlender Bewusstheit. Die Umwelt bleibt Anreger für Strukturänderungen. Alle Strukturänderung ist Selbständerung. Morphogenese ist immer auch Strukturänderung. Sie baut ein vorhandenes System um. Strukturierung ist unter nicht rein zufallsbestimmten Bedingungen ein Prozess. Und Prozesse haben Strukturen. Sie unterscheiden sich durch ihr Verhältnis zur Zeit.

Der Rückblick auf Luhmanns Begriff der Struktur führt zu der Frage: Warum löst Luhmann die Orientierung an Funktionen und Strukturen durch das Modell des Systems ab? Tragfähig ist die Formulierung „die Struktur des Systems“. Die Umkehrung der Begriffe „das System der Struktur“ ist weder gebräuchlich noch sinnvoll. Das zugrunde Liegende ist in diesem Kontext das System und nicht die Struktur. Strukturelles, d.h. den Aufbau Betreffendes, kann zum System akzidentell hinzukommen und als nähere Bestimmung der Einheit des Systems fungieren.

Ergebnis: System ist mehr Grundlage als Struktur. Das System ist mehr letzter Reduktionspunkt der wissenschaftlichen Beschreibung als die Struktur.

Aus der Sicht dieser klassischen Linienführung der Logik ist es durchaus sinnvoll und folgerichtig, dem Systembegriff den Vorzug zu geben, wenn konkurrierend der Strukturbegriff zur Diskussion steht. Systemtheorie ist eine bestimmte Form von Einheitstheorie. Dem Terminus Systemtheorie ist deswegen der Vorzug zu geben, weil das Wort Einheitstheorie die Vereinheitlichung des Reflektierens suggeriert und nach Absage an Individualität und personaler Identität klingt. Diese Argumentation ändert nichts daran, dass das Fundamentalmodell der Systemtheorie die Einheit ist, zumal sich das Wort Einheit nicht nur für die analoge, sondern ebenso für die binäre Orientierung der Wissenschaftstheorie eignet. Das Begriffsmodell Einheit meint zunächst ein (konkretes) Dieses z.B. bezüglich der (von Aristoteles und Leibniz gemeinten) Substanz. Auf der nächsten Abstraktionsebene ist Einheit eine Kategorie in der Bedeutung eines Grundbegriffs der Logik. Ein Beispiel wäre Hegels Begriff der Identität als Inbegriff der Unterschiedenheit im Unterschied zur Nichtunterschiedenheit. Die nächste Steigerungsstufe der Abstraktion wäre die linke Seite der binären Unterscheidung: Einheit als Inbegriff der Messbarkeit und Unterscheidbarkeit als Entgegengesetztes der Nichtmessbarkeit und Nichtunterscheidbarkeit. Die binäre Unterscheidung lässt sich nur mit dem Terminus Einheit oder z.B. mit dem Synonym System besetzen. Damit erweist sich das begriffliche Modell Einheit oder System als hochgradig abstraktionsfähig. Insofern ist es ein geeigneter Ausgangspunkt für eine komplexe Theoriekonstruktion.

System ist nicht das Ergebnis technisch fortgeschrittener Industriegesellschaften. Daher kann man nicht dort von System sprechen, wo die Rationalisierung der gesellschaftlichen Institutionen besondere Fortschritte gemacht hat, z.B. in der hochmodernen Technik oder im modernen Finanzwesen. System gibt es dort, wo Einheit gegeben ist. Einheit ist eindeutig definierbar:

Einheit und damit System ist überall dort gegeben, wo diese Gegebenheit Anfang und Ende hat und folglich differenzierbar ist.

Das Ganze der Einheit hat dann Anfang und Ende als analoge Teile. Die Teile sind die Besonderheiten und Eigenheiten der Einheit. Zu diesen Besonderheiten des als Einheit vorgestellten Systems gehört die Struktur als spezifische Form der Differenzierung im Sinne der Anordnung der Teile oder Elemente. Dazu gehört die Funktion des Systems als der Beitrag des Systems zu einem übergeordneten Ganzen. Wenn ein System zur festen Einrichtung geworden ist, kann man von Institution sprechen. In diesem Fall liegt eine Institutionalisierung des Systems vor. Insofern ist Institution eine akzidentelle Besonderheit des Systems.

System/Umwelt

Die analoge Systemtheorie arbeitet mit Unterscheidungen. So ist es konsequent, dass bereits das Leitschema aus einer Differenz besteht: System/ Umwelt. Mit der Dominanz des Differenzmodells soll betont werden, dass dem als ontologisch eingeordneten Einheitsdenken eine Absage erteilt wird und man sich von dieser Tradition abgelöst hat. Für Luhmann sind Ontologie und Metaphysik vorwissenschaftliche Orientierungsebenen. Bei genauerem Hinsehen erweist sich die moderne analoge Systemtheorie jedoch als klare Fortschreibung der antiken Metaphysik, so dass diese eine Rezeption und Verstärkung erlebt.

Die Unterscheidung System/ Umwelt ist mit ihren zwei Gliedern ein duales (und nicht etwa ein binäres) Modell. In dieser logischen Figur erlebt die klassische Unterscheidung Substanz/ Akzidens eine Erneuerung. Substanz steht für das Beständige, Durchhaltende, und Akzidens steht für das Dazukommende. Die Substanz als Inbegriff von Einheit trägt als Fundament diese Figur. Die Akzidentien sind die Teileinheiten. Die Figur Substanz/ Akzidens ist ein Ausdruck der aristotelischen Unterscheidung zwischen Einheit und Vielheit: „Alle Dinge sind jedoch eines oder vieles, ein jedes eins davon" (Metaphysik, 1001b). Für Aristoteles ist alles entweder selber Gegensatz, oder es entsteht aus Gegensätzen. Ursprung aller Gegensätze sind Einheit und Vielheit (Ebenda, 1005a). Alle Gegensätze lassen sich auf Einheit und Vielheit zurückführen (Ebenda, 1004b). Die soeben genannte Einschränkung „ein jedes eins davon" bringt das Entweder/ Oder dieses Unterscheidungsmodells zum Ausdruck.

Genau diese Antithetik des Entweder/ Oder findet sich bei Luhmann z.B. in seinem umfassenden Spätwerk „Die Gesellschaft der Gesellschaft" (1997, 29f.): „Wenn man von der Unterscheidung System/ Umwelt ausgeht, muss man den Menschen als lebendes und bewusst erlebendes Wesen entweder dem System oder der Umwelt zuordnen...Es bleibt nur die Möglichkeit, den Menschen voll und ganz, mit Leib und Seele, als Teil der Umwelt des Gesellschaftssystems anzusehen". Das System ist für Luhmann zuerst das soziale System (und nicht das personale System, das er auch als System ansieht). Wenn das soziale System als substantielle Einheit gesetzt wird, dann muss der Mensch als Lebewesen dem sozialen System untergeordnet und damit eingeordnet werden, weil das Modell Substanz/ Akzidens es vorschreibt.

Das klassische Analog-Modell Substanz/ Akzidens signalisiert die Unterscheidung Überordnung/ Unterordnung. Immer hat das Eine den logischen Vorrang, so auch im Satz vom Widerspruch. Alles muss auf Einheit zurückgeführt werden. Das Viele, die Vielheit, erhält nicht dieselbe logisch-funktionale Dignität wie das Eine. So ist denn auch das Viele nicht mehr als eine Vervielfachung des Einen. Diese Logik bleibt immer auf dem Feld des Einen. Die geschichtliche Dominanz des Analog-Modells schlägt durch bis in die neueren Phasen der gegenwärtigen systemtheoretischen Diskussion. Alles, was nicht Einheit oder System ist, muss letztlich dem System eingeordnet werden.

Die Leitunterscheidung System/ Umwelt trägt einen Widerspruch in sich. Es wird ein logisch-funktionales Komplexitätsgefälle vom System aus zur Umwelt hin gesehen, wie das durch die Struktur des Analog-Systems vorgezeichnet ist. Einerseits wird das System in seiner Dominanz gegenüber seiner Umwelt gesehen: Man muss sich die Umwelt dann als eine Verlängerung der Handlungssequenzen des Systems nach außen vorstellen (Soziale Systeme, 1985, 248ff.). Die Einheit der Umwelt wird durch das System konstituiert. Die Umwelt ist nur ein Negativ-Korrelat des Systems. Auf der anderen Seite wird umgekehrt die Umwelt in ihrer Dominanz gegenüber dem System gesehen: Die Umwelt ist Voraussetzung für die Identität des Systems (Ebenda, 243). Jedes System nimmt nur sich aus seiner Umwelt aus. *Die Umwelt ist immer sehr viel komplexer als das System selbst* (Ebenda, 249). Die Umwelt ist vom System aus gesehen alles andere (Ebenda). Jedes System hat sich gegen die überwältigende Komplexität seiner Umwelt zu behaupten (Ebenda, 250).

Wie ist dieser Widerspruch zu erklären? Das Analog-Modell kennt nur Einheiten: das Ganze der Einheit des Systems und die nicht begrenzte Zahl der Teileinheiten (Elemente, Umwelt, Mitwelt, Unterwelt usw.). Das System nimmt den Funktionsplatz des Ganzen ein. Dieser Platz kann nur einmal vergeben werden. Denn die Teile für sich genommen machen kein Ganzes aus. Das Ganze des Systems kann die Teile umfassen. Aber die Teile insgesamt können nicht das Ganze des Systems umfassen. Wenn man versucht, sich die Teile insgesamt als Ganzes vorzustellen, scheitert dieser Versuch daran, dass das Ganze der Teile nicht das Ganze der Einheit umfassen kann. Auf abstrakter Ebene kann ein Ganzes eben nicht ein Ganzes und damit sich selbst umfassen. Also können die Teile kein Ganzes ausmachen. Im Analog-Modell bleiben die Teile das, was sie sind: Teile. Die Folge: Die Teile als Elemente sind das, was sie sind, durch das System und für das System. Das ist Luhmanns Modell der Autopoiesis. Diese Logik muss von der Dominanz des Systems gegenüber seiner Umwelt ausgehen.

Auf der anderen Seite ist in der allgemein üblichen Vorstellung die Umwelt immer ein sehr komplexes und umgreifendes Gebilde, das sich nicht klar überschauen lässt. Die Umwelt (eines bestimmten Systems) wird dann als alles andere gesehen. Genau genommen ist das die gesamte übrige Welt, also alles, was es gibt. Und das ist sehr viel mehr als ein einziges System. Also ist die Umwelt des Systems ein mächtiges Gebilde, gegen das ein System sich ständig wehren muss. Ein einziges System kann sich da nur aus seiner Umwelt ausnehmen. *Denn diese Umwelt ist das Insgesamt der Systeme, weil das Analog-Modell nur Systeme (als Versionen des Grundmodells Einheit) zur Verfügung hat.*

Im Ergebnis erzeugt das Analog-System selbst die Widersprüche. Wenn man das System für sich genommen vorstellt, ist es ein abgerundetes Ganzes mit Anfang und Ende. Und wenn man sich die Umwelt für sich genommen vorstellt, ergibt sich ein Bild mit einer riesigen Fülle an Einzelheiten. Also ist die Umwelt für sich genommen ein sehr komplexes Gebilde, aus dem sich ein einziges System ausnehmen muss, wenn es zur Identität kommen will. Das Analog-Modell gibt die Getrenntheit von System und Umwelt her, auch wenn beides gekoppelt in Verbindung steht. Dennoch ist jede Seite der Unterscheidung eine monadologische Einheit für sich: ohne Türen und Fenster. Die Verflochtenheit wird in Luhmanns Konstruktion durch Kopplungen besorgt. Wie in der aristotelischen Metaphysik stehen Einheit und Vielheit trotz der Verbindung jeweils für sich. Diese Getrenntheit der beiden Seiten der analogen Unterscheidung kommt sehr klar in Luhmanns Paradigma zum Ausdruck, in der Differenz von Identität und Differenz.

Das System/ Umwelt-Modell der analogen Systemtheorie ist ein Widerspruch in sich.

Entweder ist Umwelt Einheit (und damit System). Oder Umwelt ist nicht System. Es gibt kein Drittes. Wenn die Umwelt System ist, dann hat die Umwelt eine Umwelt. Der Grund: Jedes System hat seine eigene Umwelt. Wenn die Umwelt nicht System ist, dann kann sie im Analog-Modell nur Teileinheit (Subsystem oder Element) des Systems sein. *Ein Element eines Systems kann nicht alle anderen Systeme mitsamt deren Umwelten umfassen.* Das Modell Umwelt hat eine überragende Bedeutung in technisch fortgeschrittenen Industriegesellschaften. Es eignet sich aber nicht dazu, als Kategorie der Logik Verwendung zu finden.

Es zeigt sich, dass das Analog-System den Widerspruch erzeugt, wenn es auf die gesellschaftliche Wirklichkeit in deren Komplexität angewendet wird. Für sich genommen ist das Portrait des Systems wirklichkeitsgerecht. Und für sich genommen ist das Portrait der Umwelt wirklichkeitsgerecht. Aber wenn man dann beide Seiten dieser analogen Unterscheidung durch Verknüpfung (formelhaft) zusammenführt, ergibt sich das Modell der Einheitszumutung. Was für sich genommen „richtig" ist, das ist in der unterscheidenden Verbindung „falsch". Man kann von der Vermutung ausgehen, dass aus einer solchen logischen Not heraus bereits vor mehr als zwei Jahrtausenden das binäre System der Logik erfunden wurde.

Wenn man die soeben gezeigte (widersprüchliche) Zweideutigkeit der Umwelt berücksichtigt, ist man in der Lage, von Fall zu Fall zu entscheiden, ob die Umwelt als Teileinheit (Element) des Systems oder als komplexe Peripherie im Sinne des „Alles anderen" gesehen wird. Auf diese Weise lässt sich der aufgezeigte Widerspruch (wie man auch bei Luhmann nachlesen kann) durch eine Unterscheidung auflösen und „entparadoxieren". Von dieser Ausgangslage des Verständnisses aus bringt die analoge Systemtheorie durchaus sinnvolle Beiträge zur Beobachtung der gesellschaftlichen Wirklichkeit ein.

So ist für Luhmann das System für sich selbst unkalkulierbar, weil die Außeneinwirkungen nicht vorhersehbar sind (Die Gesellschaft der Gesellschaft, 1997, 45). Die Unbestimmtheit des Systems wird dadurch erhöht, dass nicht mehr von Objekten die Rede ist, sondern von Unterscheidungen. Beobachten ist für Luhmann Unterscheiden und Bezeichnen. Folglich bleibt die Beobachtung bei sich selbst, wenn unterschieden wird. Da kein Zugang zur Außenwelt besteht, ist das Unterscheiden auf sich selbst verwiesen. Damit geht Luhmann den Weg der Beobachtung ohne Objekte (Ebenda, 60). Alles Erkennen und Handeln vollzieht als Operation das Etablieren einer Form. Alle Eigenschaften von Form beziehen sich auf die Gleichzeitigkeit von System und Umwelt (Ebenda, 63). Für Luhmann erscheinen alle Entwicklungen der neueren Systemtheorie als Variationen zum Thema System und Umwelt (Ebenda, 65).

So wird die Gesellschaft als ein kommunikatives System bezeichnet, das durch operative (nicht: thermodynamische) Geschlossenheit charakterisiert ist (Ebenda, 94f.). Die Gesellschaft stellt sich als ein kommunikativ geschlossenes System dar. „Alles, was als Realität erfahren wird, ergibt sich aus dem Widerstand von Kommunikation gegen Kommunikation, und nicht aus einem Sichaufdrängen der irgendwie geordnet vorhandenen Außenwelt“ (Ebenda, 97). Auch die Evolution wird bestimmt durch die Differenz von System und Umwelt: „Nur die *Differenz* von System und Umwelt ermöglicht Evolution“ (Ebenda, 433). Kein System kann aus sich heraus evoluieren. Evolution setzt Angepasstheit des Systems an die Umwelt voraus. Die Differenz von System und Umwelt ändert ein System und damit zugleich die Umwelt anderer Systeme. Andere Differenzierungen stellen sich als Folge von Systemdifferenzierungen ein. Denn jede operative Verknüpfung von Operationen erzeugt eine Differenz von System und Umwelt.

Auch in seinem Spätwerk über die Gesellschaft der Gesellschaft hält Luhmann am Modell des unmarked space fest (609). In den System-Umwelt-Beziehungen stehen Systeme als Innenseite der Zwei-Seiten-Form einem unmarked space gegenüber, der vom System aus nicht erreicht und nicht bezeichnet werden kann, es sei denn: inhaltsleer. Für Luhmann steht das System nicht nur in der Differenz von System und Umwelt. Es erzeugt durch sein Operieren (mit Hilfe der Unterscheidungen) die Differenz von System und Umwelt.

Luhmanns analoge Systemtheorie ist der Versuch, die Komplexität der Wirklichkeit mit dem Modell des Systems einzufangen. Dieses Ansinnen ist sinnvoll, solange die Reflexion sich innerhalb der Umgrenzung des Systems bewegt und innerhalb des Systems analoge Teilbereiche unterschieden werden. *Sobald die Reflexion vom Zentrum des Systems her die Umgrenzung des Systems erreicht, treten die theoretischen Schwierigkeiten auf.* Die analoge Systemtheorie betont die Geschlossenheit des Systems. Durch diese Abschließung nabelt sich das System von dem übrigen Geschehen ab. Alle Erfahrung zeigt, dass ein solches Modell nicht möglich ist. Daher müssen die Grenzen des Systems geöffnet werden, ohne die Geschlossenheit aufzugeben. Also ermöglicht man dem System den Zugang zum Außenbereich. Umgekehrt lässt man die Außeneinwirkungen auf das System zu, wenn auch nur begrenzt. Das Maßgebliche ist immer die Selbstbestimmung des Systems. Die analoge Systemtheorie steht ständig in der Notlage, diese Gegebenheiten überzeugend aufeinander abzustimmen. Das alte Modell Substanz gibt immer die Dominanz des Systems als Version der Einheit vor. Alles andere kommt dann zum System mehr oder weniger beiläufig hinzu. Die theoretischen Schwierigkeiten lassen sich bewältigen, sobald die Logik bereit ist, die gleichzeitige Offenheit und Geschlossenheit des Systems nicht als Widerspruch zu sehen. Gefordert ist die Umstellung des Denkens auf die Duldung von Widersprüchen in dem Sinne, dass die Gleichzeitigkeit der Geschlossenheit und Offenheit des Systems theoretisch evident aufgearbeitet wird.

In diesem erforderlichen Prozess der Dynamisierung der Reflexion hinsichtlich der Möglichkeiten, die gleichzeitige Verbindung und Trennung von System und Außenbereich des Systems theoretisch zu fassen, ist das Festhalten an der Beschränkung auf die Empirie und damit an der radikalen Verzeitlichung der wissenschaftlichen Operationen im Sinne Luhmanns ein Hindernis für den Fortgang der Theorie. Luhmanns Theoriekonstruktion suggeriert das Empfinden eines sehr abstrakten Modells. Bei genauerem Hinsehen handelt es sich jedoch um die Fortschreibung der z.B. in Kants Modell zum Ausdruck kommenden Anschaulichkeit und Konkretheit. Erst der Sprung der Reflexion aus der Mitte der messbaren Einheit heraus in die Sphäre, die nicht System überhaupt und schlechthin ist, ermöglicht eine eindeutige Trennung zwischen dem messbaren System im Sinne von Einheit überhaupt und dem, was nicht Einheit überhaupt ist. Erst die kategoriale Trennung zwischen dem Grundmodell Einheit und dem Bereich, der nicht Einheit ist, der also Negation von Einheit ist, erlaubt die gleichzeitige Verbindung und Trennung zwischen dem System und dem Raum, der nicht System ist. Dieses binäre Unterscheidungsmodell räumt dem Ganzen des Systems einerseits und den für sich vorgestellten Teilen oder Elementen des Systems andererseits den gleichen logischen und funktionalen Spielraum ein. Dieses binäre Modell kann auf die Zwei-Seiten-Form des analogen Modells verzichten, *weil die Zwei-Seiten-Form selbst nicht aus dem kategorialen Gefüge der Einheit herausführt und daher nicht den Weg zum Außenbereich der Einheit anzeigen kann.* Der Grund: Die Zwei-Seiten-Form Luhmanns ist selbst ein differenzierbares System. Die Einheit des Systems ist die Form als solche. Die beiden Elemente als Teileinheiten des Systems sind die Innenseite und die Außenseite. Solange man zwei oder mehr Teile zu einem Ganzen zusammenfügen kann, hat man es mit dem Modell der Einheit zu tun. Also führt die Zwei-Seiten-Form nicht aus der Einheit des Systems heraus. Vielmehr bleibt die Einheit bei sich selbst. Das Feld der Zirkularität wird nicht verlassen.

Technik als Funktionssystem

Der Begriff Technik lässt sich auf das griechische Wort techne (lautschriftlich: téchnä) zurückführen. Es bedeutet Kunst, Geschicklichkeit, Gewandtheit, Kunstfertigkeit, Gewerbe, Geschäft. Technítes bedeutet Handwerker, Künstler, Verfertiger, Meister. Im Bereich der modernen Technik findet man den Terminus System besonders häufig, während er in den Kulturwissenschaften nur als bedingt tauglich angesehen wird. In Verbindung mit der Technik ergeben die Anwendungsmöglichkeiten des Systembegriffs eine große Spannweite:

System als Einheit:

Das bestimmende Moment des Systembegriffs im Blick auf die Technik ist das Modell der Einheit. So ist ein Kraftfahrzeug eine Produktionseinheit. Die Planung eines neuen Modells macht eine Planungseinheit aus. Eine Reihenhausanlage besteht aus mehreren Wohnungseinheiten, die zusammen ein System bilden, das z.B. eine gemeinsame Heizungsanlage erhält.

System als Einheit von Einheit und Negativeinheit:

Ein technisches System kann nicht für sich allein stehen. Es muss der Bedarf ermittelt werden. Man muss die Planungsphase durchstehen. Die erforderlichen Geldmittel müssen bereit gestellt werden. Das Behandeln des Systems ist die Negativseite von Einheit. Die paradigmatische Unterscheidung lautet: Einheit von Einheit und Negativeinheit.

System als Zirkularität:

In der Technik ist die Zirkularität von besonderem Gewicht. Maschinelle Bewegungen verlaufen sehr oft kreisförmig. Der Anfang der Bewegung ist zugleich das Ende. Zirkularität bedeutet hier nicht notwendig Form des Kreises. Entscheidend für Zirkularität ist das Ineinander von Anfang und Ende. So wird der Lauf des technischen Vorgangs gesichert.

Technisches System als Selbstlauf (Automatik):

Automatische Abläufe gewinnen in der Produktion immer mehr an Bedeutung. Automatik kann nicht auf sich allein stehen. Wenn Automatik als Autopoiesis verstanden wird, muss dieser Vorgang eingerichtet, erprobt, für den langfristigen Gebrauch als geeignet befunden und ständig überwacht und fortentwickelt werden. Wenn Automatik als Automation verstanden wird, müssen die sozialen Folgen und Nebenfolgen der Automation berücksichtigt werden.

System als Gegensatz:

Das Modell des Gegensatzes ist für technische Systeme von Bedeutung:

Die Unterscheidung Maximum/ Minimum ist im gesamten Bereich der Technik relevant. Hörgeräte müssen möglichst klein und unauffällig sein. Dieselmotoren müssen so groß wie möglich sein, um große Schiffe zu bewegen. Der Gegensatz billig/ teuer wirkt über die Wirtschaft in die Ansprüche an die Technik hinein. Für den Drehzahlbereich der Motoren gibt es ein Minimum und ein Maximum. Die Einheit der Entgegengesetzten kann nicht auf sich allein stehen. Sie muss z.B. geplant und auf die jeweiligen funktionalen Erfordernisse abgestimmt werden. Die genannten Gegensätze sind im Analogbereich des binären Systems positioniert, also auf der linken Seite. Die beiden Sphären des binären Systems der Logik machen einen Gegensatz aus. Beide Sphären schließen sich zugleich ein und aus. Verbindung und Trennung sind zugleich gegeben. Sie dürfen sich nicht gegenseitig durch das Hinzukommen eines Dritten behindern. Alles wird auf zwei unmittelbar zusammengehörende Funktionsfelder verteilt und von hier aus erklärt.

Das technische System als ein Ganzes:

Eine Einheit ist ein Ganzes. Da System Einheit ist und da Einheit in sich geteilt ist, muss ein technisches System als ein Ganzes gesehen werden. Ein Ganzes ist dadurch ein Ganzes, dass es Teile hat. Die Teile müssen im Analog-System zueinander passen. Sie müssen einander ähneln oder gleich (analog) sein. Die Teile des technischen Systems müssen nicht nur zueinander passen. Sie müssen auch in das Ganze des Systems hineinpassen. So darf die Ausstattung eines Gebäudes nicht völlig anders sein als die Stabilität und Qualität des Gebäudes selbst. Alles muss mehr oder weniger zueinander passen und stimmig sein. Ein äußerst starker Motor könnte der Lebensdauer eines Autos schaden, wenn z.B. das Getriebe sehr schwach gebaut ist. Wenn man ein technisches System aus dieser Optik betrachtet, liegt der Standort der Beobachtung im Analog-System der Logik (und nicht im binären System). Der Grund: Es handelt sich um Besonderheiten eines bestimmten technischen Systems. Es geht hier nicht um das System an sich.

Offenheit und Geschlossenheit in technischen Systemen:

Im Unterschied zur systemorientierten Reflexionsebene der Abstraktion ist der Gegensatz von Geschlossenheit und Offenheit auf die konkrete Sphäre der Technik bedingt anwendbar. So ist ein Motor ein geschlossenes System. Dieses System arbeitet für sich allein, aber nur unter der Bedingung, dass alle erforderlichen Voraussetzungen für das Funktionieren erfüllt werden. Wenn die Ölwanne eines Automotors ein Leck aufweist, ist die wörtlich gemeinte Geschlossenheit des technischen Systems gestört. Eine falsche Schaltung bringt die Geschlossenheit in eine Unterbrechung. Insofern ist Geschlossenheit ein Erfordernis zum Funktionieren des technischen Systems. Zur Geschlossenheit gehört dann unablösbar die Wartung oder Reparatur dieser Geschlossenheit. Der Begriff der Interdependenzunterbrechung bezieht sich auf Zeiträume für Wartungen, Reparaturen, Einbau von Verbesserungen in die laufende Produktion usw.

Auf der reflektierten Ebene der Logik liegen die Verhältnisse anders. Im Sinne der Unterscheidungslogik Hegels enthält das Positive das Negative in sich. Das Positive ist damit geöffnet für das Negative. Anders könnte es sein Gegenüber nicht in sich einbeziehen. In der Technik gibt es durchaus diese gegenseitigen Einschlüsse und die damit verbundenen Ausschlüsse. Wenn das Positive das sportliche Fahren eines Autos sein soll, dann schließt diese Positivität die Negativität in sich ein: Das Fahrzeug muss straff gefedert sein, und diese Einschränkung des Komforts muss in Kauf genommen werden. Anders ausgedrückt: Die geforderte Positivität des sportlichen Fahrens schließt die negative Folge der Einschränkung des Federungskomforts in sich ein. Von der Logik des Unterscheidungsmodells her gehören beide Seiten der Unterscheidung unablösbar zusammen. Daher lässt sich das Eine nicht von seinem Anderen ablösen. Folglich trifft die Unterscheidung positiv/ negativ die Einheit der Unterscheidung. Positiv und negativ haben hier einen gemeinsamen Bezug. Sie bilden eine auf ein bestimmtes Etwas bezogene Einheit, z.B. auf ein Auto.

Auf der derzeit höchsten Stufe der Abstraktion geht es darum, ein Entgegengesetztes zur Einheit überhaupt und an sich zu finden. Auf der binären Ebene stehen sich Einheit ohne Bestimmungen und Negativseite von Einheit ohne Bestimmungen gegenüber: Einheit an sich und das, was nicht Einheit an sich ist.

Das technische System als binäres System:

In der elektronischen Technik wird das binäre System durch die Unterscheidung von 0 und I repräsentiert. I steht für Einheit, und 0 steht für Nichteinheit. Für die elektronischen Rechner erweist sich nicht das Zehnersystem als das zweckmäßigste, sondern das Zweiersystem. So lassen sich die Zahlen durch Kombinationen der Binärzahlen darstellen. Im Computer steht z.B. eine bestimmte Datei für Einheit (mit Anfang und Ende). Das Behandeln dieser Einheit durch Öffnen, Kopieren und Löschen steht für Negativeinheit (ohne Anfang und Ende). Der Einheit stehen jeweils mehrere Möglichkeiten des Behandelns gegenüber. Der Grund liegt darin, dass die rechte Seite der binären Unterscheidung die Verschiedenheit repräsentiert (im Gegensatz zum Einen der Einheit). Das binäre System schließt das analoge System nicht aus, sondern in sich ein. *Das Analog-System ist integrativer Bestandteil des binären Systems.* Daher ist das Analog-System nach wie vor nicht technisch überholt. Von der logisch-funktionalen Modellkonstruktion her sind beide Systeme fest miteinander verbunden und oszillativ aufeinander verwiesen. Diese Verbundenheit kommt u.a. in dem Erfordernis zum Ausdruck, Betriebsanleitungen systematisch aufzubauen und ihnen somit einen pädagogischen Akzent zu geben. Darüber hinaus ist Systematik jeglicher Art in der Technik nicht nur nützlich, sondern ein dringendes funktionales Erfordernis.

Wie sieht nun im Unterschied zu den angeführten wissenschaftstheoretischen Orientierungen die Position der analog aufgebauten Systemtheorie aus? Luhmann behandelt das Thema Technik z.B. in seinen Büchern „Die Wissenschaft der Gesellschaft“ (1992) und „Die Gesellschaft der Gesellschaft“ (1997). Die analoge Seite der binären Unterscheidung enthält die Einheit als System der Technik mit allen wirklichen und möglichen Besonderheiten der Technik. Daher ist es verständlich, dass Luhmanns Auffassungen nicht die Systemtheorie auf analoger Basis schlechthin repräsentieren, sondern neben den grundsätzlichen erkenntnistheoretischen Linienführungen seine ganz persönlichen Ansichten zum Inhalt haben. Das gilt für alle Arbeiten Luhmanns auf dem Gebiet der Systemtheorie. Luhmann sieht Technik als Steigerungsform evolutionärer Errungenschaften. Technik ist Konstruktion. Sie ist beteiligt an dem konstruktiven Aufbau immer neuer Relationen von Medium und Form. Technik ist ein Entlastungsvorgang von übermäßiger Reflexion. Technologie ist neben Wirtschaft der weitaus wichtigste Risiken erzeugende Faktor der modernen Gesellschaft. Technologien sind daher nicht mit Erfolgsgarantien verbunden.

Bei der Technik geht es um das Ausprobieren von Kombinationsspielräumen, um kombinatorische Gewinne. Technik ist nicht nur Mittel zum Zweck, sondern vor allem artifizielle Simplifikation. Mit dieser zentralen Definition von Technik schließt Luhmann an die aristotelische Tradition an, die sich z.B. über Descartes, Leibniz, Kant und Max Weber bis in die Gegenwart fortsetzt. Immer geht es dabei um die Bearbeitung der fundamentalen Unterscheidung Einheit/ Vielheit (und nicht um die binäre Unterscheidung Einheit/ Nichteinheit). Das Mannigfaltige der Vielheit ist die Komplexität. Diese wird in die Sphäre der Einheit, der Simplexität, hineingeführt. Auch hier gilt Luhmanns Fundamentalmodell der Reduktion von Komplexität auf Simplexität. Man setzt bei dem Vielen des Unterschiedenen, also bei der Differenz, an und reduziert diese in das Feld der Einheit hinein. Die aristotelische Konstruktion wird nicht überwunden, sondern bestärkt. Im Unterschied dazu setzt die binäre Logik bei der Einheit an, bringt sie in den unablösbaren Zusammenhang mit dem, was sie nicht ist: Nichteinheit und fügt dann beides zu einer Einheit zusammen. Dabei wird nicht übersehen, dass mit dieser Verbindung der beiden Glieder der Unterscheidung deren Trennung einhergeht. Denn Verbindung kann es nur dort geben, wo es Trennung gibt. Man kann nur dort etwas trennen, wo ein nicht Getrenntes, nämlich ein Verbundenes, vorliegt.

In der Praxis geht es Luhmann dann um die Frage, wie viel funktionierende Simplifikation man sich leisten kann. Die Beobachtung der Beobachtung löst alle Autorität auf. Sie lässt nur noch Zustände für den eigenen Code zurück. „Immer noch sieht sich die Wissenschaft zwar mit der Erwartung konfrontiert, sie könne sicheres Wissen liefern, und als Modell dafür dient die funktionierende Technik. Um so schmerzlicher sind dann aber für beide Seiten die Enttäuschungen, die sich ergeben, wenn Wissenschaftler Zukunftsprognosen, Sicherheitsbewertungen oder auch einfach Expertenurteile in rechtlich relevanten Fragen abgeben sollen“ (Die Wissenschaft der Gesellschaft, 1992, 631).

Luhmanns systemtheoretische Perspektive ordnet im Gegensatz zu Habermas die Technik nicht in den Kontext von „Technik und Wissenschaft als Ideologie“ ein: „Versteht man die Krisis der modernen Wissenschaft als Sichtbarwerden ihrer Simplifikationen, ihrer Technizität, ihres Funktionierens ohne Weltkenntnis, lässt sich denken, dass diese Einsicht stärker als bisher wieder in die Wissenschaft zurückgeleitet und zum Gegenstand normaler Forschung werden könnte" (Ebenda, 715).

Unmarked state

Das Begriffspaar markiert/ unmarkiert ist eine für die moderne analoge Systemtheorie typische Unterscheidung. Luhmann behandelt den Begriff des unmarked state in seinem Buch „Die Wissenschaft der Gesellschaft“ (1992, 134). Für die Erzeugung von Wissen durch Kommunikation ist kennzeichnend, „dass die Wahrheit des Wissens >unmarkiert< mitkommuniziert wird. Das heißt: man kann davon ausgehen, dass Wissen wahres Wissen ist“. Wenn Wissen produziert wird, verläuft dieser Vorgang im Schutz der Unmarkiertheit des Wahrheitswertes und damit ohne ausdrückliche Verwendung der Unterscheidung wahr/ unwahr.

Die analoge Systemtheorie stellt die Bemühung um wahres Wissen in den Zusammenhang einer Unterscheidung. Damit wird die Forderung erfüllt, bei jeder systemtheoretischen Operation eine Differenz an den Anfang zu stellen. Diese Differenz bewegt sich auf der Achse wahr/ unwahr, also auf einer durch das Gegenteil bestimmten Unterscheidung. Dadurch wird die Gewinnung von Wissen im positiven Sinne eingeengt, indem die Wahrheit den Weg der Beobachtung bestimmt. Was für ein System „Wahrheit“ ist, z.B. die Duldung oder das Verbot der Abtreibung, muss dann in jedem System durch Kommunikation bestimmt werden. Der Wert der Wahrheit ist unerwähnte Wegmarkierung und stillschweigende Voraussetzung. Im systemtheoretischen Vokabular wird der teleologisch gemeinte Endzweck ausgeblendet. Jedoch scheint er in Gestalt der Unterscheidung wahr/ unwahr fortgeschrieben zu werden. Schließlich ist das Wort Wahrheit ein Wert, der eine Orientierungslinie für das praktische Handeln ausmacht.

Luhmann bringt das Unmarkiertlassen der einen Seite der Zwei-Seiten-Form in Verbindung mit der von ihm so genannten Unwahrscheinlichkeit des Wissens. Gemeint ist die Bedeutung des Zufalls für die Evolution des Wissens. Die analoge Systemtheorie sieht keinerlei operativen Zugriff des Kommunikationssystems Gesellschaft auf seine Umwelt (Ebenda, 134). Diese Feststellung ergibt einen aristotelischen Widerspruch, der auch ohne Rückgriff auf die binäre Logik erkennbar ist. Einerseits wird die Umwelt als Verlängerung der Handlungssequenzen des Systems nach außen gesehen (Soziale Systeme, 1985, 248). Zudem wird gesagt, dass die Einheit der Umwelt durch das System konstituiert wird (Ebenda, 249). Ferner wird die Umwelt nur als ein Negativ-Korrelat des Systems bezeichnet (Ebenda). Auf der anderen Seite heißt es, wie gesagt, dass es keinerlei operativen Zugriff des Kommunikationssystems Gesellschaft auf seine Umwelt gibt (Die Wissenschaft der Gesellschaft, 1992, 134). Was für die Gesellschaft insgesamt gilt, das muss auch für die Teilsysteme der Gesellschaft gelten. Dieser Widerspruch hängt damit zusammen, dass die Leitunterscheidung System/ Umwelt kein geeignetes Modell ist, um eine Unterscheidungstheorie zu tragen.

Das Analog-System hat nur das Grundmodell Einheit oder System mit den einzelnen Teileinheiten zur Verfügung. Wenn die Umwelt nicht Substanz sein soll, bleibt keine andere Wahl, als sie zum Akzidens zu machen. Der gemeinte Sinn der Umwelt in Luhmanns Definition ist die Komplexität der Systeme im Außenbereich des beobachteten Systems. Seine paradigmatische Unterscheidung System/ Umwelt dagegen lässt nur ein einziges System als Substanz zu. Im Außenbereich dieses substantiellen Systems gibt es dann nur noch Akzidentien, Teilsysteme, denen das Grundmodell Substanz/ Akzidens den zweiten Rangplatz einräumt und die durch die Dominanz des substantiellen Systems bestimmt werden.

Das binäre System der Logik macht das, was Luhmann Umwelt nennt, zu derjenigen Sphäre, die im kategorialen Sinne nicht Einheit und damit nicht System ist, also Nichtsystem oder Negativsystem.

Die Idee des unmarked state wird mit der Beobachtung der Beobachtung in Verbindung gebracht (Die Wissenschaft der Gesellschaft, 1992, 92f.). Die Welt ist vor aller Beobachtung ein unmarked state. Sie befindet sich also in einem nicht markierten Zustand. Sie ist durch Unterscheidungen bis dahin nicht verletzt. Sie ist für den Beobachter ein „temporalisierbares Paradox“. Sie kann nur mit einer nicht stationären Logik erfasst werden. Damit ist gemeint, dass eine Logik erforderlich ist, die nicht „Gegenstände“ fixiert. Damit wird der Akzent der logischen Operationen im Rekurs auf Spencer Brown auf die operative Ebene verlagert. Die Logik, so ließe sich dieses Reflexionsmodell verstehen, wird in Bewegung gebracht und dynamisiert.

Der Realitätsbezug des Beobachtens wird in der Einheit der Unterscheidung gesehen. Er liegt in der Rekursivität des Beobachtens von Beobachtungen. Der Realitätsbezug des Beobachtens liegt im Verständnis der analogen Systemtheorie, die hier an Spencer Brown und Derrida anschließt, im Unbeobachtbaren, „also im aller Beobachtung unzugänglichen >unmarked state< der Welt (Ebenda). Die

Folge: „Zwischen der im Beobachten erarbeiteten >Wahrheit< und der Realität kann es daher nur Zufallsbeziehungen geben“ (Ebenda). Diese Theorie geht davon aus, dass jede Unterscheidung dekonstruierbar ist. Jede Unterscheidung muss ein Implikationsverhältnis im Unterschiedenen postulieren und dies zugleich negieren, wenn sie von der Unterscheidung zur Placierung einer Bezeichnung Gebrauch macht. Man muss dann mit der Paradoxie von sich selbst negierenden Unterscheidungen arbeiten „und die expressiven Möglichkeiten des Vertextens nutzen, um genau dies mitzuteilen“ (Ebenda, 94).

Eine andere Variante besagt, dass jeder Unterscheidung ein Rejektionswert gegenübergestellt wird. Damit wird eine Meta-Unterscheidung eingeführt, „die in bezug auf alle Unterscheidungen die Frage der Annahme oder Ablehnung zur Disposition stellt...“(Ebenda). Luhmann hält für die eleganteste Lösung dieses Problems die operative Logik von Spencer Brown. Sie besagt: Das Unterscheiden und Bezeichnen wird zu einer Operation zusammengefügt. Das darin liegende Paradox schiebt man gleichsam solange vor sich her, bis der Kalkül komplex genug ist, dass er die Form eines re-entry, eines Wiedereintritts der Unterscheidung in das durch sie Unterschiedene, annehmen kann.

Das Verständnis dieser hochreflexiblen systemtheoretischen Operationen erfordert als ständige Voraussetzung die Einsicht, dass alles über Differenz laufen muss. Die Differenz hat die Zwei-Seiten-Form. Die linke Seite ist mit einem Pluszeichen versehen, die rechte mit einem Minuszeichen. Dabei hat das Minus keinen geringeren Stellenwert als das Plus. Im Sinne der Logik Hegels hält das Minus dem Plus die Waage. Daher ist die rechte Seite der Unterscheidung unentbehrlich. Die eine Seite der Unterscheidung enthält in sich selbst die andere. Das Modell richtet die grundsätzliche funktionale Austauschbarkeit beider Werte ein.

Nun hat dieses analoge Modell einen grundsätzlichen logisch-funktionalen Zwang zu bewältigen: Stetige Grundlage ist das klassische Modell Substanz/ Akzidens. Die eine Seite ist hinsichtlich ihrer Funktionsmacht immer stärker als die andere. Dieser Mechanismus ist unausweichlich. Zugleich liegen hier die Quellen vieler Widersprüche und Schieflagen des analogen Systems in der gegenwärtigen Phase der Evolution der Wissenschaftslehre. *So muss denn auch das Modell des unmarked state von der Seite der Einheit her bestimmt werden, obwohl der Differenz immer wieder der erste Rangplatz eingeräumt wird.* Die Einheit im Sinne der Unverletzbarkeit der Welt muss in jeder Differenzierungsoperation erhalten bleiben. Andernfalls kollabiert diese Logik. So ist es zu verstehen, dass die Einheit der Unterscheidung in den unmarked state der Welt verlegt wird, in den Bereich des Unbeobachtbaren. Es bleibt offen, wie man sich diesen Bereich vorzustellen hat. Dieser Bereich, der aller Beobachtung vorausgeht, wird nun durch jeden Gang einer Unterscheidung verletzt. Allerdings muss diese ständige Verletzung der Unversehrtheit des unmarked state als funktionales Erfordernis der analogen Systemtheorie verstanden werden.

Das Modell der binären Logik lässt dagegen keinen Spielraum für einen nicht markierten Raum zu. Auf der linken Seite ist Einheit positioniert. Und Einheit ist durch Unterscheidungen markiert: durch Anfang und Ende. Auf der rechten Seite der Unterscheidung ist die Negativ-Version von Einheit positioniert. Beide Seiten sind unablösbar miteinander verbunden und voneinander getrennt. Eine Unterscheidung ist nur dort vollziehbar, wo bisher nicht unterschieden worden ist. Das Unterscheiden geht folglich mit dem Nichtunterschiedensein unablöslich einher. *Wenn sich in der Sphäre des Unterscheidens etwas verändert, dann muss sich auch in der Sphäre des Nichtunterschiedenseins etwas verändern und seine Markierungen hinterlassen. Folglich kann die Sphäre der negativen Einheit nicht unmarkiert bleiben, wie das im Analog-Modell der Fall ist.*

Widerspruch

Der Widerspruch ist ein wichtiges, aber keineswegs ein perfektes Mittel zur Wahrheitsfindung in den Wissenschaften und im Alltagsleben. Er hat seinen Platz in der von Aristoteles begründeten Identitätslogik, die alles auf Einheit zurückführt. Er hat nicht seinen Platz in der von Parmenides begründeten binären Logik, die heute in der elektronischen Technik mit 0 und I arbeitet und die mit dem Gegensatz von Einheit und Negativeinheit operiert. Der Grund: Einheit und Negativeinheit widersprechen sich nicht. Sie bilden vielmehr ein gegensätzliches Paar (bini), in dem die beiden Teilbereiche zugleich verbunden und getrennt sind.

Ausgangspunkt für das Verständnis des Satzes vom Widerspruch ist nach wie vor die von Aristoteles verfasste „Metaphysik". Für Aristoteles können widersprechende Aussagen nicht zugleich wahr sein (1011b). Das Wahrsein und Falschsein der Dinge liegt nicht in ihnen selbst, sondern in unserem Denken über sie (1027b). Ein Widerspruch wird als eine Gegenüberstellung gesehen, von der immer das eine Glied zutreffen muss, ohne dass es ein Drittes gibt. Wenn alle Zwischenglieder zur gleichen Gattung gehören und zwischen Gegensätzen (gemeint sind die Entgegengesetzten) liegen, dann müssen sie aus diesen Gegensätzen zusammengesetzt sein. „Die Gegensätze haben entweder eine Gattung oder nicht" (1057b). So müssen z.B. die Farben, die zwischen schwarz und weiß liegen, aus der Gattung Farbe hergeleitet werden. *Der Gegensatz ist ein vollendeter Unterschied (1058a).* Ein Gegensatz kommt nur den Dingen gleicher Gattung zu.

Man hat immer die Wahrheit auf seiner Seite mit dem Satz, „dass nämlich dasselbe zu ein und derselben Zeit nicht sein und auch nicht sein kann (1061b ff.). Von solchen sich ausschließenden Sätzen gibt es für Aristoteles allerdings keinen unmittelbaren Beweis, „höchstens einen auf einen bestimmten Gegner gemünzten" (1062a). Weiter heißt es. „Denn ist es nicht möglich, ihn als Schluss-Satz aus noch gewisseren Vordersätzen zu gewinnen, das müsste man aber in einem unmittelbaren Beweis." Damit schränkt Aristoteles die Stringenz dieses Satzes mit Recht selbst ein. Denn das von ihm verwendete Analog-System lässt unendlich viele Möglichkeiten der Unterscheidung zu. Daher sind Verschiebungen innerhalb der Struktur der Differenz zu jeder Zeit möglich. Das Analog-System ist grundsätzlich durch Kontingenz bestimmt: Es geht auch anders. So gibt es zahlreiche Versionen der Farben schwarz und weiß. Eindeutigkeit ist nicht gegeben. Das binäre Modell springt dagegen aus der Einheit der Gattung Farbe heraus. Farbe ist ein konkreter Anwendungsfall von Einheit an sich, von Einheit ganz allgemein. Zubereiten wäre ein konkreter Anwendungsfall von Negativeinheit an sich. Denn das Zubereiten und Anmischen (der Farbe) ist keine differenzierbare Einheit (wie das dagegen bei der Farbe der Fall ist).

Luhmann schließt an Aristoteles an, allerdings entgegen seiner eigenen Bewusstseinslage. Denn der Widerspruch bleibt im System, in der Einheit: „Der Widerspruch ist eine Unbestimmtheit des Systems, nicht eine Unbestimmtheit der Einzeloperationen..." (Soziale Systeme, 1985, 493). Für Luhmann bringt eine widerspruchsvolle Wirklichkeit eine entsprechende Logik hervor. Damit schließt eine widerspruchsfreie Logik Soziales aus. Der Widerspruch hat für Luhmann eine Doppelfunktion: Er blockiert, und er löst aus (Ebenda, 492). Er stoppt die Beobachtung, die auf einen Widerspruch stößt. Und er löst darauf bezogene Anschlussoperationen aus. Erst durch die Einheitszumutung tritt Gegensätzliches zu einem Widerspruch zusammen (Ebenda, 495). Der Widerspruch holt an sich widerspruchsfreie Gegebenheiten zu einer Einheit zusammen. *Insofern wird alle Einheit paradox konstituiert.* Logik ist dann ein System von Regeln, das die Konstitution von Widersprüchen konditioniert. „Das positive Leitbild der Logik, ein widerspruchsfreies Denkgebäude aufzuführen, wäre danach der Negativabzug ihrer Funktion, sozusagen ein notwendiges Nebenprodukt auf dem Wege der Erfüllung ihrer Funktion der Konditionierung von Widersprüchen" (Ebenda, 495f.). Die Form des Widerspruchs variiert mit der Art ihrer gesellschaftlichen Inanspruchnahme. Soziale Systeme erzeugen Widersprüche durch die Kommunikation von Ablehnung. Luhmann sieht Widersprüche als spezifische Formen von Selbstreferenz. Seiner Auffassung nach benötigen komplexe Systeme ein hohes Maß an Instabilität. Insofern bedeutet Autopoiesis Selbstreproduktion auf der Basis instabiler Elemente. Widersprüche fördern die Entwicklung eines Immunsystems. Sie dienen der Reproduktion des Systems. Zugleich dienen sie als Alarmsignale des Systems. Das System schützt sich mit Hilfe von Änderungen gegen Erstarrung. Der Widerspruch zerstört für einen Moment die Ordnung des Systems. Aber er sorgt für erneuten Anschluss.

Die aristotelische Konzeption ist darauf angelegt, den Widerspruch als solchen zu erkennen und ihn dann aufzuheben. Das auch von Luhmann angewendete Analog-System kennt keine andere Lösung. So ist auch Luhmanns Modell letztlich trotz der positiven Funktionen der Widersprüche auf die Eliminierung des Widerspruchs bezogen. In seiner wissenschaftstheoretischen Grundlagenarbeit „Die Wissenschaft der Gesellschaft“ (1992, 498) bemerkt er, dass seit Kant und Hegel die Erkenntnis das Härteste, was ihr zur Ablehnung zur Verfügung steht, den Widerspruch, herausfordert und ihn aufhebt. Diese Feststellung, so lässt sich Luhmanns Darstellung erläutern, trifft mehr für die Kantnachfolge als für die Hegelnachfolge zu. Denn Hegel bezeichnet alle Dinge als sich selbst widersprechend (Hegel: Wissenschaft der Logik, Bd.2, a.a.O., 58ff.). Im Vergleich zur Identität wäre der Widerspruch für das Tiefere und Wesenhaftere zu nehmen. Für Hegel ist der Widerspruch die Wurzel aller Bewegung und Lebendigkeit. Etwas ist lebendig, nur insofern es den Widerspruch in sich enthält. Das Lebendige ist die Kraft, den Widerspruch in sich zu fassen und auszuhalten. Trotzdem ist Hegels Logik darauf angelegt, den Widerspruch letztlich aufzulösen. Er lässt die beiden Entgegengesetzten (das Positive und das Negative) rastlos in ihnen selbst verschwinden. Die Auflösung des Widerspruchs besteht darin, dass das Positive und das Negative sich jeweils in ihr Gegenüber hinüber setzen und darin verschwinden. So ist der aufgelöste Widerspruch der Grund, das Wesen als Einheit des Positiven und Negativen. Im Gegensatz ist dann die Bestimmung zur Selbstständigkeit gediehen. Der dann entstandene Grund ist die vollendete Selbstständigkeit. Der Gegensatz und sein Widerspruch ist daher im Grund so sehr aufgehoben als erhalten. Der gemeinte Sinn: Das Negative liegt im Begriff des Positiven. Wenn man im Sinne Hegels den Gegensatz reflektiert und die Widersprüchlichkeit herausarbeitet, kommt man zu dem Ergebnis, dass der entstandene Grund ein Gefüge ist, in dem die beiden Entgegengesetzten zugleich miteinander verbunden und voneinander getrennt sind. Positives und Negatives bilden eine geschlossene Einheit. Folglich verlässt Hegels Widerspruchslogik nicht das Gehäuse der aristotelischen Einheit. Hegels Position ist deshalb für die Konstruktion einer Systemtheorie von Bedeutung, weil er selbst die Auffassung vertritt, dass Wissenschaft letztlich nur als System möglich ist. Im Unterschied zu Hegel ist Kants Wissenschaftslehre primär durch Verbindung (conjunctio) eines Mannigfaltigen überhaupt bestimmt. Die synthetische Einheit der Apperzeption ist der höchste Punkt der Logik (Kant: Kritik der reinen Vernunft, B 130ff.).

Luhmanns systemtheoretisches Modell baut den aristotelischen Widerspruch ungewollt an verschiedenen Stellen in die Architektur der Reflexion ein. Bereits seine Leitunterscheidung System/ Umwelt enthält einen Widerspruch im aristotelischen Sinne. Dazu der folgende Gang der Argumentation: System ist ein Synonym für Einheit. Einheit ist ein Ganzes. Auch Umwelt wird als Einheit (und damit zwangsläufig als Ganzes) gesehen. Luhmann bezeichnet selbst die Umwelt als Einheit (Soziale Systeme, 1985, 257). Ein bestimmtes soziales System kann nicht alle anderen sozialen und sonstigen Systeme (alles andere) umfassen. Es kann nicht einmal ein einziges anderes System umfassen, weil abstrakte Einheiten sich nicht gegenseitig umfassen können. Folglich kann Umwelt nicht „alles andere" in dem von Luhmann gesetzten Anspruch sein. Wenn man den Versuch machen will, mit den Mitteln der analogen Logik ein grundlegendes Unterscheidungsmodell zu konstruieren, tritt der mit der Figur Substanz/ Akzidens verbundene Anspruch in Erscheinung: Substanz ist dann das beobachtete System. Akzidentien in Gestalt der Teile können nur in der Mehrzahl gegeben sein. Es müssen mindestens zwei Teile unterschieden werden, damit das Unterscheidungsmodell nicht kollabiert. Diese Teile könnten z.B. Bestimmung durch Ablaufsregeln innerhalb der eigenen Struktur und Bestimmung durch Einflüsse vom Bereich außerhalb der Umgrenzung des Systems her sein. Gemeint sind Einheiten (Systeme). Die beiden genannten Bestimmungen sind dann Teileinheiten oder Besonderheiten des Systems, die als Attribuierungen einzuordnen sind und als solche Teile des Ganzen des Systems ausmachen. Diese Argumentation bewegt sich ausschließlich auf der linken Seite des binär vorgestellten Unterscheidungsmodells. Die Figur Einheit wird grundsätzlich nicht verlassen. Die rechte Seite macht dann z.B. substantivierte Infinitive aus: das Beobachten der Wirkungsweise des Systems, wenn die Momente der Strukturdeterminiertheit und der Außeneinflüsse berücksichtigt werden; das Eingreifen in die Ablaufsmechanismen des Systems, wenn die beiden genannten Momente in die Eingriffe einbezogen werden usw.

Die Regulierung von Widersprüchen ist eine laufende veränderliche Aufgabe der wissenschaftlichen Reflexion. Luhmann überlässt diese Aufgabe dem jeweiligen Code des Funktionssystems (Die Wissenschaft der Gesellschaft, 1992, 207). Für ihn sind Paradoxien „vermeidbare und deshalb attraktive Figuren der Reflexion der Einheit des codierten Systems in eben diesem System" (Ebenda). Dabei ist zu bedenken, dass autopoietische Systeme rekursiv operieren, also Operationen immer und nur durch Rückgriff auf andere Operationen desselben Systems konstituieren können. Für Luhmann reagiert das System durch ständiges Aussortieren. Es orientiert sich an der Prämisse, dass von zwei widersprechenden Auffassungen nur eine wahr sein kann (Ebenda, 583). Ein solches Widerspruchsverbot hat seine funktionale Rechtfertigung in der evolutionären Selektion, die gar nicht zustande kommen könnte, wenn man jeden neuen Einfall mit der gleichen Freundlichkeit aufnehmen würde (Ebenda). „Das Widerspruchsverbot gibt also nur die Möglichkeit, Selektionskonkurrenz auf eine Entscheidungsfrage zuzuspitzen, und wenn dies geschieht, kann niemand kommen und sagen: beide haben Recht" (Ebenda).

Die auf die Parmenides-Logik zurückgehende Binarität ist die Anwendung des Zweiersystems von I und 0 auf die Kulturwissenschaften. I steht für Einheit und 0 für Nichteinheit (Negativeinheit). Beide Seiten der Unterscheidung bilden einen Gegensatz (und keinen Widerspruch). Sie sind zugleich verbunden und getrennt. Einheit (z.B. Recht) ist in sich unbegrenzt differenzierbar, ohne dass vom Modell her ein Widerspruch auftreten muss. Einheit ist beobachtbar nur durch den ständigen oszillativen Rekurs auf die Gegenseite, diejenige der Negativeinheit, z.B. auf das Durchsetzen des Rechts durch staatliche Organe, auf das Handhaben des Rechts durch die Verteidigung der Angeklagten, auf das Reflektieren der Einseitigkeiten des jeweiligen Rechts usw. Innerhalb der Einheit des Rechts können Gegensätze durchaus zu Widersprüchen führen. Diese Widersprüche gibt es jedoch nur unter der Maßgabe, dass sie zugleich als solche behandelt, erörtert, in ihrer Plausibilität geprüft werden und dass z.B. auch das Vitalinteresse, das vielfach hinter Widersprüchen steht, in den Blick gerückt wird usw. Die rechte Seite der binären Unterscheidung muss mehrere Gegebenheiten enthalten, da sie als Gegenseite der Einheit die Verschiedenheit ausmacht.

Wirtschaft als Funktionssystem

Wie ist die Wirtschaft systemtheoretisch zu fassen? Gesellschaft ist ein komplexes sozial-kulturelles System. Dieses umfassende System gliedert sich in eine Reihe von Subsystemen in Gestalt von Funktionssystemen. Dabei handelt es sich um eine offene, kontingente Reihe. Denn die Differenzierung eines Systems entspricht der Einteilung eines Ganzen in unbegrenzt viele Teile, die miteinander kompatibel und somit analog sein müssen. Die sich ergebenden Subsysteme der Gesellschaft müssen ein Mindestmaß an Ähnlichkeit und Vergleichbarkeit aufweisen. Die Differenzierung der Einheit des Ganzen ist Angelegenheit der Konstruktionen des logischen Systems der Analogie. Das Analog-System der Logik ist ein Teilbereich einer übergreifenden binären Einheit. Neben der Differenzierung der Einheit enthält dieses übergreifende binäre System einen zweiten Teilbereich, der logisch schwer fassbar ist, weil es um die Verneinung von Einheit überhaupt und schlechthin geht (und nicht von bestimmter Einheit).

Wenn man die Wirtschaft als Einheit und damit als System setzt, macht die linke Sphäre der binären Unterscheidung das Unterschiedensein aus, also die Besonderheiten der Wirtschaft als Funktionssystem. Die rechte Sphäre macht das Nichtunterschiedensein aus, das heißt: Hier gibt es nichts, was Anfang und Ende hat, z.B. das Definieren der Wirtschaft, das Beschreiben der Wirtschaft, das Beobachten der Wirtschaft usw. Beide Sphären gehören unablöslich zusammen. Zugleich sind sie voneinander getrennt. Denn es sind zwei Sphären mit je eigenem Namen: Unterschiedensein/ Nichtunterschiedensein. Die Unmittelbarkeit der Verbindung ist damit begründet, dass man nur dort unterscheiden kann, wo es etwas gibt, was noch nicht unterschieden worden ist. So teilt das binäre Modell alles in zwei Funktionsfelder ein, die unabdingbar aufeinander verwiesen sind.

Die Verständnisprobleme der gegenwärtigen Systemtheorie liegen darin, dass die bisherige Systemtheorie und damit auch Luhmann mit dem analogen Verfahren der Unterscheidung arbeitet. Bestimmte Komponenten der binären Logik werden in das analoge Modell einbezogen, obwohl sie nicht in dieses Gehäuse hineinpassen.

Der Unterschied zwischen dem analogen und dem binären Verfahren kommt erst zur Geltung, wenn es um die grundlegenden paradig-

matischen Unterscheidungen geht, z.B. um die folgenden Begriffe: System, Differenz, Einheit, Negativeinheit, Schließung, Öffnung, Autopoiesis, Selbstreferenz, Fremdreferenz usw.

Die analoge Systemtheorie Luhmanns arbeitet trotz der Verwendung zahlreicher Fremdwörter und Abstraktionen auf der empirischen Ebene der Anschauung und Konkretheit. Jeder Vollzug einer Operation verbraucht Zeit. Alles verläuft in Sequenzen (erst links, dann rechts). Die binäre Systemtheorie dagegen beginnt bei der konkreten Anschauung, löst sich durch Abstraktionen von ihr, baut ein paradigmatisches Abstraktionsmodell auf (Einheit von Einheit und Negativeinheit) und kehrt zur Ebene des Konkreten zurück, indem empirische Begriffe in die abstrakte Formel eingesetzt werden. *Das binäre Modell der Logik überformt das analoge und baut es in einen abstrakten Theorierahmen ein.*

Luhmann behandelt die Wirtschaft in seinem 1989 erschienenen Buch „Die Wirtschaft der Gesellschaft". Er sieht Wirtschaft als ein Netzwerk von selbstreproduzierten Ereignissen, das ständig reproduziert wird. Dabei wäre zu berücksichtigen, dass der Selbstlauf der Reproduktion ständig neu eingerichtet und justiert werden muss. Die Funktionssysteme Wirtschaft und Politik haben für Luhmann keine Vorrangstellung und keine Steuerungsfunktion (11). Systembildung in der Wirtschaft bezieht sich auf Kommunikation. Die Tauschtheorie reicht nicht aus. Erforderlich ist die Schließung eines selbstreferentiellen Verweisungszusammenhangs. Gemeint ist mit Schließung das Sich-Abgrenzen der Wirtschaft gegenüber anderen Systemen (von Luhmann Umwelt genannt).

Dazu ist kritisch zu ergänzen, dass die begriffliche Konstruktion Schließung grundsätzlich die Konstruktion Öffnen in sich enthält. Denn schließen kann man nur dort etwas, wo es Offenes gibt. Schließen und Offenheit sind unablöslich miteinander verbunden. Systeme als Einheiten repräsentieren Unterschiedensein. Sie sind grundsätzlich durch Definitionen geschlossen. Denn finis ist die Grenze. Das binäre Modell umfasst die Einheit von Unterschiedensein und Nichtunterschiedensein. *Zum letzteren gehört z.B. das Beobachten der Geschlossenheit des Systems, ferner das Behandeln oder das Öffnen.* Luhmann operiert ausschließlich im Analog-System. So bezeichnet er autopoietische Systeme als geschlossen und gleichwohl offen (Ebenda, 49). Sie gelten ihm als geschlossen insofern, als sie das, was sie zu ihrer eigenen Reproduktion verwenden, nicht aus ihrer Umwelt beziehen können. Offen sind für ihn diese Systeme insofern, als sie diese Selbstreproduktion nur in einer Umwelt, nur in Differenz zu einer Umwelt vollziehen können. Hegels Satz vom ausgeschlossenen Dritten hieße jetzt: Etwas ist entweder geschlossen oder nicht geschlossen. Es gibt nichts Drittes. Aus dieser Perspektive ist Luhmanns These ein Widerspruch. Das Analog-System vermag nicht den Sprung in die Sphäre der Negativeinheit zu vollziehen. *Es kann nicht das Öffnen und Schließen eines Systems in einen logischen Zusammenhang hineinbringen, weil es ihm immer nur um die Besonderheiten des Systems geht und nicht um das, was von außen her mit dem System geschieht oder geschehen kann.*

Luhmanns Modell benutzt die gleichzeitige Offenheit des geschlossenen Systems zur Umwelt hin als eine logische Hilfsmaßnahme, um aus der Geschlossenheit des Systems herauszukommen. *Denn außerhalb der geschlossenen Systeme gibt es nur geschlossene Systeme, Monaden ohne Türen und Fenster, wie Leibniz diesen Sachverhalt treffend beschrieben hat.* Die Umwelt ist Einheit, wie das Analog-System vorschreibt und wie Luhmann selbst mehrfach bestätigt. Einheit hat Anfang und Ende. Einheit ist folglich geschlossen und nicht offen. Ergebnis: Einheit ist geschlossen, ob Einheit nun das System selbst oder die so genannte Umwelt des Systems repräsentiert. Wie soll es dort, wo es lauter Geschlossenheiten gibt, möglich sein, Offenheiten anzutreffen? Es kann nicht vom glücklichen Verlauf einer Grenzüberschreitung vom geschlossenen System zur so genannten Umwelt hin abhängen, ob in der Umwelt gerade Offenheit oder Geschlossenheit angetroffen wird. Die Hoffnung, außerhalb des Systems Offenheit anzutreffen, wird grundlegend enttäuscht. Dieses Widerspruchsproblem löst das Analog-System nicht. Die Lösungsversuche der analogen Systemtheoretiker sind nicht evident.

Luhmann sieht die Letzteinheiten der Wirtschaft als rein temporale Ereignisse (und damit als Einheiten mit Anfang und Ende). Komplexe Systeme müssen Instabilitäten schaffen. Die Kontrolle der Instabilität der Wirtschaft läuft über den Preis für Geld. Für Luhmann spricht manches dafür, dass entweder der Käufer oder Waren knapp gehalten werden müssen, weil sonst Knappheit als stabiler Orientierungsfaktor des Systems nicht sichtbar werden kann. Die Instabilitäten des Systems wirken verunsichernd. Das Geldsystem mit seinen Preisen kann nicht durch politische Entscheidungen ersetzt werden. Geld ist im Sinne Luhmanns Codierung wirtschaftlicher Operationen. Codierung bedeutet Duplikation von Knappheit. Geld ist ein symbolisch generalisiertes Tauschmedium (Parsons).

Im Sinne Maturanas produzieren die Systeme die Elemente, aus denen sie bestehen, durch die Elemente, aus denen sie bestehen. Das ist der Begriff des autopoietischen Systems. Daher muss man alles, was im System als Einheit fungiert, als Eigenleistung des Systems auffassen. Diese Theorie ist ganz auf temporäre Ereignisse abgestellt. Die Wirtschaft besteht aus immer neuen Zahlungen. Das System kann nie im Gleichgewicht sein. Zahlungen als Ereignisse und damit als Teileinheiten des Systems sind die Grundoperationen des Systems. Produktion, Tausch, Verteilung, Kapital, Arbeit sind „derivative" Sachverhalte. Durch das Profitmotiv wird das System von Reziprozität unabhängig. Dadurch wird die Wirtschaft autonom und fähig, sich selbst zu regulieren. Das Profitmotiv hat seine Funktion in der selbstreferentiellen Schließung des Funktionssystems. Die Ordnung der Bedürfnisse ist nicht anthropologisch oder psychologisch zu verstehen. Die Offenheit der Wirtschaft besteht darin, Zahlungsgründe letztlich in die Umwelt des Systems zu verweisen. Die Wirtschaft hängt zunehmend von sich selbst ab. Die Bedürfnisse sind zu sehr durch die Wirtschaft selbst bestimmt, als dass man in ihrer Befriedigung die Funktion des Wirtschaftssystems sehen kann. Die Funktion der Wirtschaft besteht darin, einen sozialen Mechanismus zu erfinden, der eine zukunftsstabile Vorsorge mit je gegenwärtigen Verteilungen verknüpft. Dem Wirtschaftssystem geht es um die Disposition über knappe Güter und Leistungen. Die eigentliche Funktion der Wirtschaft liegt für Luhmann in der Erzeugung und Regulierung von Knappheiten zur Entproblematisierung künftiger Bedürfnisbefriedigung. Das Leistungsniveau ausdifferenzierter Wirtschaft ist eine hochgradig unwahrscheinliche und daher instabile Errungenschaft.

Der Markt ist für Luhmann kein System, sondern eine Umwelt. Markt ist die wirtschaftsinterne Umwelt der partizipierenden Systeme des Wirtschaftssystems, die für jedes eine andere, zugleich aber auch für alle dieselbe ist. Markt wird definiert als ein polykontexturales System, als ein System mit vielen Unterscheidungskonstellationen, das für jedes Zentrum eine andere und doch dieselbe Umwelt bereit hält. Markt ist für Luhmann Subsistenzwirtschaft, weder also Planwirtschaft noch Staatstätigkeit. Der Markt gilt als eigene Einheit, die sich nur in einem autopoietischen Prozess reproduzieren kann. Das Prinzip der Marktwirtschaft ist der Wettbewerb. Luhmann sieht Konkurrenz als Struktur einer Umwelt, nicht eines Systems. Dazu ist kritisch zu bemerken, dass Luhmann selbst die Umwelt als Einheit und damit als System bezeichnet (z.B. Soziale Systeme, 1985,

249) und sich damit selbst widerspricht. Luhmann fasst zusammen: „Die Wirtschaft ist für alle teilnehmenden Systeme, die in der Form von Zahlungen oder Nichtzahlungen zur Autopoiesis der Wirtschaft beisteuern, nicht nur System, sondern zugleich auch die systeminterne Umwelt aller Operationen eben dieses Systems“ (Die Wirtschaft der Gesellschaft, 1989, 125).

Luhmann konstruiert einen Doppelkreislauf im Wirtschaftssystem. Das Geld zirkuliert. Durch Zahlungen wird Zahlungsfähigkeit reproduziert. Zirkulation ist Autopoiesis. Gemeint ist die Reproduktion der Elemente durch die Elemente des Systems. Das System operiert als geschlossenes System. Es kann Geld weder an die Umwelt abgeben noch aus der Umwelt beziehen. Jede Zahlung ist ein wirtschaftsinternes Ereignis. Wer sich zahlungsunfähig macht, muss wieder Zahlungsfähigkeit gewinnen. Luhmann konstruiert einen Doppelkreislauf. In der Annahme von Geld zur weiteren Verwendung liegt das Betriebsmotiv der Wirtschaft. In dieser Richtung „fließt“ das Geld (Vgl. S.135). Die Gegenbewegung wird meistens als ein Fluss von Gütern und Dienstleistungen dargestellt. Geld muss laufend wiederbeschafft werden. Ein Mehrwert kann als Kompensation für das Risiko einer Fehlkalkulation erwirtschaftet werden. Im Fall des Staates muss die laufend entstehende Zahlungsunfähigkeit durch Steuern oder ähnliche Abgaben ausgeglichen werden. Im normalen privaten Haushalt wird das Wiederbeschaffungsproblem meistens durch Arbeit gelöst. Diese Bedingungen lassen sich durch einen Doppelkreislauf skizzieren: Der innere Kreislauf stellt die Weitergabe der Zahlungsfähigkeit in Richtung der Zahlung dar. Der äußere Kreislauf repräsentiert die Weitergabe der Zahlungsunfähigkeit in Gegenrichtung. Beide Bewegungen werden in einem Zuge initiiert. Der äußere Ring erhält den inneren. Luhmann sieht die Rentabilitätsrechnung als die Selbstkonditionierung des Systems.

Banken verdanken ihre Entstehung dem Zinsproblem. Das Bankensystem beruht auf der Einheit von Zahlungsfähigkeit und Zahlungsunfähigkeit, von Überfluss und Knappheit. Eigentum wird grundsätzlich als Privateigentum gesehen, als eine ausdifferenzierte Knappheitsmenge, die andere als den Eigentümer vom Zugriff ausschließt. Der Gegensatz von Kapital und Arbeit ist überschritten worden, so äußert Luhmann. „Mit der weiteren Ausarbeitung der politischen Ökonomie löst der Gegensatz von Kapital und Arbeit den Gegensatz von reich und arm ab, der bis dahin die bürgerliche Ökonomie beherrscht hatte“ (Ebenda, 157). Knappheit wird durch Codierung entparadoxiert. „Jede Codierung, die jedem Wert (hier: Haben) einen Gegenwert (hier: Nichthaben) gegenüberstellt, folgt einer binären Struktur. Sie kann nur zwei Werte vorsehen und schließt daher dritte Werte aus“ (Ebenda, 211). Die von Luhmann getroffene Unterscheidung Haben/ Nichthaben ist nicht binär, sondern dual. Haben und Nichthaben sind zwei kontingente Variablen einer übergreifenden analogen Einheit: Art der Teilhabe am Eigentum oder Besitz. Binär wäre z.B. die Unterscheidung „am Eigentum teilhaben“. Eigentum repräsentiert dann Einheit mit Anfang und Ende. Teilhaben repräsentiert Negativeinheit ohne Anfang und Ende (Grundmodell: 0 und I). Arbeit ist in Luhmanns Darstellung inzwischen so sehr in den Geldnexus eingebettet, dass sie als knapp erscheinen muss. Die ohne Arbeit schwarz oder grau oder grün Arbeitenden expropriieren als neue Parasiten die Arbeit.

Insbesondere in den Organisationen der Wirtschaft ist das Entscheidungshandeln von Bedeutung. Der Zwang der Rückversicherung des Handelns in der Einheit von Subjekt ergab sich für Luhmann daraus, dass der Theorieansatz mit Einheit und nicht mit Differenz beginnt, eben mit Handlung als Substratbegriff der Soziologie. „So konnten denn auch Handlungstheorie und Systemtheorie nie zueinander finden; denn Systemtheorie ist immer eine auf Differenz aufbauende Theorie gewesen...“(Ebenda, 273). Als Konsequenz der Option für Handlungstheorie ist es nicht zur Entwicklung einer eigenständigen soziologischen Entscheidungstheorie gekommen. „Das, was soziologisch interessiert, schien im Handlungsbegriff bereits untergebracht zu sein“ (Ebenda, 274). Luhmanns Vorschlag lautet: „eine Handlung immer dann als Entscheidung anzusehen, wenn sie auf eine an sie gerichtete Erwartung reagiert“ (Ebenda, 278). Als Analog-Theoretiker gelangt Luhmann nicht aus der Grundstruktur Einheit heraus: „Entscheidung ist, wie Handlung, ein Ereignis, also ein Systemelement ohne eigene Dauer“ (Ebenda, 282).

Die von Luhmann verwendeten Begriffe Handlung, Entscheidung und Erwartung werden als Einheiten verstanden, das heißt sie sind logische Gebilde mit Anfang und Ende, weil sie im Analog-System positioniert sind, das Luhmann grundsätzlich nicht verlässt. Zudem sind diese drei Begriffe differenzierbar und gehören somit zum Inventar des Analog-Systems. Von hier aus wird offensichtlich, dass Luhmann seine Entscheidungstheorie in seine analoge Systemtheorie einbaut. Der systemtheoretisch verstandene Entscheidungsbegriff ist erwartungsbezogen und wird von Luhmann in die geschlossene Zirkularität des Systems übernommen.

Innerhalb des Funktionssystems Wirtschaft ist die Organisation von besonderer Bedeutung. Organisation kann nur geldabhängig funktionieren. In gewissen Hinsichten lässt sich Organisation auch als Transformation des Mediums Geld in das Medium Macht begreifen. Organisation wird gesehen als ein riesiges Netzwerk zur Kleinverteilung von Risiken und Verantwortungen. Die Abhängigkeit fast aller Funktionssysteme von Wirtschaft ist viel stärker, als oft angenommen wird.

Steuerung versteht Luhmann als das Bemühen um eine Verringerung der Differenz. Bereits im Feedback-Mechanismus ging es um Minimierung einer Differenz und um die ständige Kontrolle der sich erneuernden Abweichung. Für die Systemtheorie gibt es keine grenzüberschreitenden Inputs und Outputs als strukturdeterminierende Bedingungen der Autopoiesis. Die Steuerung des Systems ist immer Selbststeuerung. „Deshalb ist die Steuerung auch nicht darauf angewiesen, dass die Außenwelt einen hinreichend vorstrukturierten Bereich von Kausalbeziehungen gleichsam vorrätig zur Verfügung stellt" (Ebenda, 335).

Wenn Wirtschaft als Autopoiesis des Zahlens begriffen wird, geht es bei der wirtschaftlichen Steuerung immer um Geldmengendifferenzen. „Das System bleibt bei aller Selbststeuerung immer ein historisches System, das nicht anders kann, als eigene Reaktionen auf die eigene Lage in eben diese Lage einzubauen" (Ebenda, 344). Jedes Funktionssystem orientiert sich an eigenen Entscheidungen und damit an eigenen Realitätskonstruktionen. Die Politik kann nur die Bedingungen schaffen, die sich auf die Programme und damit auf die Selbststeuerung der Wirtschaft auswirken.

Bringt die analoge Systemtheorie Innovationen in die Thematik „Wirtschaft und Gesellschaft" hinein?

Max Weber verbindet in seinem klassischen Hauptwerk „Wirtschaft und Gesellschaft"(1956) mit der Darstellung der soziologischen Kategorien des Wirtschaftens (Erster Halbband, Kapitel II) z.B. die ausführliche Bearbeitung soziologischer Grundbegriffe und die Typen der Herrschaft, ferner das komplexe Thema „Die Wirtschaft und die gesellschaftlichen Ordnungen und Mächte" (darunter auch: Typen religiöser Vergemeinschaftung). Der Zweite Halbband umfasst z.B. die Thematik Wirtschaft und Recht, Politische Gemeinschaften, Soziologie der Herrschaft, Staatssoziologie. N.J. Smelser engt in seinem

Buch „Soziologie der Wirtschaft“ (1968) diesen enzyklopädisch anmutenden Bezugsrahmen deutlich ein. Für Smelser bedeutet Wirtschaftssoziologie „die Anwendung des allgemeinen Bezugsrahmens, der Variablen und erklärenden Modelle der Soziologie auf jenen Komplex von Aktivitäten, die mit der Produktion, Verteilung, dem Austausch und Verbrauch knapper Güter und Dienstleistungen befasst sind“ (Ebenda, 63). Während sich die klassischen Arbeiten mehr auf Strukturen im Sinne offener Gefüge beziehen, findet man bei Smelser bereits die Einengung auf den Systembegriff. Anders als bei Luhmann werden die Subsysteme als in dauernder Interaktion befindlich bezeichnet (Ebenda, 71).

Luhmann führt diese Einengung der Reflexion nach dem Modell „Reduktion von Komplexität“ weiter. Die Mannigfaltigkeit der wirtschaftlichen Gegebenheiten wird nicht nur in Systemen untergebracht. Die Systeme werden auch als geschlossene Systeme gekennzeichnet. Die Schließung der Systemgrenzen ist dann die folgerichtige Maßnahme. Systeme werden auf sich selbst gestellt. Sie erhalten das Prädikat selbstreferentiell, wobei der unablöslich dazugehörende Begriff fremdreferentiell sehr oft vernachlässigt wird. Durch diese Prädikatierung erhalten die Systeme die Möglichkeit, Eigenwerte aufzubauen, z.B. eine Fachsprache. Die Zuschreibungen Selbstreferenz und Geschlossenheit erstrecken sich auf alle sozialen Systeme. So gibt es nur geschlossene Systeme. Es gibt dann folgerichtig nur Geschlossenheit auch jenseits der geschlossenen Systemgrenzen. Systeme ohne Öffnungsmöglichkeiten nach außen, was immer man darunter verstehen mag, sind nicht gegeben. In dieser Notsituation der unmittelbaren Existenzbedrohung der geschlossenen Systeme stößt man auf den Begriff der Entropie, der Rückwendung des Systems und des Erdrücktwerdens durch die eigene Zirkularität, auch in Form des Hitzetods. Um der „Entropiefalle“ zu entgehen, wird nach Öffnungsmöglichkeiten im Bereich der geschlossenen Systemgrenzen gesucht. Die mit dem Modell Einheit in Verbindung gesehene Paradoxie muss entparadoxiert werden. Das von der Evolutionstheorie und Parsons her überlieferte Modell Umwelt ist in den Wissenschaften mit Respekt behaftet. Dazu kommt die gravierende Bedeutung des Umweltbegriffs durch die Verschmutzungen der Welt in den technisch fortgeschrittenen Industriegesellschaften. Verschmutzt wird offensichtlich nicht die Welt mit ihren einzelnen Bereichen, sondern die Umwelt. Also gilt der Umwelt besondere Aufmerksamkeit.

Das Modell Umwelt wird als hilfreiches methodologisches Instrument entdeckt, mit dem die geschlossenen Systemgrenzen nach außen hin geöffnet werden können. Ferner bietet sich die Umwelt an, die schieflagige Gewichtung des Systems als Form von Einheit auszugleichen gegenüber dem, was nicht System ist. Doch neben der Entropiefalle treten neue logische Fallen in Erscheinung. Luhmanns Unterscheidungsmodell der Analogie erweist sich als moderne Fortschreibung der klassischen Unterscheidungsfigur Substanz/ Akzidens, die z.B. in Kants Kategorientafel vorkommt. Luhmanns System ist die Einheit der Substanz. Die Elemente sind die akzidentellen Teileinheiten. Die Elemente sind Elemente durch die Systeme. Diesen Mechanismus kennt man von der Strukturtheorie her. Die Elemente sind für das Ganze der Einheit des Systems da. Diesen Mechanismus kennt man vom herkömmlichen Funktionalismus her. Das Ganze dieser Autopoiesis genannten Figur kennt man vom Strukturfunktionalismus her, der in neuer Gestalt erscheint. Das Modell der Selbststeuerung kennt man von der Kybernetik her. Übersehen wird dabei, dass jeder Selbstlauf als solcher eingerichtet und laufend überwacht und gegebenenfalls justiert werden muss, vor allem, dass das Einrichten unablöslich zur Selbstreproduktion dazugehört und niemals unterschlagen werden darf, wenn die Logik stimmen soll. Eine weitere Falle: Die Umwelt des Systems kann im Analog-Modell immer nur System und damit Einheit sein, ob man dabei an konkrete oder kategoriale Einheit denkt. Als Teilsystem des substantiellen Systems (im vorliegenden Fall: Gesellschaft) ist die Umwelt Element des Systems z.B. mit dem Namen Verlängerung der Handlungssequenzen des Systems oder Negativ-Korrelat des Systems. Wenn die Umwelt „alles andere" genannt wird, kann sie nur die Komplexität der Systeme außerhalb des substantiellen Systems sein, weil das Analog-Modell nur über Einheiten verfügt (und nicht über Nichteinheiten). Ergebnis: Die Modellkonstruktion Umwelt ist in der Gesellschaft von größter Bedeutung. In der analogen Logik (z.B. in der Kategorientafel Kants) hat sie keinen legitimen Platz. Man kann Umwelt wohl als Einheit oder als Akzidens bezeichnen. Der Begriff Umwelt als solcher könnte aber nicht die funktionale Position einer Kategorie in Kants Analog-System einnehmen.

Kann das uralte übersehene Modell der binären Logik Abhilfe schaffen? Es sieht so aus, dass es einige bescheidene Hinweise geben kann, durch welche die Reflexion in vielfach wenig bekannte Bereiche geführt werden kann. Zunächst wird deutlich, dass das von Luhmann benutzte Analog-Modell sich auf Differenzierungen innerhalb des Systems der Wirtschaft beschränkt. Das binäre Erklärungsmodell sieht die linke Seite der Unterscheidung für alle in Betracht kommenden Unterscheidungen innerhalb des Systems der Wirtschaft vor. Dieser Stand der Reflexion bringt nichts Neues über die allgemein übliche Differenzierungspraxis hinaus. Neu ist die Konstruktion der Negativeinheit als rechte Seite der binären Unterscheidung: die Einheit der Wirtschaft beobachten, sie als differenzierbare Einheit identifizieren, sie als integrativen und unablösbaren Teilbereich eines umfassenden Ganzen erkennen, sie damit nicht auf sich selbst stellen können (wie das die analoge Modellkonstruktion tut), das Modell der Autopoiesis der Wirtschaft damit als einen losgelösten Teilbereich des Ganzen der Wirtschaft erkennen, ständig oszillativ die Zuordnungsverhältnisse des Subsystems Wirtschaft im Verhältnis zur Struktur der Gesellschaft insgesamt im Blick haben usw. Damit wird die Funktionsmacht des Modells Autopoiesis halbiert.

Die Seite des Systems Wirtschaft enthält in sich selbst einen Teilbereich der Gegenseite und umgekehrt. Das heißt: Funktional ebenso bedeutsam wie die Wirtschaft selbst ist das Definieren der Wirtschaft, das Erfassen der Grenzen der Wirtschaft, die Beschreibung der Besonderheiten der Wirtschaft (auf der linken Seite der binären Unterscheidung), das Herstellen von Bezügen zwischen der Wirtschaft und anderen Subsystemen der Gesellschaft, das Einschätzen der Bedeutung des Tauschens und der Knappheit im Zusammenhang mit der Wirtschaft, das Fortschreiben der Fachsprache der Wirtschaft, das Reflektieren über die große Bedeutung der Wirtschaft in der Gesellschaft, das Vorbereiten von Innovationen in der Wirtschaft durch die verschiedenen Institutionen der Ausbildung, das Einschätzen der Möglichkeiten und Unmöglichkeiten hinsichtlich der an die Wirtschaft gerichteten Erwartungen, das Reflektieren über die politische Macht der Wirtschaft in der Gesellschaft, das Nachdenken über die Möglichkeiten und Unmöglichkeiten der Gestaltung der in der Wirtschaft benutzten Rechtsformen usw. Diese Reihe ist theoretisch unbegrenzt, so dass Selektion mit allen negativen und positiven Folgen erforderlich ist.

Entscheidend ist für das Verständnis der binären Optik, dass Wirtschaft immer in einen übergreifenden Zusammenhang gestellt werden muss. Das binäre Modell arbeitet hinsichtlich der Zweiheit in der Einheit nicht mit logischer und funktionaler Über- und Unterordnung. Daher lässt das binäre Modell es nicht zu, Zahlungen als Grundoperationen des Wirtschaftssystems anzusehen, wie Luhmann das tut. Produktion, Tausch, Verteilung, Kapital und Arbeit können dann nicht als Derivate gesehen werden. Binäre Logik vermeidet das Ursprungsdenken und die emanative Reflexion. Das Modell der binären Logik gibt keinen Spielraum für die Unterscheidung zwischen Systemtheorie und Handlungstheorie. Es betont die Notwendigkeit konkreter und damit empirischer Unterscheidungen, wenn man den Blick auf die linke Seite der Unterscheidung richtet. Zugleich betont es die Notwendigkeit hochgradiger Abstraktion, wenn es auf der rechten Seite der Unterscheidung um den Durchblick auf die Konstruktion der Einheit des Systems geht.

Wissenschaft als Funktionssystem

Die Wissenschaft gehört zu den Funktionssystemen der modernen Gesellschaft. In diesem Kulturbereich wird seit Jahrtausenden die Frage erörtert, ob wissenschaftliches Wissen mit dem Modell des Systems erfasst werden kann. Der Systembegriff ist erst in der Neuzeit üblich geworden. Im klassischen Altertum stehen die Begriffe Einheit und Substanz im Vordergrund. Der Begriff Einheit ist mittlerweile so stark strapaziert worden, dass das Modell des Systems den Terminus Einheit immer mehr verdrängt. Dazu trägt u.a. die häufige Verwendung des Systembegriffs in der Technik bei. Die heute vielfach anzutreffende Aversion gegen den Begriff Einheit ist kein Hindernis, den Aussagewert der Einheit sehr genau zu untersuchen. Im klassischen Altertum gilt Einheit als das Unteilbare, z.B. der Mensch als Inbegriff der Unteilbarkeit der Substanz. Seit Aristoteles gilt die in verschiedenen Formen auftretende Regel, alles zu Erklärende auf Einheit zurückzuführen. So muss denn die Mannigfaltigkeit der Dinge auf Einheit reduziert werden. Max Webers Modell des Idealtyps wird z.B. durch Einheit gekennzeichnet.

Während Adorno sich darum bemüht, den Schwerpunkt von der Einheit in Richtung auf das Verschiedene zu verschieben, bleibt Luhmann als markanter Vertreter der modernen analogen Systemtheorie dem Modell Einheit verhaftet, und zwar in der Form des Systems. Luhmann folgt entgegen seiner eigenen Bewusstseinslage der von Aristoteles gezogenen Linienführung. *Alles zu Erklärende wird auf die Einheit einer Form mit zwei Seiten verteilt. Bei Aristoteles sind diese zwei Seiten Einheit und Vielheit. Alles muss auf diese Unterscheidung zurückgeführt werden, entweder auf Einheit oder auf Vielheit.* Dabei stehen Einheit und Vielheit zwar in einer einzigen Unterscheidungsfigur zusammen. Jedoch gilt das Modell des Entweder-Oder. Genau diese Form der Unterscheidung übernimmt Luhmann, auch wenn er seine Texte völlig anders verstanden haben möchte. Beweis: Luhmanns Paradigma ist die Differenz (das heißt: die Unterschiedenheit) von Identität (=Einheit) und Differenz im Verständnis des Unterschieds (Soziale Systeme, 1985, 26). Für Luhmann ist das System als Inbegriff von Einheit der tragende in sich selbst ruhende Grund und damit eine Fortschreibung der aristotelischen Substanz.

Die innere Kraft des Systems gibt die Möglichkeit, Kausalität nicht von außen her zu holen, was immer man unter „außen“ verstehen mag. Vielmehr trägt das System selbst so viel Kraft in sich selbst, dass es sich aus sich selbst heraus in Bewegung bringen kann. Das System kann aus eigener Kraft Kausalität entwickeln, indem es sich auf sich selbst bezieht (Selbstreferenz). Nun gibt es jedoch neben der Einheit des Systems die aristotelische Vielheit, die im Modell der Wissenschaft untergebracht werden muss. Denn bekanntlich ist nicht alles unteilbar. So wird denn das Viele zum Inbegriff der Teilbarkeit, des Geteiltseins. Die Wirklichkeit der Welt stellt sich der Wahrnehmung meistens als Vielheit dar. Um Übersicht und Einsicht zu gewinnen und zu erhalten, muss das Viele durch Selektionen auf das Eine zurückgeführt werden. Entscheidend ist nun, dass seit Aristoteles das Viele als Inbegriff der Teile verstanden wird, die nichts anderes sind als Teile des Ganzen der Einheit. Folglich stehen die Teile zwar für sich. Sie bilden eine Seite der Unterscheidung. Aber schließlich sind Teile doch immer Teile eines Ganzen. Wo sollte man die Teile sonst einordnen? So werden die Teile des Ganzen der Einheit als unmittelbar zum Ganzen gehörend betrachtet. Folglich verdanken sie sich selbst dem Ganzen. Das ist der strukturelle Aspekt. Da die Teile sich dem Ganzen verdanken, sind sie für das Ganze da. Das ist der funktionale Aspekt. Für Luhmann heißt dieses Modell Autopoiesis. Das heißt: Die Elemente als Teile des Systems sind das, was sie sind, durch das System. Zugleich sind die Elemente Elemente für das System. So reproduziert das System sich durch seine Elemente hindurch selbst. Folglich beherrscht das Modell der Selbstreproduktion das Bild der analogen Systemtheorie.

Luhmann definiert Gesellschaft von der Kommunikation und nicht (wie in der Vergangenheit üblich) von der Wahrnehmung und von den Maßstäben der Erkenntnis und der Vernunft oder der Natur her. Folglich stellt er die Systemreferenz von Mensch oder Bewusstsein auf Gesellschaft oder Kommunikation um (Die Wissenschaft der Gesellschaft, 1992, 21). Unterschieden werden lebende Systeme, Bewusstseinssysteme und Kommunikationssysteme. Personen sind für ihn Strukturen der Autopoiesis sozialer Systeme, nicht psychischer Systeme. Die Systeme sind verbunden durch strukturelle und operative Kopplungen. Die Autopoiesis der Kommunikation produziert Kommunikation aus Kommunikation. Man muss von Sprache auf Kommunikation als Grundbegriff umstellen. Das Bewusstsein ist nicht Urheber der Kommunikation. Jede Beobachtung muss die Welt als Differenz nehmen und nicht als Einheit.

Beobachten ist die Einheit von Unterscheiden und Bezeichnen. Die Welt ist für den Beobachter ein temporalisierbares Paradox. Das heißt: Sie kann nur mit einer nicht stationären (nicht Gegenstände fixierenden) Logik erfasst werden. Das System konstruiert die Welt durch die Operationen des Beobachtens von Beobachtungen. Wenn sich neue Unterscheidungen ergeben, grenzen diese sich gegen eine Umwelt ab und treten in das Unterscheidungszentrum des Systems, in die Differenz von System und Umwelt, ein (re-entry). Mit der Entstehung von Beobachtungen zweiter Ordnung bildet sich die Differenz von Selbstreferenz und Fremdreferenz heraus. Gemeint ist die Beobachtung von Beobachtungen. Durch diesen Mechanismus wird die Realität der Welt erzeugt. System ist dann ein Netzwerk rekursiver Beobachtungen. Das Beobachten schließt Handeln ein.

Wissen ist die Kondensierung von Beobachtungen. Wissen ist kognitiv stilisierter Sinn, während Recht als normativ stilisierter Sinn zu bezeichnen ist. Wissen ist Voraussetzung für Wissenschaft, nicht umgekehrt. Die Leitunterscheidung der Wissenschaft ist der Zwei-Seiten-Code Wahrheit/ Unwahrheit. Luhmann nennt einen derartigen Code binär im Sinne von Weltadaequatheit, Vollständigkeit und Universalität. Wahrheit sieht Luhmann als ein Mittel der erfolgreichen Expedition von Information. Sie gehört zu den symbolisch generalisierten Kommunikationsmedien. Wahrheit ist eine Selbstprägung und Selbststrukturierung des Systems. Die von Luhmann so genannte binäre Codierung bringt Systembildung in Gang. Was immer als Wahrheit gilt, ist im System konstituiert. Wahrheit ist damit eine systeminterne Wertbestimmung. Luhmanns Ziel ist es zu leugnen, dass die Wissenschaft sich durch eigene Operationen mit ihrer Umwelt verbinden kann (Die Wissenschaft der Gesellschaft, 1992, 225).

Luhmann marginalisert die Wahrnehmung derart, dass das System überhaupt nicht wahrnehmen kann. Es kann sich allenfalls angeregt sehen, über Wahrnehmungen zu berichten. Luhmann hält das Modell des Ursprungs für unergiebig als Denkansatz. Allerdings kommt man ohne Kausalzurechnungen nicht aus. Kausalität wird in das grundsätzlich zirkuläre Geschehen eingeführt. Binäre Codes im Sinne der Definition durch Luhmann sind Spezialisten für Systembildung. Für Luhmann geht es nur in der Wissenschaft um codierte Wahrheit. Wissenschaft wird als ein rekursiv operierendes System gesehen. Wissenschaft ist nicht als Kausalzurechnung konzipiert, sondern als Beschreibung der Transformationsdynamik. Wissenschaft ist strukturell an Bewusstsein gekoppelt. In der wissenschaftlichen Autopoiesis ist jedes Ende ein Anfang. Wahrheit ist immer sozial konstituiert. Die Autopoiesis des Systems beruht nicht auf Konsens, sondern auf der Realität ihrer Kommunikation. Autopoiesis ist ein ateleologisches Prinzip. Die Theorie autopoietischer Systeme unterscheidet sich nach Luhmanns Auffassung deutlich von einer strukturell-funktional angelegten Systemtheorie. Das System definiert seine eigene Einheit und seine eigenen Grenzen selbst. Die Werte wahr und unwahr können nur in einem System vergeben werden. Andere Funktionssysteme können nicht festlegen, was wahr und unwahr ist. Erkenntnisse können daher nur zirkulär begründet werden. Es gibt folglich keine fundierenden Asymmetrien.

Luhmann schließt die einzelnen Systeme gegeneinander ab. Es wird ausgeschlossen, was in den Zuständigkeitsbereich eines anderen Systems fällt. Gleichzeitig hält er die Grenzen des Systems offen, damit Austauschprozesse mit der Umwelt stattfinden können. „Das System ist operational geschlossen und operiert strukturdeterminiert, aber auf der Ebene seiner Strukturen keineswegs unabhängig von der Umwelt“ (Die Wissenschaft der Gesellschaft, 1992, 305). So ist Ausschließung Einschließung. Realität ist dann die Differenz von System und Umwelt. System ist ein selbsttragendes Netzwerk der Reproduktion seiner Elemente durch seine Elemente (Ebenda, 320). Durch Wissenschaft wird Unsicherheit gesteigert. Die Funktion der Wissenschaft ist die Reorganisation des Möglichen, eine Kombinatorik neuen Stils. Die Steigerung des Auflöse- und Rekombinationsvermögens ist auf die Autopoiesis des Systems zurückzuführen. Wissenschaft ist eine selbstsubstitutive Ordnung. Die Funktion der Wissenschaft ist das Gewinnen neuer Erkenntnisse.

Die Unterscheidung setzt die Einheit der Differenz. Sie bereitet die Zuordnung nur vor. Die Welt wird begriffen als die Einheit von System und Differenz. Das Wissenschaftssystem hat keinen eigenen Zugang zur Außenwelt. Es strukturiert die Fortschreibung der eigenen Kommunikation. Begriffe dienen der Reduktion einer selbstgeschaffenen Komplexität. Wissenschaft vollzieht Verbegrifflichung von Wörtern. Im Stil der Komplexitätstheorie bedeutet Limitationalität, dass die Herstellung von Relationen zwischen Elementen Selektion erfordert. An die Stelle eines Prinzips tritt eine Unterscheidung. An die Stelle von Einheit tritt Differenz. Konditionierungen sind erforderlich für das Entstehen komplexer Systeme. Die Theorie soll etwas erklären. Zur Wissenschaft gehört Theorie. Theorien sind komplexe Programme. Die Methodologie verwaltet die Differenz von zweiter und erster Ordnung. Die Methodologie skizziert Programme für die Abfolge der Autopoiesis des Systems. Für die Kybernetik liegt die Sicherheit im Prozess selbst. Kybernetik ist für Luhmann ein ständiges Praktizieren von Vorgriffen und Rückgriffen. Überprüfbarkeit ist keine Regel und kein Rezept. Begründbarkeit bedeutet: eine trichterförmige Vorstellung der Ordnung des Wissens haben. An die Stelle von Begründung wäre Argumentation zu setzen. Argumentation ist das Ausbalancieren von Redundanz und Varietät. Dabei ist Varietät die Zahl und Verschiedenartigkeit der Ereignisse, die ein System als eigene produziert und strukturell verkraften muss. Redundanz bedeutet Überflüssigkeit und Entbehrlichkeit. Sicherheitstechnisch ist ein Beispiel die doppelte und dreifache Absicherung. Jede Kommunikation erzeugt daher Redundanz.

Die Logik ist kein widerspruchsfreies System. Sie garantiert die Stabilität des Systems. Wissenschaftstheorie ist zirkulär gebaut. Jede Disziplin zieht eigene Grenzen. Das Wissenschaftssystem ist durch segmentäre Differenzierung gekennzeichnet. Es gibt kein Kriterium für richtige Reduktionen. Alle Kriterien schließen an eine vorgegebene Zweiwertigkeit an. Luhmann ersetzt eine Einheit durch eine Unterscheidung, also Identität durch Differenz (Ebenda, 464). Man muss von der These ausgehen, dass Luhmann die Paradoxie in der Zirkularität und damit in der Einheit der Unterscheidung sieht. Die Paradoxie wird entfaltet durch eine Unterscheidung, in der beide Seiten sich wechselseitig voraussetzen. Diese zirkuläre Implikation verstellt dann den Durchblick auf die Paradoxie und lässt sich asymmetrisieren: erst Entdeckung (context of discovery), dann Rechtfertigung (context of justification im Sinne Reichenbachs). Die Asymmetrisierung der Paradoxie ist für Luhmann die Übersetzung der Selbstreferenz in rekursive Operationen. (Zur Interpretation: Wahrheit und Unwahrheit sind z.B. gleichzeitig gegeben. Die Wahrnehmung kann aber nicht zugleich auf beiden Seiten der Unterscheidung sein. Daher muss sie durch Oszillation ständig die Gleichzeitigkeit des nur ungleichzeitig Wahrnehmbaren bewältigen.) Zufälle sind in den Strukturen des Systems nicht vorgesehen.

Für die Argumentation ergibt sich die Aufgabe: Die Zirkularität des Systems asymmetrisieren. Diese Aufgabe übernehmen die Reflexionstheorien. Aristoteles muss aufgegeben werden. Auf die Differenz kommt es an. Gesteigerter Reflexionsbedarf ergibt sich mit funktionaler Differenzierung. Reflexion wird definiert als die Orientierung an der Identität des Systems. Reflexion ist Beobachtung und Beschreibung des Systems durch das System. Die Identität ist die Einheit einer Differenz, in der sie selbst wieder vorkommt. Das Modell ist die Unterscheidung (als begriffliche Einheit) von Unterscheidung und Bezeichnung. Reflexive Systeme setzen sich selbst einem rascheren sozialen Wandel aus. Die Differenz von wahr und unwahr bildet die Einheit des Systems. Das ist die Auflösung der Paradoxie.

In der Emanation zeigt die Entparadoxierung das Eine als Vorausliegendes, nicht als Konstruktion des Beobachters. Die Emanationshierarchie ist an stratifizierte Gesellschaften gebunden. Sie löst sich auf mit der Entstehung der Reflexionstheorien der Funktionssysteme. Der Bruch zwischen Denken und Sein ist unheilbar. Die Heuristik der Selbstanalyse des Bewusstseins reicht nicht aus, um eine Erkenntnistheorie zu begründen. Die ontologische Prämisse blieb bis ins zwanzigste Jahrhundert erhalten. Wissenschaft geht es um die Vernetzung der Beobachtungsverhältnisse. Es geht ihr um die Systemgrenzen. Ein Konstrukt ergibt sich aus der Anschlussfähigkeit der Operationen, die mit dem Konstrukt transformiert werden. Die Realität ist für den Beobachter Realität dank der Einheit der Unterscheidung, die er verwendet, also Konstruktion. Das System muss mit der Strukturierung von Unsicherheit arbeiten. An die Stelle der Übereinstimmung von Denken und Sein tritt hier die Untersuchung der Eigenbedingungen des Erkenntnisvorganges. Erkenntnis stabilisiert sich in der laufenden rekursiven Vernetzung des Beobachtens von Beobachtungen. Im Unterschied zur Intersubjektivität können die objektivistischen Ansätze die vielseitig vorhandene Welt von keiner Seite aus erfassen (Ebenda, 53). Der Konstruktivismus reflektiert Erkenntnis als geschlossenes System ohne Ausgang zur Außenwelt. Im Bereich der konstruktivistischen Ansätze gibt es derzeit kein durchgesetztes Paradigma.

Die Reflexionstheorie ist für Luhmann eine Paradoxie. Sie ist zugleich dasselbe und etwas anderes als normale Wissenschaft. Die paradoxieauflösende Unterscheidung wird gesehen im Unterschied von Programmierung und Thematisierung. Paradoxien ergeben sich für die Beobachtung der Selbstbeobachtung von Systemen (Ebenda, 534). Die Folgerung: Der Grund ist kein Grund. Jede Wissenschaft, auch diejenige von der Wissenschaft selbst, muss selbstkonstruktiv gebaut sein. Die Wissenschaftskommunikation muss mindestens verstanden werden. Das Gesamtsystem stellt sich um auf das Beobachten des Beobachtens. Damit ist der Verzicht auf Wesensbegriffe verbunden. Statt der Wesensbeschreibung der Identität des Systems gibt es die Doppelstruktur von Tautologie und Paradoxie. Alle Wesenskonstanten und alle naturalen Abstützungen stehen im System zur Disposition. Alle Wahrheit wie auch alle Unwahrheit bleibt hypothetisch. Jede Operation ermöglicht immer noch andere Operationen. Rekursiv gesehen durchbricht eine Paradoxiereflexion eine frühere Beobachtungssperre der Wissenschaft. Der Naturbegriff wird ersetzt durch das Modell der Unwahrscheinlichkeit. Paradoxien müssen invisibilisiert werden. Sonst würde die Forschung zwischen einander widersprechenden Positionen oszillieren. Jede Reflexion artikuliert die Selbstreferenz des Systems, das die Reflexion vollzieht. Der Beobachter kann nicht die unverletzte Einheit der Welt erfassen. Die Wissenschaft stellt als Ersatz den Wiedereintritt zur Verfügung. Erkenntnis ist die Erzeugung einer Differenz im Ausgang von einer Differenz. Die Reflexion macht mit immer anderen Unterscheidungen weiter.

Luhmann stellt die Erkenntnistheorie auf ein evolutionäres Paradigma um. Dazu ist der Verzicht auf Rationalität und Konsens erforderlich. Das System passt sich nicht nur der Umwelt an. Es verändert sie auch. In der Tradition wird die Evolution des Wissens begriffen als laufend bessere Anpassung des Wissens an die Welt, wie sie wirklich ist. Die Evolutionstheorie hat Strukturveränderungen zu erklären durch die Unterscheidung Variation/ Selektion/ Stabilisierung. Vielleicht war die adaptive Komponente im Wissensgewinn das Haupthindernis für eine Synthese von Evolutionstheorie und Erkenntnistheorie. Ein Fortschritt besteht darin, Anpassung als Abweichungsverstärkung aufzufassen. Das Sich-abkoppeln-Können erklärt die Stabilität des Lebens und nicht die Anpassung. Strukturänderungen werden hier erklärt durch die Differenz von Variation und Selektion. Es geht um die Frage: Wie kann ein System seine Strukturen steuern und ändern, wenn es diese nicht planmäßig durch neue ersetzen kann? Heute rückt man immer mehr von der früheren Auffassung ab, die Variationen als Zufall erklärt. Vielmehr stellt die Variation die Selektion frei. Die Selektion bezieht sich immer auf Strukturen. Diese werden in den Bestand der brauchbaren Erwartungen eingereiht. Die Eigenständigkeit einer Variation in der Wissenschaft liegt in ihrer Aufzeichnungsfähigkeit und Verständlichkeit. Strukturen sind für Luhmann nicht schon Systeme. Ereignisse sind nicht schon Strukturen. Evolution kommt aus sich selbst heraus in Gang.

Für Luhmann besteht die Gesellschaft nicht aus Menschen, sondern aus Kommunikationen. Zufall ist immer eine Fiktion, eine Unterstellung. Zufall bezeichnet Interdependenzunterbrechung. Bewusstseinssysteme können nicht spezifizieren, wie ein Kommunikationssystem seine Strukturen ändert. Das Bewusstsein gibt der Kommunikation Anregungen. Bewusstseinsprozesse führen nur dann zu Variationen des Wissens, wenn sie in Kommunikation umgesetzt werden. Selektion vergleicht das vorhandene Wissen mit einer neuen Möglichkeit. Das Widerspruchsverbot hat seine funktionale Rechtfertigung in der evolutionären Selektion.

Die Stabilität ergibt sich durch Einarbeitung neuer Vorschläge in größere Theoriekonstrukte. Stabilität ergibt sich durch die Bereitschaft, überholtes Wissen zu ersetzen. Die Stabilisierung ist zirkulär und nicht teleologisch oder linear aufgebaut. Bezugspunkt aller Stabilisierungen ist für Luhmann die Autopoiesis des Systems. Die moralische Verurteilung ist im Wissenschaftssystem ebenso wie eine Forschungsethik fehlplatziert. Ob Wissen wahr oder unwahr ist, kann nur in der Wissenschaft selbst entschieden werden. Das Wissen hat eine selbstreinigende Kraft. Evolutionstheorie bedeutet einen Verzicht auf jede Zukunftssicherheit.

Luhmann geht den Verbindungen zwischen Wissenschaft und Gesellschaft nach. Wissenschaft wird an Gesellschaft gekoppelt. Gesellschaft ist in seinem Verständnis die Gesamtheit der Kommunikationen. „Gesellschaft ist Weltgesellschaft" (Ebenda, 619). Gesellschaft als Begriff schließt Intersubjektivität aus. Wahrheit ist nicht Konsens der Individuen. Gesellschaft ist ein autopoietisches System. Das Wissenschaftssystem ist selbstreferentiell geschlossen. Die Strukturen des Wissenschaftssystems können nicht von außen bestimmt werden. Der Wissenschaft gelingt keine eigene Asymmetrisierung: Die Wissenschaftler sind ihr Publikum. Luhmann stellt für die letzten zweihundert Jahre die Umstellung des Wissenschaftssystems von einem ontologischen auf ein konstruktivistisches und von einem einheitstheoretischen (prinzipientheoretischen) auf ein differenztheoretisches Selbstverständnis fest. Für seine Vorstellung geht die Einheitstheorie in die Differenztheorie über. Die Pädagogik geht ein Risiko ein, wenn sie ganz entschieden auf Wissenschaft setzt. Wissenschaftliche Aussagen sind mit Risiken besetzt. Nach wie vor wird heute an Ontologien festgehalten. Die Wissenschaft kann heute nicht sagen, wie man es machen soll.

Welches Bild ergibt sich, wenn die Systemtheorie die Dinge nicht nur vom Innenbereich des Systems her sieht, sondern zugleich vom Innen- und Außenbereich?

Metaphysik und Ontologie:

Obwohl die vorliegende Form der analogen Systemtheorie Metaphysik und Ontologie überwunden zu haben glaubt, folgt sie dem aristotelischen Ursprungsdenken: „Und das Wissen zielt überall besonders auf das Erste, wovon alles andere abhängt und von dem es hergeleitet wird" (Aristoteles: Metaphysik 1003 b). Für die analoge Systemtheorie ist die Differenz von System und Umwelt das Eine, von dem alles andere hergeleitet wird. Das Eine und damit Einheit ist Differenz, wie auch Luhmann selbst formuliert.

Kausalität:

Das selbstreferentielle System kann aus eigener Kraft (durch Selbstreproduktion) Kausalität entwickeln. Daher wird Kausalität als eine Art Selbstreferenz gesehen. Die Perspektive bleibt auf die Eingrenzung des Systems beschränkt. Das vom binären Modell geforderte Aufbauen, Behandeln, Beobachten usw. des Systems (von außen her) wird in der analogen Systemtheorie in den Innenbereich des Systems einbezogen.

Das Paradigma „Differenz von Identität und Differenz":

Es zielt auf die Unterschiedenheit beider Begriffe. Zu ergänzen bleibt die Identität von Identität und Differenz. Denn Differenz ist Unterschied. Und der Unterschied ist immer Unterschied von etwas, und zwar von einer Einheit, die für das Differenzieren verfügbar sein muss. Wenn von Differenz die Rede ist, dann ist Einheit immer dabei.

Die Leitunterscheidung System/ Umwelt:

Sie ist logisch und funktional nicht tragfähig. Diese Unterscheidungsfigur enthält nur Eines: die Differenz (von System und Umwelt). System und Umwelt werden als Einheit gesehen, als Einheit einer Differenz. Das Eine dieser Leitunterscheidung ist das System. Das Eine hat die Eigenschaft, ein Ganzes zu sein. Neben dem Ganzen der Einheit des Systems kann die Figur nicht ein zweites Ganzes enthalten: das Ganze der Einheit der Umwelt. Denn wenn man die Umwelt des Systems als ein Ganzes sehen würde, müssten zwei Ganze zu dem Einen einer Einheit werden. Das ist deswegen nicht möglich, weil ein abstraktes Ganzes nicht ein anderes Ganzes umfassen und in sich aufnehmen kann, so dass auf diesem Weg keine Einheit hergestellt werden kann. Die analoge Systemtheorie beginnt mit einer Paradoxie: Das System ist zugleich Einheit und doch nicht Einheit. Die Paradoxie muss durch Unterscheidungen geklärt werden. Daher nehmen die Modelle Unterscheidung und Paradoxie einen hohen Stellenwert in der analogen Systemtheorie ein. *Wenn man die Einheit des Systems als ein Ganzes sieht, müssen dieser Einheit mehrere Teile zugeordnet werden. Andernfalls führt man das Modell „das Ganze und seine Teile" in den Kollaps hinein. Es genügt also nicht, die Umwelt als einen Teil des Ganzen des Systems zu benen-*

nen. Wenn man glaubt, sich über die Gültigkeit des Modells vom Ganzen und den Teilen hinwegsetzen zu können, hätte man es mit zwei Einheiten zu tun, die beide jeweils ein Ganzes darstellen. Die Leitunterscheidung würde sich auf die Verbindung und Trennung von zwei analogen Gegebenheiten beziehen. Die Unterschiedenheit würde sich auf *Besonderheiten* von zwei logisch und funktional gleichgeordneten Gegebenheiten richten, und zwar auf Unterschiede hinsichtlich der Quantität, Qualität, Relationalität und Modalität der beiden Einheiten. Die beiden Einheiten der Leitunterscheidung würden sich durch Attribuierungen unterscheiden und nicht durch grundlegende Unterschiede, die das Einheitsein selbst betreffen. Die Einheit bliebe als Einheit erhalten. *Mit Unterscheidungen auf der Ebene der Attribuierungen und Besonderheiten der Einheit gelangt man nicht aus der Atmosphäre der Einheit heraus.* Die Unterscheidung System/ Umwelt hält somit den Anforderungen der wissenschaftlichen Methoden nicht stand.

Selbstbewegung:

Die entschiedene Betonung des Selbst in der analogen Systemtheorie verführt zu der Idee, dass Systeme vom Ablauf der intrasystemischen Prozesse her Selbstbewegungen vollziehen können. Die von Hegel verwendete Kreisfigur lässt das Ende zugleich als Anfang sehen, so dass ein geschlossenes Ganzes entsteht, das sich selbst tragen kann. So führt Hegel den Begriff der Selbstbewegung in seine Logik ein, wenn auch mehr beiläufig. Systemtheoretische Konstruktionen neigen zur Verwendung der Figur der Selbstbewegung. Sie übersehen dabei, dass jegliche Automatik des Anstoßes bedarf und sorgfältig geregelt werden muss. Das Regeln der Selbstbewegung ist ebenso wichtig wie die Selbstbewegung selbst. Es muss daher unmittelbar und unablöslich in die logische Architektur der Selbstreferenz einbezogen werden. Folglich ist das Modell der Autopoiesis für sich allein logisch nicht tragfähig.

Ganzes und Teile:

Die analoge Systemtheorie sieht die Teile als Teile des Ganzen der Einheit. Ganzes und Teile sind konkrete und anschauliche Gegebenheiten. Folglich sind die Teile Teile des Ganzen. Sie werden ja aus ihm „herausdifferenziert". Sie lassen sich wieder auf das Ganze der Einheit zurückbinden. Wenn man dagegen im Sinne des binären Unterscheidungsmodells von der Voraussetzung ausgeht, dass das Ganze nicht mehr ist als die Gesamtheit der Teile, dann hat man es mit zwei gleich zu gewichtenden Größen zu tun. Die für sich vorgestellten Teile lassen sich nun nicht in das Ganze der Einheit einbringen. Sie sind nicht mehr „Eigentum" des Ganzen. Sie stehen nun dem auf sich selbst gestellten Ganzen der Einheit mit vollgültiger Gewichtung gegenüber. Beide Seiten der Unterscheidung bilden eine Einheit. Denn es gibt schließlich niemals Teile ohne die Vorstellung des Ganzen und umgekehrt. Die für sich gedachten Teile repräsentieren in dem jetzt ansetzenden Abstraktionsprozess das Teilesein überhaupt, das Geteiltsein, gleichsam als Sammelstelle für Bruchstücke ohne etwas Ganzes und ohne Messeinheiten. Damit ist das binäre System hergestellt. Dieses binäre Unterscheidungsmodell schließt das analoge als linke Hälfte in sich selbst ein.

Menschen und Personen:

Die analoge Systemtheorie ordnet Personen als Akzidentien der sozialen Systeme ein. Das analoge Modell lässt keine andere Lösung der Zuordnung zu. *Eine* Einheit kann in einer Unterscheidungsfigur nur die zentrale (substantielle) Position einnehmen. Alles andere (und so auch der Mensch oder die Person) müssen sich mit der Positionierung als Akzidens zufrieden geben. Diese Konsequenz offenbart besonders eindringlich die Einengung wissenschaftlicher Aussagen im Analog-System der Logik. Das binäre Modell weist jeder Einheit den gleichen logischen und funktionalen Rang zu. Jede Einheit ist dadurch Einheit, dass sie Anfang und Ende hat und damit eine unterscheidungsfähige Gegebenheit ist. Das trifft dann auch für Menschen und Personen zu. Von der binären Logik her besteht keine Veranlassung, den Menschen tendenziell als Opfer oder Instrument übermächtiger Systeme oder Institutionen zu betrachten.

Beobachtungen zweiter Ordnung:

Für die analoge Systemtheorie bildet sich mit der Entstehung von Beobachtungen zweiter Ordnung die Differenz von Selbstreferenz und Fremdreferenz heraus. Gemeint ist die Differenz von System und Umwelt. Diese Argumentation ist logisch nicht tragfähig. Der Grund: Selbstreferenz und Fremdreferenz sind Referenzen, das heißt Bezüge. Das Sich-auf-etwas-Beziehen wird im binären Modell, das hier den Beurteilungsmaßstab bildet, auf der rechten Seite positioniert, auf der Seite des Nichtunterschiedenseins. Das Sich-Beziehen als solches hat keinen Anfang und kein Ende. Ein Bezugsablauf dagegen hätte Anfang und Ende. Im genannten Analog-Modell fehlt die Besetzung der linken Hälfte der binären Unterscheidung: die Einheit, auf die sich etwas bezieht. Der in dieser Form verwendeten Unterscheidung von Selbstreferenz und Fremdreferenz fehlt die Bodenhaftung. Das System ist gemeint. Es wird in der dualen Unterscheidungsfigur Selbstreferenz/ Fremdreferenz nicht genannt.

Binarität:

Das analoge Modell der Unterscheidung sieht Binarität als Weltadäquatheit, Vollständigkeit und Universalität. Es sieht Binarität nicht als Reduktion auf das Zweier-System von 0 und I, von Einheit und Nichteinheit. Es geht dem analogen Modell auch hier um Eines: um Einheit. Weltadäquatheit ist die Entsprechung von Weltgesellschaft als Inbegriff aller Kommunikationen im Sinne Luhmanns. Vollständigkeit repräsentiert das Ganze dessen, was aufgefüllt werden kann. Und Universalität ist das Eine, wie der Begriff wörtlich aussagt. Der in der analogen Systemtheorie verwendete Begriff binär muss auf der Ebene der Binarität ausschließlich links eingeordnet werden. Es fehlt die inhaltliche Besetzung der rechten Hälfte.

Wahrheit:

Aus der Sicht der analogen Systemtheorie können Erkenntnisse nur zirkulär begründet werden. So kann nur die Wissenschaft selbst bestimmen, was wahr oder nicht wahr ist. Der Begriff Wahrheit ist nur verwendungsfähig, wenn er sehr genau definiert wird. Jedes System hat eigene Wahrheiten. In der Unterwelt des Verbrechens dominieren andere Wahrheiten als in der wissenschaftlichen Forschung. Sobald der Begriff Wahrheit durch Definition klar umgrenzt wird, bildet er eine Einheit. Einheit gibt es nur in Verbindung mit Nichteinheit, mit dem, was Einheit kategorial nicht ist: Nichtunterschiedenheit. Das binäre Modell fordert einen vielschichtigen Programmaufbau: Dieser muss ebenso systembezogen (selbstreferentiell) wie auf Anderes als System bezogen (fremdreferentiell) sein. Die Systembezogenheit ist die innere Differenzierung z.B. des Systems Wissenschaft. In dieser Hinsicht erbringt die analoge Systemtheorie beachtliche Leistungen. Die Bezogenheit auf Anderes ist im binären Modell das kategorial Andere, dasjenige, was keinen Anfang und kein Ende und somit keine Abmessungen und keine festen Formen hat. Es geht dann immer um dasjenige, was man mit dem System der Wissenschaft macht, wie man sie finanziert, als Grundlage des gesellschaftlichen Fortschritts sieht usw.

Operationale Geschlossenheit:

Die analoge Systemtheorie sieht das System als operational geschlossen und als strukturdeterminiert operierend an. Trotzdem ist das System auf der Grundlage seiner Strukturen keineswegs unabhängig vom Außenbereich, so wird argumentiert. Der operative Charakter der analogen Systemtheorie bindet diese Theorie in die Ebene der Anschauung und Konkretheit ein (Es gibt soziale Systeme). Konkrete Systeme können nicht zugleich geschlossen und offen sein. Eine bestimmte Tür ist geschlossen oder nicht geschlossen. Es gibt aber Drittes. Wohl lässt sich eine geschlossene Tür öffnen. Es gibt unbegrenzte Zwischenlösungen zwischen der geschlossenen und der offenen Tür. Die Argumentation läuft auf der analogen Ebene der Konkretheit. Geschlossen und offen sind zwei gegenüber liegende Möglichkeiten von mehreren vorstellbaren (kontingenten) Gegebenheiten. *Die Einheit dieser Möglichkeiten ist die Attribuierungsinstanz für Möglichkeiten.* Der genannte Gegensatz ist innerhalb einer übergreifenden analogen Einheit positioniert. Das abstrakte Modell der Geschlossenheit überhaupt enthält in sich die Vorstellung der Offenheit. Denn Geschlossenheit kann man sich nur auf dem Hintergrund der Offenheit vorstellen. Geschlossenheit ist im konkreten Fall nicht mit Offenheit identifizierbar, Einschließung nicht mit Ausschließung.

Der binäre Gegensatz wäre: Geschlossenheit als differenzierbare analoge Einheit als Fall von Unterschiedensein einerseits und Nichtunterschiedensein als Fall von Negation der kategorialen Einheit, d.h. der Einheit überhaupt (ohne nähere Bestimmungen) andererseits. Auf dieser Abstraktionsebene bewegt sich die analoge Systemtheorie grundsätzlich nicht. Sie verwendet lediglich den Begriff binär im Sinne von dual. Das logische Problem der analogen Systemtheorie ließe sich z.B. lösen mit der Argumentation: Die Schließung der Grenzen eines bestimmten sozialen Systems ist so beschaffen, dass Öffnungsmöglichkeiten vom Innenbereich des Systems zum Außenbereich hin und umgekehrt gegeben sind.

Selbstreinigung des Systems:

So ist die Feststellung der analogen Systemtheorie nicht haltbar, die besagt, dass das Wissenschaftssystem keinen eigenen Zugang zur Außenwelt hat. Ohne Zweifel schreibt Wissenschaft sich selbst fort, indem sie immer wieder auf frühere Positionen zurückgreift, wie die hier vorliegende Studie deutlich zeigt. Wissenschaft baut systemeigene Regeln und Gesetzmäßigkeiten auf. Sie lässt sich daran nicht durch andere Funktionssysteme hindern. Insofern gilt das Modell der Selbstreinigung des Systems. Wenn politische Werturteile offensichtlich den Gang der Wissenschaft bestimmen würden, stünde die Wissenschaft vor der Aufgabe, ihre Eigenwerte zu verteidigen. Insofern operiert Wissenschaft strukturdeterminiert. Mit Recht hält die analoge Systemtheorie die Grenzen des Systems nach außen hin offen, um Austauschprozesse zu ermöglichen. *Dieser Sachverhalt lässt sich aber nicht mit der analogen Leitunterscheidung System/ Umwelt fassen.* Der Grund: Das System der Wissenschaft ist die Substanz, um die es geht. Sie ist das Zugrundeliegende. Dieses Zugrundeliegende als logische Einheit enthält in sich zwei unterschiedliche kontingente Teileinheiten: Strukturdeterminiertheit als ständigen Eigenwert für den Innenbereich einerseits und Öffnung zum Außenbereich hin andererseits. Es liegt ein Analog-Modell vor. Dieses Modell enthält innerhalb seiner eigenen Struktur als zusammenbindende Einheit zwei kontingente Teileinheiten oder Elemente: Selbstfestlegung der wissenschaftlichen Linienführung hinsichtlich der Gestaltung der Theorien und Methoden einerseits und Verfügbarkeit von Anschlussmöglichkeiten zum Außenbereich des Systems andererseits.

Das Modell System/ Umwelt amalgamiert die Substanz (das Wissenschaftssystem) mit einer Teileinheit seiner selbst: mit der Strukturdeterminiertheit, so dass aus einem Substanzmodell mit zwei Akzidentien ein Substanzmodell-Modell mit einem einzigen Akzidens wird.

Dieser Kontraktionsvollzug innerhalb des tradierten Modells Substanz/ Akzidens führt zu den logisch-funktionalen Schieflagen, die der analog orientierten Systemtheorie Schaden zufügen und die klar erkannt und bereinigt werden müssen. Anders formuliert: Das in klassischer Fassung so genannte Anlage-Umwelt-Problem des Wissenschaftssystems bedarf einer logischen Aufbereitung mit Hilfe des überlieferten bewährten Modells der Logik: mit der Figur Substanz-Akzidens.

Verzicht auf Rationalität und Konsens:

Im Verständnis der analogen Systemtheorie ergibt sich die Umstellung auf ein evolutionäres Paradigma. Das erfordert den Verzicht auf Konsens und Rationalität. Dazu ist die Fragestellung von Interesse, ob es wohl die Konstruktion der analogen Systemtheorie selbst ist, die den angeblichen Verzicht auf Konsens und Rationalität postuliert. Der Versuch einer Beantwortung dieser Frage scheint keine Eindeutigkeit zu erbringen. *Das uralte binäre Modell des Parmenides enthält ein solches Maß an Intellektualität und Rationalität, dass sein Ansatz übersehen und nicht zur Geltung gebracht wurde.* Für die auf die Figur des Systems gerichtete Logik Hegels ist Rationalität in Gestalt von Vernunft und Geist nicht nur Ziel der Evolution, sondern zugleich Gestaltungsprinzip der Gesellschaft. Sehr nüchtern wird der Stellenwert der Rationalität in der Geschichte von Pareto eingeschätzt. Dagegen ist Rationalität im Sinne des Glaubens an die Bedeutung der Berechenbarkeit in der gesellschaftlichen Wirklichkeit bei Max Weber mit einem hohen Stellenwert in der sozialwissenschaftlichen Forschung versehen. Die analoge Systemtheorie im Verständnis Luhmanns legt Rationalität in die Unterscheidungsabläufe innerhalb der sozialen Systeme hinein (re-entry). Die Systeme regeln ihre Abläufe durch Selbstproduktion und Selbstreproduktion aus eigener Kraft, wobei Einflüsse der so genannten Umwelt nicht ausgeschlossen sind. Immer ist operationale Geschlossenheit des Systems das bestimmende Merkmal des Systems. Die Umwelt ist immer das Dazukommende, gleichsam ein Korrekturfaktor. Selbst wenn man davon ausgeht, dass Luhmann mit diesem Ansatz die gesellschaftliche Wirklichkeit ziemlich genau trifft, bleibt festzuhalten, dass auch ein Selbstlauf im Sinne der häufig genannten Autopoiesis von „außen“ her mitstrukturiert und mitgesteuert wird, und das anteilig immer auch durch Rationalität und Konsens. Tendenziell wird in der gegenwärtigen analogen Systemtheorie die Rationalität in die Selbstregulierung der sozialen Systeme verlegt. Dabei ist die Frage von Interesse, ob „Wahrheit“ ein teleologisches Relikt aus einer als archaisch vorgestellten Welt ist, ein Prinzip der als überholt angesehenen metaphysischen und ontologischen gesellschaftlichen Wirklichkeit oder nicht. Von Bedeutung wären immer die Definitionen der Begriffe Wahrheit und Rationalität, damit ein fester Ausgangspunkt für das Steuern der sozialen Systeme gewonnen wird.

Literatur

Adorno, Th.W.,1966: Negative Dialektik. Frankfurt/M.: Suhrkamp.

–, 1969**:** Zur Logik der Sozialwissenschaften. In: Adorno, Th.W. u.a.: Der Positivismusstreit in der deutschen Soziologie. Neuwied/Berlin: Luchterhand.

Arendt, H., 1956: Elemente und Ursprünge totaler Herrschaft. Frankfurt/M.: Europäische Verlagsanstalt.

Aristoteles, 1958: Kategorien/Lehre vom Satz. Hamburg: F. Meiner.

–, 1951: Metaphysik. Paderborn: F. Schöningh.

–, 1958: Politik. Hamburg: Meiner.

Aristotelis Opera, 1960: Darmstadt: Wissenschaftliche Buchgesellschaft.

Baecker, D., 1999: Organisation als System. Frankfurt/M.: Suhrkamp.

Behrendt, R.F., Der Mensch im Licht der Soziologie. Stuttgart u.a.: Kohlhammer.

Brecht, A., 1961: Politische Theorie. Tübingen: Mohr.

Descartes, R., 1959: Regeln zur Leitung des Geistes. Hamburg: Meiner.

Dieckmann, J., 2004: Luhmann-Lehrbuch. München: Fink (UTB 2486).

–, 2005: Einführung in die Systemtheorie. Paderborn: Fink (UTB 8305).

Diels, H., 1957: Die Fragmente der Vorsokratiker. Hamburg: Rowohlt.

Durkheim, E.,1961: Die Regeln der soziologischen Methode. Neuwied: Luchterhand.

Eickelpasch, R./Lehmann, B., 1983: Soziologie ohne Gesellschaft? München: W. Fink.

Endruweit, G.,2. Aufl. 2004: Organisationssoziologie. Stuttgart: Lucius & Lucius.

Geiger, Th., 1953: Ideologie und Wahrheit. Stuttgart/Wien.

–, 1962, Arbeiten zur Soziologie. Neuwied: Luchterhand.

Geißler, R., 1973: Massenmedien, Basiskommunikation und Demokratie. Tübingen: Mohr.

Habermas, J., 6. Aufl. 1973: Technik und Wissenschaft als >Ideologie<. Frankfurt/M.: Suhrkamp.

–, 1981: Theorie des kommunikativen Handelns. Frankfurt/M. Suhrkamp.

Hegel, G.W.F., 1951: Wissenschaft der Logik. Leipzig: F. Meiner.

–, G.W.F., 1952: Phänomenologie der Geistes. Hamburg: Meiner.

–, G.W. F., 1955: Die Vernunft in der Geschichte. Hamburg: Meiner.

–, G.W.F., 1955: Grundlinien der Philosophie des Rechts. Hamburg: Meiner.

Heidegger, M.,1957: Sein und Zeit. Tübingen: Niemeyer.

Horkheimer, M., 1968: Traditionelle und kritische Theorie. Frankfurt/M.: S. Fischer.

Horster. D., 1997: Niklas Luhmann. Taschenbuch. München: Beck.

Husserl, E., 1928: Logische Untersuchungen. Halle: Niemeyer.

–, E., 1958: Die Idee der Phänomenologie. Haag: Nijhoff.

Jung, C.G., MCML: Die Beziehungen zwischen dem Ich und dem Unbewussten. Zürich: Rascher Verlag.

Kant, I., 1956: Kritik der reinen Vernunft. Hamburg: F. Meiner.

Kjolseth, R./Sack, F.,Hg., 1971: Zur Soziologie der Sprache. Opladen: Westdeutscher Verlag.

Kneer, G./Nassehi, A., 1994: Niklas Luhmanns Theorie sozialer Systeme. Eine Einführung. Paderborn: Schöningh. Uni TB GmbH Stuttgart.

Krause, D., 4. Aufl. 2005: Luhmann-Lexikon. Eine Einführung in das Gesamtwerk von Niklas Luhmann. Stuttgart: Lucius & Lucius (UTB 2184)

Krawietz, W./Welker, M., 2. Aufl 1992: Kritik der Theorie sozialer Systeme. Auseinandersetzungen mit Luhmanns Hauptwerk. Frankfurt/M.: Suhrkamp.

Leibniz, G.W., 1958: Metaphysische Abhandlung. Hamburg: Meiner.

Luhmann, N., 1968: Zweckbegriff und Systemrationalität. Tübingen: Mohr.

–, 1971: Gesellschaften als Systeme der Komplexitätsreduktion. In: Tjaden, Hg., Soziale Systeme. Neuwied und Berlin: Luchterhand.

–, 1972: Rechtssoziologie 1 und 2. rororo studium 580.

-/Schorr, K.E., 1988: Reflexionsprobleme im Erziehungssystem, Neudruck mit Nachwort 1988. Frankfurt.

–, 2. Aufl.1985: Soziale Systeme. Frankfurt/M.: Suhrkamp.

–, 1989: Die Wirtschaft der Gesellschaft. Frankfurt/M.: Suhrkamp.

–, 1992: Die Wissenschaft der Gesellschaft. Frankfurt/M.: Suhrkamp.

–, 1993: Das Recht der Gesellschaft. Frankfurt/M.: Suhrkamp.

–, 1995: Soziologische Aufklärung 6. Opladen: Westdeutscher Verlag.

–, 2. Aufl.1996: Die Realität der Massenmedien. Opladen: Westdeutscher Verlag.

–, 1997: Die Gesellschaft der Gesellschaft. Frankfurt/M.: Suhrkamp.

–, 2.Aufl.1997: Die neuzeitlichen Wissenschaften und die Phänomenologie. Wien: Picus Verlag.

–, 3.Aufl.1999: Die Kunst der Gesellschaft. Frankfurt/M.: Suhrkamp stw.

Merz-Benz, U./Wagner, G. (Hg.), 2000: Die Logik der Systeme. Konstanz: Universitätsverlag.

Pareto, V., 1975: Ausgewählte Schriften. Frankfurt/M. u.a.: Ullstein.

Parsons, T., 1949: The Structure of Social Action. Glencoe/Illinois: The Free Press.

Parsons, T./Shils, A., 1962: Towards a General Theory of Action. New York/Evanston: Harper u.a.

Parsons, T., 1964, Hg. D. Rüschemeyer: Beiträge zur soziologischen Theorie. Neuwied/Berlin: Luchterhand.

Parsons, T., 1964: The Social System. Glencoe: The Free Press of Glencoe.

–, 1969: Politics and Social Structure. New York/London: THE FREE PRESS/COLLIER-MACMILLAN LIMITED.

–, 1975: Gesellschaften. Frankfurt/M.: Suhrkamp (stw 106).

Platon, 1958: Parmenides und Theaitetos, in: Sämtliche Werke 4.Hamburg: Rowohlt.

Platonis Opera, 1960: Burnet, J. (Hg.): Parmenides, in: Tomus II. Oxonii: E Typographeo Clarendoniano.
Popper, K.R., 1964: Die Zielsetzung der Erfahrungswissenschaft. In: Albert u.a. (Hg.): Theorie und Realität. Tübingen: Mohr.
–, 1969: Logik der Forschung. Tübingen: Mohr.
Röhrich, W., 1977: Politische Soziologie. Stuttgart u.a.: Kohlhammer.
Schelsky, H., 1965: Auf der Suche nach Wirklichkeit. Düsseldorf/Köln: E. Diederichs.
Schütz, A., 1974: Der sinnhafte Aufbau der sozialen Welt. Frankfurt/M.: Suhrkamp st W 92.
Smelser, N.J., 1968: Soziologie der Wirtschaft. München: Juventa.
Stammer, O., 1965: Politische Soziologie und Demokratieforschung. Berlin: Duncker & Humblot.
Stammer, O., Weingart, P.: Politische Soziologie. München: Juventa.
Tönnies, F. 1963: Gemeinschaft und Gesellschaft. Darmstadt: Wissenschaftliche Buchgesellschaft.
Ueberweg, F., 14. Aufl. 1957: Grundriss der Geschichte der Philosophie. Die Philosophie des Altertums. Hg. K Praechter. Darmstadt: Wissenschaftliche Buchgesellschaft.
Volkmann-Schluck, K.H., 1957: Nicolaus Cusanus. Frankfurt/M.: Klostermann.
Weber, M., 1951: Gesammelte Aufsätze zur Wissenschaftslehre. Tübingen: Mohr.
–, 1958: Gesammelte politische Schriften. Tübingen: Mohr.
–, 1956: Staatssoziologie. Berlin: Duncker & Humblot.
–, 1956 Wirtschaft und Gesellschaft. Tübingen: Mohr.
Wiener, N., 1968: Kybernetik. Regelung und Nachrichtenübertragung in Lebewesen und Maschine. Hamburg: Rowohlt.
Willke, H., 3. Aufl. 2001: Systemtheorie III Steuerungstheorie. Grundzüge einer Theorie der Steuerung komplexer Sozialsysteme. Stuttgart: Lucius & Lucius.

SACHREGISTER